《新编中国邮政通史》编委会

新编中国邮政通史

第一卷　先秦至南北朝时期

中国邮政文史中心（中国邮政邮票博物馆）◎编著

赵　强　孙鑫如◎撰

人民出版社

绪　论

通信是人类社会生存和发展须臾不可离开的活动。在人类通信发展史上,通信手段从简单到复杂,由初级到高级,不断发展变化。在中国五千多年的文明史中,通信是重要组成部分。邮政作为国家有组织的传递实物载体信息的通信机构,伴随着国家的产生而形成,伴随着国家的发展而进步。邮政通信作为人类社会的通信方式之一,历史悠久,源远流长。中国是世界上邮政起源最早的国家之一。中国邮政发展经历了古代邮政、近代邮政、现代邮政三个历史时期,创造和积累了丰富的治邮经验,为促进人类通信事业的发展作出了重要贡献。一部中国邮政史,是赓续不断、延绵不绝、璀璨耀眼的中华文明史的缩影,它承载着中国邮政文明演进的峥嵘岁月,承载着历代中国邮政人励精图治、披荆斩棘的追求和荣光。如今,中国邮政不仅承担邮政普遍服务和特殊服务,不仅经营快递物流业务、金融业务和电子商务,而且在维护国家统一,促进民族团结,保障公民通信权利,推动国家政治、经济、文化、社会发展,促进国际交流合作等诸多方面,日益发挥着不可或缺的重要作用。

历史是最好的教科书。毛泽东同志指出:“规律是在事物的运动中反复出现的东西,不是偶然出现的东西。规律既然反复出现,因此就能够被认识。”“规律存在于历史发展的过程中。应当从历史发展过程的分析中来发现和证明规律。不从历史发展过程的分析下手,规律是说不清楚的。”习近平总书记指出:“历史是一面镜子,鉴古知今,学史明智。重视历史、研究历史、借鉴历史是中华民族五千多年文明史的一个优良传统。当代中国是历史中国的延续和发展。新时代坚持和发展中国特色社会主义,更加需要系统研究中国历史和文化,更加需要深刻把握人类社会发展历史规律,在对历史的深入思考中汲取智慧、走向未来。”

当代中国邮政是历史中国邮政的延续和发展。习近平总书记指出:“无论我们走得多远,都不能忘记来时的路。”站在实现中华民族伟大复兴战略全局和世界百年未有之大变局的时代制高点,更需要坚定历史自信,增强历史自觉;更需要从历史的回望中,夯实我们踔厉奋发、勇毅前行的根基。通过对中国邮政从无到有历史嬗变的全面回顾,通过对中国邮政由小到大历史流变的认真梳理,通过对中国邮政由弱到强历史演进的科学探索,客观辨析中国邮政发展的成败得失和经验教训,系统阐明中国邮政的发展脉络和发展道路,深刻揭示中国邮政的历史规律和未来趋势,这是我们编著《新编中国邮政通史》的初衷和祈愿。

通过对中国邮政史的深入研究,在服务社会主义现代化邮政事业发展的同时,为加强新时代爱国主义教育,发展社会主义先进文化,弘扬革命文化,传承中华优秀传统文化,为全面建设社会主义现代化国家、全面推进中华民族伟大复兴贡献中国邮政的智慧和力量,这是我们编著《新编中国邮政通史》的出发点和立足点。

中国邮政文史中心(中国邮政邮票博物馆)组织史学界有关专家和本单位邮政历史研究人员,历经数年不懈努力,编著完成了《新编中国邮政通史》。全书按照中国邮政发展史的三个时期共分六卷:古代邮政从先秦至1840年鸦片战争,包括第一卷先秦秦汉魏晋南北朝邮政,第二卷隋唐五代宋辽西夏金邮政,第三卷元明清邮政;近代邮政从1840年至1949年,包括第四卷晚清邮政,第五卷上编中华民国邮政,第五卷下编中国共产党领导下的交通邮政(新民主主义革命时期);现代邮政即第六卷中华人民共和国邮政(待出)。

《新编中国邮政通史》坚持立足史实,贯通古今,去粗取精,去伪存真。既吸收和借鉴前人研究成果,又力求不囿旧说、有所创新;既全面反映邮政历史,又突出不同时期的行业特点,点面结合、古今关照;既讲求学术性、科学性,又注重大众性、可读性,从而实现理论与实践相统一、观点与材料相统一、提高与普及相统一。

《新编中国邮政通史》之所以“新”,主要体现在以下方面:

一是以习近平新时代中国特色社会主义思想为指导,牢牢把握中国邮政通史纂修的思想主线、理论主线、学术主线,是中国邮政通史编著的鲜明底色,也是新时代中国邮政史研究区别于其他任何邮政史研究的根本标志。把握好习近平新时代中国特色社会主义思想的世界观和方法论，坚持好、运用好贯穿其中的立场观点方法，是中国邮政通史编著把准政治方向、学术导向和价值取向的关键，是中国邮政通史编著实现理论创新的根本要求。只有毫不动摇地以习近平新时代中国特色社会主义思想为灵魂和旗帜，并贯彻落实在邮政通史编著全过程、各方面，才能更好地基于对中国邮政历史的系统性研究、整体性研究、全局性研究，更加科学、客观地认知中国邮政历史，更加准确地揭示中国邮政历史的本质内涵、内在特征、客观规律，从而以中国邮政通史展现中国特色社会主义文化的深厚历史底蕴和强大活力。

二是聚焦于长时段、全局性、多要素的中国邮政史，科学总结邮政发展历史规律。《新编中国邮政通史》将中国邮政发生、发展、变化的演进历程，寓于历史长河中予以贯通性考察。重点围绕"组织机构、邮政（邮驿）网路、管理制度"三个核心要素，展开对不同历史时期邮政的研究。其中，"组织机构"主要研究历朝历代中央和地方政府两个层面上管理邮政通信的部门机构，凸显出邮政作为政府的重要组成部分和国家重要基础设施的特点；"邮政（邮驿）网路"主要研究历朝历代邮政通信传递线路、网点，彰显邮政实物传递网全网协作的行业特征；"管理制度"主要研究历朝历代邮政通信运行中的管理制度与法律法规，阐释各个历史时期邮政治理的体制机制和实践成效。虽然以上三个方面，在不同历史时期有不同内涵，但构成了中国邮政史上具有共性特征的核心要素。

三是揭示了邮政在国家治理中的显著地位，及其在经济社会发展中的突出作用。通过对中国古代邮政、近代邮政、现代邮政历史的深入研究，可以清晰地看到，邮政是国家机构的重要组成部分，承担着国家有组织的通信职能。虽然不同时期有不同名称，但邮政作为国家通信机构的属性不变。因此，邮政成为历代国家治理不可或缺的重要组成部分。而且，伴随着社会的发展进步，不断赋予邮政新内涵，推动邮政服务领域持续拓宽，邮政业务范畴持续延展，使传统邮政一步步向现代化转型，形成了现代邮政的信息流、物流、资金流、商流等功能。可以说，时代发展和社会进步是邮政事业行稳致远的动力源泉；而邮政事业是时代发展和社会进步的强大支撑力。两者相辅相成，互寓其中，构成辩证统一的关系。

四是充分展现了中国共产党是领导中国邮政事业繁荣发展的核心力量。中国邮政历经风霜,饱受磨难,艰难跋涉。特别是1840年鸦片战争以后,中国逐步成为半殖民地半封建社会,国家蒙辱、人民蒙难、文明蒙尘,中国邮政同样经历了长达百余年的屈辱历史。尽管1911年辛亥革命后,大清邮政变成了中华民国邮政,但邮政主权仍然为外国侵略者所操纵。1921年7月,中国产生了共产党,这是开天辟地的大事变,中国革命的面貌从此焕然一新。从此,党领导的人民邮政事业开启了新纪元。

《新编中国邮政通史》首次系统反映了新民主主义革命时期,中国共产党领导下的交通邮政从无到有、从小到大、从弱到强、不断发展壮大的艰苦卓绝奋斗历程,记述了交通邮政不仅完成了为党政军服务的任务,而且有力维护了根据地和解放区人民群众的通信权益,为夺取新民主主义革命伟大胜利作出了独特贡献。同时,《新编中国邮政通史》以厚重的篇幅,充分记述了在中国共产党的领导下,新中国邮政事业所走过的光辉历程,讴歌了中国邮政创造出的一个个前所未有的发展成就。

五是《新编中国邮政通史》共200多万字、图片200多张,史料丰富、图文并茂,是目前中国第一部多卷本论述邮政历史的著作,全面系统地记述了中国邮政形成、发展的历史,全方位展示了中国邮政的历史图景、内在机制和演进路径。我们力图以更加全面、更加丰富、更加充分的事实和材料,透过纷繁复杂的历史表象,探寻中国邮政历史演进的实践逻辑和理论逻辑,以便更好地认清历史本质,更好地把握历史规律,更好地滋养当代中国邮政。

纵观中国古代邮政、近代邮政到现代邮政的发展历程,可谓内涵丰富、博大精深,围绕中国邮政的特征,我们得出以下基本认识:

政治性——邮政既是国家机构的重要组成部分,也是维护国家机器运行和实现国家有效治理的重要保障。自国家产生以来,邮政就置于国家治理体系中,历朝历代设置机构和官职、建立制度、规范管理、保障邮路畅通。在当代,邮政在国家政治、经济、文化、军事、外交等方面发挥着越来越重要的作用。

服务性——邮政是服务行业,经过长时期发展,中国邮政已经成为集信息流、物流、资金流、商流于一体的多元化经营的产业。总体而言,邮政服务包含两个方面，一方面是按照国家规定承担普遍服务、特殊服务，另一方面是根据市场需要，按照企业经营的原则和价值规律，提供商业化服务。从邮政发展历史看，服务领域不断拓展，服务对象不断扩大，服务手段不断创新，形成了“人民邮政为人民”的服务宗旨和“迅速、准确、安全、方便”的服务方针。

文化性——邮政是书信的传递者，也是书信文化的传播者。书信文化是中华优秀传统文化的组成部分，蕴含着爱国敬业、诚信友爱、崇德向善等中华传统美德，具有重要的历史价值和时代价值。邮政经营报刊、图书等出版物的发行，被列入国家发展重点文化产业内容，通过遍布城乡的邮政网，及时将党和政府的声音传递到千家万户，促进了社会主义物质文明和精神文明建设，满足了广大人民提高科技文化水平的需求。邮政发行的邮票不仅是预付邮资凭证，还具有政治宣传、文化教育、艺术欣赏等文化价值，被誉为“国家名片”。邮票如同形象的百科全书，方寸之间反映着国家的历史文化、发展成就和风土人情，成为传承中华文化的重要载体。

先导性——邮政业是国家重要的社会公用事业。当今时代，虽然信息通信业迅猛发展，邮政传递信息的邮件减少，但是随着电子商务的蓬勃兴起，网购和快递等新业态异军突起，邮政业成为服务人民群众生产生活、促进消费升级、畅通经济循环的现代化先导性产业。

全网性——邮政通信是组织严密、运转灵活的社会化大生产系统。邮件的传递过程要经过众多作业环节环环相扣、紧密衔接才能完成。全程全网联合作业是邮政生产的特点，这就要求在管理上必须全国统一，统一规范，统一步调，不得各自为政、自行其是。

国际性——伴随着时代发展，国家和地区间的交往日益增多，邮政在国际和地区交流合作中发挥着不可替代的作用。1874 年成立的万国邮政联盟，是有关国际邮政事务的联合国专门机构。中国于 1914 年加入万国邮政联盟，1972 年恢复合法席位。目前，中国与世界 200 多个国家和地区建立了通邮关系，在中国与世界之间架起了一座座邮政桥梁，为连通中国与世界，为构建人类命运共同体扮演着独特角色、发挥着独特作用。

编纂多卷本《新编中国邮政通史》，是一项具有开创性的浩大工程，其间充满艰辛和挑战。其历时之久、参与人数之多、学术组织工作之繁杂，在同类著作编纂中都是不多见的。每一位参与其中的同志始终以奋斗的姿态、以永不懈怠的精神和对历史负责、对人民负责、对中国邮政负责的态度，全力投入、一丝不苟，努力编纂经得起历史和时间检验的精品力作。

我们深知编纂一部有思想深度、具创新意义、能传古信今的《新编中国邮政通史》绝非易事，限于我们的能力和水平，疏漏或舛误之处在所难免，恳请广大读者予以批评指正。

目　　录

先　秦　篇

秦 汉 篇

魏晋南北朝篇

先 秦 篇

中国远古先民很早就开始了通信活动。在尧舜禹时代即原始社会部落联盟晚期,出于管理部落事务和部落间联系的需要,已经出现了通信组织。

夏、商、周时期正是中国奴隶制国家形成、发展、繁荣和向封建制国家转变的时期,不少考古发现、史籍记载,向世人展示了这一时期国家通信的出现、逐步发展的生动景象:通信管理组织及其体系逐渐完备起来,开辟了以王朝都城为中心、覆盖全国的网路,制定了相应的管理制度,等等。

夏、商、周时期建立了比较成熟的邮政通信体系,这主要体现在:第一,通信由国家组织管理,国家是通信的组织者、管理者。国家的行政管理,使得通信产生了相应的组织及层级关系和与之相适应的通信管理制度,如组织机构、文书制度。第二,通信是跨越一定空间传递实物载体信息的活动,因此,在空间上便有它的适当分布形态以及将通信空间分布联系起来的网路,如四通八达的邮传网。第三,通信是利用社会已有的物质技术条件进行的组织活动,如各个时期的交通状况、基础设施、信息媒介、运输工具等;运用系统、集成、安全、效率等方面的思想理念管理通信等。先秦时期的邮政通信制度为秦汉时期邮政的发展奠定了基础。

第一章　邮政的起源

通信是人类社会不可或缺的活动，有了人类社会，就有了人类的通信活动。在原始社会，人们使用多种通信方式相互联系、沟通信息，这是原始的通信活动，还没有形成大规模的、有组织的通信体系。随着社会经济发展和交往不断扩大，原始社会向奴隶制社会过渡，国家逐渐诞生。为了适应国家行政管理和军事上的需要，有组织、大规模、高效能的通信体系也逐渐形成，从而孕育出了邮政。因此，邮政是人类社会发展到一定历史阶段的产物，是国家控制和管理下的有组织的通信活动。

第一节　原始通信

中国是古人类发祥地之一，距今 200 万年，中国就出现了远古的人类活动，他们在生产生活中必然发生各种各样的联系，通信联系便是其中之一。在文字发明之前，远古先人是用以物示意、符号、图画等方式进行通信联系的。

以物示意即实物通信，就是把某些实物直接拿来表达思想或者传递信息。在新中国成立前，云南的一些少数民族还处在原始公社阶段，他们还使用原始的以物示意的通信方法，如景颇族有些部落，人们把辣椒送给朋友，表示自己遇到了很大的麻烦；佤族的青年人把一片叫“得郎”的树叶送给他的女朋友，表示请她去赴约会；在佤族中，如果送的是一块结晶的方盐，中间钻个小孔，就表示困难问题已经解决了的意思。① 景颇、傣等少数民族通常采摘唾手可得

① 童新远编写：《中国历史小丛书——邮电史话》，中华书局 1962 年版，第 3 页。

的树叶来传达各种意思,这种通信方式被形象地称为树叶信。树叶信属于实物通信的原始方式——约定信物,俗称"以物传情"。云南德宏州景颇族假借树叶读音表意,如蕨菜叶,景颇载瓦语叫"德拉姆","拉姆"与"出走"一词同音,蕨菜叶就表达"父母不同意也要远走高飞"。橄榄叶叫"甚雀",与"追随"同音,引申为"你走到天涯海角,我也要追随你"。景颇族树叶信已经是比较成熟的物件记事形式,复杂信息是按逻辑把树叶依次排列,要么以藤或绳子串起来,要么捆成一束。一封信常常由数十片树叶编排而成。每种树叶的表意,在一定范围内尽人皆知。除树叶外,植物的根、茎、花、果及包括人造物在内的其他小物件都可以表达特定的含意。

景颇族树叶信陈列场景。树叶信为 20 世纪 80 年代实地征集。中国邮政邮票博物馆邮政史展厅陈列。

远古先人还通过一些具体的形象性符号(如结绳符号、木刻符号)和一些具有特定含义的符号、图形进行通信联系,这实际上是实物通信的简化和抽象化。为了记事,人们逐渐发明了在绳子上结扣、在器物上刻痕等方法,即结绳记事、刻木为契,并把它们用到通信上,以传递信息,表达一定的含义。在云南,傈僳族黑麦燕带着他的侄子一起生活,自侄子进家之日起,每供一个月的生活费,就在绳上打一个结,用以记录供养时间。佤族人用结绳记录复杂的债务。一根绳子的上端有三个大结,表示借出三元滇币;中间一大结一小结,表示半年利息是一元半滇币;下端三大结,表示已经借出三年了。[①] 福贡地区傈僳族在20世纪50年代还用木刻给地方干部写信:左端三条竖线表示三个人,右端长短不齐的三条竖线表示三件礼物。两端竖线之间"○"为月亮之形,"×"是见面符号。信的内容是:我们在月圆时见面,现送上大中小三件土产品,分别给大中小三位领导。[②] 纳西族人用象形图画通信。符号、图形通信比实物通信有一定进步,可以表达稍微复杂的信息,但更复杂的信息内容还很难准确完整地反映出来。由此可以想见,中国远古先人就是用以上这样的方式进行着情感、思想、信息的交流与联系。

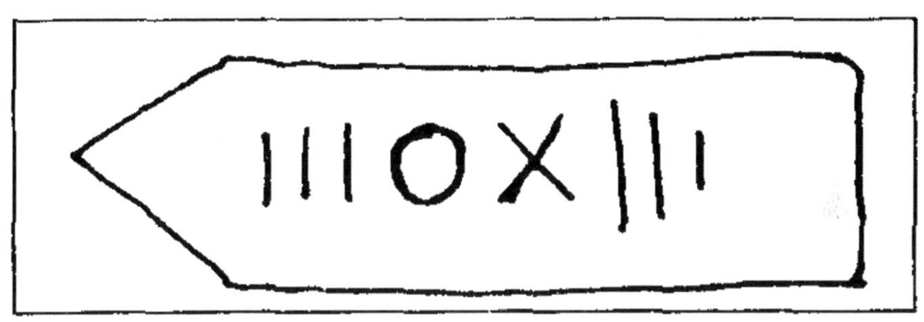

刻木通信。引自刘广生、赵梅庄编著:《中国古代邮驿史》(修订版),人民邮电出版社1999年版,第29页。

第二节　五帝时期的通信

原始部落首领出于管理部落内部公共事务以及维持部落间联系的需要,部落的通信活动较以往更加频繁。原始部落内部及部落间出现了一些约定俗成的通信方法,传递的基本是口信或相互可理解的具有特定含义的信物。随着部落联盟的出现,联盟首领(比如中国史籍记载的五帝——黄帝、颛顼、帝喾、帝尧、帝舜)处理的事务越来越多,权力也越来越大,部落首领逐渐获得了

① 刘广生、赵梅庄编著:《中国古代邮驿史》(修订版),人民邮电出版社1999年版,第28页。

② 刘广生、赵梅庄编著:《中国古代邮驿史》(修订版),人民邮电出版社1999年版,第29页。

广泛的政治影响力，为了传递信息的需要，逐渐产生了与之相适应的通信活动。

《史记・五帝本纪》描述了黄帝“合符釜山，而邑于涿鹿之阿”的史事。符又称符节、符信，多以竹、木、玉、骨等为材料，制成后一分为二，供持有者双方印证，即合符。合符是中国流传久远的信物制度。司马迁记载的黄帝“合符釜山，而邑于涿鹿之阿”的史事表明，黄帝联合各部族代表，统一符契，组成了统一的部落联盟，并在涿鹿山山脚下建立都邑，奠定了华夏统一的基础。司马迁还写道，为了加强与各部族的联系及对各部族的掌控，黄帝还“置左右大监”。司马迁记载这两则事例，说明黄帝在统一各部落的过程中，也统一了维持各部落间信息传递的符契制度。

同样，在《五帝本纪》中也有关于颛顼、帝喾、尧、舜与通信有关的记述。颛顼“静渊以有谋，疏通而知事……”，这是说颛顼是一位沉静、博识和有谋略的人，他能很好地处理与各方面的关系，从而能及时了解和把握各方面的信息。帝喾“聪以知远，明以察微”，描述了帝喾获知信息的能力十分惊人，即无论信息的远近、大小，帝喾都能很快了解到。尧“其仁如天，其知如神”，这更是神话般地说明尧的仁德、智慧，以及由此而来在掌控信息基础上的处理解决实际问题的能力。舜“乃至于文祖，谋于四岳，辟四门，明通四方耳目，命十二牧论帝德，行厚德，远佞人，则蛮夷率服”。主要是说舜在位时如何选贤任能的故事。为了选贤任能，舜到文祖庙，与四岳商议，开放四门，使各地的百姓都可以反映情况，要求十二牧评论帝应当具有的德行，认为可以任用的贤人应该具有美好品德。

从《史记・五帝本纪》的记述中可以看出，部落联盟时期的通信活动从简单到复杂，从合符到民主征集部落成员意见，通信组织已经在部落联盟晚期应势而生。据《尚书・舜典》记载，舜对龙说：“命汝作‘纳言’，夙夜出纳朕命，惟允。”孔传：“纳言，喉舌之官，听下言纳于上，受上言宣于下，必以信。”可见，舜在位时置有“纳言”官，其职责是专职从事上情下达和下情上传的工作。结合《史记・五帝本纪》有舜“明通四方耳目”的记载。这两则古籍所载与考古资料相互印证，说明此时通信组织已经存在了。

到部落联盟末期，在传递工具上中国已经出现了舟车。《汉书・地理志》

说黄帝“作舟车以济不通，旁行天下，方制万里”。传说黄帝因发明了舟车，所以取名轩辕氏。《史记·五帝本纪》记尧驾白马，乘朱红色的车。可见车制作技术的发展，尧乘坐的车已经比较讲究了。舜乘车巡守四方，行车的范围比黄帝更广。大禹治水时，亦陆行乘车，水行乘舟。舟车的应用使得远距离通信变得更为容易。

随着国家的产生，为了维系国家统治，一套收集、处理、传递实物载体信息的通信组织便成为国家机构的重要组成部分，形成了服务国家统治的通信活动，这样，邮政随着奴隶制国家的建立而产生了。

第二章 夏商周时期的邮政

夏(约前21世纪—约前17世纪)是中国历史上第一个奴隶制国家。为了保障国家的正常运行,出现了有组织的通信。中国邮政通信起源于夏朝,从有文字记载的殷商算起,也有3000多年的历史,已经形成了有组织的通信网路。周朝是中国从奴隶社会向封建社会转变的时期,在社会经济发生变革的同时,周朝的通信也逐步得到发展,形成了自己的特点。到春秋战国,邮传已比较普遍。孔子曾说,"德之流行,速于置邮而传命",说明当时邮传的普及。周朝的邮传通信,为以后各代邮驿的发展奠定了基础。

先秦时期,邮传在政令军情传递、官使接待、物资运输三个方面发挥着重要作用。邮传发展的根本动力来自国家政治、军事的需要,所以,它与王权政治互为条件,既是权力拓展、军事扩张的结果,又是其得以实现的必要条件。同时,邮传的发展又依赖于交通的发展,经常成为国家修筑道路、开辟交通线路的主要动因。① 邮传对先秦时期国家的治理发挥了重要作用。

第一节 夏商时期的通信

一、夏时期的通信

夏朝出现了中央政权的等级结构和中央与地方的分级治理。"茫茫禹迹,画为九州,经启九道"②,说明夏朝已经将开辟交通作为治理国家的基础。

---

① 刘文鹏:《清代驿传及其与疆域形成关系之研究》,中国人民大学出版社2004年版,第20页。

② 杨伯峻编著:《春秋左传注》,中华书局1981年版,第938页。

夏朝的通信较以往更为活跃。

夏朝设有行令官,负责传达政令收集民情。《尚书·胤征》记载"嗟予有众,圣有谟训,明征定保。先王克谨天戒,臣人克有常宪,百官修辅,厥后惟明明。每岁孟春,遒人以木铎徇于路,官师相规,工执艺事以谏。其或不恭,邦有常刑"。这是胤侯受命出征前对下属的训话,其中谈到每个社会成员都要遵从自己的职守,官员要遵守常规,修治职事,相互督促向善,否则就要受到惩罚。从该段训话中可以看出,夏朝已经设置了很多官职,其中包括"遒人"一职。"遒人"的职责是每年孟春时节拿着木铎在道路上宣布教令,并征询民众的意见。杜预注:"遒人,宣令之官。""遒人"亦称行人,颜师古注:"行人,趟(遒)人也,主号令之官。""遒"通"辅",遒人亦称"辅轩之使",辅轩是一种轻便的小车,可见遒人还是享受了相当礼遇的高等信使。

夏朝还设有管理通信设施的官职。夏朝设有"车正",其职责是管理车旅,《左传·定公元年》记载,"薛宰曰:'薛之皇祖奚仲居薛,以为夏车正。'"这里记述的是定公元年薛国臣宰与宋国臣宰仲几在围绕修筑成周城墙工程对话时,薛国臣宰追忆薛国先人奚仲曾做过夏朝车正的史事,由此表明夏朝曾有过掌管车及车用制服事务的官职。夏设有"牧正",其职责是管理牲畜;设有"庖政",其职责是管理膳食。夏朝的这些官职都与交通通信有密切关系。

夏朝的交通工具至少有车、舟、橇、檋。据《史记》记载,夏禹治水时"陆行乘车,水行乘舟,泥行乘橇,山行乘檋"①。

二、商时期的通信

商朝(约前 17 世纪—约前 11 世纪)的疆域"左孟门,右太行,常山在其北,大河经其南"②。即今北到辽宁,南到湖北,西到陕西,东到海滨的广大地区。要在这样广阔的疆域内维系商王的统治,通信联系不可或缺。

从文献记载可以知道,商朝已经建立起比较完备的国家机器,设有各种职官,建立了常备武装(左中右三师),订有典章制度、刑法法规等。其中与通信

① 《史记》卷 2《夏本纪》,中华书局 1959 年版,第 51 页。

② 《史记》卷 65《孙子吴起列传》,中华书局 1959 年版,第 2167 页。

有关的官职有牧正，主管王室畜牧；车正，掌管商王车辆事务；服（又称仆、御），为商王御车。至于商朝具体的通信活动，根据历史文献和考古资料，尤其是对出土的殷商时期甲骨文的释读，可以看出这一时期通信活动的概貌。

在甲骨文卜辞中还有不少关于商朝通信活动的记述，其中“逕”字出现较多，据古文字学家于省吾先生研究认为，“逕”是商朝为沟通往来、传递信息而建立的“逕”传制度①，包括传递者（即“逕”者）和传递方式（即“逕”传）。如“己卯贞，逕来羌，其用于父丁。”“丁丑卜，狄贞，王其田，逕往。”②这些材料证明，“逕”在当时是商朝与各地诸侯之间的通信使者，使用非常频繁，并受到商王的特别重视。“丑其逕至于攸，若。王占曰：大吉。”占卜是商朝政治生活中比较重要的事情，商王为“逕”的出行进行占卜，可见“逕”在当时的政治生活中已经有了重要影响。③

商朝的“逕”，既有下情上报，如“逕来”；也有王命下达，如“王令逕——于西土”；商王出巡和田猎也将逕者带在身边，如“王其田，逕往”。不仅王朝设“逕”，诸侯部落和臣属领地也设“逕”，如“逕”“使其逕”；除“羈”用于逕者止宿外，还在无“羈”之处设立专门的逕所，供逕者也为王者提供食宿。④

另外“嬉”字也和通信有关。郭沫若在《卜辞通纂》《卜辞通纂考释》中列有记载通信的甲骨三片。其内容为：某日“来嬉自北”“来嬉自西”，某某告曰：“土方牧我田”“俘人十有五人”等。郭沫若考释认为：甲骨文中的“嬉”，即古之“鼓”字，属于象形文字（鼓旁有人戍守）。因此，可以说“嬉”是从古老的击鼓传声通信方式演化发展而来的专门负责通信的人员，是边境守将派人向商王报告敌人入侵的情况。

盘庚迁殷后，殷成为商王朝活动的中心，其交通线主要有：往北沿太行山东麓，经今河北北部，直达今辽宁西部地区；向东可达今山东境内，再向南进入

① 刘广生、赵梅庄编著：《中国古代邮驿史》（修订版），人民邮电出版社 1999 年版，第 43—44 页。

② 刘广生、赵梅庄编著：《中国古代邮驿史》（修订版），人民邮电出版社 1999 年版，第 44 页。

③ 刘文鹏：《清代驿传及其与疆域形成关系之研究》，中国人民大学出版社 2004 年版，第 23 页。

④ 姜希河总编：《中国邮政简史》，商务印书馆 1999 年版，第 2 页。

今江苏北部;往西,沿太行山南麓,可进入今山西南部。这些通道也是通信干道,道路间设有停驻的据点,并出现了车递。商王与其所属方国间皆以信使进行联络。信使将携带的商王的旨意,以“令”“呼”“取”“比”等名目传递给相应的方国,方国则常以“告”的方式向商王报告警情。

在商朝的通信活动中,除有车递外,还有水上交通工具“舟”,“在卜辞中有‘命析(制造)舟’‘得舟’‘来舟’,‘王其牵舟于河’,‘王其牵舟于滴’”。① 卜辞中的这些记述,不仅表明了商朝能够造舟,而且商王已经使用舟作为济河渡水的工具。

总体上看,商朝的通信与礼仪、祭祀等活动及军事征伐紧密相连。通信传递的主要内容是政令、军情、宗教祭祀信息。通信是为了维护商王统治、彰显商王权威、加强对各方国的控制和对外征伐的需要。

第二节　西周时期的邮传

西周(前1046—前771)天子管辖的诸侯国疆土,北方东北抵辽东半岛,西至今甘肃渭河上游、陕西南部一带,东到山东半岛,南至长江,东南抵长江下游和太湖流域,势力所及还达巴蜀一带,面积远比商朝大得多。周王除了把同姓宗亲和功臣谋士分封各地,建立诸侯国,强化国家机器外,还将加强对各诸侯国的联系与控制作为周王维护统治的重要手段。这样,邮政通信在周王维护国家统治中显得十分重要。

一、邮传的组织管理

西周建立了负责管理通信的组织和官职,分工较为清晰。

天官冢宰。它是周王下执掌军政要务的总管,管理众官,自然也是通信的总管,并对通信负有监督职责。

地官司徒。它是地官的主管,主管民事,其下有“遗人”一职,负责物资供

① 刘广生、赵梅庄编著:《中国古代邮驿史》(修订版),人民邮电出版社1999年版,第42页。

应;“掌节”一职,负责通行凭证的管理;“委人”一职,负责接待。

春官宗伯。它负责内外文书的起草与奏报上呈。

夏官司马。它负责军事通信以及紧急文书的传递,其部属与通信有关的都是负有特殊使命的人员,其中“候人”,掌管边境道路的司察与禁令,分派属下在道路中探听消息和迎送宾客;“大仆”,除负责传达周王的政令、回禀群臣的奏事外,还要管理路鼓;“虎贲氏”,为周王的随从与护卫,承担战时向诸侯传达征兵的命令。

秋官司寇。它总管司法刑狱事务,其属下的“野庐氏”,负责道路等设施的维护;“大行人”负责接待重要的使臣;“小行人”掌管接待诸侯的使者;“行夫”具体主管传遽,为日常通信的主要执行者。

二、邮传网路

西周建立了以首都丰镐为中心的邮传通信网路,围绕镐京的是京畿地带,方圆千里,京畿四面共有 12 个关口,出关以后,沿着大道可直达各地。主要通道有:

两京道。西都镐京与东都洛邑间的大道,该道西起丰镐地区,向东经郑国(今陕西华县),进入伊洛平原,再向东到洛邑。

西行道。从镐京往西,经今宝鸡、凤翔,可达夨、散等西部诸侯封国。

巴蜀道。由镐京向西南行,经大散关、周道谷,直通巴蜀。

东方道。从东都洛邑,经桧国(今河南郑州南)、谭国(今山东济南),到齐国(今山东临淄以北)。

南方道。一路从镐京出发,经今陕西蓝田入骁关,再到商县武关,进入河南淅川境内,直达申国(今河南南阳),向东通往曾国(今湖北随县);另一路从洛邑出发,过轘辕关(今河南偃师市与登封市、巩义市交界处)南行,越汝水,经城父(今河南宝丰)、鲁阳关、西鄂(今河南南召县),到达申地。

东南道。从洛邑起,经伾(今河南荥阳市汜水镇)东南行,经桧、蔡(今河南上蔡),至誅(今河南东、安徽西北)、巢(今安徽巢湖附近),直达淮夷地区。

北方大道。一起自镐京,经今山西永济渡黄河,到达韩国(今山西河津、万泉一带),再沿汾水北上到达今晋中一带;一起自洛邑,经伾,沿东北经过卫

(今河南北、河北南)、邢(今河北邢台),直达燕国(今北京一带)。

上述通道设施较前代先进,道路宽、平整,有维护道路的夫役,设有休息处所,如设施较为齐全的馆舍,设施较简陋的路室。

三、邮传方式

西周采取专人传递,分别有步传和车传,如“徒”“邮”“传”“遽”“驲”等。尤其是边境通信,一般派专人传送。“徒”是徒步递送,在专使通信中,大部分由级别较高的官员担任,只有“行夫”是低级专使。一般百姓以徭役形式参与通信,主要从事军情通报、侦察、守卫烽亭、馆舍的杂役等。他们被称为“边人”“候人”或者“徒遽”(步传)。《说文·邑部》:“邮,竟(境)上行书舍也”,“传”“遽”“驲”则与车、马有关。“传”是西周时期的交通工具,在通信上使用比较普遍。《诗经·大雅·江汉》记载:“江汉汤汤,武夫洸洸,经营四方,告成于王。”郑玄注:“克胜,则使传遽告成于王。”郑玄解释,西周末年召公(虎)受命征伐取得胜利后,使用传遽将捷报报告给周宣王。

周王的诏令、命书,上下之间的信息传递,以及各级官府之间的文书往来都是通过以上这些通道进行传递的。其传递的基本模式是周王通过中央各机构派遣使者向京畿、各诸侯甚至周域外的部族传达。另外,在周王与群臣之间也有负责沟通信息的使者。

第三节　春秋时期的邮传

东周分为春秋(前770—前453)、战国(前453—前221)两个时期,从国家形态上看与西周没有什么区别,但这是一个周王室衰落和诸侯国崛起并最终取代周王室的过程。由于周王巩固王权,各诸侯国发展经济、交往及兼并战争的需要,通信联络更加频繁和密切。因此,与西周时期相比,春秋时期的通信有了更进一步的发展。

一、邮传组织

春秋时期,用邮传递政令、军令已经很普遍,而且传递速度已经比较快。

在《孟子·公孙丑上》记述了孟子与弟子公孙丑在讨论王道与霸道，王道倡导德政时，孟子复述先贤孔子的话，“孔子曰：‘德之流行，速于置邮而传命。’”①这反映了春秋时期用“邮”这种通信组织来传递政令已经较为普遍。

邮是一种步递，那些具体负责传递的人被称作邮人，其地位一般较为低下。另有一种步递称为徒遽。还有车递，即车传，车是春秋时期主要通信工具，主要有遽、传、驲等，比起西周时期，这些通信组织和交通工具又有了进步。

遽是一种车传的组织。齐桓公被认为是目前已知的第一个设置“遽”的王侯，其规制是30里一设。在遽中储备“委”以供来往者使用，使臣一到，遽的负责人要派手下人准备车辆，载装行装，使臣休息时让人乘间喂马，替使臣准备食物，并发给通行证。春秋时期，统治阶层凡事遇紧急即乘传遽出行。《周礼·秋官司寇·行夫》有“行夫掌邦国传遽之小事”②，即掌管与诸侯国交通之用的传遽车辆。“遽”的组成人员叫“遽人”。“遽人”报信是王侯御者在突发事件时的应变之举，属于由统治者的近侍构成的邮传组织。

遽，细分之下又有遽人、边遽、传遽之别。

遽人，《国语》卷一五《晋语九》：“赵襄子使新稚穆子伐狄，胜左人、中人，遽人来告，襄子将食，寻饭有恐色。”新稚穆子，春秋晚期晋国大夫。赵襄子派新稚穆子去讨伐中山的狄人，攻取了左人、中人二地（皆在今河北唐县境），当传递消息的遽人来告时，襄子正准备吃饭，听到报告一边将饭捏成团，一边脸上露出恐惧的神色。也就是说新稚穆子攻取左人、中人，大出赵襄子所料，同时也反映出遽人报信的迅捷。遽人，首先是作为驾驶遽车的驭手，因为遽车的轻便快捷，才担当起紧急报信的任务。

边遽，《国语》卷一九《吴语》：“吴、晋争长未成，边遽乃至，以越乱告。”哀公十三年（前482），吴王夫差为与晋国争霸而北上举行黄池（今河南封丘西南）之会，不想越王勾践却乘虚而入大败吴师，杀了吴太子，故有吴国“边遽”北上，报告“越乱”。吴王夫差率精锐之师长驱北上，必致国内空虚，为此安排轻车在吴国边境守候以应变报信，是可以想见的。这种安排下的“边遽”通信

---

① 《孟子·公孙丑上》，山西古籍出版社2006年版，第37页。

② （清）孙诒让：《周礼正义》卷73，中华书局2015年版，第3683页。

是军事所需的。

传遽,《左传》哀公二十一年,“群臣将传遽以告寡君”。这说的是公元前474年,鲁哀公和齐平公、邾隐公要在齐国一个叫顾(今河南范县东南)的地方结盟,因齐人责备从前哀公失礼,哀公这次早早到了两国边境之地的阳谷(今山东阳谷北)。齐国大臣闾丘息在此接待,见到哀公说:我等臣下将用传遽向齐君报告。等报告回来,国君您就未免太辛劳了。由于仆人没有准备好宾馆,请在舟道(齐地,今处不详)暂设行馆。哀公辞谢:哪里敢烦劳贵国的仆人!

> 齐闾丘息曰:“……群臣将传遽以告寡君。比其复也,君无乃勤。为仆人之未次,请除馆于舟道。”辞曰:“敢勤仆人!”

关于遽,最著名的史料来自《左传》僖公三十三年的弦高“使遽告于郑”,说的是公元前627年,秦军袭郑,要去洛邑卖牛的郑国大商人弦高走到滑国(今河南偃师西南),与东进的秦军相遇,弦高一边送去4张熟牛皮和12头牛,谎称受郑国国君之命犒劳秦军,一边“使遽告于郑”。

先秦关于轻车还有两个词“驲”和“传”,这几个词意思相近,《尔雅·释言》:“驲、遽,传也。”传是指传车,主要供使者乘坐,级别较低,一般用来征召大臣,通报紧要事项,如诰命、战争等。驲是供级别较高的人乘坐的传车,也在通信中使用。史料所见的传、遽、驲,以遽与通信有较为明确的关系。另外,到春秋后期,兵车逐渐被骑兵取代,单骑也开始应用到通信中。

二、邮传网路

春秋时期,大小诸侯国有170多个,较大的诸侯国有秦、晋、齐、楚、鲁、卫、燕、吴、越等14个。平王东迁后,以洛邑(今河南洛阳)为国都,全国交通中心也由丰镐移到洛邑,东通宋、鲁、齐,西至秦、陇,南连楚、吴,北达晋、燕。

春秋时期作为邮传通信基础设施的道路交通较为发达,建立了以都城洛邑和各诸侯国国都为中心的道路交通网路。

东向道。自洛邑东行,出虎牢关至管,续东行至宋都商丘,再东行,达今江淮地区。自商丘,折而北行至曹都陶丘(今山东定陶西南),东北行至鲁都曲阜、齐都临淄。

西向道。自洛邑西行,出函谷关,经郑、戏、镐、雍(今陕西凤翔)通陇西

(今甘肃临洮县)。

南向道。自洛邑南行:一路达宛(今河南南阳),再向东经繁阳(今河南新蔡),达夏汭(今安徽寿县);一路经阳城(今河南登封),过许至陈国(今河南淮阳),再经项(今河南沈丘),达下蔡(今安徽凤台)。

北向道。一自洛邑渡黄河,经孟津、阳樊、绛,到晋阳(今山西太原)。或自野王(今河南沁阳)北上,经泽州(今山西晋城)到达晋阳。一自洛邑渡黄河,沿太行山东北麓向东北行,经邢丘、安阳、邯郸抵燕都蓟(今北京西南),东行到达辽西一带;或自蓟西北出居庸塞,到达无穷之门(今河北张北)。

第四节 战国时期的邮传

战国时期是中国历史上继春秋时期之后的大变革时期。经过春秋时期旷日持久的争霸战争,周朝的诸侯国数量大大减少,韩、赵、魏三家分晋后,三国皆跻身强国之列,又经田氏代齐,形成了秦、楚、齐、燕、赵、魏、韩七雄争霸的局面。为了争霸胜出,各国加强集权,竞相改革,郡县两级行政区划普遍推行。随着官员们前往各地就任,中央与地方的日常行政通信随之展开,保障通信安全与时效的各项制度随之创建。

一、公文传递

战国时期,诸侯国先后建立了集权的官僚体制,在地方上推行郡县制,为兼并战争和维系侯国统治的需要,以公文及公文传递来达成对国家治理和对社会管控的手段得到推广和发展。随着大量行政文书的运作,公文传递制度也上升到律令层面。

在战国公文体系中,根据不同的行文关系,一般分为上行文、下行文、平行文。战国时期,以上行文和下行文占主导地位,行文内容较为繁杂,反映社会生活各方面。在下行文中,国君的旨意占相当的分量。国君的下行文在秦国一般简称"命书",楚简称"王命"。这种具有最高行政和司法效力的指令性文书,需要各级部门不折不扣地执行,因而也就对文书送达有了严格的制度约束。如出土于湖北荆门包山大墓的战国中晚期楚简中有一批行政文书,抄录

了王命,以其中第135号简做一说明,该简背面有文字如下:

> 左尹以王命告汤公,舒庆告胃(谓),苛冒、桓卯杀其兄刃,阴之勤客捕得冒,卯自杀,阴之勤客或执仆之兄呈,而久不为断。君命速为之断,夏夕之月,命一执事人以至命于郢。①

这是一件由楚王向其最高司法长官左尹发起的要求地方司法长官断狱的指令书。这一案件的处理过程,也就是文书处理运作的过程。原来涉案被害人的弟弟名叫舒庆,对阴地司法长官在受理案件后久拖不决不满,由此直接上诉至楚王。楚王将处理该案的要旨传达给楚国最高司法长官左尹。左尹依职权将楚王对案件的处理要求转告地方司法长官——一个名叫汤公的人,要求他立即查办案件,并指定要在夏夕之月派一执事到楚郢都汇报案件处理情况。楚简第135号背面文字较为清晰地勾勒出了下行文书的处理程序。

《语书》是秦王政二十年(前227),也就是秦王政统一六国的六年前,南郡郡守腾对县道官员发布的告示。该告示分两部分,前一部分是关于公布和执行法律的文书,后一部分是关于对官吏要求的文书。《语书》中涉及的通信传递内容主要有:首先是《语书》发布的日期,开篇即言明"廿年四月丙戌朔丁亥",即秦王政二十年四月初二日;其次,传递方式是"以次传",同时特别强调"别书江陵,布",即另抄送一份到江陵,并在该地公布,文件送达江陵的方式是"以邮行";再次,对上下级间文书的传递有所记述,如各县、道收到该文书应"发书,移书曹",即应将该文书发往所属各曹,"曹莫受,以告府,府令曹画之。其画最多者,当居曹奏令丞,令丞以为不直,志千里使有籍书之,以为恶吏"。这是一段有关公文传递效力的说明,即各县道在收到公文后,发往所属各曹,如果属曹不受命,县道要向郡报告,由郡命郡的属曹进行查处,过失最多的吏所在的曹应向令丞申报,令丞认为该吏不公正,由郡官记录在簿籍作为恶吏向全郡通报。从《语书》的颁发可以看出,在当时的秦国,"以次行""以邮行"是官府文书传递的重要形式,而且已被广泛采用,说明秦国有了与日常行政紧密结合的邮传体系,传递的主要是官府文书。

在出土的秦简牍中,能见到以"命""告"文种传达中央政令的记述。1979

---

① 引自刘信芳:《包山楚简解诂》,台北艺文印书馆2003年版,第126页。

年,在四川青川出土了秦武王二年(前309)的《为田律》木牍,这一年份上距商鞅变法也就30年。青川《为田律》起首便书:“二年十一月己酉朔朔日,王命丞相戊(茂)、内史匽取臂……更修为田律。”该木牍记述的是秦武王二年,丞相甘茂和负责掌管法律事务的内史匽根据秦王的指令,参考秦地的田律,结合蜀地的实际,在蜀地更修颁行田律的史事。《为田律》得以在蜀地施行,正说明秦统一前秦国中央政令传达的力度和实效。

《为吏之道》为1975年在湖北云梦睡虎地秦墓出土的竹简之一。在该简主文后附有两条颁布于公元前252年的魏国法律,一为户律,一为奔命律。在律文起始有说明律文颁行日期“廿五年闰再十二月丙午朔辛亥”外,正文开始分别为“告相邦”“告将军”。根据律文内容可知,“告”的主体是魏国国君,国君以告的形式分别要求相邦负责户律的宣讲和执行,将军负责奔命律的宣讲和执行。

除了公文的形式、传递方式外,到战国中晚期,规范文书封拆的封印措施也成为文书传递的一项重要制度。战国之际,无论下达王命或传递公文,都必须用玺来封印。睡虎地秦简《为吏之道》:“口者,关;舌者,符玺也。玺而不发,身亦毋薛(辥)。”①意思是封印的公文不可擅自开启,否则就是犯法,这一条也表明了公文封缄与官印密切相关。秦统一六国前,玺无尊卑之分,云梦秦简所见律令有“公玺”一词,系指百官官印。

另外在包山楚简中有两片关于楚国漾陵邑的官员就户口查验事项递呈左尹文书的简,该文书中使用了一个词“厽鉨”。厽,即参;鉨,即玺。《包山楚简》整理小组的专家认为厽鉨即三合之玺。三合之玺即三次封印,因所涉文书是名籍户口档案,故每次启封查验后都要重新封缄,以防被人篡改。

即便是一些不封缄的公文,也会在作为公文载体的简牍上制作印窠以填入封泥并用印。秦王政九年(前238),长信侯嫪毐作乱,为征发县卒和卫卒,就假造了秦王御玺和太后玺来行文。②

睡虎地秦简《行书律》中的“行书”即递送文书,行书之书特指公文。

① 睡虎地秦墓竹简整理小组:《睡虎地秦墓竹简》,文物出版社1990年版,第176页。

② 《史记》卷6《秦始皇本纪》,中华书局1959年版,第227页。

总之，战国时期，至少在高度集权的秦、楚，公文及相应的传递环节都表现出律令化的情形。出土文献与传世文献所载亦相吻合，即君主专制的中央集权国家，必以文书传递来保证国家机器的运行。

二、邮传网路

战国时期，各诸侯国为发展经济满足兼并战争需要，交通受到重视，范围较春秋时更广，北至今内蒙古，河北张家口、承德，南至云南、广西北部，西至甘肃东南部及四川大部，东至朝鲜半岛及我国东南沿海，初步形成了以都邑为中心的交通网路。如燕国建立了以都城蓟为中心的交通路网；赵国打通了晋北与内蒙古、河北与山西间的通道，将晋北诸郡联通起来；魏国除注重陆路通道的建设外，还重视水上交通，将古黄河、济水与颍水、淮水通过开挖运河联成一体，又通过邗沟与长江联系起来；秦国开通了沟通陕西、四川的金牛道；楚国建立了较为发达的水陆交通网等。

东周时期道路有专门的官员管理，在道路上按照一定距离和标准设有供使臣休息的馆，在道路旁还开设有供行人使用的“逆旅、客舍”等设施。东周时期的道路设施，为邮传的运行提供了坚实的物质基础。

三、邮传方式

战国时期，在具体的传递方式上，派遣专差或专使，全程往返传递信息，仍占重要地位，越是重要的事，越要委派高级别的使臣去办。此外，大量的通信职能交由下层的吏、卒、客充任，但各国对他们的称呼不尽相同，如韩、楚称为“信臣”，齐国则叫“侯吏”，还有的称作“传言”，这些人负责传递以军事情报为主的紧急公文或普通的不值得发特使的公函，单骑在通信中的使用已逐渐增多。

另外，邮作为通信机构除在《语书》中记载有“以邮行”之外，睡虎地秦墓竹简《田律》中，也有关于邮的记载：

> 雨为湗（澍），及诱（秀）粟，辄以书言湗（澍）稼，诱（秀）粟及豤（垦）田暘毋（无）稼者顷数，稼已生后而雨，亦辄言雨少多，所利顷数。早（旱）及暴风雨、水潦、夆（螽）蚰、群它物伤稼者，亦辄言其顷数。近县令轻足行

其书，远县令邮行之，尽八月□□之。

其大意是，下及时雨和庄稼抽穗时要立即书面报告，报告的内容为受雨和抽穗的顷数，已开垦而尚未耕种的田地顷数；庄稼生长期下雨也要及时报告降雨量和受益的顷数。受旱涝、虫灾与其他导致减产的灾害，也要及时报告受灾的顷数。距都城近的县，由走得快的人专送报告，距都城远的县，由邮传送报告。从《田律》的规定可以看出，及时报告农情是县级政府的一项法定职责。农情报告的形式是正式的公文，公文上传的方式依距离都城的远近而有不同，距离近的，用专足传书，距离远的，以邮传递。由于农情，尤其其中涉及的天气变化等因素是一些不可事先预知的事项，因此，承担这种远距离的邮传一直处于一种随时待命的状态，由此可见，当时秦国的文书传递的通信系统已颇为完备，邮传通信系统已经非常成熟。

四、符节通信

由于战争的关系，战国时期的邮传更注重保密，开启了严密的公文传递制度，并使用邮传的证件或信物——符节，乘传遣使，必须持有凭证，以防伪诈。战国时期的符多指用以传达命令、征调兵将以及用于各种事务的一种凭证，节是指君主派出的使节所持的凭信，用以代表君主参与某项事务或作为出使他国的证明，因此，符节就成为一种以使者为中介，以出验相应的凭证为依据而进行的信息传递活动。战国时期，以符节为特征的信息传递活动在社会上应用较为广泛。

首先，符节作为调动的凭证受到各国重视，如官员的调动用符节，军事调动用符节，其中以虎符调动军队成为各国的一项制度。

虎符，铜制，作伏虎状，分左右两半铸成，皆有铭文，相合面有榫卯，以验证能否合符，防止诈伪。秦国法定虎符右半存君王处，左半存将领处，凡调动军队 50 人以上，必得右半虎符与将领手中的左半相合。虎符成为特殊形式的公文和通信凭证。历史典籍中有不少关于虎符调军的记载，如《史记・魏公子列传》中记载的信陵君窃符救赵的史事。此外，不少考古资料也以实物记录的形式，对虎符调军给以相应的佐证。如 1973 年在陕西西安南郊发现的杜虎符有错金铭文 9 行共 40 字：

杜虎符。引自刘广生、赵梅庄编著:《中国古代邮驿史》(修订版),人民邮电出版社 1999 年版,彩版 8 页。

> 兵甲之符,右在君,左在杜,凡兴土披甲,用兵五十人以上,必会君符,乃敢行之,燔隧之事,虽毋会符,行也。

相传发现于山东,现存海外藏家手中的新郪虎符。新郪虎符,铭文为:

> 甲兵之符,右才(在)王,左才(在)新郪。凡兴士被(披)甲,用兵五十人以上,会王符,乃敢行之。燔隧事,虽母(毋)会符,行殹。

其次,符节作为使者的一种身份凭证,在战国时期得到较普遍的认可,尤其是合纵连横促进了各国使节的往来。作为身份认可标志的符节种类繁多,如铜节、龙节、马节、雁节、鹰节等。《周礼·秋官司寇·小行人》:

> 达天下之六节:山国用虎节,土国用人节,泽国用龙节,皆以金为之;道路用旌节,门关用符节,都鄙用管节,皆以竹为之。①

小行人的职责是“掌邦国宾客之礼籍,以待四方之使者”;同时“使适四方,协九仪,宾客之礼,朝、觐、宗、遇、会、同,君之礼也,存、覜、省、聘、问,臣之礼也”。这些符节是使者的重要凭证。

最后,符节作为邮传的通行凭证,如《周礼·地官司徒·掌节》载:

> 掌节,掌守邦节而辨其用,以辅王命。守邦国者用玉节,守都鄙者用

① (清)孙诒让:《周礼正义》卷 72,中华书局 2015 年版,第 3612 页。

> 角节。凡邦国之使节，山国用虎节，土国用人节，泽国用龙节，皆金也，以英荡辅之。门关用符节，货贿用玺节，道路用旌节，皆有期以反节。凡通达于天下者，必有节，以传辅之。无节者，有几则不达。①

“以传辅之”的传是用于出示沿途关津，写有具体事项的通行文书。“无节者，有几则不达”一句，郑玄注有“圜土内之”，即缉查到无节的羁旅就要投进监狱一类的设施关押起来。为保障以官员为主的重要公务出行，就有了“皆以金为之”的节。古人凡铜皆曰金，从遗存实物看就是铜节。英荡，存放符节的画函，其作用大约在于有利保存符节并防丢失，这多少说明了符节使用的日常性。“门关用符节，货贿用玺节，道路用旌节”，这类大大超越了礼仪范畴的符节，兼有通信的功能。

为了加强邮传管理，邮传立法自然成为战国时期国家管理的重要内容，如秦国已经制定了通信方面的法律——《行书律》，这是中国迄今已知最早的有关邮政的立法，它的颁行表明邮政管理运行走上了法制化的轨道。

---

① （清）孙诒让：《周礼正义》卷28，中华书局2015年版，第1347页。

秦 汉 篇

秦汉开启了统一的大国形态，中央集权得到了加强，为了维护王朝统治和军事征伐的需要，邮驿体系与国家机器紧密嵌合，使得各级官府成为邮政运行的中枢。依据传递方式的不同，基层邮政组织分为以“邮”为主干的步递；由“传舍”和“置”构成的车递；以“驿置”和“驿”为名的马递。在邮驿网路上，秦构筑了以咸阳为中心的网路，汉在秦网路的基础上加以维护和拓展。秦汉时期的网路建设为邮政的运行及秦汉与域外的交往奠定了基础。

第一章　组织机构

秦汉开启了统一的大国形态，是中国两千多年王朝制度的奠基者，也奠定了中国古代邮政发展的基础。

秦汉时期，邮政基层组织依照传递方式的不同主要分为三种类型：(1)以“邮”为主干的步递；(2)由“传舍”(设于郡县治所)和“置”构成的车递；(3)以“驿置”和“驿”为名的马递。

第一节　管理机构

秦汉时期，中央集权得到极大加强。从中央到地方，各级行政机构环环相扣，形成庞大的国家行政体系，加上军事和监察，成为中国古代专制政权的三大系统。公文递送则有如神经脉络，各系统、各机构无不有与之对接的部门和人员设置。秦汉时期，从中央到地方，各级官府就是邮政运行的枢纽，这是由文书行政的性质决定的。秦汉邮政的管理实际是由中央、郡、县三级政府负责的，是由这三个行政层面的一些部门分担的。州后来虽然也成为一级行政区划，但州在地方邮政管理上没有发挥一级管理机构的作用。下面就将公文运行与邮驿结合起来，分中央与地方两个层面分别述要。

一、中央层面

秦代以来，有丞相、御史大夫、太尉主持中央政令的制定。秦汉时期的中央行政机制中，丞相为首，辅佐皇帝总理全国政务并总揽文书工作；御史大夫也承担大量的文书工作，主管朝廷机要文书，地位仅次于丞相。汉代中央政府公文运作最重要的转变是尚书台替代丞相府成为新中枢。东汉应劭所著《汉官仪》云:“初,秦代少府遣吏四,一在殿中,主发书,故号尚书,尚犹主也。汉因秦置之。”秦与汉初,尚书是设在宫禁中为皇帝收发管理文书的小吏。汉武帝抑制丞相,收纳章奏、转递文书的尚书渐露头角,开始扩充机构,分曹办事。尚书机构置尚书令、仆射和尚书官职,办事机构分为四曹:(1)常侍曹,主丞相、御史事;(2)二千石曹,主刺史、两千石事;(3)户曹,主庶人上书事;(4)客曹,主外国四夷事。① 这里的事就是文书,尚书机构主管章奏文书,按文书来源分曹处理。东汉时,正式形成尚书台机构。汉光武帝“亲总吏职,天下事皆上尚书,与人主参决,乃下三府”②。所谓三府,即三公之府。可见,就中央政令的制定来说,尚书已在三公之上,且具有了行政管理职能。《后汉书》卷六三《李固传》阳嘉二年(133)李固对策曰:“今陛下之有尚书,犹天之有北斗也。斗为天喉舌,尚书亦为陛下喉舌。斗斟酌元气,运平四时。尚书出纳王命,赋政四海,权尊势重,责之所归。”

御史大夫在秦及西汉前期“任重职大”,仅次于丞相。其时凡使者、官吏出行皆须持有符传方可入住传舍,动用车马,并依照所持符传的等级享用不同等级的传车,而总责发放此类符传的就是御史大夫。《汉书》卷一二《平帝纪》注引如淳云:

> 律,诸当乘传及发驾置传者,皆持尺五寸木传信,封以御史大夫印章。其乘传参封之。参,三也。有期会累封两端,端各两封,凡四封也。乘置驰传五封也,两端各二,中央一也。轺传两马再封之,一马一封也 。

这是出自汉律的内容。符传上所封御史大夫的印章愈多,则享用的传车愈高级。这条史料表明御史大夫参与了邮传管理。和丞相一样,御史大夫的职权在汉武帝以后也被日益削弱。东汉时,承袭御史大夫的司空更成为专管水土工程的官员了。

太尉在秦代并非常设之官,汉初则废置不定。汉武帝以后,改太尉为大司马,是徒有虚名的加官。直到东汉,太尉才获得实权,《续汉书》志二四《百官志一》记载:太尉府有掾史属 24 人,分曹理事。其中“法曹主邮驿科程事”。

---

① 《汉书》卷 10《成帝纪》建始四年“初置尚书员五人”,颜注引《汉旧仪》。

② 《唐六典》卷 1,中华书局 1992 年版,第 6 页。

可见，东汉太尉府确为管理邮驿事务的中央机构之一。

九卿中有典客，亦为秦所设，典掌少数民族及对外交往，《汉书》卷一九上《百官公卿表上》谓：

典客，秦官，掌诸归义蛮夷，有丞。景帝中六年（前144），更名大行令；武帝太初元年（前104）更名大鸿胪。属官有行人、译官、别火三令丞及郡邸长丞。武帝太初元年更名行人为大行令。

此处"大行令"及汉武帝时大鸿胪属下的"行人令"和"行人丞"，皆相承于三代"辅轩之使"，相当于《周礼·秋官司寇》所记"行夫"。他们在出使过程中，也肩负着视察各地邮传情形，因而实际上参与了中央政府的邮传管理。因典客（大鸿胪）及其属官掌管与"诸侯及四方归义蛮夷"有关事务，故其兼理邮传事务亦着眼于传舍、传置对前往内地的少数民族首领和外国使臣的接待。《史记》卷二三《礼书》起首句下《索隐》曰："大行，秦官，主礼仪。汉景帝改曰大鸿胪。鸿胪，掌九宾之仪也。"所谓九宾之仪就包括了接待四夷宾客。

秦汉中央集权制已经具有了多民族政权的性质，开中国多民族国家中央政府管理民族事务的先河。秦代卿一级的大员中除典客执掌民族事务外，还设有典属国一员，"掌蛮夷降者"。直到西汉成帝以前，典属国一直负责"蛮夷"归附受降事务。《续汉书》志二五《百官志二》大鸿胪条下本注曰：

承秦有典属国，别主四方夷狄朝贡侍子。成帝时省并大鸿胪。中兴省驿官、别火二令、丞，及郡邸长、丞，但令郎治郡邸。

"驿官"不同"译官"，驿官为中央机构管理邮传事务的官员，译官则为翻译人员。可见典属国在典掌安置归附少数民族部属而设立的属国事务时，还参与管理与之有一定关系的邮传事务。由于典客与典属国职任相近，故汉成帝时将其合而为一，统归大鸿胪掌管。东汉光武帝时又省驿官、别火等职，大鸿胪属官所掌管的邮驿事务之权遂移至太尉府。

少府亦为九卿之一，其下设有尚书令、丞，符节令、丞和中书谒者等众多属官。《宋书》卷三九《百官志上》曰："秦世少府遣吏四人在殿中主发书，故谓之尚书。尚犹主也……秦时有尚书令、尚书仆射、尚书丞。至汉初并隶少府。"可见，秦时的尚书仅"在殿中主发书"。汉武帝时置诸曹尚书，汉成帝又加三公尚书,也只“通掌图书、秘记、章奏及封奏,宣示内外而已,其任犹轻”[①]。尚书虽与中央政府行政通信大有干系,却不直接管理邮传事务。东汉尚书台虽“总典台中纲纪,无所不统”,但与少府已无实际隶属关系,仅“以文属焉”。他如符节令、丞“主符节事”,中书谒者令“掌凡选署及奏下尚书曹文书众事”,均不直接参与邮传管理。

九卿中的太仆为“掌舆马”之官。《续汉书》志二五《百官志二》太仆条本注曰:“掌车马。天子每出,奏驾上卤簿用,大驾则执驭。”卤簿即天子出行的车驾仪仗,这是太仆最重要的职责。由此,太仆主管全国马政,包括天子私用之马和官府间的公文往来、军情传递等所需之马。汉文帝诏令:“太仆见马遗财足,余皆以给传置。”[②]汉昭帝时“颇省乘舆马及苑马,以补边郡三辅传马”[③]。诏令太仆减乘舆马以给传马,则驿传用马亦为太仆所掌。秦汉邮传管理与马政本是两个系统,但由于传马、驿马的供应,邮传后勤事务必与马政有所重叠。太仆既综握马政,则传马、驿马的蓄养供应亦由其总责。[④]

九卿中还有负责宫禁的卫尉,其下设公车司马令,因掌管皇宫南阙,故监理接收吏民上书入宫事。《史记》卷一二六《滑稽列传》载:“朔初入长安,至公车上书,凡用三千奏牍。公车令两人共持举其书,仅然能胜之。人主从上方读之,止,辄乙其处,读之二月乃尽。”这说的是东方朔通过公车司马令之手上书,乃得汉武帝宠信的事。公车司马令,省称公车令。

综上所述,秦汉时中央政府具体负责邮传事务的机构,在西汉成帝以前是典属国及其属官;成帝以后,这一职能并入大鸿胪;东汉精简机构,邮传事务又归太尉府下的法曹掌管。至于御史大夫、太仆、典客、少府等,其职虽与邮传事务有所牵扯,但均不直接参与管理。

二、地方层面

秦汉是中国郡县制国家全面形成和确立的时期。秦始皇并六国,分全国

---

① 《通典》卷22《职官四》,中华书局1988年版,第588页。

② 《汉书》卷4《文帝纪》,中华书局1962年版,第116页。

③ 《汉书》卷7《昭帝纪》,中华书局1962年版,第228页。

④ 陈宁:《秦汉马政研究》,中国社会科学出版社2015年版,第94页。

为三十六郡，后增至四十余郡。汉代因实行郡、国双轨制，故郡级行政单位统称郡国，大致保持在一百余个。郡设郡守掌一郡军政大权，汉代称太守；郡尉则专管军事，西汉称都尉，边郡因地广往往分设两三都尉。汉代，太守和王国的相为郡国最高长官，开府行政；都尉因与太守分治，亦开府，称都尉府。凡地方开府，皆有下属行政官员主公文，由佐史具体经办。

郡有主簿省署文书，相当于中央政府的尚书台；另有主记掾记录发文，催办回文；上计掾主上计朝廷的文书；奏曹史主奏议文书。其下则有卒史、书佐各十人。史相当于书记官，其任职有严格条件，根据张家山汉简《史律》，要能读写五千字。

汉代县级单位则有一千多个。县政府时称县廷，亦设主簿；亦有主记、主记史具体经办公文。

秦汉地方邮传管理为郡县两级制。从道路、桥梁和邮亭的修治到邮书递送均由当地郡县政府负责。如薛惠为彭城县令，其县“桥梁、邮亭不修”，即被视为“不能”。[①] 汉武帝时，北地太守属员因其境内“千里无亭徼”而被诛。[②] 汉宣帝时颍川太守黄霸“使邮亭乡官皆畜鸡豚”。[③] 东汉建武初年（建武年号始于25年），新任桂阳太守卫飒“乃凿山通道五百余里，列亭传，置邮驿。于是役省劳息，奸吏杜绝”。[④] 汉安帝时，中使伯荣往来甘陵，所到之处，郡县长吏无不“发人修道，缮理亭传，多设储跱，征役无度，老弱相随，动有万计”。[⑤] 汉代，鉴于地方官吏“或擅兴徭役，饰厨传，称过使客，越职逾法，以取名誉”的状况，在每年上计后，皇帝都要重申“无饰厨传增养食”的诏令，令郡国上计吏“归告二千石，务省约如法”。[⑥]

郡县政府直接管理邮传事务，甘肃敦煌悬泉置遗址所出悬泉汉简亦有反映，如下简：

（1）神爵二年三月丙午朔甲戌，敦煌太守快、长史布施、丞德，谓县、

① 《汉书》卷83《薛宣传》，中华书局1962年版，第3397页。
② 《汉书》卷24下《食货志下》，中华书局1962年版，第1172页。
③ 《汉书》卷89《循吏传 · 黄霸》，中华书局1962年版，第3629页。
④ 《后汉书》卷76《循吏列传 · 卫飒》，中华书局1965年版，第2459页。
⑤ 《后汉书》卷46《陈宠传》，中华书局1965年版，第1563页。
⑥ （清）孙星衍等辑：《汉官六种》，周天游校，中华书局1990年版，第39页。

郡库:太守行县道,传车被具多敝,坐为论,易□□□□到,遣吏迎受输敝被具,郡库相与校计,如律令。

掾望来、守属敞、给事令史广意、佐实昌。

Ⅰ0309③:236

(2)永光三年正月丁亥朔丁未,渊泉丞光移县(悬)泉置,遣厩佐贺持传车马迎使者董君、赵君,所将客柱(住)渊泉。留廪茭,今写券墨移书,受薄(簿)入,二月报,毋令谬。如律令。

Ⅰ0111②:3

(3)入传马三匹,皆牡,受郡库。

Ⅱ0115④13

(4)入粟小石九石六斗,神爵元年十月己卯朔乙酉,县(悬)泉厩佐长富受敦煌仓佐曹成。

Ⅰ0309③:188[①]

(1)是名"快"的敦煌太守、名"布施"的长史、名"德"的丞就"传车被具多敝"而责令属县、郡库进行清理更换的文书。(2)为渊泉县丞致书悬泉置,责令其就接待名"贺"的厩佐及使者"董君""赵君"事要在二月上报。以上二简都说明郡县政府均负有管理邮传的职责。(3)(4)与(1)相互印证,其中(3)(4)分别是悬泉置接受"郡库""郡仓"调拨的传马和粟米的记录。这数简都说明邮传机构所需的传车、传马、食物、草料等后勤供应是由地方政府负责。不仅如此,传置机构官吏的任免、人员配置也由地方政府决定。

秦汉邮传管理一脉相承。《晋书》卷三〇《刑法志》引《魏新律序》云:"秦世旧有厩置、乘传、副车、食厨,汉初承秦不改。"睡虎地秦简《行书律》关于公文传递者的资质有"隶臣妾老弱及不可诚仁者毋令"的规定。隶臣妾,秦代郡县官府中服劳役的刑徒总称,男为隶臣,女为隶妾,其衣食、调派均由所在郡县负责,县可使用"诚仁"并且非"老弱"的隶臣妾"行传书",说明传书、受书等邮书往来事务在基层是由县廷负责管理的,这在里耶秦简中得到了充分印证。

① 所举4简引自胡平生、张德芳编撰:《敦煌悬泉汉简释粹》,上海古籍出版社2001年版,第80、72、85、75页。

睡虎地秦简《封诊式》"迁子爰书"亦可印证。《封诊式》是法律案例汇编，爰书属于法律文书中的一个文种。"迁子爰书"所举案例是咸阳某里士伍丙被流放到蜀郡边县去，咸阳有关部门在给沿途第一站废丘县令史的"恒书"中讲了丙被流放事，又嘱其"可受代吏徒，以县次传诣成都，成都上恒书太守处，以律食"。即在废丘更换押送丙及递送"恒书"的吏徒，然后逐县传送至成都蜀郡太守处，途经各县要依律供应饭食。说明恒书及罪犯丙都是由沿途各县派人传递和押送的。递解流犯是秦汉邮传的特色业务之一，可见县负有管理邮传具体运行的责任。由于史料缺乏，秦代郡县管理邮传事务的具体机构和官吏已难以稽考，但从汉代建制中仍可得其梗概。悬泉汉简中屡见郡太守以其"守属"担任"置史"之类职务以监领置的运行。各郡还设有"主邮驿科程事"的郡法曹。此外，各郡国还设有督邮一职，最初只是督察邮书递送，后来成了专司督察县政的郡吏。《续汉书》志二八《百官志五》载："有五官掾，署功曹及诸曹事。其监属县，有五部督邮，曹掾一人。"一郡根据辖县多寡而分部设督邮，史籍见有五部、四部，也有只设三部督邮的。分部以东、西、南、北、中取名，如 1957 年在青海省民和县中川乡汉墓中出土了一枚红铜铸造的督邮印，印文为"陇西中部督邮印"，即陇西郡中部督邮的官印。督邮官称的全名是督邮书掾。

汉 · 陇西中部督邮印及印拓。边长 2.4 厘米，通高 1.4 厘米。环钮，铜质，阴刻篆文，青海省博物馆藏。引自青海省文物处、青海考古研究所编著：《青海文物》，文物出版社 1994 年版。

晋代司马彪所著《续汉书》志二九《舆服志上》"驿马三十里一置"句下，有梁人刘昭注补云：

> 东晋犹有邮、驿共置，承受傍郡县文书。有邮有驿，行传以相付。县置屋二区，有承驿吏，皆条所受书，每月言上州郡。《风俗通》有曰："今吏邮书掾、府督邮职掌此。"

刘昭所以举东晋,实因东晋与汉一脉相承。《风俗通》为东汉应劭所著佚书,留存在各书中的散句价值极高。邮书掾为县级官员,郡国一级的恰因垂直管理邮书掾而唤作督邮书掾,再由督邮书掾习称为督邮。以刘昭注补观照,则郡督邮(府督邮)即使在身负督察县政重任后,也仍然监管"承受傍郡县文书"之类的邮传事务。

西汉初年,县级单位设有"邮吏"掌一县邮递事务。2004 年在湖北省荆州市松柏汉墓出土木牍中见有汉文帝前元十年(前 170)的一通诏令,事关往长安运送贡物,要求沿途各县"邮吏"在贡物过境时要监督邮递人员交接并署明各自传送的起止时间,以备考课。① 张家山汉简《行书律》亦见"邮吏",因而不论邮吏是不是正式官称,汉初县级单位设有掌管步递公文和运送重要物品的专职官员是极为确切的,其所掌管的下属机构就是邮,并兼及亭。西汉中晚期的尹湾汉简则见有县级"邮佐"。东汉一县有法曹和邮书掾掌管邮传事务,前者负责划定一县的邮路程限并监督邮政律法的贯彻,后者则监督具体邮递运行。西汉中期即当有邮书掾这一官称,因督邮官称来自督邮书掾,或许"邮吏"即邮书掾前身,"邮佐"当为地处重要邮路的县级特设官职,或辅佐邮书掾,或监察邮书掾。《郃阳令曹全碑》和《中部碑》均记有县法曹和邮书掾,《汉安长陈君阁道碑》又有邮亭掾。② 邮亭掾与邮书掾,不论二者为同官异名,还是官职有所变化,既然以邮亭、邮书名之,则其职司邮传事务当无可疑。长沙东牌楼东汉简牍见有"劝农邮亭掾",③联系史书所载仇览任蒲亭亭长司察果菜、鸡豕、农事,④庐江太守王景制定鼓励蚕织法制"皆著于乡亭",⑤邮亭掾的职责或许与邮书掾有所不同。虽说劝农掾为兼任,且督邮也有兼任郡级劝农官职的,但邮亭掾的出现与邮、亭的关系在东汉年间的变迁有关。

---

① 彭浩:《读松柏出土的四枚西汉木牍》,《简帛》第 4 辑,上海古籍出版社 2009 年版。

② 分见高文:《汉碑集释》,河南大学出版社 1997 年版,第 475 页;(宋)洪适:《隶释 隶续》,中华书局 1985 年版,第 170、423 页。

③ 长沙市文物考古研究所、中国文物研究所编:《长沙东牌楼东汉简牍》,文物出版社 2006 年版,第 71—72 页。

④ 《后汉书》卷 76《循吏传·仇览》,中华书局 1965 年版,第 2479 页。

⑤ 《后汉书》卷 76《循吏传·王景》,中华书局 1965 年版,第 2466 页。

第二节　秦邮与汉邮

从20世纪70年代开始，大量简牍的发现使今人对秦汉的通信和通信组织，尤其是对邮的认知远远超越前人。邮与传置、驿骑那样的畜力系统完全分立已毫无悬念，①作为通信组织，邮是秦汉时期最重要的公文传递机构，在中国古代邮政发展历程中占有极其重要的地位。比照简牍材料进行梳理，邮有一个持续变迁的过程。

一、“十里邮”的发现

汉初，邮不但昼夜运行，而且规模庞大，成为覆盖全国交通干线的“十里邮”系统。从秦邮到汉初邮的转变过程对梳理秦汉邮政组织机构来说非常关键。

关于秦汉通信组织，诸家皆论邮为其一，并一直因袭“五里一邮”的成说。五里邮系载籍辗转流传下来的说法，《续汉书》志二八《百官志五》亭里条刘昭注补引《汉官仪》云：

> 设十里一亭，亭长、亭候，五里一邮，邮间相去二里半，司奸盗。亭长持二尺板以劾贼，索绳以收执贼。

卫宏所著《汉旧仪》与之完全相同。《史记》卷五五《留侯世家》“留侯病，自强起，至曲邮”句下《索隐》引《汉书旧仪》云：

> 五里一邮，邮人居间，相去二里半。按：邮乃今之候也。

学者曾经认为在交通线上每五里地设一邮为汉代定制。② 尹湾汉简出土前，此说可谓不二法门。

20世纪90年代，江苏省连云港市东海县尹湾汉墓所出尹湾汉简刊布后③，五里邮广受质疑。认为五里一邮系汉代定制的学者亦言尹湾汉简《集

---

① 对后世影响较大的有朱熹《孟子集注》注“置邮而传命”：“置，驿也，邮，驲也，所以传命也。”

② 高敏：《秦汉邮传制度考略》，《历史研究》1985年第3期；另载高敏：《秦汉史探讨》，中州古籍出版社1998年版，第199页。

③ 连云港市博物馆、东海县博物馆、中国社会科学院简帛研究中心、中国文物研究所编著：《尹湾汉墓简牍》，中华书局1997年版。

簿》所见之邮与《汉官仪》所记不合。[①]《集簿》是西汉中晚期东海郡(辖境包括今山东临沂南部与江苏东北一隅,治今山东郯城北)上报中央的年度统计报告底稿,即上计文书底本,列有全郡所辖县、邑、侯国、乡、里、亭、邮各机构的数目。《集簿》反映出当时东海郡全郡有"亭六百八十八,卒两千九百七十二人;邮三十四,人四百八"。计算下来,每亭合亭卒 4 人有余,每邮合邮人 12 名,说明邮的规模远大于亭,而数目远少于亭。[②] 东海郡下辖县级行政区划 38 个,有学者因之推断为差不多是每县设一邮,而且应当是数十里一设,而非五里,疑《汉官仪》所云失实,又断言《集簿》所计之邮当畜力站点。[③] 还有学者怀疑"十里一亭,五里一邮"并非普遍规律。[④]

21 世纪初,张家山汉简刊布后[⑤],虽彻底澄清了邮与畜力递无涉,却使五里邮处于更尴尬的境地。张家山汉简《行书律》关于邮的建制极为明确,设置距离分为四档:(1)关中和关东长江以北地区,10 里一设;(2)在长江以南相当于今天湖南北部人口较少的地区,20 里一设;(3)西北边郡人口稀少地区,30 里一设;(4)条件更差的地方,因地制宜。[⑥]

张家山汉简所见《行书律》虽非这部律法的全本,但关于邮的这部分律文应该是较为完整的,分为三段:

十里置一邮,南郡江水以南,至索南界,廿里一邮。

一邮十二室。长安广邮廿四室,敬(警)事邮十八室。有物故、去,辄代者有其田宅。有息,户勿减。令邮人行制书、急书,复,勿令为它事。畏

---

① 高敏:《〈集簿〉的释读、质疑与意义探讨——读尹湾汉简札记之二》,《史学月刊》1997 年第 5 期。

② 参见谢桂华:《尹湾汉墓简牍和西汉地方行政制度》,《文物》1997 年第 1 期。

③ 汪桂海举《续汉书》志六《礼仪志下》有关皇帝驾崩后"因邮奉奏"的礼法,认为此类奏文只能是快马传递,故"因邮奉奏"之邮亦当驿。《汉代官文书制度》,广西教育出版社 1999 年版,第 185 页。

④ [德]纪安诺:《尹湾新出土行政文书的性质与汉代地方行政》,《简帛研究(2001 年)》下册,广西师范大学出版社 2001 年版。

⑤ 张家山二四七号汉墓竹简整理小组:《张家山汉墓竹简(二四七号墓)》,文物出版社 2001 年版,第 169—171 页。

⑥ 彭浩以为《汉书旧仪》有关五里邮记载的正确性值得怀疑,并举《史记》卷 73《白起王翦列传》:"武安君既行,出咸阳西门十里,至杜邮",以为秦代关中地区的两邮间距即为十里,西汉初年沿袭不变。《读张家山汉简〈行书律〉》,《文物》2002 年第 9 期。

害及近边不可置邮者,令门亭卒、捕盗行之。北地、上、陇西,卅里一邮,地险陕(狭)不可邮者,得进退近便处。邮各具席,设井磨。吏有县官事而无仆者,邮为炊;有仆者,叚(假)器,皆给水浆。

复蜀、巴、汉中、下辨、故道及鸡□中五邮,邮人勿令徭戍,毋事其户,毋租其田一顷,勿令出租、刍稾。①

张家山汉简中记述的邮虽然在有些地区是20里、30里一设,但以关中和关东地区为基准,普遍标准无疑是10里。因而,与载籍中的五里邮相对应,张家山汉简出现的邮可称十里邮。

张家山汉简《行书律》规定每一邮由12户人家当差,长安一带繁忙的"广邮"则要有24户人家,设于边郡到长安线路上从而兼带候望预警任务的"警事邮"要有18户人家。② 参照尹湾汉简《集簿》所记每邮也是12人,则一邮12户或曰12人是西汉时期的定制。这12户人家无疑要常年保证每家都有一名壮丁当值,此即邮人。两相对照,尹湾汉简《集簿》所记的邮无疑也是十里邮。十里邮系统中每一邮的人户是额定的,每邮12户的定编是为了保证有12名邮人常年值守的恒定标准。邮人因死亡或其他原因出缺,须随时补足人头或户室,而由后继者享用官府补贴邮人的专属田宅,此即律文所言"有物故、去,辄代者有其田宅"。这12户人家,如果有人家添口,也不会减少每邮12户的户数。"息"指人口繁殖增多,在此特别寓意12户人家中有添丁的情况,这样一户人家就有可能会出现有两名以上的壮丁充当邮人的情况,也就是当户数减少时,依然可以保证有12名邮人当差的情形。为占有国家优待邮人家室的田宅,就有可能出现隐瞒减户的情形。针对这一情形,律法特别规定无论每户人口如何孳生,12户的户数不得改变,此即"有息,户勿减"。由此可见,作为公文传递中转站点的邮,其人户编制要保持严整划一,邮人非死亡及伤残,且家中再无壮丁可以顶替等特殊原因,其家室可能世代不得他往。邮人甚至有可能是兄终弟及,父子相传,世代驻守,以使邮人从小精熟邮路,昼夜奔

① 引自张家山二四七号汉墓竹简整理小组:《张家山汉墓竹简(二四七号墓)》,文物出版社2001年版,第169—171页;释文参考彭浩、陈伟、工藤元男:《二年律令与奏谳书》,上海古籍出版社2007年版。

② "警事邮"或与《墨子》中"圜邮亭而筑之"之类有举烽报警功能的邮亭有承传关系。

跑无碍。西汉时期,国家交给邮人的职责就是专心致志地完成重要公文和贡物的传递,地方上不得加派其他差事。对于翻越秦岭、巴山的几条艰险邮路,更是免除邮人的部分徭役,邮人的家属也不用承担徭戍,还要减免一顷地的田租,这一顷地也不用出刍稾。邮人受田一顷半,也就是说艰险邮路上的邮人只须交半顷田的租税。这些都说明邮人及其家室是从普通的编户之民中划出的一个特殊群体,享有国家给予的特殊待遇。

张家山汉简所录诸律总名《二年律令》,系吕后二年(前186)颁行。也就是说西汉初年,十里邮系统已在全国确立。再据《集簿》系年于西汉中晚期,则可认为十里邮贯穿了整个西汉时期。这样的十里邮是由西汉中央政府定制,分布在交通干线上,以保障中央政令下达和地方情报上传的全天候运行。

根据张家山汉简《行书律》后半部"邮人行书,一日一夜行二百里,行不中程半日,笞五十;过半日至盈一日,笞百;过一日,罚金二两",以及"邮吏居界过书,弗过而留之,半日以上,罚金一两"的律文,十里邮对传递程限有较高要求,惩罚亦重。而根据"书不急,擅以邮行,罚金二两""□□□不以次,罚金四两,更以次行之",以及"书不当以邮行者,为送告县道,以次传行之"的三项规定,则十里邮甚为高级,安全与时限应该是当时各种通信手段中最为牢靠的。能够使用十里邮来传递的公文文种有极其严格的限制,张家山汉简《行书律》有两条:

(1)令邮人行制书、急书。

(2)诸狱辟书五百里以上,及郡县官相付受财物当校计者书,皆以邮行。

(1)所言"令邮人",有中央政府安排邮人专职于某事的意思,可见邮的系统在西汉时大概已经形成了中央垂直指导和地方日常管理的双重领导体制。制书为皇帝诏令,急书是紧急文书,这就申明了邮人传递公文的主旨所在,也就是建立十里邮的目的首先在于传递诏书和紧急公文,这与秦代的邮,里耶秦简所表露的传递大量一般行政公文,甚至是县乡间往来公文的邮有很大不同。(2)是对(1)的补充,意思是凡递送呈报郡守及中央的奏谳文书,也就是那些碰到司法难题一时无法定案,需要呈请上级和中央部门裁夺的文书,只要传递距离在500里开外的都可以交付给邮来传递;郡县官员有关管理、移交财物,需要审计的报告也都可以交由邮来递送。

由张家山汉简《行书律》推断，西汉时期官文书所见邮字皆有法定内涵，凡带邮的称谓，如“邮人”“邮行”“邮书”等皆在十里邮框架内。至于居延汉简所见“邮卒”（EPT51:6）及敦煌汉简所见“奉邮书走卒”（1242），是属于张家山汉简《行书律》所说“畏害及近边不可置邮者”的变通情况。居延和疏勒河流域出土汉简中，有大量由边塞候望系统的隧卒传递文书的传行记录，其所传文书和所校核的邮递记录多称“邮书”，且有“邮檄”“邮书课”“邮书刺”之谓，传行方式则标为“以邮行”或“邮行”。从简牍实物上看，这些以邮标示的情景，很多都已深入边防前线指挥所，可以认为是隧卒代行邮书。下面再引二简，以窥边塞之邮的运行与管理同样一丝不苟：

（1）当曲燧长关武持邮书诣官，十月己亥蚤食入。

46·6

（2）□邮书失期，前檄召候长敞诣官对状。

123·55

此二简皆出于内蒙古自治区额济纳旗以南24公里的破城子，即汉代甲渠候官遗址。作为前线指挥部的甲渠候官本身不当干线，但其下辖单位的隧却有一些正当交通干线，从而有较为频繁的邮书运行。二简所记皆为邮书传递出现问题，而传唤邮递基层单位的负责人到他们的上级单位甲渠候官处申辩。一为燧长持邮书记录，以当面核查。一为邮书延误后，檄召燧的上级领导候长前来对质。可见，在居延塞防系统中，从最基层的燧（燧长）、部（候长）到候官的三级管理体制中，皆有管理邮书运行的章法。

隧卒代行邮书有别于十里邮，二者的建制不同，邮卒与邮人的性质也不同。这和张家山汉简《行书律》规定十里邮系统在特殊时空下，可由门亭卒、捕盗代行是同一性质，目的是在全国，特别是在新开拓的边疆地区延伸十里邮的行邮范围。

根据陈梦家对居延汉简的研究，在汉代沿额济纳河两岸从北到南分布有殄北、居延、甲渠、卅井、广地、橐他、肩水七个候官的辖区，贯穿其间的南北邮路长达250公里。① 甲渠候官所在地破城子出土的在《居延汉简甲乙编合校》

① 陈梦家：《汉简考述》，《汉简缀述》，中华书局1980年版，第4页。

(以下简称《合校》)编号为42·15A/B简:“都都尉府以邮行,□□鄣候以邮行,候以邮行”,似为练习封检书署或登记经手邮书的习作。另有同出于破城子的类似的《合校》24·3号简:“将□传舍以邮行”,虽然将传舍与邮行一同摹写还无法理解,但居延南北交通干线确有传车通行。甲渠候官所辖部、隧确有当额济纳河上游伊肯河东岸南北交通干线者,是居延县和居延都尉府南下张掖,进而东达长安的必经之地,故这一线虽非十里邮建制,然隧卒代行邮书情形亦十分可观。破城子有数量颇多的涉邮简牍出土,如《居延新简》EPT51:6号简:“……正月辛巳鸡后鸣九分,不侵邮卒建受吞远邮卒福;壬午禺中,当曲卒光付收降卒马印。”此简属于甲渠候官所属各隧传递邮书记录,这些记录要定期上缴到甲渠候官汇编,以便进一步上报上级单位稽核。甲渠候官所辖的当曲、不侵、吞远隧,还有居延候官所辖的收降隧皆当邮路。《额济纳汉简》99ES17SH1:7号简:“□月……当曲隧以南尽临木道上行书不省。”省,意抽调。简文表明由于某月传递公文任务繁重,这条邮路从当曲隧开始,往南直到临木隧的隧卒就不要抽调去做其他工作了。

综上所述,十里邮系统有贯穿西北塞防之地的末梢部分。张家山汉简《津关令》有:“塞邮、门亭行书者。”塞邮,就是延伸到塞防之地的十里邮末梢部分;门亭,即门亭卒或门亭吏。《津关令》这条正合张家山汉简《行书律》:“畏害及近边不可置邮者,令门亭卒、捕盗行之。”

由门亭代替邮来传递邮书,秦代即有此项制度性安排。里耶秦简9—2283号简为秦始皇二十七年(前220)洞庭郡为转运军资下发各县的公文,要求的公文传递方式是“皆以邮、门亭行”。[①] 可见在邮不及或邮人不敷使用的地方,可由门亭系统代行邮书。

根据云梦秦简所载“邮行”和里耶秦简所载“除邮人”,睡虎地秦简《田律》规定大田作物灌浆之际,各县要将情况通报咸阳,“近县令轻足行其书,远县令邮行之”。轻足,指擅长疾行的人;邮行,就是通过邮人来接力传送。前面说过,这条律文的形成年代极早,有可能是在秦国尚未设郡之前。当时的邮

① 湖南省文物考古研究所编著:《里耶秦简(贰)》,文物出版社2017年版,图版第242页,释文第85页。

亭系统中,传递文书之事只由邮来承担,这就造成了邮、亭分离的机缘。里耶秦简中的邮已经与亭完全分属两个系统,只不过仍由县尉统管。

张家山汉简和尹湾汉简揭示出西汉年间存在一个在传世载籍中彻底湮没了的高级邮。李学勤首次评介里耶秦简时,就对比了秦汉之邮,以为相对来说,张家山汉简中的邮是一个极为庞大的系统,秦代则至少是里耶(迁陵)这里还没有出现如吕后二年一般的邮的系统。李学勤还注意到在秦简中:"由于邮人数少,除一些紧急必须交邮人专办的文书……多数文书是由下级吏员、一般民众,甚至隶臣妾递送的。"①在这个判断之上,还可以说,在里耶秦简所见秦邮中,对"以邮行"的公文并没有什么严格限制。云梦秦简和岳麓秦简所见仅对派遣什么样的人员去递送什么样的公文有律令层面的限制,而对于是否采用邮递的方式却较为宽泛。因而,秦邮虽然在统一六国前就开始了专业化的提升过程,并在统一进程中走出了邮、亭分离的关键一步,但与汉初横空出世的十里邮还不能相提并论。

西汉确立的十里邮,随中央集权的加强和地域延展,系统规模不断扩大,科层化管理也在提升。汉邮的科层化,前述张家山汉简《行书律》罚则中已见端倪,罚则既言"邮人行书",又言"邮吏居界过书",则邮人与邮吏职责不同甚明。邮人是动态的,职责在于按时穿梭往复步递,故惩罚以到达目的地是否符合时限要求为标的。邮吏则相对静态,职责是监察邮书在辖段内的传递是否符合时限,故惩罚是以文书在不同辖段交接时是否超时为标的。尹湾汉简《东海郡吏员簿》记东海郡设 10 名"邮佐",名额系于县下,当为十里邮系统县一级的专职管理者,全权负责经由各自县域内的邮路运行。以东海郡全郡 34 处邮而言,则平均每一邮佐要综握 3—4 处邮,其管理方式应包括定点的日常管理与定期的巡察,故邮路要害路段,一县所设邮佐为 2 名。② 或可认为,作为十里邮的一个管理层面,西汉中晚期的邮佐、督邮都与西汉初年的邮吏有一定的承袭关系。在县一级,邮佐似有别于邮亭掾,前者为西汉官职,后者为东汉官职。此外,西汉十里邮只设于交通干线,因而不涉及所有县,以东海郡 38

① 李学勤:《初读里耶秦简》,《文物》2003 年第 1 期。

② 《东海郡吏员簿》记属县中仅 6 县设邮佐,下邳、郯、费、临沂各 2 名,利成、兰旗各 1 名,共 10 名。

个县级单位而言,《集簿》反映出十里邮只经过6个县。故邮佐只设于十里邮经过的县,而东汉的邮亭掾应该是每县都设,至少在内郡应该是这样的。不过在郡一级,两汉皆有督邮。据严耕望研究,西汉初皆遣大吏巡县,中期后始有督邮察县制度。[①]《汉书》卷八三《朱博传》云:“为督邮书掾,所部职办”,《疏证》引韦昭《辨释名》:“督邮书掾者,邮,过也,此官不自造书,主督上官所下过之书也。”则督邮本职是督察邮书,初始应当是为十里邮专设的郡级督察。也就是从西汉初年到西汉中期,地方上的科层化管理者由最初设置的邮吏,演化出县级的邮佐和郡级的督邮。汉初邮吏可能不分郡县,只沿邮路按100里或200里的间距设置,是一种事少政简的局面。西汉中期,分封制彻底剪除,中央管辖疆土大拓,邮也就出现了事多政繁的局面,增加科层管理的层面,并与地方行政区划级别相契合就成为发展趋向。这些是根据出土文献所作推论,但西汉中期十里邮的科层化是不争的史实。

从汉初到西汉中期,以邮吏、邮佐、督邮的相继设置即可认为汉邮大大超越了秦邮,这是通信高度专业化所导致的十里邮系统趋向中央垂直运作的结果。

悬泉汉简有“邮书令史”“邮书史”官职,[②]并见有“邮行”“邮人”,特别是东汉永平十五年(72)的纪年简上所记石靡邮和悬泉邮。[③] 面对这条材料,首先不能认为西汉的悬泉置到东汉时降格为只有步递的悬泉邮,没有任何资料可以证明东汉年间作为畜力中转站点的悬泉置就消失了。悬泉置与悬泉邮在相当长一段时间内应该是并存的机构,这正表明了交通干线上步递通信与畜力递机构的联合作业。悬泉汉简也表明在这条交通干线上还有“以亭行”的存在。置、邮、亭各有分工,也有衔接。一般情况下,置是在传车运行中顺路捎

---

① 严耕望:《中国地方行政制度史·秦汉地方行政制度》,上海古籍出版社2007年版,第138—144页。

② 简文:“邮书令史记传到□”(V1210③:117),另一简:“永始四年四月乙未,效谷守长、敦煌左尉护谓邮书史”(Ⅱ0215②:422),引自《敦煌悬泉汉简释粹》,第96、97页,注释者以为邮书令史当为邮书掾的属吏,协助邮书掾管理邮书事务的小吏。永始为汉成帝年号,时在西汉衰败之际。

③ 编号为ⅥF13C①:5的东汉永平十五年纪年简见有“邮行”,执行单位为“悬泉邮”与“石靡邮”,引自《敦煌悬泉汉简释粹》,上海古籍出版社2001年版,第95页。

带公文,邮是全天候传递紧要和长途公文,亭是传递郡县之内的短途公文。置、邮、亭同处一路,特别是悬泉邮当就建于悬泉置坞堡院内。联合作业是出于节省经费,应对传车周转不济的实际情况,关键是在种种可能发生的意外情况下必须保障通信的通畅。悬泉置传车或路过悬泉置的传车,其所捎带公文的一应交接和过往记录办理,专负其责的大概就是"邮书令史"和"邮书史",这两种职务才真正属于派驻在悬泉置中的邮政人员。传车仅仅是协助十里邮系统传递公文,传置本身并不对传递公文负责,只有传车的驭手或同乘传车的传置小吏在交接所携公文时,要记录其职务、名姓,以示其作为递送人所负有的责任。只是随着纸张广泛使用,靡费的传车逐步退出了通信领域,东汉"趋马废车",驿马逐渐占据了畜力递的主流。西汉的邮、置共处就转变为东汉的"邮、驿共置",直到东晋时期郡县皆有邮、有驿,且比邻而设,由承驿吏统一管理邮和驿的公文传递。

悬泉置,西汉时已在此处设驿,称"悬泉置骑置"。置乃为车递而设,骑置则为单骑马递而设。置、驿共置,当主要出于马匹集中调养的便利,当然也利于往来人员的住宿和交通的总体管理。骑置为西汉特称,东汉改称驿。邮、亭、驿、置有共处一地的情况,《汉中太守鉅鹿鄐君开通褒斜道碑》中的"邮亭驿置"亦为明证。此刻石记东汉永平六年至九年(63—66),通道258汉里,建"邮亭驿置""徒司空"及"褒中县官寺"共64所,"徒司空""褒中县官寺"皆有定数,邮、亭、驿、置当在四五十所,倘若四种机构没有共处情形,则250多汉里的一段道路上,站点的密度就高得不可思议了。①

西汉时,沟通郡治以上行政中心的交通干线,当皆设十里邮与置。东汉情况不明,或许可以认为最主要的交通干线上依然保留着十里邮系统。据前引《续汉书·舆服志上》刘昭注补:"东晋犹有邮、驿共置,承受傍郡县文书,有邮有驿,行、传以相付。县置屋二区,有承驿吏,皆条所受书,每月言上州郡。"

二、"五里邮"并亭制的流变

西汉虽有国家层面上的十里邮,但在传世载籍中,五里邮并未泯灭。西汉

① 张传玺也认为应将"邮亭驿置"四字拆开,则每字各为一类邮驿单位的名称,可从。《释"邮亭驿置徒司空、褒中县官寺"》,《秦汉问题研究》,北京大学出版社1985年版。

时期实际存在两类邮:一为五里邮,汉初已隐于亭的系统中;一为西汉初年创制的十里邮,彻底分立于亭。从云梦秦简和里耶秦简看,邮与亭的彻底分离有可能是在秦扩地后新设郡的地方。在此,邮迅速转化为专业的通信机构。仅就里耶秦简所见,至少在迁陵县,邮已经脱离亭而成为专业的通信机构,因为在这个秦所吞并的地方,原本不存邮亭之制。迁陵县的邮和亭应该都是移植过来的,邮即专责通信,而亭就专责戍守和治安。关于邮的接待住宿功能,岳麓秦简《田律》和张家山汉简《行书律》都有记载,将二者律条排比如下:

岳麓秦简《田律》:

●田律曰:侍蒸邮门,期足以给乘传晦行求烛者,邮具二席及斧、斤、凿、锥、刀、甕、鐳,置梗[绠]井旁,吏有县官事使而无仆者,邮为饬,有仆,叚(假)之器,毋为饬,皆给水酱(浆)。

张家山汉简《行书律》:

邮各具席,设井磨。吏有县官事而无仆者,邮为炊;有仆者,叚(假)器,皆给水浆。

二者都是关于邮接待公出者的律条,且汉律明显承袭秦律,如秦律“邮为饬”,饬在此是治的意思,就是治食做饭,汉律改一字为“邮为炊”,更加通俗易懂。而其他内容,汉律在律文上做了大幅精简。

邮的止宿功能,同出岳麓秦简的秦始皇三十五年《质日》有鲜活实证:

(四月)丙寅宿临沃邮

己巳宿黄邮①

癸酉宿康口邮

五月辛卯宿商街邮

癸巳宿□□邮

甲午宿咆邮

乙未宿白土邮②

这其中,只有商街邮可以确定为今陕西省丹凤县,但这一串邮应当都位于关中

① 原“邮”前一字缺释,据蒋文《岳麓秦简〈三十五年质日〉地理初探》补,复旦大学出土文献与古文字研究中心网站论文。

② 白土邮,原释“日土邮”,据王伟《岳麓秦简研读札记(七则)》改,首发简帛网网站。

联系江汉的武关道和南阳南郡道上。同属南郡一带的荆州周家台 30 号秦墓所出秦始皇三十四年《质日》亦有“宿黄邮”。[①] 黄邮在江陵与竟陵之间，距两地皆一日程。上举秦代《质日》简与尹湾汉简“元延二年日记”十分相像。所有这些都表明，在秦统一中国的进程中，邮在一个急剧转变的过程中存在地域差异。汉初在长江以南和西北边地，邮的设置间距会拉长到 20 汉里和 30 汉里也同样说明了地区差异的存在。

秦代《田律》纳入涉邮律条，正是秦邮属性庞杂的表征，也是秦邮处于蜕变过程中的一个证据。到了张家山汉简所示汉初，邮的性质已是通信机构，止宿功能已属兼带，所以放进《行书律》。虽然还不能全面了解由秦到汉初究竟发生了什么，但十里邮系统最终在《二年律令》颁布前于全国范围确立，邮、亭就此彻底分离。

秦简所涉止宿之处，县级行政单位之下只有乡和邮，只在岳麓秦简秦始皇二十七年《质日》中出现了一个亭。亭如此少见，这和后面要说到的秦亭与乡设于一处是有关系的。而汉代，无论史籍还是简牍，亭是重要的止宿场所，而宿于乡的情形则彻底消失。这也表明秦汉之交，剔除了邮的亭制同样发生了变故。

西汉时期，十里邮专责通信，关中及关东的五里邮孑遗并入乡亭，故西汉有亭制而不存邮亭之制，邮亭的说法仅滞留民间。至东汉，由于土地制度变迁，十里邮走向消解，邮、亭复又胶合趋于秦制，延至三国两晋。

秦汉地名中，有大量带邮者，其中里一级的，自为五里邮所遗，如居延汉简所见桃邮里、长邮里。[②]《史记》卷五五《留侯世家》所载曲邮：

> 留侯病，自强起，至曲邮……

《索隐》：

> 邮音尤。按：司马彪《汉书·郡国志》长安有曲邮聚。今在新丰西，

---

① 湖北省荆州市周梁玉桥遗址博物馆编：《关沮秦汉墓简牍》，中华书局 2001 年版，第 12 页。

② 居延汉简 43·16，43·18 号简：“河南郡荥阳桃邮里公乘庄盱年廿八，长七尺二寸，黑色，四月癸卯”；37·42 号简：“河东襄陵阳门亭长邮里郭彊长七尺三寸”，当释为阳门亭的长邮里，而非阳门亭长之邮里。阳门亭的长邮无疑是原来邮亭制下的五里邮。

俗谓之邮头。《汉书旧仪》云:“五里一邮,邮人居间,相去二里半。”按:邮乃今之候也。

此云汉高祖十一年(前196)征英布,张良送行至长安以东的曲邮。此曲邮遗自秦,《索隐》将《汉书旧仪》所云五里邮案于此,则曲邮自属五里邮。《汉书》卷一九上《百官公卿表上》与《太平御览》卷一九四所引《风俗通》皆曰十里一亭为秦制,以“十里一亭,五里一邮”观之,五里邮亦当秦制。或以为咸阳郊外的杜邮距咸阳十里,而指秦邮为十里邮,恐不妥,因不能排除咸阳与杜邮间另有一邮。

汉霸陵县有曲亭,曲亭即曲邮,后世又在邮后复加“亭”,称“曲邮亭”。① 而《水经注》卷一九《渭水三》亦有“杜邮亭”,其地即秦时杜邮。这种名称上的反复与叠加,正可视为五里邮、十里邮与亭分合流变的痕迹。十里邮成立后,没有十里化的五里邮就被收编到亭的系统中了,故曲邮改称曲亭。至于《汉书旧仪》为何将五里邮释为“邮乃今之候”,这恐怕是由于西汉法定邮为十里邮专称后,官方话语中,那些没有进入十里邮系统的五里邮,有的改称亭,而有的就改称候了。邮、候易称,盖因五里邮之邮与候同源。《周礼·地官·遗人》曰:

凡国野之道,十里有庐,庐有饮食。三十里有宿,宿有路室,路室有委。五十里有市,市有候馆,候馆有积。②

东汉郑玄注:“庐,若今野候,徙有庌也。”唐人贾公彦疏:“庌也者,此举汉法以况义。汉时野路候迎宾客之处,皆有庌舍,与庐相似。”清人程穆衡在《迓亭记》中说:“汉野路候迎宾客之处曰‘庌舍’。庌者,迓也,迓而舍之也。”郑注的关键在野候,后人于此不察,野候可溯源至国野对立时代的候人守疆寓所。汉人既说“邮乃今之候”,则候即五里邮在汉代的变名。候称野候,亦如亭称野亭。③ 而郑玄以为“三十里有宿”相当于汉代的亭,其谓:“宿,可止宿,若今亭,有室矣。”贾公彦疏:“案汉法,十里有亭,亭有三老,人皆有宫室,故引以为况也。”候馆,郑注:“楼可以观望者也。”《遗人》所言按10里、30里、50里间距

---

① 辛德勇:《西汉至北周时期长安附近的陆路交通——汉唐长安交通地理研究之一》引《长安志》卷11“临潼县”,《古代交通与地理文献研究》,中华书局1996年版,第122页。

② 引自(清)孙诒让:《周礼正义》卷25,中华书局2015年版,第1192页。

③ 《后汉书》卷31《郭伋传》:“遂止于野亭。”中华书局1965年版,第1903页。

分等而设的交通设施实为战国人想象中的乌托邦,其里数与设施的等级大可不必拘泥。庐、宿、候馆皆在井疆道路上,是由疆防系统派生出来的交通设施,候馆或可当汉代都亭。

应劭《风俗通》所云"汉改邮为置"也颇为费解。① 其"置"究为何意,或可按此言后一句"置者,度其远近之间置之也"来理解。可以推测,西汉的十里邮到了东汉年间有所调整,间距不似十里邮那样划一,而是因地制宜,"度其远近之间置之也",故一度称"置"。这或许是东汉年间,随着豪强兴起,作为国有土地的公田萎缩,已无法像西汉那样给邮人分配田宅。由此,原来庞大、规整的十里邮系统也开始萎缩,并无法再按十里的统一间距设邮。十里邮称置,《后汉书》卷四《和帝纪》的"旧南海献龙眼、荔枝,十里一置,五里一候"可为证。大概东汉时,十里邮颓废,不得不依托存活在亭系统中的野候来复兴,故有五里邮潜出,为避免十里邮与五里邮混淆,便将十里邮称"置",五里邮称"候"。

笼统说,"十里一置,五里一候"或许是传递生鲜贡品时,将十里邮与隐藏于亭系统中的五里邮一并动员的特殊情况。松柏汉简见有汉文帝时形成的《令丙九》,是以令的形式规定进献枇杷时"以邮、亭次传",此邮当十里邮,亭则与五里邮一属,故为沿线两类步递机构的动员,而以十里邮系统为主,亭系统为辅。且要求事先告知沿途各县所需走递人数,并有"人少者财助"之说,是言如邮、亭两个系统全部动员还不够,则沿途各县要出钱雇人完成输送。②

松柏汉简"以邮、亭次传",专家释文标点将邮亭断开,应该是考虑到汉简中多见"以邮行"和"以亭行"。过去以为两种标示主要是因交通方式不同,以邮行既为长途,则必动用车马,以亭行则为短距的亭卒步递。然而张家山汉简《行书律》一出,可证邮亦全部为步递,故"以邮行"和"以亭行"同时并见,只

---

① 《后汉书》卷68《郭太传》"又识张孝仲刍牧之中,知范特祖邮置之役"句下李贤注:"《广雅》曰:'邮,驿也。'《风俗通》曰:'汉改邮为置。置者,度其远近之间置之也。'"张传玺不仅以为应劭之说正确,且考证出"汉改邮为置"的时间当在汉武帝元朔元年至元狩四年间,见《应劭"汉改邮为置"说辨证》,《文化的馈赠——汉学研究国际会议论文集(史学卷)》,北京大学出版社2000年版。

② 参见胡平生:《松柏汉简"令丙九"释解》,简帛网2009年4月4日发布,http://www.bsm.org.cn/? hanjian/5216.html。

能说明西汉时，邮、亭是两个分立的系统。邮、亭既有同源关系，进入汉代又在止宿和递送功能上颇有重合，故文献用词常常不加区分。但在十里邮盛行的西汉，恐怕相当多的“邮亭”当释为“邮、亭”。汉简中的“邮亭”，许多也应断为“邮、亭”，如下举二例。一则居延汉简：“□□□□系□□罪责□□部邮、亭□不在□□□□出在□取□□□□□”（37·34）。“□□部”当为甲渠候官所部，此部应正当交通干线，故有邮，有亭。此简系下达处罚，涉及邮、亭两个系统。二则出土于甘肃省金塔县肩水金关遗址的《甘露二年御史书》简册（73EJT1：1-3）：

甘露二年五月己丑朔甲辰朔，丞相少史充、御史守少史仁以请诏……书到，二千石遣毋害都吏严教属县官令以下，啬夫、吏、正、父老，杂验问乡里吏民……得者书言白报，以邮、亭行，诣长安传舍。重事，当奏闻，必谨密之，毋留，如律令。

甘露年号为汉宣帝所用，甘露二年为公元前52年。此册所涉事件非常，由中央政府的丞相、御史两府联合下文，在全国范围追查，各地需将追查情况速报长安，又因追查范围直到乡里一级，故需动用亭来报送。所言“以邮、亭行”，邮为高级的十里邮，是郡和正当交通干线的县级行政单位沟通中央的通信渠道，亭则是各县乡之间，以及不在交通干线上的县级单位与郡级单位的通信渠道。居延新简EPT53：71A/B号简系一枚事由为“□□愿以令取宁唯府告甲渠候官予宁敢言之”的断简，其上所标示的回告通信方式为“□居延县以邮亭行”。此“以邮亭行”亦当断为“以邮、亭行”，即十里邮与亭两个系统的联合作业。《汉书》卷一二《平帝纪》所云：“宗师得因邮、亭书言宗伯，请以闻”讲的也是这种情况。邮、亭的联合作业使得最基层的乡民亦可将上告文书递送中央，如《汉书》卷六七《梅福传》云：“民有上书求见者，辄使诣尚书问其所言。”又居延汉简：“□□平明里大女子妄上书一封，居延丞印上公车司马”（506·5），此上书由居延县丞上传中央，很难想象是这位乡里女子自己跑到县上投书，而当为乡一级通过亭传递到居延县。

邮、亭并称，便概括了汉代作为通信和交通最基础部分的步递体系，《汉书》卷八三《薛宣传》：“桥梁邮亭不修”也是这个意思。只是到了东汉，邮亭多成泛称，如《后汉书》卷三九《赵孝传》中的“欲止邮亭”，此邮亭由亭长主事，说明这个邮亭被纳入了亭的系统,这或许是五里邮复兴后的情形。

综上所述,西汉初年随着单一通信功能的十里邮系统的建立,原来的五里邮被拆解。交通干线上的五里邮所承担的通信功能归于十里邮,其田域巡稼和治安监察等功能则由亭的系统全盘接收,由此构成了不同于邮亭之制的亭制,此即西汉亭制。此外,收归亭系统的五里邮则与亭一道承担"以亭行"的短途通信任务。郡县官员在乡间止宿,则由十里邮系统与亭系统分担。

可以认为,汉代大量的乡野止宿之亭是五里邮并入亭系统的结果。载籍中的"乡亭"①"离乡亭"②"野亭"③"下亭"④,皆为乡里止宿之亭的别称。尹湾汉简《元延二年日记》反映出,在空间分布上,亭多邮少。⑤ 这也符合尹湾汉简《集簿》所载的邮、亭比例,可谓十里邮时期的特征。十里邮的止宿功能以张家山汉简《行书律》观之,应该与亭在接待规格上没有区别,皆为方便郡县吏员公干而设。如《汉书》卷八九《循吏传·黄霸》:"吏出,不敢舍邮、亭。"不舍邮、亭是因事涉机密,怕惊动县乡。

汉承秦制,"十里一亭"。其"里",大多学者解为道里,其实,秦制"十里一亭"的十里亦可指一亭所辖十个行政里的田域,并由此演化为汉代的亭部。依照严耕望和周振鹤对邮亭之制的图解,则五里邮可理解为十里亭的派出据点,即一亭两邮构成一个亭部,这样,困扰学者已久的"二里半"也能自圆其说。⑥

关于卫宏《汉旧仪》和《续汉书》志二八《百官志五》刘昭注补引《汉官仪》所云"邮间相去二里半",严耕望疑为当作"邮、亭间相去二里半",故以两邮相距5里,邮、亭相距2.5里制图。《论衡·诘术》:"民间之宅与乡、亭比屋相

---

① 《汉书》卷83《薛宣传》:"舍宿乡亭"(第3086页);《后汉书》卷14《刘缜传》:"使长安中官署及天下乡亭皆画伯升像于塾"(第550页);《续汉书·百官志一》引《汉旧仪》:"官寺、乡亭漏败"(第3561页);《论衡·诘术》:"民间之宅与乡亭比屋相属,接界相连。"(第1029页)

② 《汉书》卷89《循吏传·召信臣》:"躬劝农耕,出入阡陌,止宿离乡亭。"(第3462页)或以为"都亭"以外之亭皆可称"离亭"。

③ 《后汉书》卷31《郭伋传》:"遂止于野亭。"中华书局1965年版,第1093页。

④ 《后汉书》卷81《范式传》:"道宿下亭。"中华书局1965年版,第2679页。

⑤ 《元延二年日记》中所记止宿之处只有一处邮——"山邮"。

⑥ 严耕望:《秦汉地方行政制度》,第61页;周振鹤:《从汉代"部"的概念释县乡亭里制度》,《历史研究》1995年第5期。

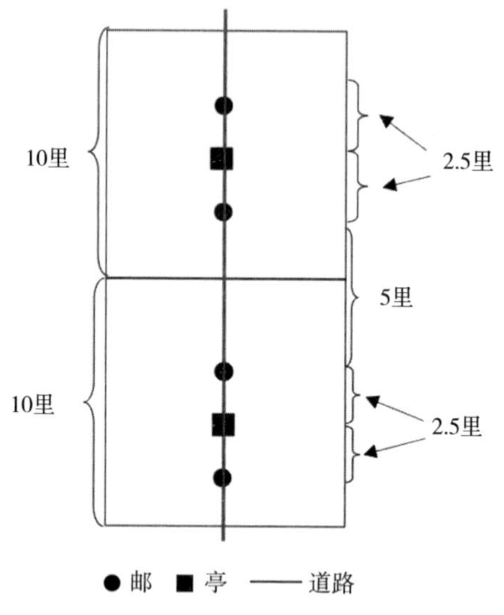

秦邮亭地域空间示意图

属,接界相连。"可见亭作为设于乡的治安机构,其所在地与乡是重合的。依照周振鹤图示,则一个标准亭部维持方10里的地域,在穿行其间的道路上建立派出据点是合理的。这样的派出据点无论从人员调派,还是后勤保障上考虑,必是接近亭、乡所在地较为方便,但若设置太近又失其意义,故古人选择了二里半。"邮人居间,相去二里半",则说的是邮人以派出据点为中心,担负两头都是二里半距离的游动哨任务,这样每个邮的管段都是五里,而邮人居中。

秦制邮亭既属交通体系,又属治安体系。治安分工上,邮相当于管片流动哨,亭相当于县治安机构的派出所。故邮人为巡警,而亭则主刑侦、诉讼、监禁,并协调抓捕人犯。由于邮人定期巡逻,定点接头的工作性质,通信便由邮独自承担。故秦制中,亭与通信无涉。

作为治安机构,"五里一邮,邮有督;十里一亭,亭有长",从而构成邮亭之制。这个制度是在战国之际的秦国完善的,故宋人说:"县、乡、亭之制,本于商鞅。"①秦制邮亭虽重治安,但在激烈的兼并战争中,邮的接力通信功用亦得锤炼,至里耶秦简所见秦邮已高度专业化。

① (宋)叶适:《历代乡党版籍职役》,《文献通考》卷12《职役一》,中华书局2011年版,第329页。

依张家山汉简《行书律》，西汉十里邮无涉治安，邮亭之制不存甚明。秦制，亭不涉通信，通信由邮独立完成，故“以邮行”见于秦制，而未见“以亭行”“以邮、亭行”。西汉时，“以邮行”与“以亭行”并见，则邮与亭可谓不同性质，不同系统的两类机构。十里邮属交通通信体系；而接纳了五里邮孑遗的亭依旧是在治安体系内。只是五里邮的并入，使汉代亭系统将治安与通信功能相容，不但独立执行郡县内的短途通信，而且可在特定时空下，代邮执行传递任务，并发展出与邮的联合作业。

第三节 畜力传递机构

秦汉时代，畜力传递有车递和马递两类，而以车递为主。秦统一六国后，建立了大规模的车递系统。汉代，全国车递路线和站点的规划由丞相总负其责，御史大夫监察这个系统的总体运行，九卿中的太仆负责调拨国家厩马补充车递所需。由于要接送周边政权使团来京朝见，“掌诸归义蛮夷”的中央大员，如秦代典客、西汉初年大行令、汉武帝时由大行令改称的大鸿胪皆有属吏负责协调车马调用。西汉时，大鸿胪之下还设驿官令、丞专管驿传事务。

秦汉沿袭春秋战国以来的旧称，将原本只有旅行辗转之意的“传”用于车递交通，车辆称传车，驾马称传马，郡县所设立的接待过往官员的官舍皆称传舍。西汉还在交通干线建立了大型车递机构“置”，以悬泉汉简所见，边郡所有郡和当地交通干线的县，其治所所设皆为置，系与接待过往公干人员的官舍一体建设；内郡或许只有不当郡县治所的车递站点方称置。这样，整个车递系统就统称传置。

一、传置与通信的关系

传车、传舍在战国晚期已经构成了为官僚公干提供免费车马与食宿的交通系统，这个车递系统不断发展壮大，一直运营到东汉。

车递进入通信领域的主导因素是紧急报信。《史记》卷九一《黥布列传》载有：“赫言变事，乘传诣长安。”言变事，即上诉攸关大局的非常之事，这是汉代律法中不够法定资格却能享受乘传待遇的唯一破例规定。《史记》这段说的是汉朝开国不久，一个叫贲赫的人，因男女之事开罪了淮南王英布，为摆脱构陷，就以言变事为由，得以乘传逃过英布的抓捕直抵长安。《汉书》卷六七《梅福传》亦载一例："数因县道上言变事，求假轺传，诣行在所，条对急政，辄报罢"。说的是汉成帝时，高士梅福辞官归乡后依然心系朝政，数次通过县道上陈非常之事，还想乘坐传置系统一马、二马拖曳的轺车，直抵皇帝行宫，逐条对答皇帝的垂询，但经上报后被官府否决。《晋书》卷三〇《刑法志》追溯汉《厩律》有上变事及警事告急的律条，这些当承袭于秦。云梦秦简《厩苑律》说："……令其人备之而告官，官告马牛县出之。"就是说县廷要给向官府报告要事者提供牛马一类的交通工具。张家山汉简《传食律》则明确言变事可以乘传并享受传食待遇："及军吏，县道有尤急言变事，皆得乘传及食。"张家山汉简《置吏律》亦载："郡守二千石官，县道官言边变事急者……皆得为驾传。"

在国家行政通信层面上，汉代传置的作用，首先是下达皇帝的诏令。《续汉书》志三〇《舆服志下》引《汉旧仪》："奉玺书使者乘驰传"，驰传是一种比较高级的驷马传车，由传马中较优秀的"中足"驾马拖曳，速度快于一般的传车。相对而言，悬泉汉简中见有使者"行历日诏书"，即派使者到地方上公布有关历法的诏书，这样的使者乘的是最低级的一马所拉传车，时言"一封轺传"。《太平御览》卷六五二"赦"条引《汉旧仪》："每赦……分遣丞相、御史，乘传驾，行郡国，解囚徒，布诏书。郡国各分遣吏传厩车马，行属县，解囚徒。"这是说皇帝大赦天下，为解救囚徒于倒悬，中央大员丞相、御史大夫纷纷出动，乘传颁诏给各郡国。各郡国也纷纷派员动用传置的车马通知所属各县。为让天下沐浴皇恩，而有中央与地方官员层层使用传车，在第一时间向全国宣诏，这当然是皇权时代的极致景象。

秦汉时代，传置极大地促进了中央与地方的信息交流。自汉武帝分设州部刺史后，刺史皆乘传车周行郡国。若地方突发情况，刺史还会另遣传车上报京城。唐代戴叔伦《抚州刺史庭壁记》有"汉置十三部刺史，以察举天下非法，通籍殿中，乘传奏事"之语 。下层吏民若反映冤情，亦会去拦截刺史车队。如《汉书》卷八三《朱博传》就记载了"吏民数百人遮道自言"的情形，说是武吏出身的朱博任冀州刺史时被人轻算"不更文法"，刚当了刺史下去巡行，就碰到吏民几百人拦路投诉，可朱博把该管的和不该管的事说得一清二楚，然后

"驻车决遣,四五百人皆罢去,如神"。说朱博停下车来判决发落,最后四五百人都自己散去,大家感觉朱博断事如同神明。

二、从传舍到置

战国晚期出现的传舍,不分公私,一律重在人员接待,至于是否兼有畜力接力传递的功能,似无定制。如《史记》卷七五《孟尝君列传》中孟尝君所设传舍分三等,只有上等"代舍"有车可乘,中等虽曰"传舍",却无车可乘。

秦代,郡县治所当遍设传舍,以为官方接待处所。以里耶秦简所见,偏远的迁陵县亦有传车、传舍。至秦末群雄并起,使者相望于途,传舍在乱世中得以维持。《汉书》卷四三《郦食其传》说刘邦起事后招贤纳士:"沛公至高阳传舍,使人召食其",讲的是刘邦在传舍里延请郦食其来相见。颜注:"传舍者,人所止息,前人已去,后人复来,转相传也。"结合上述孟尝君的"传舍",可以说传舍之传的本意与畜力传递没有必然联系,传在此纯粹是接待过往行者,"转相传也"之意,故传舍亦作转舍。

至汉代,传舍依然为郡县公馆,亦称都亭,只是为了不影响羁旅赶路,传舍大多设于城外,因为那时的城门会定点关闭。汉代传舍的数量很多,孙毓棠指出:"政府在各县县城设有传舍,等于官家的旅馆,供作客吏旅行宿息的处所。政府的大员或行部的刺史到了县城,照例住在传舍,县令长则到传舍来谒见。"①县城有传舍,郡城自然也有,长安更多高级馆舍,亦属广义传舍。《三辅黄图》卷三载:"汉畿内千里,并京兆治之,内外宫馆一百四十五所。"宫馆既包括为各郡上计吏赴长安而设的"郡邸",也包括招待藩属与"外夷"的"蛮夷邸"。

郡县除设立传舍之外,还要设立蓄养官马的厩,并不时拨付传舍交通所需。凡公差人员使用的车辆、驾马一概由厩来经营。秦末夏侯婴曾任沛厩司御,即沛县县厩的专职驭手,常常要执行"送使客"的任务。汉初,交通干线上设厩置,蓄养拖曳传车的传马。《史记》卷九四《田儋列传》:"田横乃与其客二

---

① 孙毓棠:《汉代的交通》,中央研究院社会科学研究所:《中国社会经济史集刊》第 7 卷第 1 期,独立出版社 1944 年版。

人乘传诣洛阳。未至三十里,至尸乡厩置。"《集解》引瓒曰:"厩置,置马以传驿也。"三十里间距,由《管子·大匡》所言"三十里置遽委焉",当来自战国晚期。厩置表示的是在置内设厩,按《晋书》卷三〇《刑法志》记载:"秦世旧有厩置……汉初承秦不改",则厩置源起于秦。厩置以厩啬夫为主管,厩佐协理,悬泉汉简可证。

西汉盛行车递,凡车递站点皆建有厩。如《汉书》卷六四上《朱买臣传》讲到朱买臣在长安获任会稽太守,长安厩的小吏驾车来其下榻客馆迎接他赴任上路。汉印中见有"杜廄",廄即厩,杜厩乃长安附近的杜县之厩。① 居延汉简中也见有"吞远厩""昭武厩"。

秦统一后,针对车递交通有一个建设高潮。除大兴土木,建造驰道,还立有一系列维护车递运行的律法,此即《晋书》卷三〇《刑法志》引《魏新律序》所言"秦世旧有厩置、乘传、副车、食厨,汉初承秦不改"。厩置上面已经讲过,乘传在此是指对传车使用资格所做的限制和使用传车所需办理的手续,副车是指乘传使者的从者所乘车辆,食厨乃"行道饮食处",即供应行旅饮食的官办机构,与厩置同设。秦亦有《传食律》,规定供应公差人员的饮食和驾马饲料标准。

西汉,车递网在整个国家治理中日趋重要,尤其是从长安辐射各郡国的车递,张家山汉简《传食律》一上来便是"诸乘传起长安之"。到汉成帝时,以长安为中心的车递更为繁忙,悬泉汉简记有被编入律令的有关增加三辅地区传马饲料的一通制书,不但可见繁忙景象,而且提到了高级传马:

> 制曰:下大司徒、大司空,臣谨案:令曰:未央厩、骑马、大厩马日食粟斗一升、叔(菽)一升。置传马粟斗一升,叔(菽)一升;其当空道日益粟,粟斗一升。长安、新丰、郑、华阴、渭成(城)、扶风厩传马加食,匹日粟斗一升。车骑马,匹日用粟、叔(菽)各一升。建始元年,丞相衡、御史大夫谭。②

---

① 施谢捷、王凯、王俊亚编著:《洛泉轩集古玺印选萃》,京都艺文书院 2017 年版,第 51 号印。

② Ⅱ0214②:556 号简,引自胡平生、张德芳编撰:《敦煌悬泉汉简释粹》,上海古籍出版社 2001 年版,第 5 页。

悬泉汉简整理者认为所记建始元年“乃追述前事,非书写当前的时间”。令文中规定增加马食的马匹有三类,一是天子六厩中的“未央”“骑马”“大厩”所养马匹,二是置传马,三是车骑马。由与天子六厩中的御马和军用的车骑马并列可知,置传马系高级传马,其饲料供给要高于传马。当空道,即当孔道的置传马要再提高每天的马食标准。长安、新丰、郑、华阴、渭成(城)、扶风六县的厩传马,也要再提高每天的马食标准。置传马与厩传马有别甚明。张家山汉简《津关令》在禁马出关的令文中有一系列特殊用途的马被放行的特例,其中也列“置传马”。相比之下,厩传马当系普通传马,而置传马有可能是被称为“高足”的高级驾马。①

西汉中后期,随着国力强盛和版图急剧扩大,车递系统中的置大为扩充。京师与郡国、各郡国之间的干道都以置为车递中转站点。悬泉汉简反映出置的管理权是在郡一级,地位应该高于管理权在县一级的传舍。如 I0309③:37号、I0309③:92 号简皆提到敦煌太守派属吏监领悬泉置。② 尹湾汉简《元延二年日记》也透露出传舍与置是两类机构。日记记载了身为郡级高级官吏的墓主人在汉成帝元延二年(前 11)一年当中的公干出行住宿情况,涉及 13 处传舍,而置仅有 1 处。由此可见,置是专为中转车递设置,只分布于交通干线上,故在内郡其数量少于每县必有的传舍。但多次前往外郡办事的墓主人,只有一次下榻于置,还是令人费解,或许内郡因传舍分布较密,置在通常情况下只接待乘驷马高车出行的高官。置的行政级别较高,甚至在当时的言语中能够与县并立,如《汉书》卷三九《曹参传》记载:“北击司马欣军砀东,取狐父、祁、善置”,文颖曰:“善置,置名也。”狐父、祁皆为县。

张家山汉简《二年律令》中同时出现了“乘置”与“乘传”,二者自有区别。置所代表的是高级车递,车速和车辆规格要高于普通的传车。悬泉置新购传车有来自长安者,或可佐证置备有规格较高的传车。高规格的传车,其驾马也是高规格的。最高规格的叫“高足”,是驾马中跑得最快最稳当的,稍差一点的叫“中足”。悬泉汉简所见最高级传车仅有中足所驾“驰传”。

---

① 《汉书》卷 1 下《高帝纪下》:“乘传诣洛阳”颜注引如淳曰:“律,四马高足为置传,四马中足为驰传,四马下足为乘传。”

② 胡平生、张德芳编撰:《敦煌悬泉汉简释粹》,上海古籍出版社 2001 年版,第 67 页。

车递和车递组织的提升过程与汉代的监察制度也有一定关系。汉武帝为完善地方监察制度,开创了以独立于行政系统的官员来专职监察地方的刺史制度。西汉初年本有遣使巡行制度,《盐铁论·刺复》概括为"承明诏,建节驰传,巡省郡国"。汉武帝又将全国除京畿以外的地区划分为十三部,每部设一名刺史,使其"乘传周流",代天子巡狩所部郡国,成为皇帝的"耳目之官"。"传"即传车,"周流"意为到处巡视。刺史每年八月出巡,年终奏事京师,专门监察郡太守、诸侯国相和地方豪强,其出行的交通工具即为传置提供的驷马传车。

东汉建武年间的新汲县令王隆在所著《汉官》一书中最早描述了刺史制度:"十有三牧,分部驰郡行国,督察在位,(敷)奏以言。"①《三国志》卷九《魏书·夏侯玄传》载夏侯玄与太傅司马宣王议事,司马宣王报书曰:"汉家虽有刺史,奉六条而已,故刺史称传车,其吏言从事,居无常治,吏不成臣,其后转更为官司耳。"这是说刺史一开始只是奉诏书六条监察地方,因为是乘坐传车巡察,所以刺史的别号就叫传车;其随员都是临时差遣,刺史也没有固定的治所,所以他的随员也不成其固定属下,刺史是到了东汉时期才转变为有治所的一级地方行政官员。《太平御览》卷二六三引应劭《汉官仪》言汉元帝时为刺史设吏员,有官称为"治中"与"别驾"的固定掾属。治中,意为掌刺史车队中部者。别驾,意为单乘一车为车队开道。刺史往来巡行,交通干线出了问题,刺史也免不了会被责问。《汉书》卷六《武帝纪》记载天汉二年(前99),泰山琅琊农民起义,"阻山攻城,道路不通",汉武帝震怒之下,派绣衣使者直接下去处理,"刺史、郡守以下皆伏诛"。而发生非常变故,刺史也能调集大量传车。《汉书》卷七六《张敞传》记载汉宣帝时,张敞任冀州刺史,其所监察的广川国治安形势严峻。追查之下,竟涉及广川王宗室不轨,于是张敞调集"车数百辆,围守王宫",终将广川王一伙治罪。一下调集数百辆车,应有相当数量的传车在内。刺史巡行所部,传车和住宿等级都有一定之规,率性而为有可能被弹劾。《汉书》卷七二《鲍宣传》记载身为豫州牧的鲍宣"行部乘传去法驾,驾一马,舍宿乡亭",结果被弹劾。刺史到西汉末年称州牧,鲍宣出巡乘车不遵

---

① (清)孙星衍等辑:《汉官六种》,周天游校,中华书局1990年版,第18页。

驷马高车的典制，驾一匹马拉的传车，还住宿乡亭，结果被弹劾，丢了州牧的官职。

每年春季，郡太守要巡视属县，也离不开传车，《后汉书》卷六一《左雄传》有“观政于亭传”之言，说的是汉安帝时，尚书令左雄批评地方官员懈怠荒政，不深入民间，只是在交通线上巡视，于亭舍和传舍中敷衍了事。

郡守一级的官员巡行，都要乘驷马高车。汉初，长沙国曾以“置缺不备一驷，未有传马”为事由，请求在关中买马“给置传，以为恒”。皇帝不但很痛快地以“请许给买马”的名义批准了，还要求通报丞相和御史大夫，随后这通制书就被编入《津关令》。①

关于乘传驾驷，《汉书》卷六四上《朱买臣传》有条记载：“有顷，长安厩吏乘驷马车来迎，买臣遂乘传去。会稽闻太守且至，发民除道，县吏并送迎，车百余乘。”说的是汉武帝时，朱买臣当上会稽太守，于是乘坐长安厩吏驾驶的驷马高车离开京城。会稽的官员听说新太守将到，征召百姓修整道路。各县的县吏一应出来迎送，汇聚起来的车辆有一百多乘。三国时人张晏注释《朱买臣传》云：“故事，大夫乘官车驾驷，如今州牧刺史矣。”由于刺史出巡和郡守上任大多是以长安为出发点，前述汉成帝颁诏为长安、新丰、郑、华阴、渭成（城）、扶风六县的厩传马加料，且被编入律令就合情合理了。六县中前四县地处长安东线，即三川东海道，后二县地处长安西线，即陇西北地道，是西汉最重要的交通干线。

由于置的重要，置不但由郡直接管理，还会时不时设立置监，由太守府的人下去巡视监察。悬泉汉简记载：

> 五凤元年五月癸酉，太守守属光监悬泉置，移效谷□□□□□……
>
> I0309③:92
>
> 本始三年七月丁丑，为郡监领悬泉置，亭长国敢言之莫府，谨
>
> I0114③:33
>
> 监遮要置史张禹，罢。
>
> Ⅱ0216②:241

① 《二年律令·津关令》，张家山汉简516、517号简。

从简文看,置监或以太守属,或以史的职位出任,以代太守监察置的事务。

置的最高长官为置长,全面负责置的各项事务。西汉封泥有"扶风置长"。① 悬泉汉简亦有置长:

传马死二匹,负一匹,直万五千,长、丞、掾、啬夫负二,佐负一。

I0205②:8

"长、丞、掾"即置长、置丞、置掾。一置机构还有管理养马、官舍等吏员设置,以及车辆维修、驾车、医马的人员。以悬泉置而言,保有传车在6—15辆不等,工作人员在三四十人的规模。这些人员除日常工作外,战事紧急时,还有守卫之责,故边塞之地的置大多备有兵器。边塞之地,一置修筑有如戍堡,因而还大多容纳有邮和驿骑的站点,所以只要是沿交通干线的长程递送,无论何等公文,其接力交换皆以置为中转地点。

三、驿骑与骑置

《汉书》卷五四《李陵传》记天汉二年(前99),汉武帝下诏李陵,特地点明报送军情"因骑置以闻",颜注:"骑置,谓驿骑也。"

在西汉,从通信角度讲,驿骑仅仅是十里邮系统的补充,主要是加快中央与北边塞防前线间的军事情报传递。而作为畜力传递方式,驿的组织方式与置较为接近,所以驿骑的中转站点叫骑置。骑置设置路线多与传置重合,史载从长安出发的宣诏使,即前述不受传食标准约束的诏使是可以在传车与驿骑之间做出选择的。《汉旧仪》云:

奉玺书使者乘驰传。其驿骑也,三骑行,昼夜行千里为程。

诏使可以乘驰传,也可以根据宣诏的紧急程度选择驿马。

《续汉书》志二九《舆服志上》说汉制"驿马三十里一置。卒皆赤帻绛鞲云"。不但驿卒着装有标志色,就是驿骑飞递的公文邮包也有警示色。汉宣帝时,有边郡告警将文书封于赤白囊中,由骑驿一路传递到长安的制度。《汉书》卷七四《丙吉传》载:"适见驿骑持赤白囊,边郡发奔命书驰来至。"说的是丞相丙吉曾善待嗜酒驭吏,免其责罚。一日,生于边郡,"习知边塞发奔命警

① 孙慰祖主编:《两汉官印汇考》,上海书画出版社、香港大业公司1993年版,第51页。

备事”的驭吏在长安街头看到有驿骑拷赤白囊驰过,知是边郡来警,待打探后速告丙吉。宫中诏见时,早有准备的丙吉从容对策,得到皇帝嘉奖。赤白囊可说是边郡报警的专用邮袋,奔命书系因紧急传递而得名。

在北部和西北部的边塞之地,为应对匈奴等游牧武装的较高机动性,驿骑得到大力经营。西北边地的驿骑,居延汉简亦较多反映,如“橐他駮南驿建平元年八月驿马阅具簿”(502·7)。橐他为候官名称,候官是边塞候望系统中的一级指挥机构。駮南驿是在駮南隧所设单骑站点。阅具是清点、计数的意思,驿马阅具簿就是盘点驿马的文簿。

骑马报信的通信方式在汉简中亦称“吏马驰行”,指小吏以快马传信,是边防线上传报紧急情况的制度性安排。如“肩水候官吏马驰行”(20·1),“莫府吏马驰行以急为故回”(259·5),“甲沟官吏马驰行”(EPF22:746)。这三枚简文的所引之语都是在刻有印窠的公文封检上留下的传递方式指示语。由于驿马不敷使用,边防通信会经常动用其他官马,甚至私马。

在军事前线,骑马送信无疑是最合用的通信手段,在马匹相对充裕的西北,这种手段的运用更有其合理性。但即便如此,骑马送信仍受到严格限制,非紧急情况,不可妄动,如EPF22:713号简“驰行以急疾为故”。更说明问题的是EPF16:16号简:

> 匈奴人入塞,天大风,会及降雨不具烽火者,亟传檄告,人走马驰以急疾为故□

在天气恶劣,无法举烽的情形下,能否迅速派人告警,往往决定战局成败。可在这枚相当于军事守则的简文中,明显由于马匹缺乏的原因,而不得不将“人走”与“马驰”并列在一起。候望系统中安设驿骑和驿所是非常必要的,然而有两个限制因素是汉代无法突破的,一是养马极其昂贵,根据《汉书》卷六九《赵充国传》所载,一匹马一个月的吃食花销,可供养一名士卒一年之需;二是驿马价格不菲,且驿马及其马具的损耗,也高于普通马。这些因素的叠加,使盛产马匹的西北,也不得不将驿的规模作严格限制。

汉代交通干线上为驿骑设立的站点称骑置。悬泉汉简所见敦煌郡设有12处骑置,而作为车递站点的置有9处。这些骑置和置同处河西走廊西端的交通大干线上,仅效谷县县境就设有4处骑置和2处置。悬泉汉简记载:

效谷甘井骑置一所第二，马三匹，吏一人，小未傅三人

Ⅱ0115③:32

效谷遮要骑置一所第三，马三匹，吏一人

Ⅴ1812②:103

效谷平望骑置一所第四，马三匹，吏一人，小未傅三人

Ⅱ0216②:341

凡骑置四所，所三人，马三匹，从养百

Ⅱ0216②:578

此四简或为一册簿书，可见每个骑置有吏一人，额定驿马三匹，一般工作人员三名。除甘井、遮要、平望骑置，效谷县还有一处骑置就是悬泉置骑置：

县（悬）泉置骑置　西到平望骑置五十里 东出广至万年骑置卌

Ⅴ1411②:55

这是一枚有关骑置的邮程简。除悬泉置外，设于效谷县境内的还有遮要置，因而有两处骑置是和同名的置设在一起的。骑置的间距要小于置，应不超过 50 汉里，置的间距则有接近百里者。驿马大概不能长途奔驰，从后世资料也可看到驿马的中转站点通常是 30 里一设。

敦煌郡的骑置西汉就有，悬泉汉简Ⅵ1222②:3A 号简是一枚纪年简，记录了汉成帝阳朔二年（前 23）敦煌太守报送长安的上行文书由驿骑向东传递的情形：

入东书一封，敦煌大守上。阳朔二年七月壬午夜食时临泉驿骑薛福受平望驿骑石众。

西汉时，骑置或许只设立在边郡，以及长安通往边塞的要道上，军事色彩浓厚。东汉时，驿骑的使用明显较西汉普遍。如《后汉书》卷四二《光武十王列传·东海恭王强》载永平元年（58），因东海恭王刘强生病，汉明帝“令将太医乘驿视疾”。同书《光武十王列传·东平宪王苍》又载建初七年（82），东平宪王刘苍从京城回到封国后患病，汉章帝不但以驰传载去名医，且慰问使者不绝于道，“又置驿马，千里传问起居”。《后汉书》卷七六《循吏传·卫飒》记载作为一郡太守的卫飒于桂阳郡含洭、浈阳、曲江三县（今广东英德与韶关曲江一带），“凿山通道五百余里，列亭传，置邮驿”。《后汉书》卷四五《袁安传》有

“公事自有邮驿”的记载。《后汉书》卷五七《刘陶传》谓刘陶有“臣前驿马上便宜”的奏疏。《后汉书》卷四《和帝纪》注引谢承《后汉书》云:“旧献龙眼、荔枝及生鲜,献之,驿马昼夜传送之。”《后汉书》卷六一《周举传》谓汉顺帝时“诏遣八使巡行风俗”,就是派出八位钦差督导检查地方,规定有“刺史、二千石有臧罪显明者,驿马上之;墨绶以下,便辄收举”,意思是对于刺史、二千石官员犯有明显赃罪者,由驿马上报中央;县令以下官员,可立刻逮捕。在这种全国性的督导检查中使用驿马,可见东汉的驿骑组织已趋向全国分布。就是赶上地震,亦有驿骑相报,《后汉书》卷五九《张衡列传》载张衡发明地动仪,一日铜珠突然落下,众人疑惑不已,而“数日驿至”,报陇西地震。

第二章　邮驿网路

大一统的秦朝虽然只有短短 15 年，但秦始皇构建了以咸阳（今陕西咸阳东）为核心的网路。汉朝在秦朝的基础上，加以维护和拓展。秦汉时期的大规模网路拓建，无疑为邮政运行，以及秦汉与域外的信使交往奠定了基础。史念海治秦汉交通尝言："盖交通发达，则名都大邑，边郡僻县，互相联系，不虑阻隔，羽书之传递，政情之广布，若网之在纲，如臂之使指，故其土宇虽极辽阔，亦无害于治理也。"①此诚为秦汉交通与邮政关系的精辟之语。秦汉时期对道路通信功能的重视，在出土文献中得到了进一步展现。

无论精心维护的步道，还是铺垫良好的行车道路，都有助于公差出行的速度，从而有利于通信。特别是高速行车道路，对于秦汉王朝应对地方突发事件是极其重要的。当携带紧要消息的信使能够排他性地使用最好的道路驰往京城时，这样的制度性安排无疑畅通了中央政府控制辽阔版图的血脉。此外，秦汉时期的很多网路拓建还与军事密切相关，当时的大规模军事征战动辄出兵十余万或数十万，加上后勤保障，网路的建设可谓胜败攸关。更有北边塞防在汉代达到 5000 公里以上（若计复线，几近上万公里），其所面对的游牧民族武装的极高机动性也是促进秦汉通信网路大幅跃升的要素。

第一节　作为高速传递网路的驰道和直道

驰道是秦汉时期沟通全国发达地区的高速网路。《说文》言"驰，大驱

---

① 史念海：《秦汉时期国内之交通路线》，《河山集》四集，陕西师范大学出版社 1991 年版，第 536 页。

也”，说明驰道是有别于普通道路的快速行车道路。横扫六国后，秦始皇决意以巡游来“威服海内”，驰道即在此背景下，由丞相李斯总体规划，于秦始皇二十七年（前 220）下令动工兴建。[①] 第二年，秦始皇就东巡泰山封禅，所到之处，皆整治驰道。秦始皇总共四次巡游六国故地，所行基本是利用战国行车道路所建驰道。《汉书》卷五一《贾山传》云：“（秦）为驰道于天下，东穷燕、齐，南极吴、楚，江湖之上，濒之观毕至。”综上所述，驰道的战略价值在于牢牢把控东方六国故地，消除战国时期因政权分立造成的交通阻碍，保障中央政令的畅达。汉代，驰道依然得到了很好的维护，成为沟通经济文化发达区的骨干交通网，使中央政府牢牢地掌控了这一基本经济区，从而保障了对全国的有效统治。

直道是驰道之外的一条具有重大战略价值的高速传递通道，全线为秦代新辟。秦始皇在统一全国后的第六年（前 215），命蒙恬率三十万大军北击匈奴，构筑万里长城，又徙民实边，设置郡县，以解除匈奴对关中的威胁。为有效沟通长城防御体系的重心——位于黄河河套以北、阴山以南的九原（今内蒙古包头西），秦始皇三十五年（前 212），一条起自咸阳以北林光宫（今陕西淳化西北），直达九原的高等级道路全面动工。秦始皇死后，秦二世继续修筑，直至秦亡。直道除良好的道路选线和宽广的路面本身加快了物资和人员流动，沿途而设的烽燧和交通中转设施，也使信息传递达到了那个时代的最快速度，对北陲防务起到重大作用。西汉，直道依然是抗击匈奴，掌控北方的快速通道。

秦汉王朝的驰道与直道，是古代交通技术条件下，缔造快速通信的一大创举。以高等级道路架构干线邮路，为后世王朝所借鉴。

一、驰道

驰道系用多层黄土夯筑，路面平整，没有杂草。《汉书》卷五一《贾山传》记载，驰道“道广五十步，三丈而树，厚筑其外，隐以金椎，树以青松”。驰道为三车道，中间为皇帝专用的“天子道”，任何人不得闯入，两边为双向车道，亦经特别许可方得使用。驰道所植行道树亦当全封闭标志，如此苛限虽排斥了大多行旅，却保证了重要信息的快速通达。在国土广袤的秦汉国家，驰道是中

① 《史记》卷 6《秦始皇本纪》，中华书局 1959 年版，第 241 页。

央政府沟通重要地区的紧急通信网路。

驰道最重要的有两条:一条从咸阳朝正东方向,经函谷关直达中原腹心的洛阳;一条偏向东南,经武关,过南阳,直达江汉平原,那里是战国末期秦国攻破楚国郢都后一直着力经营的地方。上述第一条咸阳朝正东方向的驰道,沿渭河—黄河南侧而行,在西周的周道网路中就是最重要的一条,直到北宋,这条道路一直是王朝政治的地理轴心。至于从关中经由武关通往江汉平原的第二条驰道对后世的影响也很大,在依旧定都关中的唐代,唐德宗诏令长安与洛阳间的两京路,还有通往江汉平原的蓝田武关路分别为全国第一和第二大驿道,这般事关国运的交通格局就是在秦代奠定的。

秦驰道在汉代被基本保留下来,连驰道上的行道树也很少被破坏。驰道因系土筑,故需常年维护,所需人力物力极为可观。汉武帝步秦始皇后尘,巡行天下,封禅泰山,于是"天下郡国皆豫治道桥"。① 这大概是汉代规模最大的一次整修驰道的行为。由于驰道标准高,修整起来劳民伤财,所以未经中央政府批准,不得妄动。西汉有名的能吏黄霸任京兆尹时,曾"发民治驰道不先以闻",结果被"贬秩",就是被降了官爵。②

秦与西汉皆定都关中,故秦汉几条重要的驰道基本东向,以控制那时最重要的经济区。大干线出函谷关抵洛阳后,再由洛阳一带辐射出四条驰道。其一,渡过黄河朝向东北,顺太行山东麓,经邯郸通往涿(今河北涿州)、蓟(今北京),连接起燕赵故地。其二,继续向东循济渎(古河道,今已消失)抵定陶(今山东定陶),经泰山偏北行以达临淄(今山东淄博临淄区),直至山东半岛北缘的黄(今山东黄县)、腄(今山东烟台西南),以治齐鲁。其三,由定陶至彭城(今江苏徐州)分叉,一则东去东海郡,直至朐县"秦东门"(今江苏连云港);一则沿泗水入淮,再沿邗沟达长江、太湖一线,可控吴越。其四,由敖仓(今河南荥阳东北)傍鸿沟过陈留(今河南开封东南),顺鸿入颍,再顺颍入淮,更南向肥水、巢湖达长江北岸,以威慑寿春(今安徽寿县)为中心的楚国东部地区。

据王子今研究,秦汉时代,在南起会稽(郡治在今浙江绍兴),北到碣石

① 《史记》卷30《平准书》,中华书局1959年版,第1438页。
② 《汉书》卷89《循吏传·黄霸》,中华书局1962年版,第3631页。

(今辽宁绥中境内)的滨海地带,还有一条贯通南北的并海道,可供帝王乘舆通行。[①] 由《汉书》卷五一《贾山传》所云:“为驰道于天下……濒海之观毕至”看,并海道亦当驰道系统的一部分。

汉武帝时,又在战国时期的秦国所辟关陇通道的基础上,往西北建了一条驰道。《汉书》卷六六《王䜣传》载:武帝“数出幸安定、北地,过扶风,宫馆驰道脩治”。西北驰道和沿线高等级中转设施的兴建,形成了著名的回中道,为丝绸之路的繁盛贡献了一份力量。

二、直道

秦汉时期的高速传递通道还有直道。直道北起九原(今内蒙古包头西),南至云阳(今陕西淳化西北),《史记》记载全长为“千八百里”,今天实测南北长达 700 余公里。由于道路全线大体南北相直,故称“直道”。直道巧妙利用了黄土高原的特有地形地貌,“堑山堙谷”,建成了中国古代唯一沿山脊和高地选线的高等级道路,以利快速调动军队、运输军资和传递信息。直道选线径直,即便有弯道也采取了增大内径,增宽路面的措施。直道筑路标准极高,所存遗迹加上近年的考古揭露令人叹为观止。[②]

直道一线分布有密集的烽燧遗址,有的烽燧顶部仍保有当年举烽所遗燃料和灰烬。其中值得关注的疑似中转站点的遗址有:(1)陕西旬邑县石门乡,也称石门关遗址,在直道上的一大地标石门以北 1 公里处的石门村平缓地带上“含有大量砖瓦残件等遗存的秦汉建筑遗址”;[③](2)“秦直道一号兵站遗址”,也称南梁峁遗址,位于甘陕交界的甘肃正宁县古调令(雕岭)关南侧大古山山梁上,“遗址北窄南宽,形似葫芦,总面积 7000 多平方米,东、西、南三面环沟,北面只有 30 米宽的出口紧贴直道,形成天然屯兵营地”;[④](3)陕西志丹县

---

① 王子今:《秦汉时代的并海道》,《中国历史地理论丛》1988 年第 2 期。

② 参见辛德勇:《秦汉直道研究与直道遗迹的历史价值》,《中国历史地理论丛》2006 年第 1 辑;王子今:《陕西富平县秦直道遗址:秦代的国家级高速公路》,《光明日报》2010 年 6 月 12 日;张在明、喻鹏涛:《陕西秦直道遗址调查发掘简报》,《秦汉研究》第 9 辑,陕西人民出版社 2015 年版。

③ 王子今:《秦直道石门考察》,《秦汉交通考古》,中国社会科学出版社 2015 年版,第 42、43 页。

④ 《中国文物报》简讯:《陕西发现秦代大型兵站遗址》,《中国文物报》1986 年 10 月 31 日。

永宁乡任窑子村西现存一处高出地面约 15 米的夯土台基，秦直道遗迹即位于台基西侧，台基南北长 350 米，东西宽 80 米，夯层厚 7—15 厘米不等，地表发现包括云纹瓦当、板瓦、筒瓦、铺地方砖、回纹砖、陶水管、陶井圈等大量建筑遗物；①(4)陕西安塞县(今延安安塞区)华子坪乡红花园，直道遗迹东侧的大型夯土台基，东西长 1000 米，南北宽 500 米，夯层厚 10—30 厘米不等，地表分布大量秦代板瓦、筒瓦、回纹铺地方砖、几何条纹砖、空心砖、陶水管。② 可见，直道是最高统治者掌控北边的通信干线，声光通信与快速邮递并举。直道沿线发现有秦汉时期的各类建筑遗址及墓葬百余处，出土了大量建筑材料、兵器和各类器皿。秦直道西侧的甘肃正宁、宁县、合水、华池等地，也发现了可连成一线的道路和烽燧遗迹，应该是通往朔方的秦直道支线。调令关正位于这条支线与直道的交会点。

直道南端的林光宫在汉代为甘泉宫，距离秦都城咸阳与汉都城长安仅六七十公里，可以说直接对接了当时的最高决策中心。《史记》卷六《秦始皇本纪》记始皇二十七年(前 220)："作甘泉前殿，筑甬道，自咸阳属之。"《集解》注甬道："应劭曰：'筑垣墙如街巷。'"《正义》则注："应劭云：'谓于驰道外筑墙，天子于中行，外人不见。'"可见，咸阳至直道南端起点有更高等级的道路，由于道路两侧筑有高墙，使其中的交通活动更加隐蔽安全。

直道的北端正对其北的匈奴王庭，为秦汉北边国防重心。所以，直道的战略地位极其显赫，其通信功能也远非其他邮路可比。《史记》卷一一〇《匈奴列传》记匈奴大举犯边时，"烽火通于甘泉、长安"。李白《塞下曲》用典吟出："烽火动沙漠，连照甘泉云"，正描绘了汉塞经由直道一线烽燧报警的场景。而直道沿线那些非城池、非聚落的秦汉建筑遗迹，不管今人以为是驿站也好，是兵站、行宫也罢，都多少昭示了直道高规格的交通和通信历史。

第二节　北边道

秦汉四百多年，与匈奴对峙最甚，整个长城地带的边郡通信都得到了精心

---

① 姬乃军：《陕北发现秦行宫遗址》，《中国文物报》1989 年 7 月 14 日。

② 杨宏明、谢妮娅：《安塞发现秦行宫遗址》，《中国文物报》1991 年 10 月 27 日。

安排。在长城内侧,许多道路将各个指挥所与前沿哨所相联系。重兵驻扎万里迢迢的长城,自离不开精心维护的行车道路。行车干道一要保障后勤,沟通战略后方;二要将长城沿线的重要战略区连为一体,以利机动作战;三要在战略反攻阶段,开辟出塞道路并利于日后纵深防御。长城防御体系涵括了通信系统和补给系统,邮路正为这两个系统所共用。分布于秦汉时期整个北部地带的庞大长城网路可按秦皇汉武"巡北边"的历史事件而总名为北边道。①

秦代北边防务依托三大战略后方,一系关中,以直道相连;二系太行山以东的燕、赵、齐故地,军输总挽于蓟城、上谷郡(治今河北怀来东南)、代郡(治今河北蔚县代王城);三系韩、魏故地,军输经太原北上,以平城(今山西大同)和雁门郡(治今山西右玉东南)为前沿基地。另有自渤海岸边北上的并海道所连接的辽西、辽东,与关陇道路所支撑的陇西、北地作为北塞防线的左右侧翼。几大北向道路加之长城一线的东西干道就构成了浩大的北边网路的骨架。

秦亡与汉初之际,趁中原内乱,匈奴大盛。到汉武帝全力反击匈奴时,汉朝北边防线也不得不随新的战略形势而沿宜农宜牧的河西走廊大幅延展,旨在形成战略合围,整个防线竟至"北边自敦煌至辽东万一千五百余里"。② 汉长城延伸到敦煌后,西汉边郡达到 22 个,自腾格里沙漠南缘西迤河西走廊,加上向北纵深防御的额济纳河流域皆大拓道路,这些道路统属广义的北边道;本书则取从辽东、辽西迤西止于北地、安定两郡(汉析秦北地郡西部为安定郡)的部分,可谓狭义北边道。下面就大致由东向西分述这一庞大的北边道邮路网。

一、通往辽西、辽东的邮路

辽东、辽西自战国时期燕筑长城起,就成为农耕民族与游牧民族对峙的前沿。秦汉统一后,这一线防务以冀东平原和山东半岛为战略后方,这就使得从长城防区穿越燕山南下而勾连并海道的道路成为战略性的通信网路。秦皇汉

---

① 王子今:《秦汉长城与北边交通》,《历史研究》1988 年第 6 期。

② 《汉书》卷 69《赵充国传》,中华书局 1962 年版,第 2989 页。

武皆巡视过燕山道路与并海道的结点,秦二世还有更遥远的辽东之行。此外,古代东北亚各部族与中原交通的坦途本在辽西走廊的傍海道,但隋唐以前,渤海湾北岸沿途多沙碛和盐碱洼地,地表长期积水,道路艰阻。[①] 所以,古人不得不选择穿越燕山的河谷,由此形成卢龙道和平刚道,不但成为右北平郡(西汉时期治今辽宁凌源市西南)、辽西郡(治今辽宁义县西)和辽东郡(治今辽宁辽阳)的战略依托,而且成为中原沟通整个东北亚的孔道。

(一)卢龙道

卢龙道始称于汉代,即穿越今冀东喜峰口一带夹峙于滦河河谷中的隘道,汉魏曾于此设卢龙塞。广义的卢龙道起自冀东临渤海湾之地,与前述并海道相连,由渤海之滨沿滦河北上,出喜峰口沿滦河左岸转入上游支流瀑河,继续趋北,越分水岭入老哈河源头,再东越分水岭,沿大凌河趋向东北。

汉代以前此道可称令支道。令支位于今河北迁安滦河西岸,春秋时就成为华夏族与北方民族争夺的要地。在齐桓公千里北伐中,《管子·大匡》言其北伐路线:“北伐令支,下凫之山,斩孤竹,遇山戎。”令支、孤竹在今河北迁安、卢龙到辽宁朝阳一带,凫之山即渤海西北岸的碣石山,几点相连就是一条自渤海湾西北岸北上穿越燕山的路线。山戎亦经此道攻齐,且山戎千里南下,无给养中转,当以骑兵奔袭,或尾随畜力车以提供远程粮秣。而齐桓北征,必由燕提供筑路、后勤等战事辅助。齐桓所遇山戎,当在燕山以北的大凌河流域,故出动战车当经大凌河谷或青龙河谷而至今朝阳一带。[②]

西汉时,卢龙道首先接连起位于老哈河流域的右北平郡郡治平刚(今内蒙古宁城黑城子古城),随后就是迤东的辽西郡郡治阳乐(今辽宁义县西),直至辽东郡郡治襄平(今辽宁辽阳)。

作为佐证汉代行政通信的珍贵实物,1979 年,距辽宁凌源县城 3 公里的大凌河右岸,安杖子村古城遗址发现了汉代封泥 19 块,清晰可辨者有“广城之丞”“白狼之丞”“昌城丞印”“夕阳丞印”“无终□□”“泉州丞印”“当城丞印”“延陵丞印”。安杖子村古城,或即《中国历史地图集》未能确指的右北平

---

① 辛德勇:《论宋金以前东北与中原之间的交通》,《古代交通与地理文献研究》,中华书局 1996 年版,第 2、4、5 页。

② 朝阳市交通史编委会:《朝阳古近代交通史》,人民交通出版社 2004 年版,第 15 页。

郡属县字县。字县虽为邻近边塞的小县，然其地幸存封泥却涉及了长城一线和战略后方的较广地域。其中，广城、白狼、昌城、夕阳、无终皆右北平郡属县，昌城（今河北丰南）已在当时的渤海岸边。泉州（今天津武清西）为渔阳郡属县，亦在渤海岸边。[①] 当城、延陵皆代郡属县，并已跨在并州刺史部。字县所在的右北平郡北部前往迤西的渔阳、上谷、代郡，则有一条便捷邮路平刚道。

（二）平刚道

平刚道始称于汉代，然作为官道当起自战国。大致在渔阳郡属县白檀（今河北滦平北）、平刚和辽西郡西部都尉驻地柳城（今辽宁朝阳南）一线。平刚道得名于交通战略要地平刚，西汉设右北平郡治于此，把守着燕山山脉东北，由七老图山东南端和努鲁儿虎山西南端夹峙的隘口。自此隘口，出右北平郡北端汉塞，沿老哈河北去，可直达东胡腹地。从平刚折向东南入大凌河谷，经柳城可通辽西、辽东。自平刚西迤，于平刚道西端的白檀，一可折向西南抵蓟城，一可继续西行直抵上谷郡辖境。

平刚道直到东汉依然崎岖难行，但却是用兵与通信的捷径，于北边东部塞防关系重大。直到东汉末年，平刚道的通行能力方得改观。曹操在官渡大败袁绍后，设右度辽将军，镇犷平（今北京密云东北）。建安十年（205），辽西、辽东、右北平三郡乌桓攻犷平，曹操渡潞河（今北运河）援救。建安十二年（207），曹操引大军平三郡乌桓，堑山堙谷五百余里，拓整了自白檀历平刚指向柳城的平刚道。

经由卢龙道或平刚道继续向东的北边道穿过辽西与辽东郡，直通朝鲜半岛中部。战国时，燕国的势力就向东过了鸭绿江，甚至和朝鲜半岛南部及日本发生了关系，因而今朝鲜全罗南道和日本都出土过燕刀币。汉武帝经营东北，在燕国拓境的基础上，又设立乐浪、临屯、玄菟（治今朝鲜民主主义人民共和国咸镜南道咸兴市）、真番四郡，辖地及于今天朝鲜半岛中部。四郡之设，不但开辟了相关道路，向朝鲜半岛传播了文书行政，且有烽燧之设。今天在韩国首都首尔的国家通讯博物馆内，还有源于汉朝的烽火通信展示。

① 谭其骧主编：《中国历史地图集》第二册，地图出版社1982年版，第27、28页。

二、以上谷、代郡为枢纽的邮路

在辽西的柳城与右北平的平刚以西,北边道的又一大战略枢纽在代谷(今冀西北山间盆地和晋东北一角)。[①] 河北省怀来县原有桓公泉(今没入官厅水库),或证齐桓公伐山戎,已至居庸关外。[②] 桓公泉西北有座海拔 1100 米,相对高程不过 600 米的鸡鸣山(今河北怀来西,近宣化),作为一个突出的交通地理坐标,2500 年来竟史不绝载。鸡鸣山再往西北,即两汉护乌桓校尉驻地宁城(今河北张家口南);往东南则为上谷郡郡治沮阳(今河北怀来官厅水库南岸大古城);往西南则代郡郡治代城(今河北蔚县代王城)。以鸡鸣山山麓为结点的这个三向道路系统构成了北边道中段东部的邮路干线:(1)东南一路穿居庸陉抵蓟城(今北京城区西南),即南临河北平原;(2)西南一路穿飞狐陉再过常山关(今河北唐县西北倒马关)转而东南行,亦可下河北平原;或自蔚县小盆地西上山西高原,亦可穿飞狐陉后西上山西高原,与鸡鸣山经宁城前往平城(今山西大同)或晋阳(今山西太原西南)的邮路连通;(3)西北一路则经宁城通往蒙古高原,或经由平城南下晋阳。下面就依古道之名分述这三路。

(一)协阳关道

自西汉代郡郡治代城向东北连通鸡鸣山南麓的邮路结点,是代郡沟通上谷郡和护乌桓校尉驻地的一条干线邮路。以今天地理形胜讲就是从蔚县小盆地顺壶流河再上溯其支流定安河谷,在涿鹿县大堡乡越过分水岭,进入桑干河南侧的小支流岔道河河谷,一路向东北方向前行,经辉耀、保岱两乡至桑干河南岸,隔河正对涿鹿县城;再自涿鹿县城趋东北方向过洋河即至鸡鸣山南麓,往东南即上谷郡治和蓟城,往西北即护乌桓校尉驻地宁城。岔道河,亦名协列河,即《水经注》卷一三《㶟水》所记协阳关水,水名得自汉代设于大堡乡分水

---

① 代谷之名最早见于《管子·轻重戊》:"即令中大夫王师北将人徒载金钱之代谷之上,求狐白之皮……离枝闻之,则侵其北,代王闻之,大恐,则将其士卒葆于代谷之上。"可知,代谷名自代国,当代境山林环绕之谷地。《水经·㶟水注》引西汉元成之际梅福上事曰:"代谷者,谷中之地,恒山在其南,北塞在其北,上谷在东,代郡在西,是其地也。"

② 尹钧科:《北京古代交通》,北京出版社 2000 年版,第 7 页。

岭上的协阳关,协阳关道由此得名。①

秦与西汉时期,代郡与上谷郡是防范匈奴单于本部南下的重点战略区,沟通两郡郡治的协阳关道可谓北边道极其重要的一环。东汉初年,由于乌桓、匈奴与地方割据势力卢芳联兵南下,东汉不得不将云中、雁门、代、上谷四郡的居民迁往常山关和居庸关以东以南,只有上谷郡守王霸在怀涿盆地孤立的突出部坚守了20年,大力修整协阳关道。就是靠着这样一条命悬一线的后勤通道,保有了东汉在代谷的存在。

(二)居庸道

战国末年,燕国为保有在代谷的势力,畅通了蓟城经居庸陉(又名军都陉,今北京昌平南口与延庆八达岭之间的关沟一线)至怀涿盆地的道路,此路东南一段称居庸道,西北一段称上谷干道。秦统一后,在燕赵长城基础上重建北边长城,沿长城内侧出现了贯通一气的东西大道,使燕国所辟居庸塞外的上谷干道与赵国所辟代郡西延九原的道路贯通一气。自此,沿太行山东麓北上蓟城的驰道就经由居庸道与横贯上谷(郡治仍在今河北怀来东南)、代、雁门(郡治在今山西右玉东南)、云中直至九原的北边道连为一体,成为驰道体系的一部分。

秦始皇三十二年(前215),秦始皇自太行山东麓沿驰道至蓟城,再沿燕山南麓并海道游碣石后返回蓟城,随后走居庸道"巡北边",从上郡(治肤施,今陕北绥德东南)回到咸阳,此事标示着居庸道已成为北边道干线邮路的一段。

(三)飞狐道

太行山在今天河北曲阳西北、唐县西境、涞源全境直至蔚县南境的部分及其支脉,古称恒山,汉代因避汉文帝刘恒名讳而称常山。穿越常山的古道与隘口在中国古代军事史上出名极早,战国时期即已显现。赵国灭代的军事行动起自今天山西,从地理上讲本应越句注(今山西代县北)、夏屋山(代县、繁峙以北的今恒山西段),经由今浑源、广灵一线直入蔚县盆地,但根据《史记》卷一一〇《匈奴列传》赵武灵王北破林胡、楼烦,置雁门郡的记载,可以认为此前

① 王文楚:《飞狐道的历史变迁》,《古代交通地理丛考》,中华书局1996年版,第257页。

浑源、广灵一线是无法畅行的。因而,赵国最初的代地经营是溯滹沱河上游,再顺唐河上游一线的繁峙、灵丘绕行到涞源南境的走马驿,北折而入飞狐陉前往。飞狐陉位于今河北涞源和蔚县之间,是由一条叫作北口沙河(古称飞狐水,今已干涸)的山涧下切古恒山北麓而形成的谷道,为"太行八陉"之一。只不过,飞狐陉在战国时尚无其名,当视为常山谷道的一段。因为常山谷道的重要,常山很为战国纵横家看重,《战国策》引苏秦语:"赵地方三千里,西有常山。"然而,常山为赵国独有却是在灭掉中山以后,赵惠文王三年(前296),赵灭中山,"起灵寿(今河北平山),北地方从,代道大通"。代道大通是说纵横常山的各谷道尽在赵国手中。这大概是说通往代地,也就是今天冀西北山间盆地的道路自山西高原与河北平原两个方向皆可畅行,这样一个连接三个地理单元的道路系统在汉代即以飞狐道而闻名。所以,飞狐道之名所冠道路并非通常的单线道路冠名,而是一个"Y"形的道路系统。其分叉部分,从今天走马驿东下河北平原的路段可称飞狐道东支,而从走马驿西上山西高原的路段可称飞狐道西支。

刘邦争天下时,谋士说安邦须据有"蜚狐之口"。[①] 蜚通飞,蜚狐之口即飞狐口,是为飞狐陉北口。汉高祖五年(前202),燕王臧荼反叛,攻占代地。七年,樊哙定代地,汉朝控制了蔚县盆地。十年,又有陈豨自立为代王。汉军平定陈豨叛乱,一路为樊哙所领,破陈豨所属部綦毋卬、尹潘军于无终、广昌(今河北涞源一带),当系攻克东垣(今河北正定)后引军北上,即经由飞狐道东支。另一路由周勃自太原北攻马邑(今山西朔州)后,在代南与樊哙合兵,斩陈豨于当城(今河北蔚县西合营乡),即经由飞狐道西支。

自汉高祖六年(前201)韩王信以马邑降匈奴后,这一带就不断遭到匈奴的攻击。汉虽以和亲之策应对,但汉文帝后元六年(前158),匈奴复绝和亲,汉不得不屯兵坚守句注与飞狐两处险隘。由于从鄂尔多斯北部的黄河河曲东北角到今天的山西北部与河北西北部正对单于的直辖领地[②],因而,雁门郡、代郡的缘塞道路面临极端威胁,远不如飞狐道一路安全。

---

① 《史记》卷97《郦生陆贾列传》,中华书局2011年版,第2357页。

② 《史记》卷110《匈奴列传》:"单于之庭直代、云中。"(中华书局1959年版,第289页)

飞狐道的安全系数在东汉就更加突出了,《后汉书》卷二〇《王霸传》记载:

> 是时,卢芳与匈奴、乌桓连兵,盗寇尤数,缘边愁苦。诏霸将弛刑徒六千余人,与杜茂治飞狐道;堆石布土,筑起亭障,自代至平城三百余里。

是时,割据势力卢芳与乌桓、匈奴勾结,致匈奴左部突入塞内,代郡、上谷郡北部成了匈奴游牧之所,所以建武十三年(37),汉光武帝命王霸、杜茂修筑了代郡到平城的新长城,据说在今天的蔚县、涿鹿南山一带仍能看到这道长城的遗迹。① 所谓亭障,必有步递和马递通信联络其间。王霸修治飞狐道,还有上面提到的协阳关道,进一步畅通了河北平原与代郡、上谷郡的联系,还加强了代郡与雁门郡(治今山西右玉)、太原郡(治今山西太原市区西南)之间的交通,从而在不利形势下,构建了新的防御体系。建武二十四年(48),匈奴分裂,南匈奴附汉。建武二十六年(50),朝廷命上谷,还有代郡迤西的八郡内迁民众返乡,上谷郡、代郡全部收复。

飞狐道远超飞狐陉的地域范围。两汉之际,飞狐道的战略地位首先体现在沟通代谷与河北平原。《续汉书》志二〇《郡国志二》载:"上曲阳故属常山,恒山在西北。有泉水,干吉得神书。《晋地道记》:'自县北行四百二十五里,恒多山坂,名飞狐口。'"上曲阳即今曲阳,汉属常山郡(治今河北正定西南)。上曲阳西北行即入古恒山,沿山路北上常山关,经广昌(今河北涞源)小盆地,北穿飞狐口进入代谷。上曲阳东南即河北平原上把守着太行山东麓大道的枢纽中山国(汉代分封,都今河北定县)。由河北平原经飞狐道北出飞狐口还可自蔚县盆地通达今天的山西省广灵县,由广灵西行经浑源可便捷地到达大同。蔚县至广灵一带正处于地质断崖带上,有大量泉水涌出,极利交通。② 由飞狐陉以南的飞狐道西支则连通今天的山西省灵丘县,由灵丘可达太原。

此外,属于飞狐道支线的紫荆关一路,在汉代已启用。元封四年(前107),汉武帝自回中道北巡,再折而向东到今天北京市房山区至河北省涞水

---

① 高鸿宾:《张家口战国赵长城考》,《文物春秋》2003年第6期。

② [日]前田正名:《平城历史地理学研究》,李凭、孙耀、孙蕾译,书目文献出版社1994年版,第15、16、188页。

县一带的独鹿、鸣泽折返,“自代而还”。[①] 由位于今天涞水县与房山区交界地带的鸣泽到代郡,很可能是从位于河北省易县西北的紫荆关隘口西入涞源小盆地,再经飞狐道前往。

(四)上谷干道与代谷北上草原之路

代谷在中原王朝强大时,总是充当经略北方,甚至是经略东北的基地。冀西北山间盆地的道路曾在汉与匈奴的决战中大放异彩,大将军卫青便是乘势于代谷而一战成名。元光六年(前129),匈奴大举进攻上谷,汉武帝下令反击,时拜车骑将军的卫青自上谷发兵。而卫青的莫逆之交,拜为骑将军的公孙敖则从代郡发兵。最后卫青直捣匈奴老巢龙城(今内蒙古正镶白旗附近)。[②]元狩四年(前119),更有骠骑将军霍去病出代郡击匈奴左部,大败左贤王,斩获七万余人,“是后匈奴远遁,而幕南无王庭”[③]。汉朝一举占有了上谷郡塞外之地。霍去病深入蒙古高原,向北行进了2000余里,在狼居胥山(今地一说蒙古国肯特山)行祭天仪式,临瀚海(今地一说贝加尔湖)而还。总计汉武帝对匈奴四次战略远征,有两次是以代谷为基地的。

汉武帝时,乌桓被迁至上谷等五郡塞外,以建立“缓冲地带”。东汉时,汉光武帝又使乌桓入居塞内,扩大到北边十郡。代谷一直是安置乌桓的重点区域,故于此设护乌桓校尉。西汉护乌桓校尉就驻节在上谷郡辖境西北一隅的宁城(今张家口南的洋河北侧)。[④] 这样由怀涿盆地往宣化盆地构建了一条行

---

① 关于鸣泽、独鹿,《汉书》卷6《武帝纪》:“四年冬十月,行幸雍,祠五畤。通回中道,遂北出萧关,历独鹿、鸣泽,自代而还,幸河东。”《水经注·圣水》:“(洹水)又东,洛水注之,水上承鸣泽渚,渚方十五里。汉武帝元封四年,行幸鸣泽是也。服虔曰泽名,在遒县(治今河北涞水北拒马河西岸北庄)北界,则此泽矣。西则独树水注之。水出遒县北山,东入渚。北有甘泉水注之,水出良乡西山,东南经西乡(今北京房山长沟镇)城西,而南注鸣泽渚。”独鹿山,位于今北京房山区上方山,侯仁之主编:《北京历史地图集》,北京出版社1997年版。

② 《汉书》卷6《武帝纪》、卷94上《匈奴传上》。龙城今地多歧说,此从汪维懋:《匈奴龙城考辨》,《历史研究》1983年第2期。

③ 《汉书》卷94上《匈奴传上》,中华书局1962年版,第3770页。

④ 黄盛璋引《后汉书》卷87《西羌传》班彪上言旧制“幽州部置领乌桓校尉”,“今宜复如此”,并《后汉书》卷90《乌桓传》载班彪上言“宜复置乌桓校尉”,再联系下文“于是复置乌桓校尉于上谷宁城”,认为两汉护乌桓校尉皆置上谷郡宁城。两汉上谷郡属幽州,故有幽州部置领乌桓校尉之说,后人据幽州部以为西汉护乌桓校尉置于蓟县(今北京)是错误的。黄盛璋:《和林格尔汉墓壁画与历史地理问题》,《文物》1974年第1期。

车干道,干道自上谷郡郡治沮阳城到鸡鸣山南麓的一段与前往代郡的道路重合,此即连贯燕赵代谷争锋通道的上谷干道。在鸡鸣山南麓分道后,通往宁城的干道绕过鸡鸣山西麓前往西北的宣化盆地;前往代郡的道路则跨洋河折向西南。据河北省文物保护研究所孟繁峰介绍,鸡鸣山下建于明代的鸡鸣驿城在21世纪初保护性修复时,曾在城垣填土中看到不少汉代陶片。据此,鸡鸣山麓很可能有交通中转设施的构筑。姚从吾校注《岭北纪行》引民国年间出版的《平绥路游览指南》,言该书第37页记有鸡鸣古桥遗基:"古桥在鸡鸣山麓右侧的洋河上,有石柱七十五,东西横列,长百余步,阔数步,柱高一丈,围如之。相传为汉王霸建桥未成的遗址。"①果如此,则作为上谷郡治、代郡郡治、宁城三地间邮路交会之所的鸡鸣山麓,其在汉代的交通地位颇为可观。

作为"保塞蛮夷",乌桓被寄予了协助汉朝抵御匈奴的重望,他们的首领每年要到长安觐见,以示优宠。汉朝又源源不断地将粮食与衣物输送到边郡,定期发放。东汉时重新设置的护乌桓校尉似乎更加成功,管理着汉地与乌桓、鲜卑的定期贸易。曾驻守代地的战国名将李牧就曾在守边生涯中,开创了"军市",以贸易税来补贴军用。现在护乌桓校尉驻地宁城所开胡市,规模更加可观,并深得乌桓、鲜卑拥护,《后汉书》卷九〇《乌桓鲜卑列传》称:"明、章、和三世,皆保塞无事。"汉安帝永初年间(107—113),鲜卑大人燕荔阳诣阙朝贺,"令止乌桓校尉所居宁城下,通胡市,因筑南北两部质馆。鲜卑邑落百二十部各遣子入质"。因为优厚的经济待遇,游牧民族争相把人质送到宁城,以取信汉朝,保证边贸的开展,由此导致宁城建起两处馆舍,才容下一百二十个部落的鲜卑质子。

《水经注》卷三《河水三》:"皇魏桓帝十一年,西幸榆中,东行代地,洛阳大贾,赍金货随帝后行……"桓帝所行路线,正是当年赵武灵王西扫胡地的进军路线,只不过是反向而行。洛阳大贾赍货而至,说明代地确是北塞一大后勤枢纽。

三、纵贯雁门郡的"通塞中道"

雁门郡的交通形胜首推有一条重要南北干道,自武州塞(今山西左云)

① 姚从吾:《张德辉〈岭北纪行〉足本校注》,《姚从吾先生全集》第七册,台北正中书局1982年版。

外，经马邑（今山西朔州）南抵太原郡郡治晋阳（今山西太原市区西南）。这条被称作"通塞中道"的战略要道正是汉匈几番在雁门大战的缘由。

楚汉战争之际，匈奴大破东胡，"遂侵燕、代"。[①] 西汉初年，刘邦对匈奴用兵失利，被迫采取和亲政策并开边互市。汉文帝后元六年（前158），匈奴复绝和亲，汉不得不屯兵坚守句注、飞狐之险。

太原是西汉初年防御匈奴的重要基地，地位重于其他郡国。自晋阳起家的汉文帝刘恒对此有深切的认识，即帝位后仍践行太原，打算亲征匈奴。自太原北上有两条战略要道，其一经石岭关、忻口，自马邑北循治水（今桑干河）平坦谷地可抵平城；其二由马邑向东沿滹池河（今滹沱河）穿行恒山、五台山山间小盆地至今灵丘一带可通飞狐道再往西北挺进平城。

汉武帝即位后，首先利用"通塞中道"发起反击匈奴的序战。在河南地尚未收复，直道没有全线恢复的情形下，大军出征只能循河东、太原、雁门一路，再远达云中、定襄诸郡。

直到元朔二年（前127），汉朝方重创匈奴，"通塞中道"在保障后勤并与长安联络中起了重要作用。

自河南地收复后，直道全线开通，"通塞中道"的压力有所减轻，但大规模的反击战依然不能不依靠这条连接河东，甚至是整个关东（函谷关以东地区）经济富庶区的后勤线。在倍增的后勤压力下，"通塞中道"的作用进一步显示出来。

元狩四年（前119），汉武帝再次调集10万骑，备用马14万匹，一路由卫青率领出定襄，一路由霍去病率领出代郡，深入漠北寻歼匈奴主力。上举出塞远征中，"通塞中道"当为主要的后勤线与连接大后方的邮路。汉军出击兵力动辄以十万计，由于实行了"深入远戍"之策，双方战区仅就"通塞中道"一线而言，即由马邑、句注北移武州塞外。随着战线的延长，后勤负担成倍增长，尤其是元狩四年犁庭扫穴般的漠北战役，后勤保障远非前方农区和屯田区可以负担，恐怕亦非关中、河东农区可以全部承担。即以出雁门郡的远征而言，大约就不是仅仅以太原郡和河东郡为后方的，而是需要把整个关东作为大后方。

① 《史记》卷110《匈奴列传》，中华书局1959年版，第2890页。

劳榦以为北边军事的后方补给，涉及关东者有总汇之地，黄河北岸地当白马津渡口的魏郡黎阳（今河南浚县）即为便于仓储的一大基地。自此舟车辐辏之处西北过上党（今山西长治市辖境），或沿太行山东麓穿井陉皆可通太原，因而是雁门郡和代郡的主要后方补给基地。①

因而，"通塞中道"实在是汇集了长安—河东—太原，黄河下游经济区—太原两条干线邮路，再自太原而北，纵贯雁门郡，直至雁门郡缘边的武州塞。"通塞中道"作为一条重要邮路，其后勤与通信功能绝非仅仅服务于雁门郡的塞防，而是辐射到整个北边防御体系的中段东部，大致以云中、定襄、雁门、代郡辖境为限。

"通塞中道"上最有名的险隘是句注塞，在今天山西代县雁门关西侧，句注塞春秋时已见诸载籍，一直是中原王朝抵御北方游牧民族的重要关隘。

四、以九原为枢纽的邮路

位于今天包头西南的九原，是秦汉时期北边道与直道的交汇点，从而成为整个北边道通信体系的重心。九原的战略地位形成于战国时期，胡服骑射的践行者赵武灵王"西略胡地"，使赵国尽有云中、九原，并筑长城圈住鄂尔多斯，形成了深入游牧地带的筑垒前线。

秦统一后，蒙恬率大军从匈奴手中夺取了位于今天鄂尔多斯的河南地，在兴建"起临洮（今甘肃岷县），至辽东，延袤万余里"的秦始皇长城的同时，开筑直道，直抵北边，开创了秦汉时代北边重镇九原的历史。

（一）九原与北边马递通信的勃兴

作为具有战略地位的交通与通信枢纽，九原首先与马和马递通信有不解之缘。作为游牧地带的九原在马的供应上是得天独厚的，春秋战国时，与九原同处东西一线的代地之马即享盛名。赵国能够"西略胡地"，跃进千里，代马应有相当贡献。赵武灵王攻取云中后，即在原阳（今内蒙古呼和浩特东南）建立骑邑，为秦汉北边道鞭策良马运行的快速通信网路奠定了基础。

---

① 劳榦：《汉代的"塞"和后方的重点》，《中研院历史语言研究所集刊论文类编·历史编·秦汉卷三》，中华书局 2009 年版，第 2245 页。

蒙恬率大军北逐匈奴后，在赵国九原郡的基础上，将秦的九原郡西北界扩张至河套以北的阳山（今狼山）一线，并随之在河套至秦昭王长城一线之间的广大地域大规模徙民实边，谓之“新秦中”，亦称河南地。秦末，河南地为匈奴所占。汉初，匈奴大盛，逐月氏而据有河西，与河南地连为一体，对关中构成了环形包围阵势，兵锋一度直指长安。汉朝历 70 年韬光养晦，到汉武帝时国力大增，发起全面反击。元朔二年（前 127），卫青率兵发动河南战役，夺回了河南地。汉筑朔方城（今内蒙古杭锦旗西北），析秦九原郡西部辖境为朔方郡，徙民 10 万；又改九原郡东部为五原郡。汉武帝于元狩四年（前 119）自关东大举徙民，凿水渠，置田官，构筑了以河南地为一线后勤的边防体系，成为整个北边的中流砥柱。中央政府又在北假（今黄河后套）设常平仓，稳定粮价，促进边屯，有力支持了九原防线，同时也保障了相关邮路的运行。

《汉书》卷六九《赵充国传》记载汉昭帝时，为对付匈奴大举入寇，赵充国受命“将四万骑屯缘边九郡”，颜注云：“四万骑分屯之，而充国总统领之。”匈奴单于得报后，将埋伏在汉塞附近的 10 万余骑撤去。九郡自东向西为右北平、渔阳、上谷、代、雁门、定襄、云中、五原、朔方。设想若无快马通信手段，赵充国如何统领分屯于 9 个郡的 4 万大军，不战而屈匈奴 10 万之兵。而作为直道与北边道交会点的五原郡郡治九原，自然是这一快速通信体系的一大枢纽。

（二）九原东向邮路

自九原东向沟通云中、雁门、代郡的邮路，初通于战国时期。九原的战略地位与其东的云中有密切关系。秦昭王筑长城，其东端即在今天内蒙古托克托西南的十二连城。这里是具有战略意义的黄河要塞，其对岸稍稍偏东，是黄河北侧支流大黑河的汇入口。逆大黑河北上，可穿越阴山，直抵匈奴统治的核心区。赵国所设云中郡就在大黑河流域，秦汉继之。汉武帝时的大反攻多次利用了云中直通大漠的要道。只是九原的黄河渡口要优于云中，更有利于从关中机动的大兵团渡河，于是作为防守北边战略大通道的直道便将九原作为目的地。

秦汉时期，九原东向邮路的重要，不但在于勾连起云中、雁门等对匈作战的重点战略区域，而且也是身处关中的中央政府防范关东六国旧贵族作乱的一条弹压通道。

秦始皇通过直道实现了以关中为根本的九原东向邮路的战略价值，只是秦祚短暂，河南地复为匈奴所占，直道北段也就被阻断。汉初，北边防线不但向南收缩，而且屡屡被匈奴攻破，九原东向邮路也就被废弃。汉文帝时，在匈奴正面力量的压迫下，北边的东西通信干道当退缩至高奴（今陕西延安北）、晋阳（今山西太原市区西南）一线。汉文帝前期，匈奴背弃和亲之约，大举劫掠上郡，汉文帝发兵 8 万至高奴抗击。待匈奴退兵后，汉文帝亲自从云阳甘泉宫赴高奴慰问，又东渡黄河巡视高奴到太原的邮路，一路上论功行赏，布置边防。汉文帝后期，匈奴兵锋直抵句注山，汉军不得不死守句注、飞狐两处关口。汉景帝时，匈奴入上郡，抢走朝廷所蓄良马；又突入雁门，竟致雁门太守战死。以上就是从历史大背景中推断的北边邮路大干线南移。其时，自太原继续往东当经由飞狐道连接代郡。九原东向邮路的重新畅通是在汉武帝对匈奴发起大反攻以后。元光二年（前 133）到元光六年（前 129），反击在雁门郡拉开序幕。“发卒万人治雁门阻险”后，汉武帝以塞防工事和畅通的道路赢得了对匈奴的战略优势。随后，便是自云中、雁门、代郡、上谷四路出塞奔袭的全线反攻。到元朔二年（前 127），卫青自云中向西包抄，发动河南战役，夺回全部秦代北边防线后，九原东向邮路方得恢复。

（三）九原南北向邮路

九原南向邮路除了前面提到的直道外，还有一条历史更早的邮路，萌生于赵武灵王谋略直南而下咸阳之时。其时，由河套至关中，险阻在陕北的横山，穿越横山的道路则以无定河河谷最为易行，在陕北最早出现的城池就有控制河谷通道的肤施城（今陕西榆林南）。战国后期，肤施已成为秦国关中以北的第一重镇，并设上郡郡治于此。同时，在肤施以南又出现了一座把守另一条穿越横山河谷的重镇高奴（今陕西延安）。待秦统一大筑北边长城，关中北上邮路即经高奴、肤施一线。三十万戍边秦军的统帅蒙恬就驻扎肤施，掌控北边。秦始皇第四次出巡由碣石（今辽宁绥中）“巡北边道，自上郡入”，返回咸阳，走的就是肤施一路。这一路可称上郡道。直道通行后，上郡道与之并行不悖，构成了九原与关中间的双干线邮路。这样的格局到西汉依然如此。

汉武帝对匈奴战争的压倒性胜利，不但使汉朝重回秦始皇时代的北部防线，而且建立了向北突进的由烽燧、城障构成的纵深防御线，以彻底遏止匈奴骑兵南下。由此，九原向北的五原塞道邮路得以构建。五原塞道自九原直北，出阴山（今大青山）南麓的汉塞，纵穿昆都仑河河谷，直至今蒙古国南部戈壁。太初元年（前104），为适应对匈作战新形势，汉武帝命将军公孙敖于汉塞之外筑受降城（今内蒙古乌拉特中旗东部的狼山以北）。太初三年，又有光禄勋徐自为奉命筑塞外防御线，“出五原塞数百里，远者千里，筑城障、列亭至卢朐”。[①] 卢朐一说在阳山北麓，一说在今蒙古国境内的阿尔泰山南麓。徐自为所筑城障号称光禄塞，《汉书》卷二八下《地理志下》记其走向：“稒阳北出石门障得光禄城，又西北得支就城，又西北得头曼城，又西北得虖河城，又西得宿虏城。”昆都仑山北口，即石门障所在，即今包头市固阳县梅岭山古城；光禄城，今包头市达茂旗百灵庙西南林场古城；宿虏城，今巴彦淖尔市乌拉特后旗北境，再往西北就是受降城。五原塞道，亦称稒阳道，石门障所把守的石门水（今昆都仑河）河道两侧沟谷平阔，可通车马，是往来阴山南北的重要通道，光禄塞就是沿着这条交通线而建。光禄塞与西边额济纳河流域的另一条纵深防御线居延塞，又经由横亘在今天内蒙古乌拉特草原和蒙古国南部戈壁上的城障连接在一起，这是汉塞之外绵延于阴山北麓，长达数千里的环形突出部，有“塞外列城”之称，亦有“武帝外城”之誉。所谓“塞外列城”，既起前哨探听，通报敌情，提前预警的作用，也有为绝漠远征提供后勤中转，充当兵站的意义，故必有邮路相通，只是具体情形，史书缺载。直到汉宣帝地节二年（前68），因“匈奴不能为边寇”，汉朝这才“罢外城，以休百姓”。[②]

甘露二年（前52），匈奴呼韩邪单于附汉，即沿五原塞道至五原塞下。竟宁元年（前33），呼韩邪单于由直道南下甘泉宫，朝见汉元帝，请求迎娶汉公主。汉元帝以王昭君出嫁，亦沿直道和五原塞道行至匈奴王庭。后世，直道过黄河的渡口就被称为昭君渡。位于昭君渡东北方向20公里处的包头市九原区麻池乡的麻池古城，被考古工作者认定为秦汉九原城。[③] 在古城不远地方出土的“单于和亲”“单于天降”瓦当，应该是汉朝出于礼仪，专门烧制用来装

① 《汉书》卷94上《匈奴传上》，中华书局1962年版，第3776页。

② 《汉书》卷94上《匈奴传上》，中华书局1962年版，第3787页。

③ 魏坚、郝园林：《秦汉九原——五原郡治的考古学观察》，《中国历史地理论丛》2012年第4辑。

饰接待单于和匈奴来使的客馆驿站。

（四）九原西向邮路

九原西向邮路的开通亦在汉武帝对匈奴发起大反攻后，强悍的匈奴基本被驱赶到漠北，原来控制河西走廊的匈奴部落也成了汉朝的同盟或附庸。随着汉朝北边防线向河西走廊的推进，九原成了整个汉塞防线的中点，西向邮路也随之延展，并与长安联络河西汉塞的邮路相贯通。

元朔二年（前127），汉将卫青发起河南战役，自云中向西攻取高阙，南下包抄河南地后，追击溃败的匈奴残部到达千里之外的陇西，重新打通了始于秦昭王时期，完成于秦始皇时期的九原、北地、陇西巡边道路。为彻底解除匈奴骑兵对长安的威胁，元朔五年（前124）、六年，卫青又发起漠南战役，逼迫匈奴将其巢穴远徙漠北。元狩二年（前121）到元鼎六年（前111），在霍去病发动河西战役，重创河西走廊匈奴后，汉又筑令居（今甘肃永登西北）至酒泉（今甘肃酒泉）长城。随着长城防线的推进，汉朝向河南地到河西走廊一线的缘边地带大规模移民，广置郡县。由此，九原西向邮路跨越黄河，沿阳山西南麓、贺兰山东麓及其间的乌兰布和沙漠，穿行于朔方、西河（治今内蒙古准格尔旗，西境达今宁夏境内黄河一线）两郡西境和北地、安定郡北境，为这四郡的缘边汉塞提供通信保障。

九原西向邮路的具体路线是自九原南渡黄河（即直道黄河渡口），沿黄河南岸西去，经朔方郡郡治朔方城（今内蒙古乌拉特前旗），复于临戎（今内蒙古磴口东北）再渡黄河，至朔方郡西部都尉所在地窳浑（今宁夏磴口西北），并继续向西北延至鸡鹿塞。侯仁之实地考察发现鸡鹿塞遗址在内蒙古杭锦后旗西南方的一处山峡峡口。山峡地处阳山西端，长50多公里，基本为南北走向，今称哈隆格乃口子。山峡南口发现的汉代石城被定为鸡鹿塞，其选址“充分注意到了瞭望、防守、传递信息和出入方便等条件”，峡口和峡内还分布着一系列烽燧遗址。① 据此，可以判定有汉代通信线路经过此峡。《汉书》卷二八下《地理志下》注朔方郡窳浑城：“有道西北出鸡鹿塞”，此道正是汉与匈奴交往

① 侯仁之：《乌兰布和沙漠北部的汉代垦区》，《历史地理学的理论与实践》，上海人民出版社1979年版，第78—81页。

的官道之一。由高阙延伸至鸡鹿塞的汉塞所护卫的朔方郡最西部的临戎、窳浑、三都(磴口西)几县之地,曾是汉代缘边的肥沃垦区,由于地处北边道体系,也就成为北边道的重要后勤基地。依托这片垦区供应的邮路曾演绎了汉匈交往的佳话。汉宣帝甘露二年(前52),匈奴呼韩邪单于内附,甘露三年至长安,汉"宠以殊礼",厚加赏赐。单于在长安住了一个多月,返程时,"汉遣长乐卫尉高昌侯董忠、车骑都尉韩昌将骑万六千,又发边郡士马以千数,送单于出朔方鸡鹿塞。诏忠等留卫单于,助诛不服,又转边谷米糒,前后三万四千斛,给赡其食"。① 如此大规模仪仗送单于出鸡鹿塞,并以令人瞠目的实力怀柔匈奴,倘无丰足的粮草储备实不可想象。34000 斛合今 68000 斗,当 200 余万斤,可见鸡鹿塞附近汉代垦区的后勤能力。而前述穿行鸡鹿塞峡谷的通信线路或许即为董忠"留卫单于,助诛不服"而设,因而也是一条重要的出塞邮路。

鸡鹿塞邮路到东汉又一次显现于出击匈奴的重大军事行动中。永元元年(89),大将军窦宪率军出鸡鹿塞大破北匈奴,勒铭燕然山(今蒙古国肯特山)。窦宪征北,燕然勒功是东汉出北塞的最大一次军事行动,其中自有鸡鹿塞邮路的贡献。

汉塞自九原西迤,大致在鸡鹿塞折向南方,穿过今天的乌兰布和沙漠,南迤于贺兰山间。其时,这段汉塞以东的黄河为汉塞与黄河间的窳浑、三都屯垦区提供了良好的生产条件,北边道邮路自当依垦区向南构筑。朔方郡的窳浑、三都垦区之南是西河郡西境,这里同样有一座黄河以西的重要关口眩雷塞(今宁夏石嘴山西)。②《史记》卷一一〇《匈奴列传》记载武帝巡边至朔方时提及"又北益广田至眩雷为塞",则邮路当沿眩雷塞以南垦区继续向南。汉塞与秦始皇长城都是沿贺兰山东麓构筑,再往南经腾格里沙漠边缘,断于沙坡头以东的黄河岸边,复于黄河对岸并与兰州、乌鞘岭一线的秦始皇长城相连。自元狩二年(前121)和元狩四年(前119),汉军相继发起河西战役与漠北战役,

---

① 《汉书》卷94下《匈奴传下》,中华书局1962年版,第3798页。

② 参见史念海:《新秦中考》,《河山集》五集,山西人民出版社1991年版,第118—125页;史念海:《〈秦长城与腾格里沙漠〉跋》,《中国历史地理论丛》1992年第2辑。一说根据考古发现,眩雷塞即今内蒙古阿拉善左旗敖伦布拉格镇乌兰布拉格障城,张文平:《西汉眩雷塞小考》,《中国文物报》2015年8月28日。

大溃匈奴主力,迫使匈奴远遁后,汉朝便自朔方以西至令居,大辟垦区,以60万吏卒屯田。汉朝在河西走廊东端设立武威郡,郡治遗址在今甘肃民勤县红沙梁乡三角城南侧。汉伐大宛时,为保障后勤线侧翼安全,又在今武威市与民勤县交界处构筑休屠城。至今,民勤县石羊河两岸所遗汉代遗址,仍可见当年烽燧亭障密布的景象。今天的民勤绿洲在汉代亦为垦区,当有邮路向东北越腾格里沙漠与眩雷塞以南垦区连通。在内蒙古阿拉善左旗南部的通湖音乌拉发现有汉代石刻,记述了南匈奴配合汉朝攻打北匈奴的事迹,这一石刻或许正标示了腾格里沙漠中连接上述两大边塞垦区的邮路所经。①

自临戎沿黄河东岸向南亦有一条邮路。北地郡有浑怀障(今宁夏平罗县陶乐镇)、神泉障(今宁夏吴忠西南),皆秦始皇在河套地区大筑亭障时一并设立,还有战国时期就设立的萧关(今宁夏固原东南)。邮路正是经浑怀障、神泉障一线向南,入乌水(今清水河)河谷直通萧关。乌水河谷向为游牧民族南袭通道,战国时期的秦国在吞并了义渠之地后,便设萧关以扼控该通道。秦汉之际,上述邮路在通过萧关后与回中道相连,可达长安。秦皇汉武曾大拓并亲巡回中道以加强这一线的后勤能力,武帝还出萧关视察过黄河沿岸的缘边邮路,并因这一带"千里无亭徼"②,而诛杀了北地太守及其以下的官员。

一直基本东西走向的北边道邮路在朔方郡南境,今天的内蒙古蹬口一带折而向南,夹黄河东西至今宁夏固原与甘肃民勤分别和属于丝绸之路体系的汉通西域邮路相汇合。

总体说来,秦汉时期的北边塞防对于推进整个邮路体系建设具有重要意义。其一,溯自战国后期燕、赵、秦与北方游牧民族对长城地带的拉锯争夺,不但激发出一改华夏往昔冠带柔弱的胡服骑射,也在复杂地形的机动作战中大大提升了军事通信的手段,到秦汉时代,一个庞大和复杂的通信系统已囊括在北边防御体系中。面对高机动的匈奴骑兵,畅通的邮路和快捷的通信无疑是军事指挥的必要条件。其二,北塞大规模军输涉及广大地域动员,《史记》卷一一二《平津侯主父列传》说:"使天下蜚刍挽粟,起于黄、腄、琅邪负海之郡,

① 景爱:《秦长城与腾格里沙漠》,《中国历史地理论丛》1992年第2辑。

② 《史记》卷30《平准书》,中华书局1959年版,第1438页。

转输北河,率三十钟而致一石。"①黄、腄、琅邪皆在山东半岛,为支持北边的军事防御和进攻,当时的后勤力度和地域幅度令今人叹为观止。这种后勤动员,也必然极大促进了从边塞到地方的一系列纵向和横向的通信联系,从而推动了广泛的邮路建设。

第三节 通往南方的邮路

秦汉时期,整个长江中下游以南的水陆交通得到空前发展,成为中央政府控制广义的江南地区和百越之地(主要指岭南、福建和浙南地区)的通信网路。

追溯南方网路的开拓,不能不先提到楚国的贡献。战国时,楚并有吴越之地,使江南网路逐步统一。秦王政二十四年(前223),秦灭楚后,承袭了楚国的巨大遗产。扫平六国后,秦更是出动数十万大军分路进攻,一举实现了对今天浙南、福建多山地区和岭南地区的统治。秦末汉初,东南沿海地区历经了闽越国与南越国自立时期,至汉武帝时又全部归于中央政府的统辖下。

秦汉时期,南方的邮路干线几经建设,且以水陆并进为特色,载籍与出土文献中皆有丰富材料。

一、通往江南的邮路

秦汉的江南远远超出今日的概念,泛指长江以南地区。司马迁就划分了山西(山指太行山,当时的山西概念包括了今陕北和关中)、山东(指太行山和函谷关以东地区)、江南和龙门—碣石以北四大经济区。本书取长江中下游以南,南岭以北的广大地域为江南。秦统一后,江南地区与中原王朝迅速一体化,交通地位明显提升。从西汉到东汉,江南与中原相比,经济差距逐步缩小,交通进步较大。特别是在汉武帝时期,为控制岭南与闽中,全面拓展了南向邮路,深刻影响了后世。东汉时期,由于江南,甚至岭南的物产开始北调,江南邮路的运输能力得到提高。不过,从干线邮路的走向上看,整个秦汉时期变化不

① 1钟约合6石4斗。

大,中央政府控制江南的邮路主要有三条。

(一)东海会稽道

从东海郡(治今山东郯城北)南下,越过淮河、长江,经江乘(今江苏句容)、吴县(今江苏苏州)、钱塘(今浙江杭州西)而至会稽。秦始皇于三十七年(前210)出巡,即行此路。秦二世巡行,亦“南至会稽”。此路所过吴县、钱塘、会稽,皆春秋战国时的一方都会,秦汉时则成为江南东部交通枢纽。

1993年在江苏省连云港市东海县尹湾村汉墓中发现的尹湾汉简,不但表明西汉中晚期,东海郡设有巨大的武备库,是沿海地区的战略控制中心,而且也佐证了该地是一大邮路枢纽。尹湾汉简中的《东海郡吏员簿》记属县中有6个县设有邮佐官职:下邳(今江苏邳州北)、郯(今山东郯城北)、费(今山东费县西北)、临沂(今山东费县东)各2名,利成(今山东临沭东南)、兰旗(无考或在今山东临沂辖境内)各1名。东海郡共有38个县级行政单位,设有邮佐的6个县皆当邮路干线。费、兰旗、郯、下邳若比附今天的交通线,即从山东曲阜、费县、临沂、郯城一线南下江苏邳州。汉代,这条通道应该是长安沟通吴越之地干线邮路的一段。至于利成,从《元延二年日记》看,正当东海郡至琅邪郡(治今山东诸城)的道路上,当与前述驰道中的并海道有关,曲阳大概也是这种情况。珍贵的尹湾汉简佐证了东海郡的邮路非常重要,向西经定陶可直去长安,东往海岸可控制并海道中段,南经太湖流域或由并海道则可抵达会稽。

西晋左思《吴都赋》吟有:“驰道如砥,树以青槐,亘以绿水”,这多少也映衬出秦汉江淮邮路的景象,而东海会稽道是其中最重要的一条邮路。

(二)彭城丹阳道

彭城丹阳道系自彭城南下寿春,渡长江至丹阳(今安徽马鞍山东)。由丹阳东去,可通吴县、钱塘、会稽;由丹阳沿江西上,可达豫章郡(治今江西南昌)。

上述路线,仅据史料推断复原。《史记》《汉书》于此着墨甚少,字字珠玑。《史记》记秦始皇于二十八年(前219)第一次东巡,自琅邪返回咸阳时,尝“过彭城……乃西南渡淮水,之衡山”。可见,彭城南下衡山(指衡山郡,治今湖北黄冈)有一条驰道,这条驰道理论上是经过寿春的。《史记》又记秦始皇于三十七年(前210)第四次东巡时,历云梦、九疑,“过丹阳,至钱唐。临浙江”,这次巡游是自云梦过到长江以南,经丹阳一路东去钱唐,到达钱塘江入海口。由这两条史料可断定彭城丹阳道的存在。而断定彭城丹阳道为秦汉邮路,还有以下三点:(1)经历秦汉之交的兵戈之争与吴楚七国之乱,彭城的战略价值进一步突显;(2)寿春自楚迁都于此,即为一大都会;(3)丹阳附近的长江上有重要渡口,楚汉之争中项羽兵败之时的乌江亭(今安徽和县东北)和汉军平定会稽诸郡的渡江之处历阳(今安徽和县)都说明了这一点。

(三)南郡洞庭(武陵)道

这是由里耶秦简与张家山汉简揭示出的一条干线邮路,北接由关中出武关经南阳直下江汉平原的驰道,向南以南郡为起点通往洞庭湖地区。此前,王育民认为秦人主要是取水路从汉水下游的衡山郡溯江水至洞庭湖,再溯湘水南下。① 秦汉简牍则表明以关中为起点的干线邮路是经过洞庭湖西侧的陆路南下的,作为邮程简的里耶秦简16—52号简记载了这条邮路:

鄢到销百八十四里,
销到江陵二百卌里,
江陵到孱陵百一十里,
孱陵到索二百九十五里,
索到临沅六十里,
临沅到迁陵九百一十里。
……

鄢在今湖北宜城东南,销在今湖北荆门北,二地正当江汉间的陆路走廊,即循南(阳)襄(阳)隘道抵江陵的道路。此路先秦即为著名通道,称为“夏路”,为楚通中原诸夏的道路。南郡洞庭道在长江以南是沿孱陵(今湖北公安西南)、索(今湖南常德东北)到达临沅(今湖南常德西)。自临沅溯沅水、酉水向西,经沅陵(今湖南沅陵南)、酉阳(今湖南永顺南)、迁陵(今湖南龙山里耶)可至巴郡(治今重庆),可谓这条邮路的西延长线。里耶秦简8—650号简记载了

① 王育民:《中国历史地理概论》上册图9-2《秦代陆路交通干线》,人民教育出版社1993年版,第400页。

洞庭郡西阳与巴郡涪陵(今重庆彭水)两地官府间就紧急采购食盐发文磋商情形,所行公文就是沿这条邮路的延长线传递的。自临沅向东南绕行洞庭湖南侧,可通苍梧郡(治临湘,今湖南长沙),里耶秦简8—151、16—6、16—5号三简记载了洞庭郡与苍梧郡之间输送兵器的情形,其中明确提到了益阳(今湖南益阳东),因而临沅—益阳—临湘是这条干线邮路的南延部分。秦洞庭郡与苍梧郡至汉代分别改作武陵郡与长沙国(郡),仍经洞庭湖西侧的干线邮路连通中央,由张家山汉简《行书律》可知,西汉初从南郡向南,越过江水,至索设邮,并延伸至索以南的“南水”,此南水或当沅水中上游。沅水中上游地区,由于西汉时武陵郡郡治迁往义陵(今湖南溆浦),故有邮路相通。索亦当有邮路通往湘水流域的长沙国(郡)与桂阳郡。依照张家山汉简《行书律》,长江以南到索以南的“南水”,邮的设置间距是20汉里。东汉时,由于武陵郡郡治北迁汉寿(即秦洞庭郡索县),阳嘉三年(134)更移荆州刺史部治此,则洞庭湖西侧的邮路当更为重要。这条邮路在东汉时期的重要性还在于它是长安经由零陵郡(治今湖南永州)通达交州刺史部治所龙编(今越南河内)邮路的一环。

二、通往闽中的邮路

秦汉闽中,包括今福建全省与浙南山区。秦始皇征南,实为征百越,故秦军五路南征,一路即取闽中,从江西余干水(今信江),越武夷山,顺闽江而下,一举攻占闽中腹地并设置闽中郡(治今福建福州)。但秦未派守官,仅废闽越王号,改称“君长”任其统治。秦末,闽越割据。汉立,刘邦封参加反秦的无诸为闽越王,都东冶(今福建福州);汉惠帝封同样参加了反秦的东瓯越人首领摇为东瓯王,都东瓯(今浙江温州)。汉武帝时,闽越攻打东瓯,东瓯求助于汉,汉由会稽郡出动水军解救东瓯,后将其全体徙往江淮,其地隶属会稽郡。之后,闽越国阴助南越国,汉朝发兵四路一举灭闽越,以其地改隶会稽郡。

楚怀王灭越时,楚疆只至钱塘江,后虽领有钱塘江以南的一些地方,不过是今天绍兴、宁波一带的滨海地区。秦统一后置会稽郡,方开始了对浙南山区的统治,汉武帝灭闽越后,中原王朝才真正开始了对福建的直接统治。故述秦汉邮路,闽中不可或缺,虽史料极少,仍可述及两条。

（一）豫章闽中道

自豫章沿余干水达闽江、瓯江流域。具体走向是在今天江西省铅山县分两路，一路继续东行入今浙江省西境，由谷水（今衢江）而下至今金华市，入闽中境，经瓯江达东瓯；一路南折，越过武夷山入闽中，由闽江水系抵东冶。秦军取闽中走后一路，汉武帝出兵四路，楼船将军杨仆亦沿此路经武夷山攻进闽中，故经由武夷山一路为秦与汉初中原联系闽中的最重要道路。

（二）会稽东瓯道

此道北接东海会稽道，沿钱塘江水系至今金华，再抵东瓯，为水陆并举之道。汉武帝时，闽越王犯东瓯，使东瓯与东冶之间的道路得到治理，大致一路经今天浦城到福州，一路经今天福鼎、宁德到福州。

两汉时期，浙南、福建的农业经济基本没有开发，西汉只设立了回浦（东汉改章安，治今浙江台州椒江区章安镇）、冶县（东汉改东冶，治今福州）两个县，东汉添设永宁（治今温州）一县。因而，豫章闽中道与会稽东瓯道在这一时期大概不是常设邮路，这三个县与会稽郡的行政通信或许也是经由海路进行的。

三、通往岭南的水陆邮路

逶迤于湘桂、湘粤、赣粤交界地带，东延至闽南的南岭是中国重要的自然、人文分界线。秦汉时期的岭南不但指今日两广，还包括了今天越南的中北部。上古时期的岭南，虽说与中原文化差异较大，但岭北与岭南的交往自春秋起就见诸文献。《竹书纪年》载东周时，越国曾遣使赴洛阳贡犀角、象牙，此物当出岭南，但究系陆路，还是海路而来已不可考。战国时，楚国南界已达南岭。综合鄂君启节与包山楚简，可知战国中晚期，楚国官商船队可远达沅水与湘水上游而与岭南越人展开贸易。①

秦灭楚后，即征百越。秦统一后，又发五路大军进攻并驻守岭南，作战士卒、后勤人员，加上移民共达 50 万人，交通由此大辟。那些因靠近道路而闻名的五座大山，被称为五岭，是南岭最早的称呼。秦统一岭南后，置南海、桂林、

---

① 陈代光：《论历史时期岭南地区交通发展的特征》，《中国历史地理论丛》1991 年第 3 辑。

象郡三郡,将今天的广东、广西纳入版图,中原王朝由此面对南海,是为中国史乃至世界史上的大事。[①] 秦末大乱,南海尉赵佗割据一方,建号南越国。

赵佗执政40余年,于岭南地区的交通与行政通信皆有贡献。《史记》卷一一三《南越列传》记载,汉高祖元年(前206),秦南海尉任嚣病死,赵佗行南海尉事,“移檄告横浦、阳山、湟溪关”。此三关为秦征岭南时所建,若立足岭南,则此三关正当北界。赵佗传檄边关,保境安民,可见其自有一套仿照中原的公文和公文传递制度。元鼎五年(前112),南越国国相吕嘉作乱,把汉朝前去劝降的使者韩千秋及随从全部杀害,又“使人函封汉使者节置塞上,好为谩辞谢罪,发兵守要害处”。吕嘉让人把汉使所持符节封装好,置于边塞上,编了些骗人的话向汉朝谢罪,同时调动军队把守要害之处。所言塞上,即五岭一线关塞,可见当时南越国与汉朝除使节往还外,还有在五岭边关交换文函、物品的安排。

汉武帝时,发兵五路平定南越国,置郡县,又设交趾刺史部监察。秦皇汉武两次大的军事行动,再加上其间南越国雄霸一方之需,岭南交通得到了空前拓展。那些经由五岭的重要道路被整修后,被冠以“新道”之名,又因翻山越岭,而有“峤道”之谓。下面分述其中三条干线,一由今天的湖南入广东,一由今天的江西入广东,一由今天的湖南入广西。

(一)长沙南海道

此道北接上述南郡洞庭(武陵)道,经由长沙沿湘水谷地再入耒水河谷,越过桂阳郡(治今湖南郴州)境内的骑田岭后连通秦水(今武水与北江)河谷而抵番禺(今广东广州)。此道有一段复线,由湘江支流舂水(今舂陵水)南抵九嶷山,经今天湖南省临武县境,跨越都庞岭湟溪关(今广东阳山东北),入洭水(一名湟水,今连江)与前路相会抵番禺。秦始皇伐岭南时,一路大军曾“处番禺之都”,即越骑田岭,由洭水而下,故秦代于此路颇为看重,设阳山、湟溪二关于洭水沿岸。汉武帝灭南越国,伏波将军路博德指挥的主攻力量亦是“出桂阳,下湟水”。但汉代通往番禺的干线邮路是经由今天的郴州市下辖的宜章县境,走武水河谷,取其快捷。

① 王子今:《秦统一局面的再认识》,《辽宁大学学报(哲学社会科学版)》2013年第1期。

不管走武水河谷，还是走连江河谷，经由桂阳郡的这条长沙南海道，都是秦汉时代中央政府沟通岭南的最重要道路。后世南下广东的传统交通线也一直是沿湘江水系至郴州上岸，经陆路越骑田岭至宜章再走北江水系。东汉初，桂阳郡太守卫飒组织民众改造了桂阳郡南部的500里山道，设置了邮传站点。这500里山道复原到今天的地图上，大致就是郴州经宜章至粤北英德的道路。《后汉书》卷七六《循吏传·卫飒》记载：

先是含洭、浈阳、曲江三县，越之故地，武帝平之，内属桂阳。民居深山，滨溪谷，习其风土，不出田租。去郡远者，或且千里。吏事往来，辄发民乘船，名曰“传役”。每一吏出，徭及数家，百姓苦之。飒乃凿山通道五百余里，列亭传，置邮驿。于是役省劳息，奸吏杜绝。

这里说的是桂阳郡辖地广大，辖境远及含洭（今广东英德西北）、浈阳（今英德东）、曲江（今广东韶关）三县，此三县的越人或居深山，或处溪谷，从汉武帝以来，从未纳过田赋。由桂阳郡郡治到辖境南部的这三县，远隔千里，官吏公干，动不动就要征发民船迎送，呼作“传役”。每次官吏一出动，数家百姓服役，苦不堪言。卫飒任桂阳郡太守后，察知民间疾苦，率领民众凿山通道500余里，沿途“列亭传，置邮驿”。卫飒所以传名千古，就在于惜民力，惩奸贪，因而所列者当为一些简单的交通中转设施。

卫飒之后，此路得到维护。建初八年（83），大司农郑弘奏开经由零陵、桂阳两郡的峤道，以便原来经由东冶（今福建福州）海运的岭南贡物改为通过内陆运往洛阳。桂阳峤道即卫飒所开之道。此外，《后汉书》卷四《和帝纪》所载“旧南海献龙眼荔枝，十里一置，五里一候，奔腾阻险，死者继路”也发生在桂阳峤道上。和帝永元十五年（103），桂阳郡临武县令唐羌上书请求罢贡，和帝遂下诏罢省。

今天湖南省郴州市苏仙区邓家塘村折岭头组地界上还有一条三四公里长的石板路，当地人美言此即卫飒大规模改造后定型的湘粤古道。在唐中期大庾岭官道开通前，长沙南海道一直是中原王朝沟通岭南的首要官道。

东汉末年还有一次治理这条邮路的史迹，反映在《隶释》卷四收录的《神汉桂阳太守周府君功勋之纪铭》中，这通原立于武水昌乐泷（武水坪石，乐昌段九泷十八滩之一）岸边周府君庙中的汉碑镌刻于熹平三年（174），记述了东汉灵帝时的桂阳太守周憬率众大规模整治武水通道的史实。为改善辐射岭南干线邮路的通行能力，周憬遣手下一干能吏、武将督造整改工程，仅碑铭上留名者即达 31 人。在众官员得力组织下，精壮劳力众志成城，“排颓磐石，投之穷壑，夷高填下，凿截回曲……顺导其经脉，由是，小溪乃平直，大道允通，抱布贸丝，交易而至”。可见，周憬此举既治理了武水水路交通，也治理了武水河谷的陆路交通，从而在卫飒改造这一通道的基础上，进一步完善了湘江流域到北江流域的交通条件，为密切中原与岭南关系作出了历史贡献。自此，不但邮路畅行，且“交易而至”，奠定了日后郴州与韶关商贸和地区行政中心的地位。

（二）豫章南海道

由豫章上溯赣江谷地经南野县（今江西赣州南康区），越横浦关（今广东南雄小梅关西侧）而达湞水（今浈江）河谷，再沿溱水（汉时名秦水，今北江）谷地抵番禺。此路亦为古代通往岭南的重要道路。

赣粤间的这一通道在秦汉以前就有记载。1957 年在安徽寿县出土的楚怀王时代的《鄂君启节》，其铭文显示了其时有一条为楚人看重的商路即溯赣江，逾大庾岭而入广东。①

秦始皇五路大军征伐岭南，其中一军“守南野之界”，南野之界在今江西南康以南，则这一路大军即当越大庾岭攻进岭南。汉武帝灭南越国，其一路大军由楼船将军杨仆率领，“出豫章，下横浦”，水陆并进，亦由大庾岭攻进岭南。这两次大规模的军事行动无疑提高了豫章南海道的军输与通信功能。秦设南海郡，汉朝继之，这一邮路逐步定型。但在秦汉时代，这条邮路的重要性不及长沙南海道。

（三）零陵交趾道

秦始皇统一岭南，湘桂间的官道得以开拓，但由于秦代岭南的行政重心偏于东部的番禺，故湘桂一路是否设为邮路尚可存疑。汉武帝时，汉朝疆土在南越国将近一个世纪的出色经营上大举南拓，岭南的行政重心开始西移，邮路也气贯长虹，出湖南潇湘上源谷地，纵穿岭南西部，到达今天越南北部，在亚热带与热带丛林中足足跨越了四个纬度。

---

① 谭其骧：《鄂君启节铭文释地》，《长水集》（下），人民出版社 1987 年版，第 193—211 页。

两汉时期，通往岭南西部的干线邮路是从涵括了潇湘两水上源的零陵郡出发，南至位于今天越南北部的交趾郡，故以零陵交趾道统称。作为邮路的零陵交趾道，以水陆并行为特色，除气候、地貌、水文因素，野生植物的茂密与横行的虎害也是选择水路或傍水而行的原因。沿水路而设的邮路几乎通达了两汉在今天广西境内所设的所有郡县，灵渠则大大提升了其物流通过能力。

湘桂间的官道早在战国时期即由楚国开发。《史记》卷七一《樗里子甘茂列传》记有“楚南塞厉门”，《正义》引刘伯庄云：“厉门，度岭南之要路。”据今人研究，楚国的厉门在离水（今漓江）支流濑水（今荔江）流域，大致在今广西壮族自治区荔浦县。① 如此则楚南界关口已越过南岭，沟通湘水与离水两个流域的官道就此出现。

秦始皇二十九年（前218），秦尉屠睢率五十万大军分五路进攻岭南，一路溯湘水，经今广西兴安，再顺离水至桂林；一路溯潇水，越九疑塞（今湖南江华境），穿过都庞岭与萌诸岭间的隘口，再顺贺水到达今广西贺州。在付出极大伤亡后，秦朝平定岭南，在今广西东部和广东肇庆、茂名一带设立桂林郡（治今广西桂平），在广西西部和贵州都匀、越南谅山一带设立象郡（治临尘，今广西崇左）。为解决大军后勤，秦始皇下令开凿灵渠，沟通了湘水与离水。自此，不但形成了沟通长江与珠江水系的水运大动脉，而且为中原王朝对岭南的行政管理提供了战略通道。在此通道上，自今天湖南永州零陵区溯湘江谷地而上，经广西全州、兴安至桂林的一段陆路可称灵渠道。兴安境内有越城岭，又名临源岭，岭下有严关、秦城遗址，皆与灵渠道有关。

灵渠道加之前述由潇水与贺水勾连的潇贺道，构成了秦代进出岭南西部的官道。顺贺江河谷可至今广东封开，自封开顺西江江岸而下，则达番禺，所以潇贺道也是通往岭南东部的辅助官道。

秦代在岭南虽建有三郡，但未设郡守，只以郡尉主政，且以南海尉为三郡最高军政长官。可以说，由于交通等条件的制约，岭南三郡的地位远不能与内郡相比，尤以桂林郡与象郡为甚。因为受限于交通艰难，中央政府没有条件直

---

① 徐南洲：《濑湖小考》，《古巴蜀与〈山海经〉》，四川人民出版社2004年版，第158—161页。

接治理岭南西部,只能委于南海尉独断,而成“东南一尉”的政治格局。因而,上述两条官道在秦代是否成为邮路,还难以下结论。

汉武帝元鼎五年(前112),汉出兵灭南越国,一路大军由“故归义越侯二人为戈船、下厉将军,出零陵,或下离水,或抵苍梧”。① 可见这路由越人降将所率领的军队依然是沿上述秦代的两条官道水陆并进的。灭南越国后,岭南西部的行政格局是零陵郡治理广西东北,郡治在今广西兴安,正把守湘水通灵渠处;置苍梧郡治理广西东部,郡治在今梧州;置郁林郡治理广西中部和西部,郡治在今桂平;置合浦郡治广西南部,郡治在今合浦东北。在越南北部置交趾郡、九真郡,越南中部置日南郡。

零陵交趾道邮路干线的走向大致是先由灵渠道南端的桂林南下至桂平,自桂平溯郁江谷地,再溯左江谷地可至临尘(今广西崇左)。汉武帝平南越国后,曾沿袭秦代设象郡治此,至汉昭帝元凤五年(前76)废。自崇左经今凭祥、谅山即通位于今越南河内西北的交趾郡郡治。

因循秦代潇贺道至今广东封开,转而西溯西江谷地可达苍梧郡治。继续西溯至桂平即与前述零陵交趾道干线相合。早在汉武帝重新统一岭南之前,南越国的疆域即达今越南中部,因而自广东封开西溯桂平,进而上溯崇左的道路其时或已成为邮路,即从番禺沿郁水(今西江、浔江、郁江)西上员水(今左江)应当有一条南越国统治其西部的邮路。可以说,西汉通岭南西部的邮路是在秦代官道和南越国邮路的基础上实现的。

东汉时,岭南西部邮路又得到较大修整。汉光武帝建武十六年(40),交趾二征造反,“光武乃诏长沙、合浦、交阯具车船,修道桥,通障溪,储粮谷”,命马援等将领“发长沙、桂阳、零陵、苍梧兵万余人讨之”②。《太平御览》引《郡国志》云:“后汉伏波将军马援开湘水为渠六十里,穿度城,今城南流者,是因秦旧渎耳。”这是说马援进军时为扩大运输能力,再次整修灵渠,相关的灵渠道亦当重整。

马援南下交趾,依后人所记遗迹有唐代马江县(治今广西昭平马江镇),

---

① 《史记》卷113《南越列传》,中华书局1959年版,第2975页。

② 《后汉书》卷86《南蛮西南夷列传》,中华书局1965年版,第2837页。

马江之马得名于马援；另有北流县（治今广西北流）南的鬼门关，“汉伏波将军马援讨林邑蛮，路由于此，立碑，石龟尚在”①。则马援一路由今漓江、桂江而下，至梧州西溯浔江再转溯北流江，越分水岭顺南流江而下至合浦（今广西合浦东北）。自合浦“遂缘海而进，随山刊道千余里”至九真郡（治今越南清化西北）。马援进军路线的前半程主要是自灵渠连通合浦郡的水道邮路。

（四）海上邮路与通往南亚的海上信道

汉代在岭南置郡多沿海，故有别内地，一是属海洋性质，尤其是在今越南中部所设九真郡、日南郡，以及短期设于海南岛的珠崖郡、儋耳郡，均位于狭长的滨海地带；二是这些郡的重要职能不在治民和收取农产品，而在于对奇珍异宝，诸如珠玑、珊瑚、象牙、犀角的搜取。这里的居民基本是以海洋为生，维持陆路中转交通极为困难，所以中原王朝与这里的联系以海路为特色。当时，交广与东冶、会稽间的长途海运开始兴起，成为中央政府与岭南滨海郡县之间联系的通道。作为当时中央与岭南联系最突出的贡道，交趾七郡的贡道在东汉建初八年（83）以前一直是泛海至东冶再转陆路②。汉献帝时，王朗为避孙策，至东冶后打算由海路进抵交州；许靖则自会稽“浮涉沧海，南至交州”，以绕道入蜀，其一路情形竟然是“经历东瓯、闽越之国，行经万里，不见汉地”。③

“不见汉地”正隐含了倚重海路的缘由。由于汉朝在今天浙南、福建、粤东沿海的行政建制仅限于有数的几个县，行政管理也就限于县治附近的狭小滨海平原，大片近海与内陆山地仍为越人自治，所以才有“行经万里，不见汉地”之说。东瓯、闽越如此，则九真、日南更是如此。

所幸在越人的航海传统上，汉朝大兴海船，牢牢控制了直至日南的沿海地带，不但在日南南徼设立了“日南障塞”，还以合浦、日南为基地，开辟了前往马来半岛的航线，并通过航行于印度洋的各国商船建立了与印度半岛东南沿海地区和斯里兰卡的官方联系。

根据《汉书》卷二八下《地理志下》记载，代表朝廷巡访南亚的是“黄门译

① 《太平寰宇记》卷163《岭南道·昭州》、卷167《岭南道·容州》，中华书局2007年版，第3124、3191页。

② 《后汉书》卷33《郑弘传》，中华书局1965年版，第1156页。

③ 《三国志》卷38《蜀书·许靖传》，中华书局1982年版，第407、964页。

长”。汉代,专责皇帝供给的少府之下设有黄门署,负责以金帛为等价物采购国外奇珍,黄门署专设“译长”,表明这种采购并非偶尔为之,而是制度性的。古代,外交是与外贸结合在一起的,汉代的黄门译长也就充当了那个时代的外交信使兼贸易代表。①

黄门译长乘海船前往南亚的路线,根据今天的地理知识和中西交通史学者的考证,可做如下复原。去程选择日南障塞(日南郡南界,今越南广南省)、徐闻(今广东徐闻南)、合浦三地出海,沿越南海岸一路向南,绕过湄公河三角洲的金瓯角,沿暹罗湾航行到泰国的万伦。汉代人还没有掌握大洋深处的季风和洋流规律,那时的帆船也没有太大的续航能力,导航也不能完全脱离海岸,所以只能沿海岸航行。以当时的地理说就是历经都元国(今湄公河三角洲或柬埔寨沿海地带)、邑卢没国(今泰国春蓬府)、谌离国(今泰国万伦府),在谌离国登岸步行十余日至夫甘都卢国(今泰国攀牙),这陆行十余日就穿过了克拉克地峡。到了夫甘都卢国再次看到的大海就是印度洋那边的安达曼海了,靠“蛮夷贾船”,也就是外国商船继续向西航行,沿孟加拉湾一直航行到黄支国和已不程国。黄支国,学界普遍认为就是印度半岛东南海岸沟通东西方商贸的大港建志补罗(Kanchipura),在今天印度泰米匀那度省的康契普腊姆(Kanchipuram),这里曾是达罗毗荼人的故都。已不程国则在今天的斯里兰卡。

中国最早的航海者是越人。越人泛舟至山东半岛而有夷人,“夷”在古越语里就是海。上古之时,流散于中国沿海和东南亚的越人,在文化上是一体的。从汉武帝开始,整个直到今天越南中部的岭南地区作为一个行政大区被称作交趾。交趾就是疍民,因世代盘坐舟内,双腿弯曲,而称交股、交胫,又因很少陆行,脚趾撑张以增加站在船上的稳定性,故称交趾。秦汉时期,包括南越国统治岭南的百年间,泛舟南海的水手无疑都出自“交趾世家”,他们与东南亚各国人民习俗相近,声息相通。汉代起,西尽马六甲海峡,东尽日本列岛的西太平洋区域就成为由中国人主导的朝贡贸易航海区。

2003 年,经广西文物工作队“西汉海上丝绸之路始发港——合浦港调查

① 参见黎虎:《汉唐外交制度史》,兰州大学出版社 1998 年版,第 84 页。

与研究课题组”确认,西汉中期的合浦港就位于今天石湾镇大浪村。一百多年后,因河道淤积和航海技术的改进,东汉时的合浦港移至廉州镇草鞋村。坐落于廉州镇的合浦汉代文化博物馆藏有大量合浦汉墓出土文物。其中的数件国家一级文物,经专家鉴定属于舶来品,最著名的是绿釉波斯陶壶和罗马玻璃碗。

史书记载,东汉末年的交趾港市上已满是胡人。正是这些胡商带来了真正的欧洲商品,从成分到工艺皆可确定为罗马出产的玻璃制品,到来自波罗的海贸易区的琥珀,都在作为舶来品输入大港的合浦、广州等地的汉墓中被发现。

正是在汉朝与东南亚、南亚各国广泛开展海洋贸易的背景下,黄门译长才能招募到商人、水手,并借助“蛮夷贾船”以外贸代表和外交信使的双重身份到达南亚。他们的回程则乘夏季洋流穿马六甲海峡到皮宗(今泰国北大年)转中国商船在今天越南中部靠岸。这样的一往一返,得花费三年时间。汉代中国人浮海前往异域的勇气,极大地增进了东西方的信息交流。

第四节　通往西南的邮路

在中华民族多元一体的历史进程中,秦汉的蜀地和西南夷经营泼洒出交通画卷的浓墨重彩。秦岭、巴山和云贵川重重山岭间的秦汉邮路,称得上是中华文明开拓伟力的纪念碑,值得后人珍重。

考古发现证明,蜀地早在商周时期即与关中有所交往。汉武帝时期,对蜀地交通持续大规模经营,出现了“栈道千里,无所不通”的盛况,这为汉朝的西南夷经营奠定了基石。

汉代的西南夷地区包括了今天四川西南部、贵州西部和云南全境。秦始皇统一后,只占有四川和云南、贵州接壤的地方,到西汉初年,这些地方被放弃。张骞通西域后,报告由蜀地可通身毒(今印度),再通大宛、大夏、安息诸国。为避开匈奴与羌人梗阻,并实施对匈奴合围战略,汉武帝派出十多批使者经略西南夷,以通蜀身毒道。于是,大规模的西南夷经营展开,数年之后,邛都、夜郎等川滇黔接壤地带的族群相继归附于汉朝。元封二年(前109),滇王统治的云南中部地区亦纳入汉朝版图。东汉中期，随着哀牢王内属，中国的西南疆域已达到澜沧江和怒江以西，西南丝绸之路开始畅通。

一、蜀道

蜀道是古代川陕间交通道路的总称。秦汉时期，关中和四川盆地分别是国家的政治中心和经济重心，沟通两地的古蜀道就显得极为重要。秦岭险峻，巴山巍峨，使纵贯南北的交通十分艰难，历史上的川陕交通主要以秦岭、巴山间的汉中盆地为中转，秦汉时期穿越秦岭的邮路有故道、褒斜道，并以子午道、堂光道为备用邮路，穿越巴山的邮路有金牛道。

（一）故道

故道得名大概因为这是穿越秦岭最早的一条道路，此道亦取沿线要隘或地名而名散关道、沮道、陈仓道，为秦汉时期纵贯秦岭的最重要通道，起自陈仓（今陕西宝鸡市东），沿散关（今陕西宝鸡市西南五十里）入故道水（今嘉陵江上源）河谷，至今天的凤县一带向西，经故道（县级行政单位，治今甘肃两当东北杨店镇一带）、下辨（今甘肃成县西北）、沮县（今陕西略阳）至汉中。故道通行的历史可溯及晚商，秦人利用这一通道在春秋时期开辟了陕甘与川陕方向的交通。① 故道依托嘉陵江水运之便，为蜀地输送物资至关中的主要取径，又因历史悠久，沿途人烟较为稠密，到汉初时，成为有确切记载的一条重要邮路。张家山汉简《行书律》所记艰险邮路上免除邮人徭役和定额田租、刍藁的地点时，就有这条邮路上的下辨和故道。简文云：

> 复蜀、巴、汉中、下辨、故道及鸡劍中五邮，邮人勿令徭戍，毋事其户，毋租其田一顷，勿令出租、刍稾。

蜀、巴、汉中三者皆为郡名，三郡之邮，因行路艰难，都被特别对待。其中，蜀郡和汉中郡的邮都有分布在故道沿线者。下辨、故道作为县级单位隶属武都郡（汉初治下辨），因为正当这条邮路，所以这两个县级单位辖境内的邮也被特别关照。鸡劍中的五处邮，不明其地，大概也在秦岭巴山一带。

---

① 史党社、田静：《考古资料所见先秦时期秦人交通陕甘的几条路线》，载中国秦汉史研究会编：《秦汉史论丛》第9辑，三秦出版社2004年版。

（二）褒斜道

因取道褒水和斜水河谷而得名，为长安穿越秦岭至汉中的捷径，是汉代自关中入汉中和巴蜀的最重要邮路。《史记》卷一二九《货殖列传》评说："南则巴蜀。巴蜀亦沃野……然四塞，栈道千里，无所不通，唯褒斜绾毂其口。"褒、斜二水皆源于太白山，二水中游在今太白县东境五里坡附近，褒斜道即取线于此跨越分水岭。褒水南注汉水，谷口在旧褒城县北十里，今汉中市汉台区石门水库大坝；斜水（今名石头河）北注渭水，谷口在眉县西南 30 里，故褒斜道又可分褒谷道与斜谷道两段，全长 470 里。褒斜道远在范雎相秦时就修有栈道，刘邦入据汉中时，曾焚毁褒斜栈道，汉武帝时命汉中太守张卬发卒数万人进行了空前的全线建设。大约此后，褒斜道即成为重要邮路。关于此路置邮的确切史料来自石门崖壁上的《汉中太守钜鹿鄐君开通褒斜道碑》（现藏汉中博物馆）。褒斜道是中国开凿最早、规模最大、选线最佳、沿用时间最长的一条栈道。其南口在东汉永平四年（61）还开通了中国最早的行车隧道——石门（今已没入石门水库）。隧道经实地测量，长近 16 米，宽 4.1 米，平均高 3.6 米。①于此亦可见汉代邮路建设的力度。

（三）子午道

由长安南山子午谷越秦岭，为关中通往汉中的捷近道路，亦为一条辅助邮路。此道通行的最早记录为张仪经此伐蜀，②汉高祖在汉王元年亦经此道入汉中，当时这一通道名为"蚀中"。③ 王莽时，"皇后有子孙瑞，通子午道。子午道从杜陵直绝南山，径汉中"。④ 东汉年间曾有一个短暂时间以子午道代替褒斜道成为正式邮路。现藏汉中博物馆，原位于石门隧道内的东汉建和二年（148）所刻的《司隶校尉杨孟文石门颂》（以下简称《石门颂》）明确记载："中遭元二，西夷虐残。桥梁断绝，子午复循。"⑤据《后汉书》卷五《安帝纪》，元初二年（115），先零羌叛，断陇道，寇三辅，入益州，杀汉中太守。黄盛璋以为嘉

---

① 王开主编：《陕西古代道路交通史》，人民交通出版社 1989 年版，第 102 页。

② 《史记》卷 70《张仪列传》"苴蜀相攻击"句下《正义》引《华阳国志》："秦遣张仪从子午道伐蜀。"此说不见今本《华阳国志》。

③ 《史记》卷 8《高祖本纪》，中华书局 1959 年版，第 367 页。

④ 《汉书》卷 99 上《王莽传上》，中华书局 1962 年版，第 4076 页。

⑤ （宋）洪适：《隶释 隶续》，中华书局 1985 年版，第 49、50 页。

陵、褒斜两道都受到影响，所以势必要经由子午道。[1] 到了延光四年（125），羌人起义被镇压后，就诏令益州刺史罢子午道，恢复褒斜道。[2]

褒斜道以栈道闻名，不管是人为，还是自然灾害，当栈道断坏时，恐怕都会出现“子午复循”的景况。所以，两汉时，子午道应该是一条重要的备用邮路。

（四）堂光道

长安与汉中之间，还有一条更捷近的道路，在秦岭南坡沿傥水河谷行进，此即唐代翻越秦岭的邮路傥骆道，在汉代叫作堂光道。王莽当政时，堂光道抑或为邮路。此道不见于载籍，只由前述《石门颂》而知：

> 惟坤灵定位，川泽股躬，泽有所注，川有所通。余（斜）谷之川，其泽南隆。八方所达，益域为充。
>
> 高祖受命，兴于汉中。道由子午，出散入秦，建定帝位，以汉詆焉。后以子午，涂路涩难。更随围谷，复通堂光。凡此四道，垓鬲尤艰。至于永平，其有四年，诏书开余（斜），凿通石门。[3]

黄盛璋以为围谷即韦谷（今泥河），接近骆谷，故为傥骆道前身，并以为此道的开辟或在汉初。[4] 辛德勇进一步考证，堂为傥的同音假借字，光则来自王莽的采地武功县，先叫汉光邑，后改新光。[5] 王子今再考此处“光”通“芒”，即发源于太白山南麓，在今周至县东入渭河的芒水（今黑河），《水经注》卷一八《渭水一》有“芒水出南山芒谷”，因而“汉光”“新光”“堂光”皆可能名自芒水和芒谷。[6] 在汉代翻越秦岭的四条官道中，故道最为平易，也最为迂回，褒斜道稍次，而以子午、堂光最为近捷，也最为难走。“更随围谷，复通堂光”是由于子午“涂路涩难”，可见王莽欲取捷径，在整修了子午道后感到不理想，于是又整治了同样捷近的堂光道。堂光道的取线更符合王莽的政治诉求，即围谷正对

---

① 黄盛璋：《川陕交通的历史发展》，《历史地理论集》，人民出版社 1982 年版。

② 《后汉书》卷 6《顺帝纪》，中华书局 1965 年版，第 251 页。

③ 高文：《汉碑集释》，河南大学出版社 1997 年版，第 88 页。

④ 黄盛璋：《褒斜道与石门石刻》，《历史地理论集》，人民出版社 1982 年版。

⑤ 辛德勇：《汉〈杨孟文石门颂〉堂光道新解——兼析傥骆道的开通时间》，《古代交通与地理文献研究》，中华书局 1996 年版，第 164 页。

⑥ 王子今：《〈禹贡〉黑水与堂光古道》，《文博》1994 年第 2 期。

自己的采地,不然应取骆谷往长安才更便捷,由此可见整修堂光道,完全是出于当时政治形势下的通信需求。

(五)石牛道

石牛道又称剑阁道,“为入蜀咽喉”。[①] 汉代,故道、褒斜、子午、堂光四道越秦岭后,向南再越巴山通往成都只有石牛道一条道路。北来各路与石牛道交会,褒斜、子午、堂光系由汉中前来,故道则由略阳前来,总汇后经葭萌(今四川广元昭化)到成都。石牛道成为关中与蜀地的通信要路。汉代石牛道设邮虽无明载,然蜀郡设邮,必北承故道、褒斜道之邮,故石牛道作为邮路无疑。

二、西南通道

汉代,蜀地继续向南的交通干线有灵关道(西夷道)、五尺道(南夷道)、永昌道(博南道),被今人冠以西南丝绸之路的总名。这些道路构成了四川盆地通往贵州、云南,并进一步延伸到中南半岛的通道。

(一)灵关道

亦名西夷道,为汉代通往邛都的邮路,即自今天的成都通达西昌。在现今的西南丝绸之路叙事中,灵关道被广义化,一直抵达云南洱海地区。但作为史籍上有确切记载的邮路,这里仅说狭义的灵关道。如此灵关道亦作零关道,《汉书》又作灵山道,这条官道全程开通于汉武帝时,《史记》卷一一七《司马相如列传》载:“通零关道,桥孙水(今安宁河),以通邛都。”

关于这一路的设邮情形,《史记》卷一一八《淮南衡山列传》载,汉文帝时,淮南王刘长因罪徙处蜀郡严道邛邮,《集解》引徐广曰:“严道有邛僰九折阪,又有邮置。”《索隐》:“严道有邛莱山,有邮置,故曰‘严道邛邮’也。”邛莱山,又作邛崃山,所产之竹,高节而中实,就是所谓的邛竹杖。邛崃山上的九折坂位于今天何处,《华阳国志》佚文:“(严道)道至险,有长岭、若栋、八渡之难,扬母阁之峻……回曲九折,乃至山上。”回曲九折,即指九折坂。《读史方舆纪要》卷七二“邛崃山”条言:“有九折坂,亦曰邛崃坂”,卷六八“临关”条予以详

① 参见严耕望:《唐代交通图考》(五),上海古籍出版社2007年版,第863页。

考,今人据之以为在荥经县凤仪堡大相岭上。①

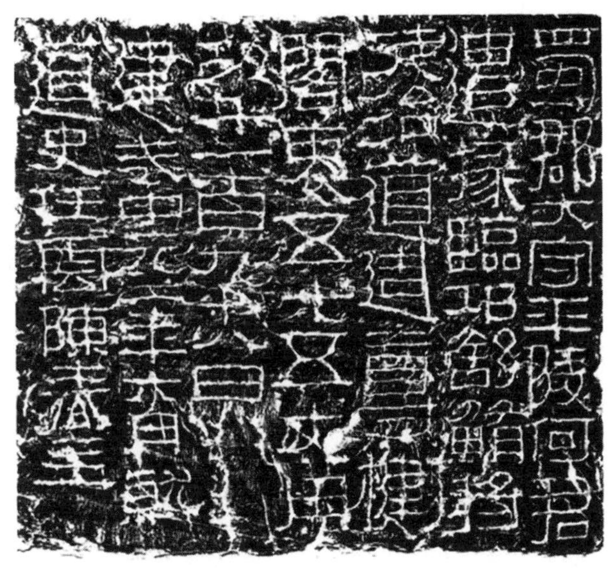

东汉 ·《何君尊楗阁石刻》拓片。引自雅安市文物管理所、四川省文物考古研究院编:《雅安汉代石刻精品》,四川人民出版社 2005 年版,第 29 页。

严道即今四川省荥经县,秦惠文王在公元前 312 年封战功赫赫的异母弟樗里疾为严君,故此地为秦国攻占蜀地后把守的战略要地。雅安博物馆所见近年荥经考古揭示,这里的古文化要早于广汉三星堆文化,因而严道被指为蜀文化的发源地之一。徐中舒认为荥经在战国时期为楚统治,并于严道立有岷山王国,专营川滇金矿。② 1971 年至今,在严道古城周围先后发掘有同心村战国墓、高山庙战国土坑墓、曾家沟秦汉木椁墓、高粱湾汉代崖墓以及牛头山汉代砖石墓群,进一步证实了严道在先秦与秦汉的地位。特别是由主城和子城组成的严道古城,出土了大量汉代遗物。综合来看,严道或许在战国时代即有交通中转设施的构建,而到汉代成为西南邮路上的重要一站。

① 周安勇:《敢问路在何方——对南方丝绸之路(茶马古道)荥经段的推考》,雅安市人民政府、四川省文物管理局编:《边茶藏马——茶马古道文化遗产保护(雅安)研讨会论文集》,文物出版社 2012 年版。

② 徐中舒:《试论岷山庄王与滇王庄蹻的关系》,《思想战线》1977 年第 4 期。

在严道古城以西12公里山崖上留有一方《何君尊楗阁石刻》,与严道古城同处荥河南岸。此石刻拓片见于宋代洪适所著《隶释》,曰《何君阁道碑》,然此后一千年竟不知原刻所踪。直到2004年,于荥经县烈士乡冯家村钻山洞崖壁上重现。刻文共52字:

> 蜀郡太守平陵何君,遣掾临邛舒鲔将徒治道,造尊楗阁,袤五十五丈,用功千一百九十八日。建武中元二年六月就。道史任云、陈春主。

阁,栈道;尊,高大之意;楗,指高达数丈的木桩。袤五十五丈,长五十五丈,按汉尺合23.1厘米计算,则一丈为2.31米,五十五丈约合127米。建武中元二年系公元57年,勒铭记功的"道史"为主管道路修造的专职官员。刻石附近留有成排凿孔,外沿口80厘米见方,进深约半米,底部半米见方,系在刻石水平线以下1.5米到2米处,故当为栈道横梁孔洞。刻石水平线以上亦有凿孔,与下面的凿孔高差大约4米。倘若复原起来,或为西南地区特有的有棚栈道。①

秦汉之际,严道一直是川西盆地南缘的边徼重地。前述九折坂就在其南面,是"忠臣叱驭,孝子回车"的故事原地。《汉书》卷七六《王尊传》载益州刺史王尊的前任王阳曾乘传车巡行郡县至邛地九折阪,"叹曰:'奉先人遗体,奈何数乘此险!'后以病去"。等到王尊当了刺史,也巡行到九折阪,问手下:"'此非王阳所畏道邪?'吏对曰:'是。'尊叱其驭曰:'驱之!王阳为孝子,王尊为忠臣。'"这条史料可谓汉代在严道以南筑有行车道路的确证。九折坂若可行车,则《何君尊楗阁石刻》所铭之处亦当为行车栈道,这通石刻与其旁的栈孔可以说是这条汉代干线邮路所遗珍贵文物。

1988年,在四川省昭觉县好谷出土了东汉初平三年(192)残石表,表文有"缮治邮亭"一语。此前还发现有东汉光和四年(181)石表一件,铭诏书一通,铭诏书者为"劝农督邮书掾李仁",则诏书必为其向下传达。昭觉在西昌东面,不应当自西昌直接北上的灵关道,故可知东汉时这条干线邮路有变。原来,延光二年(123),牦牛夷造反,攻零关(一名临关,在荥经邛崃山上),杀县

① 赵强:《鸟道盘空御西夷——〈何君阁道碑〉前的遐想》,《中国文物报》2015年12月29日。

令,阻塞了灵关道。通往越嶲郡的邮路不得不改由成都南下僰道,再沿水路至安上(今四川屏山新市镇),经今昭觉一路西入西昌小平原。① 灵关道为牦牛夷阻塞后,后世干脆叫作牦牛道,《三国志》卷四三《蜀书·张嶷传》说此道被牦牛夷所阻长达百余年,直到三国蜀汉时,越嶲郡太守张嶷做通了当地部落的工作,"与盟誓,开通旧道,千里肃清,复古亭驿"。张嶷上任在建兴十四年(236),自延光二年至此,正合百余年。

张嶷所恢复的"古亭驿"自西汉时就有了,相对于经由安上的替代邮路,经由牦牛夷的旧道,在三国时仍被认为是"既平且近"。以今天的地理形势看来,灵关道的选线也是极为合理的。从汉武帝至东汉前期,灵关道一直是西南地区的重要邮路。

(二)五尺道(南夷道)

五尺道最早见于《史记》卷一一六《西南夷列传》所记"秦时常頞略通五尺道",是说秦统一后,在一个叫常頞的官员主持下打通了从今天的川南通往黔西与滇东的道路,因地形险要,道宽仅五尺,故名五尺道。此道沿途少数民族部落,在汉代统称南夷,故此道亦名南夷道。

汉代,南夷道系由唐蒙开拓而终成邮路。前述汉武帝包抄南越国战略部署中,其右翼系拜唐蒙为郎中将率士卒上千,后勤万余人前往夜郎胁迫其内附。随军事行动展开的道路拓治几经波折且付出沉重代价,在元光五年(前130)方自僰道(今四川宜宾南)直指牂柯江岸(今北盘江东北江岸)。第二年,就在这一路设置邮亭。《史记》卷一一六《西南夷列传》"独置南夷夜郎两县一都尉"句下《集解》引徐广曰"元光六年,南夷始置邮亭"。《华阳国志·南中志》朱提郡南泰县条则载:"自僰道、南广有八亭,道通平夷。"此八亭即元光六年(前129)于南夷所置邮亭,平夷在今云南省平彝县境。元封二年(前109),汉武帝"复事西南夷",继续拓道,将南夷道延展至滇池一带,并经今天的楚雄,进抵大理。

其道自今川南宜宾溯南广河谷而上至高县,再溯筠连河谷至筠连,入滇东

① 《三国志》卷43《蜀书·张嶷传》:"自牦牛绝道,已百余年。更由安上,既险且远。"《华阳国志·南中志》载:建兴三年(225),诸葛亮南征,"自安上由水路入越嶲"。

北一隅的盐津,再入贵州赫章,最后西折抵云南曲靖。郦道元《水经注》卷三三《江水一》云:"迄于建宁,二千余里,山道广丈余,深三四丈,其堑凿之迹犹存。"上述八个邮亭就设置在宜宾往南的艰险路段上。

黔西一带在东汉建有可通行车马的道路。1987 年,在贵州省兴义县交乐乡的东汉墓出土了 1 套铜车马,为一马一车,马的造型为长腿厚蹄,车箱带有挡板和拱券车棚。如此马车无疑是为了适应多雨山路上的长途行进,从一个侧面佐证了在北盘江、南盘江流域开辟邮路的历史。更可贵的是,1958 年在赫章县可乐公社,农民挖地时获得武阳传舍铁炉 1 件,炉身内壁铸"武阳传舍比二"隶书铭文。武阳,县名,汉武帝建元六年(前 135)置,隶犍为郡(治今贵州遵义西),东汉时为郡治所在,在今四川彭山。"比二",意为同时开铸的器物里边的第二件,就是说为武阳传舍同时铸造的铁炉至少有两件。至于"比二"铁炉为何被带到了赫章,那应该是和传车的运行相关。从汉武帝开始,自犍为郡至平夷就通了邮路,而赫章可乐或当其路。

(三)永昌道

早在战国时期,蜀地商人的马帮就沿羊肠小径经过叶榆(今云南大理)、同师(今云南保山)、滇越(中心在今云南腾冲一带),穿越今天缅甸的伊洛瓦底江上游、亲敦江和印缅边境的那加山脉,到达今天印度的阿萨姆邦,再沿马普特拉河抵达恒河平原。这条商路就是"蜀身毒道"的中段和西段。叶榆至滇越一段即永昌道,也是西南丝绸路在中国境内的最后一段,它在叶榆北接灵关道,是四川盆地丰富物产向中南半岛和印度出口的艰险通道。汉武帝通"西南夷"后逐步开为官道,初时仅通东段,称"博南山道";至东汉设永昌郡,西段逐步打通,遂名"永昌道"。

相传为公元前三四世纪孔雀王朝开国大臣考利亚耶所著《政事论》中,就有成捆丝绸被贩卖到印度的记载。当张骞向汉武帝报告在万里之遥的大夏得见蜀布、邛竹杖后,大规模的"西南夷"经营就使汉代官道从四川盆地不断向西南延伸。《华阳国志·南中志》记载汉武帝时,"通博南山,渡兰沧水、潜溪,置嶲唐(今云南云龙漕涧)、不韦(治今云南保山隆阳区金鸡乡古城坡)二县,徙南越相吕嘉子孙宗族实之,因名不韦,以彰其先人恶"。当时由内地至此交通极为不便,"行者苦之,歌曰:'汉德广,开不宾。度博南,越兰津。度兰沧,为它人。'"①澜沧江以西置嶲唐、不韦二县后即通官道，在今天大理到保山的古道上仍可遥想汉时邮书传递到澜沧江西的情形，博南山就在今永平县到保山市的古道上，兰津古渡就位于今天澜沧江霁虹桥一带，桥头摩崖有过客们留下的壮观石刻群。

东汉初，占有澜沧江以西广大地区的哀牢王率部内附，同时还带动了边陲之地的其他族群内附。永平十二年(69)，汉明帝废此前所设都尉正式设置永昌郡，官道得以深入今天云南省腾冲市和德宏州境内。永昌郡地括古哀牢国全境，还包有了今天缅甸伊洛瓦底江中上游地区，永昌道由此与中南半岛的商道相贯通。

永昌置郡是汉代的政治大事，所谓"俾建永昌，同编亿兆"②。中南半岛各国使臣，甚至还有打着罗马帝国使臣旗号的商人也纷纷经由永昌道来到中国。《后汉书》卷八六《南蛮西南夷列传》记载：

> 永元六年(94)，(永昌)郡徼外敦忍乙王莫延慕义，遣使译献犀牛、大象。九年，徼外蛮及掸国王雍由调遣重译奉国珍宝，和帝赐金印紫绶，小君长皆加印绶、钱帛。
>
> 永初元年(107)，徼外焦侥种夷陆类等三千余口举种内附，献象牙、水牛、封牛。永宁元年(120)，掸国王雍由调复遣使者诣阙朝贺，献乐及幻人，能变化吐火，自支解，易牛马头。又善跳丸，数乃至千。自言"我海西人"。海西即大秦也，掸国西南通大秦。明年元会，安帝作乐于庭，封雍由调为汉大都尉，赐印绶、金银、彩缯各有差也。

敦忍乙为中南半岛古国，在今缅甸西境。掸国一般认为位于今天的中缅甸和上缅甸，也有缅甸学者以为是在今天的叙利亚，中国学者也有认为是在南亚次大陆。③《魏略 · 西戎传》记载："大秦道既从海北陆通，又循海而南，与交趾七郡外夷比，又有水道通益州永昌。"所谓水道通益州永昌，即由今天腾冲到缅甸八莫一路，沿伊洛瓦底江入海可至印度东南海岸，那里正是罗马人与亚洲贸易的国际大港所在。

---

① 《后汉书》卷86《南蛮西南夷列传》，中华书局1965年版，第2849页。

② 《后汉书》卷86《南蛮西南夷列传》，中华书局1965年版，第2861页。

③ 张双志：《"掸国"地望新考》，《云南民族学院学报(哲学社会科学版)》2003年第5期。

从四川盆地所见汉代即已深入民间的佛造像看，永昌道很可能也是佛教南传路线。

第五节　汉通西域邮路

中国干旱的西北部，在那戈壁、沙漠与山脉、高原间，分布着一串被总称为河西走廊的绿洲群，正是这个天造地设般的绿洲走廊链接起相隔数千里的两大农业定居文明，一头从长安所在的关中平原逶迤到六盘山西麓的黄土高原西缘，一头是塔里木盆地南北两缘的弧线绿洲群。塔克拉玛干大沙漠逼迫出的绿洲双弧线向西延伸交会止步于分割东西方文明的一大地理屏障——帕米尔山结，商人们却不会在此停下脚步，他们依托绿洲双弧线并使商路弧线继续划过葱岭（今帕米尔高原）南北两麓，交会在中亚腹地以今天阿富汗北部为中心的绿洲大市场；商路进而前行分指南亚和地中海东部沿岸的欧亚非结合部，此即人类历史最大的舞台欧亚非大陆上的一大交往通道，享誉人类文明史的丝绸之路。上述仅为丝绸之路主线，亦被称作丝路绿洲道，以与行经欧亚大草原的草原道相对。而绿洲道中，相对行经阿富汗北部的南支，沿天山山麓而行的北支又因所经绿洲为绵亘东西两千五百公里的天山雪水灌溉，而在 2014 年中国、哈萨克斯坦、吉尔吉斯斯坦三国联合申报世界遗产时，被冠以“丝绸之路天山廊道”之名。

商人开辟的丝路并非一条路，而是岔路歧出，不断变化的路网。但要描述的汉通西域邮路却是较少变化、线路常年固定的中转交通路线，并且由于汉代中央政府的巨大投入和沿途驻军守卫而成为长途贸易的首选路线。在公元前的一个多世纪里，自长安出发，贯穿河西走廊通往西域的大邮路也就成为丝绸之路的主干线，其中一些路段的具体走向则取决于汉朝与匈奴双方之间的交往态势。西汉建元三年（前 138），张骞奉汉武帝之命出使大月氏，以求联盟共击匈奴。张骞历河西走廊，沿塔里木盆地北缘，越葱岭，相继到达大宛（今乌兹别克斯坦费尔干纳盆地）、康居（今乌兹别克斯坦北部与哈萨克斯坦南部一带）、大夏〔都蓝氏城，今阿富汗巴尔赫（Balkh）〕。由于两度被匈奴拘捕，张骞十多年后才回到长安，汉武帝听了他的报告，决意打通河西走廊以联络西域。

在这位于公元前140年登上政治舞台的伟大帝王长达半个多世纪的统治下，控制河西走廊的匈奴部落成了汉朝的同盟或附庸，匈奴核心集团则被驱赶到漠北。元狩四年(前119)，汉朝巩固了对整个河西走廊、额济纳河流域的直接治理。据悬泉汉简所示，由长安通达敦煌的邮路可能在汉武帝元鼎六年(前111)就开通了。

汉朝在河西走廊尽端设立了玉门关与阳关，两关以西即称西域。汉武帝元封三年(前108)，赵破奴率属国骑和郡兵数万人击走了位于罗布洼地南北两侧的楼兰、姑师(车师)势力，使汉朝在匈奴巨大侧翼威胁下疏通了进出西域的第一条干道，又一举将河西亭障列至玉门关，消除了匈奴南下截断河西大动脉的冲动。汉武帝太初年间(前104—前101)，李广利两次伐大宛后，汉朝在轮台(今新疆轮台南)、渠犁(今新疆库尔勒西南)一带屯田，设使者校尉以保障西去使者、商队的供应和安全，并将亭隧延展到今新疆尉犁县境的孔雀河北岸。汉宣帝神爵三年(前59)，[1]设立西域都护府(治乌垒城，今新疆轮台东南奎玉克协海尔古城[2])，管辖了直到巴尔喀什湖、费尔干纳盆地、整个帕米尔高原和喀喇昆仑山西南麓的广大地域。汉元帝初元元年(前48)，又在今吐鲁番设戊己校尉，大行屯田，并负责所有西域驻军和交通的粮食供给。至此，以车递为主干(通达渠犁屯田区)，以马递分达各处的西域通信网路有了一个较为圆满的布局，正如《后汉书》卷八八《西域传》所评价的："立屯田于膏腴之野，列邮置于要害之路。驰命走驿，不绝于时月；商胡贩客，日款于塞下。"从西域都护开府到公元1年汉平帝即位，是汉朝经营西域的全盛期，政令经由都护颁行西域各地。西汉末至东汉初，西域虽发生动乱，但在班超重建西域秩序的年代，东汉与贵霜(盛时辖有今阿富汗全境与巴基斯坦大部)曾经取代了匈奴威胁下林立多变的小国政治，确保了商队平安，荫庇了从洛阳直到巴克特里亚城(今阿富汗巴尔赫古城)将近4500公里商路的安全。

丝绸之路的亭隧、驿站遗址留存至今，成为全人类的文化遗产。下面就以

---

① 神爵三年(前59)设立西域都护府，系据悬泉汉简修订。此前教科书皆以公元前60年为西域都护府设置的年代。

② 林梅村：《考古学视野下的西域都护府今址研究》，《历史研究》2013年第6期。

玉门关与阳关为阶程,分东西两部分来介绍自长安经河西走廊绵延至西域的邮路。

一、两关以东

元狩二年(前121),骠骑将军霍去病发动划时代的河西战役,深入敌境千里,大败河西走廊中部的匈奴。惧怕单于问罪的匈奴浑邪王杀了犹豫中的屠休王,率部降汉。至此,匈奴在河西的十万精兵丧失殆尽。元狩四年(前119),汉武帝又分遣大将军卫青与霍去病率十万骑出北塞两千里,击败匈奴主力,"是后匈奴远遁,而幕南无王庭"①。汉军西渡黄河上游,占领了自朔方以西至张掖、居延海的大片土地,投入士卒五六万人开渠屯田。又筑令居(今甘肃永登)至敦煌的长城,以屏蔽河西走廊的交通干线。

汉武帝大拓河西后,整个河西走廊到关中盆地的交通都是极为通畅的。尤其是河西置郡后,自敦煌起,有极好的行车干线邮路通达长安。悬泉置遗址出土有一枚编号为ⅤⅠ611③39的里程简:

> 张掖千二百七十五一,冥安二百一七,武威千七百二,安定高平三千一百五十一里……
>
> 金城允吾二千八百八十里,东南。天水平襄二千八百卅,东南。东南去刺史□三□……一八十里……长安四千八十……②

此简以悬泉置为计程起点,所记地点都是分布在河西走廊到长安邮路上的车递站点。上半段为简牍正面所记,为邮路北线;下半段为简牍背面所记,为邮路南线。只是简牍残断,北线只余高平以西至张掖一段;南线虽亦仅剩其中一段,但留有悬泉置到长安邮路的总里程。据此推断,简牍正反面所记南北邮路里程皆当以长安为限。就该简所记,笼统反向从东向西说,自长安出发,北线当过秦代故都咸阳后沿泾水而上,经今天宁夏固原和甘肃景泰进入河西走廊;南线沿渭水西行,经今天兰州进入河西走廊;河西走廊则沿武威、张掖、酒泉一线,一直到达西端的敦煌。下面就以悬泉和居延汉简有关邮程的记载为线索,

---

① 《汉书》卷94上《匈奴传上》,中华书局1962年版,第3770页。

② 引自胡平生、张德芳编撰:《敦煌悬泉汉简释粹》,上海古籍出版社2001年版,第59页。

结合载籍与考古遗迹来勾勒丝路两关以东的干线邮路。

丝路两关以东以甘肃中部的黄河为界，又可分为河西走廊与甘陕山地两个单元。此外，汉代在今天青海东部和甘南也辟有邮路，因与河西开发息息相关，且属于广义的丝绸之路体系，故也一并叙述。甘陕山地间的通道因有陇山（汉唐时的陇山包括今陇山与六盘山）为阻，故又分关中平原与陇山山地两区。下面以相关地理单元并历史传统来划分路段，以长安为起点，从东向西为主序，由南向北为次序分述之。

（一）渭北道

在今陕西境内，属丝路东段南线，自长安顺渭水北岸至今天凤翔。由凤翔或岔路去宝鸡，以通蜀、陇，为商周以来的重要道路。秦国本都雍（今凤翔），秦孝公任用商鞅变法，方迁都咸阳，但雍仍为宗庙所在，所以渭北道是战国中期以来秦国最重要的道路。具体到汉代，出长安先向西北方向出行，汉武帝以前是取长安城正北的中渭桥（秦始皇建，本名横桥，汉别名石柱桥）。桥北即秦都咸阳故城，汉高祖改为新城县，武帝时名渭城，唐时以长安往西域的饯别之地出名。过渭城一可北上，二可西进。北上经甘泉宫沿秦直道一线可抵朔方、五原、云中的汉塞，故渭城在西汉时为极其重要的站点；西进则经杜邮（今陕西咸阳市东）至细柳的茂陵（今陕西兴平西北）。

张骞西使大月氏第二年，汉武帝新建便门桥，因正对长安便门而得名，亦称便桥，后世称西渭桥。建桥初衷是可以从长安直趋茂陵，便门桥北设有“交道厩”，距长安 60 汉里。在居延邮程简中，长安通西北的第一站为茂陵，相距 70 汉里。[①] 此处所讲渭北道系汉通河西四郡邮路南线，与居延邮程简所列邮路北线不同，两条邮路端启于长安，并线 70 汉里到茂陵后就分道扬镳了。邮路南线沿渭水北岸向西到雍（今陕西凤翔），这一段就是渭北道。渭北道下一程偏离渭水河谷折向北方，称回中道。

（二）泾水道

亦称萧关道，是利用关中平原上平行于泾水的道路向西北直插，再利用

---

① 经由考古推断的丝绸之路跨越渭河的路线，见刘瑞：《丝绸之路的起点与最初的走向》，载陕西师范大学历史文化学院、陕西历史博物馆编：《丝绸之路研究集刊》第 1 辑，商务印书馆 2017 年版。

泾水上游支流峡谷越过甘肃平凉以西的崆峒山到达宁夏固原，是长安通达河西走廊的捷径。泾水道跨越今陕西、甘肃、宁夏三省区，属丝路东段北线。

泾水道最早为西周西北边陲通道，周穆王西征犬戎，将其东迁至大原（今宁夏固原一带）；周夷王曾派虢公征伐太原之戎，此太原即大原。犬戎、太原之戎实即玁狁，金文见有周宣王与玁狁在泾水一线的战事。①

到汉武帝初开河西时，由于匈奴的压迫，这条北线未得使用。直到匈奴主力被赶到漠北，汉朝沿今宁夏黄河西侧设防，又在甘肃景泰县北境筑塞绵延于民勤绿洲，这才保障了经由固原的丝路东段北线的畅通。于是，平行于泾水直抵固原的捷径在连通河西四郡直至西域的交通上就日益重要起来。相对渭北道，这条捷径因平行于泾水，故可称泾水道。由居延邮程简看，西汉后期长安通河西、西域的干线大邮路即经由泾水道前往。简文记：

长安至茂陵七十里
茂陵至茯置卅五里
茯置至好止七十五里
好止至义置七十五里
……
月氏至乌氏五十里
乌氏至泾阳五十里
泾阳至平林置六十里
平林置至高平八十里

泾水道在茂陵与渭北道分开，转向西北，经好止县（《汉书》卷二八上《地理志上》作“好畤”，治今陕西乾县好畤村）一路直插陇山北段。茯置、义置、平林置皆不见于载籍，难考今地所在，只由一个置字，可知皆为像悬泉置那样的较大车递中转站点。月氏、乌氏与泾阳皆为县级单位，皆当有传舍或置。月氏，《汉书》卷二八下《地理志下》作月氏道，王莽改为“月顺”。月氏王被匈奴冒顿杀害后，余种分散，其羸弱者没入羌人。霍去病取西河地，开湟中，于是月氏

① 许倬云：《西周史（增补本）》，生活·读书·新知三联书店2012年版，第292、293页。

归附，与汉人错居，故设月氏道安置其人，其地当今平凉市崆峒区的白水乡。[①] 乌氏（yān zhī），是中国陇山一带的土著。乌氏县，《括地志》记载为秦惠王始置。秦昭王设北地郡（治今甘肃镇原东），乌氏与泾阳皆为其属县。汉武帝元鼎三年（前114），从北地郡析置安定郡，治高平县（今宁夏固原），乌氏、泾阳变更为安定郡属县。西汉乌氏县治当在今甘肃平凉市区，泾阳县治在今平凉市崆峒区安国乡油房庄，平林置依里程推算当在今固原市什字路镇辖境。这条邮路过泾阳后即沿今泾水支流颉河穿过崆峒山北麓的峡谷，出萧关（今宁夏固原东南）至安定郡治高平。自长安经由泾水道至高平几乎是取直线，里程比渭北道转回中道要捷近许多。

居延邮程简

1972 年发现于汉代居延塞防甲渠候官遗址（破城子），编号 EPT59:582。残存简文为：

长安至茂陵七十里
茂陵至茯置卅五里
茯置至好止七十五里
好止至义置七十五里
……
月氏至乌氏五十里
乌氏至泾阳五十里
泾阳至平林置六十里
平林置至高平八十里
……
媪围至居延置九十里
居延置至觻里九十里
觻里至偦次九十里
偦次至小张掖六十里
……
删丹至日勒八十七里
日勒至钧耆置五十里
钧耆置至屋兰五十里
屋兰至坠池五十里

此简年代当在西汉昭宣时，最晚不过成帝时，是目前所见有关长安至河西邮路的最早记载。

参考文献：

肖丛礼：《居延新简集释（五）》，甘肃文化出版社2016年版，第80页。

（三）回中道

回中道得名于回中宫（今宁夏固原辖境），为渭水北岸秦国故都雍向北穿行陇山东麓至萧关的道路。自汉武帝始，回中道成为长安通向河西走廊和西域邮路的艰险路段。回中道自雍北上，顺汧水（今千水）谷地至汧县（今陕西陇县），再经华亭（今甘肃华亭）至萧关。载籍中，这条通道闻名于秦皇汉武的巡行。秦始皇尝“巡陇西、北地，出鸡头山，过回中”[②]。秦陇西郡郡治在今甘肃临洮，鸡头山即今六盘山。秦

① 张多勇：《从居延 E·P·T59·582 汉简看汉代泾阳县、乌氏县、月氏道城址》，《敦煌研究》2008 年第 2 期。

② 《史记》卷 6《秦始皇本纪》，中华书局 1959 年版，第 241 页。

始皇的西北之行是与防御匈奴的战略指向大有关系。

楚汉相争时，匈奴趁机南下占据河套，虎视北地、陇西。汉文帝时，匈奴老上单于率部骑14万众，从萧关攻入北地郡，杀了作为一郡军事首长的都尉，匈奴还火烧回中宫，前锋攻至雍。汉朝在惊恐中，调十万大军保卫长安。汉武帝即位后，为对付匈奴，两次巡行回中道。元鼎五年(前112)，“行幸雍，祠五畤，遂逾陇，登崆峒，西临祖厉河而还”，元封四年(前107)，“行幸雍，祠五畤，通回中道，遂北出萧关”。[①] 武帝的两次巡行，无疑使回中道得到拓修，并向西延伸到今甘肃会宁与靖远两县的黄河岸边，连接起下面要讲的河西道。

汉武帝所临祖厉河为黄河流经祖厉县(县境相当于今甘肃会宁及靖远西部，治今靖远县城以西黄河南岸的和靖)一段，而非今日流经甘肃会宁、靖远两县的黄河支流祖厉河。武帝至黄河边，当有巡视渡口，巩固河西之意。此前元狩二年(前121)，霍去病率军发动河西战役，一举将河西纳入汉朝版图。汉代祖厉县治所在，为黄河重要渡口，后世名虎豹口。黄河由此东北流，至白银市平川区水泉镇陡城堡，即汉武帝元鼎三年(前114)所设鹑阴县治(东汉改鹯阴县)，该县治所把控的鹯阴渡口也是汉代黄河重要渡口。黄河继而折向西北，流至靖远县石门乡，河西岸则为景泰县芦阳镇，汉宣帝地节三年(前67)在此设媪围县。居延邮程简所记正有媪围，说明邮路是在此渡过黄河。不过，自汉武帝以来，祖厉、鹯阴也都有可能作为邮路或备用邮路的渡口。

自高平到这些渡口的路线阙载，只能依据后世交通线推断。首先是有一条捷径，不经高平，而是由位于今天宁夏泾源大湾乡瓦亭村的瓦亭直接向西插到黄河渡口。《续汉书》志二三《郡国志五》记乌枝(氏)县：“有瓦亭，出薄落谷。”薄落即崆峒，薄落谷即今平凉安国乡与泾源大湾乡之间的颉河峡谷。汉光武帝时汉军尝由高平向南进逼割据天水一带的隗嚣，隗嚣派大将牛邯守瓦亭之道，这在今天就是宁夏泾源越六盘山至隆德的通道。此路继续西行经由甘肃静宁、会宁即可至靖远黄河岸边的虎豹渡口，亦可北上鹯阴渡口渡过黄河。另一路从居延邮程简所提示的媪围看，即自高平向北，沿乌水(清水河)及其支流苋蔴河谷，转西北，经今宁夏海原县城和盐池乡，甘肃白银市平川区

① 《汉书》卷6《武帝纪》，中华书局1962年版，第185、195页。

共和镇(古称打拉池)、水泉镇,靖远县北部的石门乡,在石门乡哈思街过黄河。此渡口在唐代设关,称会宁关,近世称小口子渡口,又因明万历年间建索桥而名索桥渡口。①

由高平或瓦亭至黄河三渡口的邮路可称回中道西支。东汉建武年间,由于进兵需要,又"伐山开道,从番须回中径至略阳"②。番须位于今甘肃华亭马峡镇,略阳位于今甘肃秦安陇城乡,从番须向西开道经今庄浪县境即可至略阳。由此,沿陇山西麓又建立了回中道西支与下面讲到的陇坻道之间的连线,亦可作为邮路和备用邮路使用。

(四)陇坻道

亦称陇山道、陇关道,在今陕西省陇县与回中道分途,西越陇山之上的陇关(今陇县固关镇辖境),经由天水郡治平襄(今甘肃通渭),向西北直插武威郡治姑臧(今甘肃武威),属丝路东段南线。陇坻道得名于翻越陇山的陇坻大坂,"其坂九回,上者七日乃越"。③

陇坻道的开通于西周之际的秦人之手,《史记》卷五《秦本纪》载秦人先祖所建最早城邑秦邑(今甘肃清水)、秦亭(今甘肃张家川)皆在陇坻道一线。秦昭襄王二十八年(前279),秦置陇西郡,陇坻道成为官道。西汉于陇坂上设关,王莽曾于长安四周险要置四关将军,其中右关将军即系于陇关。《汉书》卷六《武帝纪》记元鼎五年汉武帝"遂逾陇",注引应劭曰:"陇,陇阺坂也。"

陇坻道越陇关后,经略阳、平襄、榆中(今甘肃榆中金崖镇上古城),在今天兰州市以西庄浪河汇入黄河的西固区河口镇渡过黄河,沿庄浪河谷穿越乌鞘岭,向西北直插汉代河西走廊东端重镇姑臧。逾平襄往姑臧的这一段可称陇坻道延长线,在今天就是由秦安经通渭、定西、榆中、兰州西、永登、天祝、古浪至武威一线。

榆中,秦始皇三十三年(前214)建县,与咸阳沟通即经陇坻道。④ 汉武帝

① 参见白银市公路交通史编委会:《白银市公路交通史》,人民交通出版社1993年版,第17、19页。

② 《后汉书》卷15《来歙传》,中华书局1965年版,第587页。

③ 《太平御览》卷50"陇塞及海外诸山"条,中华书局1960年版,第243页。

④ 关于《史记》卷6《秦始皇本纪》:"三十三年……西北斥匈奴,自榆中并河以东,属之阴山,以为四十四县"记载的榆中非"北河榆中",参见陈守忠:《榆中县历史沿革》,《河陇史地考述》,兰州大学出版社1993年版。

元鼎三年(前 114),由陇西郡析置天水郡,榆中与新建县的金城(今甘肃兰州)、勇士(今榆中青城镇)皆归天水郡。作为一条官道,陇坻道即应在此时跨越黄河向西北继续延伸。兰州一带,汉时因置金城县,流经此处的黄河就被称为金城河,河口镇渡口在汉代叫作金城津,《水经注》卷二《河水二》引阚骃《十三州记》称石城津。此外,由榆中向东北,过天水属国都尉治所满福(今榆中贡井乡)、勇士,可通祖厉、鹯阴渡口,进而由回中道西延线连通安定郡治高平,以备金城津不测。天水属国所安置的是匈奴人中的牧马能手,贡井乡乡政府所在地叫作贡马井村,当即供贡马饮水之处。既有匈奴良马为汉所用,则这条陇坻道通往祖厉、鹯阴渡口和高平的东北支线就有了相应的交通与通信优势。

由金城津过黄河后,溯庄浪河谷而上即至令居城(今甘肃永登红城镇玉山古城)。庄浪河谷宽阔平直,从古到今一直是沟通关中与河西走廊的要道。自令居下乌鞘岭北坡向西北通往姑臧的邮路,在东汉时期的悬泉邮程简上有记载:

仓(苍)松去鸾鸟六十五里

鸾鸟去小张掖六十里①

苍松、鸾鸟、张掖皆为武威郡属县。张掖县因与张掖郡同名,故称小张掖。实地考察得出的结论是,苍松故址就是近旁有大片汉墓群的古浪县龙沟乡黑松驿古城。② 或据汉简所记里程推算,将苍松定于天祝县安远镇。③ 鸾鸟距苍松 65 汉里,相当于 27 公里,当在今古浪县城以北的小桥堡。小张掖距鸾鸟 60 汉里,相当于 25 公里,则位于今武威市凉州区谢河镇武家寨子一带。陇坻道至小张掖后,即汇入后面要讲到的河西道,再往西北 67 汉里(28 公里)即到达姑臧。

(五)武都陇西道

东起武都郡郡治下辨(今甘肃成县西北),经上邽(今甘肃天水)通往天水

① 简号Ⅱ0214①:130,胡平生、张德芳编撰:《敦煌悬泉汉简释粹》,上海古籍出版社 2001 年版,第 56 页;"鸾鸟",音鹳雀。

② 李并成:《汉代河西走廊东段交通路线考》,载田澍、何玉红主编:《丝绸之路研究:交通与文化》,甘肃文化出版社 2013 年版。

③ 郝树声:《敦煌悬泉里程简地理考述》,《敦煌研究》2000 年第 3 期。

郡郡治襄平与陇西郡郡治狄道，是沟通陇西与关中、汉中、蜀地之间的一段邮路，也可以说是前面提到的故道西侧的一条支线。最早开通此道的是秦人，为活动于渭水上游与西汉水上游的秦人与关中交通的孔道之一。[①] 天水放马滩秦墓出土的大致为战国中期的木板地图也揭示了从天水经西汉水至武都的交通线。[②] 不过在汉代，武都陇西道的作用主要在于沟通蜀地。蜀地、汉中与关中在历史上皆有“天府之国”的美誉，只是关中供应长安巨大的消费尚且不暇，所以汉中、蜀地就相继成为陇西、河湟与河西防御的战略后方，尤其是蜀地。故道南段与武都陇西道一起构成了一条与物资运输关系较大的邮路。故道南段有嘉陵江水运之便，蜀地物资北运皆取道于此溯流而上至沮县（今陕西略阳）。由沮县上行，取嘉陵江支流青泥河（一名黑峪河）经下辨转陆路前往天水郡和陇西郡。《后汉书》卷五八《虞诩传》载东汉时的武都，“运道艰险，舟车不通”，役使“驴马负载”，运输成本达到“僦五致一”。虞诩在元初二年（115）就任武都太守：

> ……乃自将吏士，案行川谷，由沮至下辩数十里中，皆烧石翦木，开漕船道，以人僦直，雇借佣者，于是水运通利，岁省四千余万。

今陕西略阳县城西北二十里的临江崖原有一方《郙阁颂》，这通铭文记载了另一位东汉武都太守李翕改造此地栈道，兼利商旅、物资运输与通信的事迹。[③] 李翕在建宁三年（170）到任后，目睹析里一带（即今临江崖）“涛波滂沛，激扬绝道，汉水逆让，稽滞商旅”，特别是沟通凉州与益州两个刺史部的邮路打此经过，所谓“路当二州，经用柠沮”，而析里这个地方“缘崖凿石”，“临深长渊三百余丈，接木相连，号为万柱”的郙阁栈道时常出现险情，以致“人物俱堕，沉没洪渊，酷烈为祸”。于是，李翕派遣郡掾（郡守下属吏员）下辨人仇审在栈道经常出事的地段督造了一座“析里大桥”。《郙阁颂》赞其“结构工巧”，说鲁班在世，也未见得有如此高明。

李翕还做了件畅通邮路的好事，在今天甘肃成县以西25华里的天井山麓

① 史党社、田静：《考古资料所见先秦时期秦人交通陕甘的几条路线》，载中国秦汉史研究会编：《秦汉史论丛》第9辑。

② 雍际春：《天水放马滩木板地图研究》，甘肃人民出版社2002年版，第145页。

③ 《郙阁颂》原刻石挪至略阳灵岩寺（全国重点文物保护单位）保护。

鱼窍峡重新开挖路基,使经过此地的险道一改往日经常马仰车翻的局面,坚固而宽广,连黑夜都可以放心通行。工毕,建宁四年(171)刻石予以称颂。刻石至今仍在鱼窍峡原地保存,无一字缺失,是为《西峡颂》。

在汉代,武都陇西道对于整个西北边防都具有重大战略意义。虽然蜀地的谷布也有经故道北段出散关运往关中者,但关中物资有函谷关以东的东方经济发达区支援,远不如陇西、河湟、河西对蜀地的依赖,所以故道南段军输偏重于西北,《郙阁颂》所言"常车迎布,岁数千两"应该主要是流向陇西及其以远各处。在西北地区出土汉简中,还见有多达500匹驴队由"驱驴士"50人役使前往蜀地从事官物运输。① 不过,大队驴马由西北往来蜀地,也有可能利用的是古羌人从青海湟中等地南迁川西的路线,即行经黄河上游流域进入白龙江流域,经白龙江支流包座河再经岷江入蜀。②

在汉代,故道南段上的大部分邮递活动当与武都陇西道对接。而关中与蜀地的通信更多经由褒斜道对接石牛道。

(六)河湟道

两汉通往河湟屯田区的邮路,属丝绸之路南线的支线。汉初,西北边陲除河西走廊及其以北的匈奴,还有分布在祁连山、西海(今青海湖)、河湟、陇西一带的羌人。汉高祖刘邦曾派军西征,夺回秦设陇西郡(郡治狄道,今甘肃临洮西南)所属6县。张骞通西域后,在汉武帝谋划下,为实施隔绝匈羌的战略目标,河湟地区被作为着力经略区域。元狩二年(前121)夏,汉军击匈奴,霍去病出北地,公孙敖从积石关渡黄河出南线,这次南北合围的千里奔袭大获全胜,积石关即在河湟道上。随着隔绝匈羌战略的推进,汉军进入湟水流域,修筑了军事和通信据点西平亭(今青海西宁),自陇西郡治狄道经枹罕(今甘肃临夏)至西平亭开始成为官道。元鼎五年(前112)置护羌校尉,管理甘肃南部和青海东部的羌人。然而,匈奴却屡次诱引羌人进攻河西。汉宣帝时,羌人请

① 敦煌马圈湾汉简981号:"官属数十人持校尉印绂三十,驴五百匹,驱驴士五十人之蜀,名曰劳庸部校以下城中莫敢道外事次孙不知将。"后一句透露出这次军运具有保密性质,见吴礽骧、李永良、马建华:《敦煌汉简释文》,甘肃人民出版社1991年版。

② 王子今:《河西"之蜀"草原通道:丝路别支考》,载陕西师范大学历史文化学院、陕西历史博物馆编:《丝绸之路研究集刊》第1辑;另参见陈良伟:《丝绸之路河南道》,中国社会科学出版社2002年版。

求“渡湟水北”畜牧，为汉所拒，激起羌人反抗。神爵元年（前61）四月，宣帝命已76岁高龄的后将军赵充国统兵6万前往弹压。六月，赵充国领兵到达金城，他根据掌握的实际情况，三上“屯田奏”，建议罢骑兵，只留1万多步卒与保障军事后勤的刑徒，利用临羌（今青海湟中通海乡）到浩亹（今甘肃永登河桥镇南）间“羌胡故田及公田民所未垦”者2000顷土地实行军屯，固守以待羌人自溃，可节省军资。赵充国到来时，这2000顷土地沿线，“其间邮亭多败坏者”，说明自护羌校尉设立后，汉朝已在湟水流域推行公田制，招募羌人和汉人移民开垦土地，并设邮亭一边监理公田，一边传递公文。赵充国命士兵入山伐木6万株，顺浩亹水（今大通河）等湟水北侧的河流放入湟水，整修了这一带的乡亭邮舍，还治理了湟陿（今西宁以东的大峡、小峡）以西的桥梁70座，使道路畅通到鲜水（今青海湖）东岸一带。屯田奏罗列了屯田的12条好处，其中第6条是“以闲暇时下所伐材，缮治邮亭，充入金城”①。说明河湟一带的干道上，曾遍设邮亭。神爵二年（前60），湟水流域的降汉羌人已达3万多人，赵充国于是上奏罢军屯。为安置附汉羌人，汉朝设金城属国，并设破羌（治今青海乐都老鸦城驿）、安夷（治今青海海东平安镇）和临羌三县，属金城郡。王莽秉政时，于汉平帝元始四年（4）设西海郡（治今青海海晏三角城），并沿青海湖滨开辟邮路，沟通环湖而设的5个新县。只是在羌人反抗下，西海郡设立不到20年即放弃。直到东汉永元年间（89—105），河湟军屯才得以有效实施，形成了黄河沿岸（今青海化隆县境的甘都滩及群科滩，贵德县黄河以北地区）、龙耆（今青海海晏附近）两大屯田区，并于稍后又重整湟中屯田区。以西汉赵充国屯田“缮治邮亭”看，则东汉屯田区亦当通邮。

由于护羌校尉始设令居，故通往河湟的邮路开始当以令居一路为重，以今日地理讲，就是从永登县城沿庄浪河西侧支流大沙沟而上，经临坪，过分水岭，顺牌楼沟而下，过通远驿至河桥镇（汉浩亹县），渡大通河（汉浩亹河），过水沟驿、老鸦堡驿至乐都，再沿湟水至西宁、湟中，进而抵达青海湖畔和贵德县黄河北岸。

湟中通长安邮路，则由临津渡（今青海循化官亭镇与甘肃积石山大河家

① 《汉书》卷69《赵充国传》，中华书局1962年版，第2986页。

镇所峙黄河两岸)过黄河。汉宣帝神爵二年(前60)在临津渡一带设河关县(大河家镇西南康吊村古城),取河之关塞之意。后世多称临津渡为积石渡,并取汉河关名积石关。由临津渡东过黄河后,经枹罕入大夏川(今甘肃广河县境),过洮河至狄道。再经由狄道与天水郡郡治平襄之间的武都陇西道西段,在平襄接陇关道。

(七)河西道

河西走廊是丝绸之路的咽喉路段。丝绸之路虽在各个历史时期有不同的走向,但河西走廊一直是经久不息的主干道。贯穿其间的邮路,是长安通往西域邮路的重点路段,可简称河西道。

河西道自甘肃中部黄河左岸直至敦煌市西境的汉代玉门关和阳关,东西长达2000余汉里。悬泉汉简中记接近这条邮路西端的悬泉置到长安的邮程为4080汉里,按1汉里合414米计算,约合1689公里。河西道因河西走廊地形限制,基本是一条邮路横贯东西,只在武威以东有东南走向的邮路通过不同的黄河渡口前往长安,即前述陇坻道西延线。下面就按四个阶程叙述主干邮路。

第一程按居延邮程简记载,为黄河渡口西边的媪围至姑臧:

媪围至居延置九十里
居延置至觻里九十里
觻里至揟次九十里
揟次至小张掖六十里

今甘肃景泰县芦阳镇东有吊沟古城,即汉代媪围县治遗址。由遗址沿黄崖沟蜿蜒向东南,约行12公里即至黄河西岸,沿西岸南行即小口子渡口,这里就应该是居延邮程简所记长安到河西走廊的大邮路所过黄河渡口。媪围西去,距居延置90汉里(约合今37公里),以距离推算,居延置在今景泰县与古浪县交界处。自吊沟古城向西北37公里,为景泰县寺滩乡三道塘村(一说白茨水)。由居延置行90汉里至觻里,觻里亦为置名,按方位推算在今古浪县大靖镇。觻里至揟次90汉里,揟次为县治,在今古浪县土门镇西3公里的王家小庄一带。揟次至小张掖60汉里,小张掖即武威郡张掖县,故址在今武威市凉州区谢河镇武家寨子一带。小张掖去姑臧,由悬泉邮程简可知为67汉里,汉代姑臧城在今武威市市区。汉朝进据河西前，姑臧为匈奴休屠王驻牧地，匈奴在此筑城名盖臧，后讹为姑臧，东汉移武威郡治于此，姑臧始称武威。

第二程为姑臧至张掖郡郡治觻得（今甘肃张掖西）。这段邮路在居延邮程简与悬泉邮程简中皆有记载，将二简综合，可排列为：

姑臧去显美七十五里

……

删丹至日勒八十七里

日勒至钧耆置五十里

钧耆置至屋兰五十里

屋兰至氐池五十里

氐池去觻得五十四里

显美，西汉属张掖郡，东汉属武威郡，75 汉里约当今 31 公里，依此里程，当在今武威西北丰乐镇一带。屋兰、删丹、氐池（氐池）、日勒皆张掖郡属县，这些县治皆当河西道。钧耆置在日勒县（今甘肃山丹境）与屋兰县（今张掖市境）之间。张掖郡系汉武帝时，李广利征大宛，得胜回朝路过张掖时奏请设立。郡治本在小张掖，汉昭帝时移往觻得城。该城本匈奴所筑王城，今张掖市西边俗称“黑水国”的区域内有一南一北两座古城遗址，北面的大城即觻得城。

第三程为觻得至酒泉郡西界。悬泉邮程简中保留了该邮程的两段，第一段所记在酒泉郡郡治以东：

觻得去昭武六十二里

昭武去祁连置六十一里

祁连置去表是七十里

昭武城在今临泽县鸭暖乡昭武村，原为月氏人的王城，后为匈奴所占，汉朝设立张掖郡，昭武为张掖郡第二大县。昭武去祁连置 61 汉里，当今 25 公里左右，则祁连置在今临泽县与高台县交界处。表是为酒泉郡属县，在今高台县骆驼城，此城沿用至唐，在当地一直以骆驼城闻名。

第二段所记在酒泉郡郡治以西：

玉门去沙头九十九里

沙头去乾齐八十五里

乾齐去渊泉五十八里

·右酒泉郡县置十一·六百九十四里

玉门为酒泉郡属县,故城在今玉门市赤金镇。沙头亦酒泉郡属县,《汉书》卷二八下《地理志下》记为"池头",系"沙头"之误。乾齐亦酒泉郡属县,故城在今瓜州河东乡一带。渊泉则见下一程敦煌郡所辖各置。"右酒泉郡县置十一·六百九十四里"所标示的是酒泉郡所设立的置的总数,694汉里,是东西横跨酒泉郡全境的邮路干线里程。酒泉郡的11处置,因简牍残缺,今天只知有表是、玉门、沙头、乾齐、渊泉5处,尚缺的6处有待新出简牍揭示。酒泉是河西四郡中最早建郡的,可能也是河西走廊上最早系统建设交通设施的地区。汉武帝元鼎六年(前111),即从令居(今甘肃永登县境)起塞至酒泉,并在大批移民到来前,即"初置酒泉郡,以通西北国"。①

第四程为敦煌郡境内。悬泉汉简记有敦煌郡9处置,皆位于今甘肃省瓜州县与敦煌市辖境(具体位置见表1)。

表1　悬泉汉简所见汉代敦煌郡传置列表

序号	置名	今地	考释与备注
1	渊泉置	瓜州双塔堡一带	与汉渊泉县同名,曾为酒泉郡所辖。简文记乾齐(今瓜州县河东乡)去渊泉58汉里,约合24公里,则当双塔堡。汉渊泉县是否在此,尚待考证。过去以为渊泉故城在今瓜州县三道沟镇四道沟村一带,与简牍不合。
2	冥安置	瓜州桥子乡南岔大坑古城	当位于汉冥安县治。悬泉汉简记冥安与悬泉置相距217汉里(V1616③:39),约合90公里,以敦煌甜水井悬泉置遗址度之,当在瓜州县桥子乡一带,旧说在布隆吉乡或南岔镇老师兔,均不确。
3	广至置	瓜州南境破城子	当位于汉广至县治。
4	鱼离置	瓜州踏实乡	当即芦草河墩遗址(A87)。
5	效谷置	瓜州西境	
6	悬泉置	敦煌甜水井东南	遗址在敦煌东北64公里处的甜水井东南3公里。
7	遮要置	敦煌莫高镇辖区	敦煌东北30公里处的空心墩(D108)北侧。

① 《史记》卷123《大宛列传》,中华书局1959年版,第3170页。

续表

序号	置名	今地	考释与备注
8	玉门置	敦煌西北小方盘城一带	得名于玉门关,当玉门都尉治所附近。
9	龙勒置	敦煌市阳关镇寿昌古城	当位于汉龙勒县治。

说明:按从东到西,从北到南的顺序排列。

参考文献:1. 胡平生、张德芳:《敦煌悬泉汉简释粹》,上海古籍出版社2001年版。

2. 李岩云:《汉代敦煌郡辖境邮、亭与置驿的设置》,载张德芳、孙家洲主编:《居延敦煌汉简出土遗址实地考察论文集》。

龙勒置、玉门置皆在敦煌郡治以西,一当玉门关,一当阳关。敦煌通往西域邮路,由考古揭示看,主干线是出玉门关的北线,至玉门都尉下辖的大煎都候官(遗址编号D3或T6B)。大煎都候官乃为汉王朝直辖郡县的西陲,再往西即入西域。南线出阳关后有连接线至大煎都候官,与玉门关所出北线汇合。

居延邮程简反映的河西道大概是在西汉昭宣之时,悬泉邮程简的时代则更晚,汉武帝之后的三百多年间河西道东段的走向当有所变迁,河西道上的置,其布点恐怕也不会一成不变。然而,目前我们只看到了这两件邮程简所拼合出的邮路走向、部分路段里程和一部分设施建置,虽已弥足珍贵,但全面揭示河西道邮路,仍需寄望于西北汉简的进一步发现。

二、两关以西

西汉初年,匈奴驱走大月氏进驻河西走廊,并控制了天山南北诸国。只有位于今天伊犁河谷地带西迤到哈萨克斯坦、吉尔吉斯斯坦境内的乌孙、康居等游牧人群所立之国尚能与之周旋。张骞第一次历险出使归来后,在汉武帝亲策下,展开了联络西域各国断匈奴右臂的包抄战略。元鼎二年(前115),张骞出使乌孙,并遣副使至康居、大宛、大月氏、大夏等。自此,汉与西域各国间"使者相望于道","诸使外国一辈大者数百,少者百余人","汉率一岁中使多者十余,少者五六辈,远者八九岁,近者数岁而反"。[①] 张骞还上奏加强与乌孙、大宛联络,汉武帝从善如流。元封六年(前105),以宗室女与乌孙王和亲,

① 《史记》卷123《大宛列传》,中华书局1959年版,第3170页。

“居卢訾仓以邮行”汉简摹本。简长9.4厘米,宽3.3厘米,厚0.4厘米。20世纪30年代黄文弼在土垠遗址所获。引自黄烈编:《黄文弼历史考古论集》,文物出版社1989年版,第403页。

以“分匈奴西方之援国”。太初年间(前104—前101),又以李广利两伐大宛,汉举倾国之力,以18万甲卒守卫穿行河西的供给线,这才在伐宛胜利后将邮路一举经罗布泊北岸通至渠犁。汉昭帝时,彻底控制了楼兰全境。汉宣帝、汉元帝时,设都护,置军候,开井渠,积食谷,由罗布泊北岸溯孔雀河至渠犁屯田区,亭隧相望。邮路建设臻于完善。

西域地貌复杂,即以罗布泊北岸走廊而言,东有沙地和风蚀雅丹地貌之险阻,且地无水草居民。环境如此恶劣,维持常设邮路,非比内地,何况北有匈奴虎视眈眈,途有当道绿洲城郭政权叛服无常。所以西域邮路设施非以沿途不间断的小型站点形式设立,而是以超长的间距,因地制宜,设立中转大本营,再辅以沿途绿洲小国所能提供的接力支援。所谓中转大本营,即囤粮积谷的驻军之所,多以军屯的形式实现。汉代的西域屯田全部围绕交通开辟,堪称保障交通的前哨基地。

(一)楼兰道

楼兰道是两汉时期,特别是西汉时期进入西域的大动脉,自上述玉门都尉下辖的大煎都候官始,沿疏勒河尾闾至今天新疆巴音郭楞蒙古自治州东北端的榆树泉小盆地,再穿越三陇沙和阿奇克谷地,进入在汉代被称为白龙堆的雅丹类型巨大风蚀土堆群,到达罗布泊北岸的居卢仓(土垠遗址)后,一路沿盐水(孔雀河)通塔里木盆地北缘诸国,一路经楼兰古城一带南下楼兰国腹地。楼兰道得名于罗布泊到若羌绿洲一带的楼兰国,这个原生型绿洲城郭国家,其统治者为大约在公元前2000年末进入塔里木盆地的印欧人种中的吐火罗人，居民中尚有分别于公元前5世纪、公元前4世纪相继进入塔里木盆地的印欧种塞人和蒙古种羌人。中原王朝知晓楼兰，得助于汉文帝前元四年（前176）匈奴冒顿单于写给汉朝的一封书信，信中提及楼兰等西域二十六国皆为匈奴所征服。① 张骞通西域后，汉朝掌握了楼兰的一手情报，通西域使者即经楼兰道交往。但依旧亲附匈奴的楼兰不但留难汉使，而且与活动于楼兰道北侧的姑师一起"为匈奴耳目，令其兵遮汉使"。② 元封二年（前109），汉武帝派赵破奴虏楼兰王，击走姑师，战略目标就是彻底控制楼兰道。李广利伐大宛后，天汉元年（前100），由玉门关"西至盐水，往往有亭"。③ 盐水即今孔雀河，楼兰道西支正沿孔雀河向西北而行。楼兰道所设亭隧与邮路密切相关，罗布泊北岸的居卢仓既是邮路的中转基地，也是这一线亭隧的供应基地，这些设施都应是在汉武帝后期开始建设的。直到汉昭帝即位后，楼兰表面中立，却依旧仰仗匈奴，原因是汉朝经由楼兰的大批西使人员让这个环境脆弱的绿洲国家不堪重负，"负水担粮"亦使楼兰百姓苦不堪言。西汉时，由于匈奴驰骋天山东部，遮断了从今天的哈密进出新疆的坦途，因而进出西域的汉使全由楼兰道行进。汉朝为彻底控制这个进出西域的枢纽，于元凤四年（前77）派傅介子刺杀了亲匈奴的楼兰王，立楼兰遣于长安的质子为王，更国名为鄯善，并应新立鄯善王之请，派兵在其境内屯田。《水经注》卷二《河水二》说是派酒泉、敦煌兵千人到楼兰屯田，"大田三年，积粟百万，威服外国"。而罗布泊西北岸由斯文·赫定发现的楼兰古城（遗址编号L.A.），当即元凤四年后，由酒泉、敦煌兵驻屯所筑。④

楼兰道从汉武帝时期开始一直以罗布泊北岸的居卢仓（土垠遗址）为最大中转基地。此地最大遗憾是不能屯田，虽有水路经罗布泊东北水域连接汉昭帝后期创立的楼兰屯田区，但接待能力必然受限。此前，土垠西边的轮台在李广利伐宛大军扫荡后先行成为屯田区，随后又从轮台向东扩大到渠犁，成为西汉时期贯通西域北道的最重要的中转基地和邮路枢纽。由于史书记载的龃龉，土

① 《史记》卷110《匈奴列传》，中华书局1959年版，第2896页。

② 《汉书》卷96上《西域传上》，中华书局1962年版，第3876页。

③ 《史记》卷123《大宛列传》，中华书局1959年版，第3179页。

④ 章巽：《〈水经注〉中的泥城和伊循城》，载《中亚学刊》第3辑，中华书局1990年版。

垠溯孔雀河西进渠犁一路既可归于下面要讲到的北道,亦可作为楼兰道的西延线。在楼兰屯田区开辟前,土垠中转基地的粮食供应有可能来自轮台屯田区。

只是当孔雀河下游尾闾在西汉末年南移后,居卢仓失去了宝贵的水源,楼兰道上的中转基地就移到楼兰古城。以楼兰古城为中心形成了东去敦煌,西北通渠犁,西南至伊循城的三向道路体系。

沿罗布泊西北岸,在土垠与楼兰古城之间,还有一处L.E.遗址。在斯坦因的描述中,L.E.遗址的城堡城墙特征与汉武帝时在敦煌所筑长城"绝对相近",其城墙"异常坚固",与"建筑得非常粗糙"的L.A.、L.K.形成了"鲜明的对比"。① L.E.遗址应当是在孔雀河尾闾自土垠逐步南移楼兰古城的过程中修

楼兰L.E.东城墙遗址。斯坦因摄于1914年。引自[英]奥雷尔·斯坦因:《亚洲腹地考古图记》第1卷,广西师范大学出版社2004年版,第351页。

① 斯坦因称赞L.E.为"汉代古道上的桥头堡","当中国军队和使团穿过盐碱覆盖的干湖床,并沿着绝对贫瘠的北岸,前往楼兰居民区时,首先来到的是这处堡垒和驿站。"[英]奥雷尔·斯坦因:《亚洲腹地考古图记》第1卷,巫新华、秦立彦、龚国强、艾力江译,广西师范大学出版社2004年版,第385页。

筑的，当在西汉宣成之际的国力强盛期。在斯坦因的观感中，这里就是一处驿站遗址。今人已不可复见数千年前面貌，所以斯坦因的描述和图片是极其珍贵的。从地理上判断，精心修建的L.E.遗址，是因孔雀河尾闾自土垠南移后，被赋予了中转楼兰道和下面要提到的南道、北道三向交通的重任，是楼兰道枢纽从土垠向楼兰古城转移的过程中，出现的一处重要中转基地。

（二）南道

起于罗布泊西岸的鄯善国（今新疆若羌县境），经且末（今车尔臣河流域）、精绝（今新疆民丰北尼雅遗址）、拘弥（今新疆策勒东北圆沙古城一带）、于阗（今新疆和田北）至莎车以西越葱岭，可通中亚、西亚与南亚诸国。张骞自大月氏返程，即经南道。元凤四年（前77），汉朝彻底控制鄯善并在伊循城屯田。汉宣帝元康四年（前62），以行伍出身、胆识过人的郑吉为卫司马，使护鄯善以西的南道各处，官称为“护西域南道使”。从此，南道开始了官道的历史，直至西汉末年，汉朝都比较牢固地控制着南道，从尼雅遗址出土的王莽时期的汉简看，汉朝的政令依然通达精绝国。

南道上的邮路建设可追溯到武帝末年到宣帝初年，伊循城是南道的第一个中转枢纽，亦可视为南道邮路的起点。伊循城不但把守着楼兰古城（L.A.遗址）到鄯善国都城打泥城（今新疆若羌县城）的交通线，而且往西北与楼兰道西支相会，接通北道。

L.K.古城向西南行进，今天依然可见若羌县境内的米兰古城遗址，以及以米兰古城和鄯善国都城所在地为中心的诸多汉代烽燧、水渠遗址。再向西，汉代的烽燧遗址一直到且末、皮山、莎车县仍有分布。① 这些遗址都可以说是当年屯田、戍守以维护南道邮路的历史明证。

（三）北道

起于罗布泊西北，经尉犁（今新疆库尔勒南）、乌垒、龟兹（今新疆库车）、姑墨（今新疆温宿）、疏勒（今新疆喀什），逾葱岭北麓，可至中亚大宛、康居、奄

---

① 且末县境有巴格艾日克乡坚达铁日木烽燧遗址、下塔提让乡下塔提让村烽燧遗址，皮山县境有木奎拉乡乡政府东南4公里的苏勒尕孜牙廷姆烽燧遗址，莎车县境有喀群乡赛克村拉格孜烽燧遗址，见国家文物局主编：《中国文物地图集·新疆维吾尔自治区分册》，文物出版社2012年版，第150、182、196、515、576、599页。

蔡等国,并可自龟兹北越天山通乌孙(今伊犁河谷、哈萨克斯坦一带)。

依《汉书》卷九六上《西域传上》,北道起自车师前王庭(汉代交河城,今新疆吐鲁番西雅尔湖古城),这是因为汉宣帝神爵年间建立西域都护府后,为控制匈奴进出天山南北的门户,而将渠犁屯田北移车师前王庭,使这里成为支持北道交通的最大中转大本营,而有此说。

但《史记》卷一二三《大宛列传》所记北道,非由车师前王庭,而是溯盐水直插仑头(即轮台)。此即李广利伐大宛进军所"从南北道"的北道。李广利伐大宛当由土垠沿孔雀河西进,伐宛得胜后,即一面在罗布泊北岸设防,一面在轮台、渠犁军屯,设置使者校尉"护田积粟,以给使外国者"。[1] 从土垠遗址往北,再沿库鲁克山南麓、孔雀河北岸一线可见断续的古道遗迹,且有西汉五铢钱、西汉铜镜、丝绸、玛瑙一类的东西散落道旁。[2] 在今天尉犁县境,沿孔雀河北岸的戈壁滩上仍保存了十几座烽燧遗址,东西延绵 150 公里,直到接近库尔勒市的西尔尼镇政府东北约 20 公里。这一线上的营盘古城遗址(古勒巴格乡兴地村)应该是一处较大的中转站点。

车师原名姑师,其势力曾南下控制着罗布泊西北一带,故史书说其临盐泽。直至元封三年(前 108),赵破奴率属国骑和郡兵数万人击走姑师,汉朝才控制了这一线。李广利伐大宛时几万人由此西进,此后很长一段时间,这一线一直是连通塔里木盆地北缘绿洲国家,以及大宛、康居、乌孙的唯一交通线。渠犁与轮台屯田充当了这一路极其重要的交通补给角色,所以征和四年(前 89)搜粟都尉桑弘羊上奏汉武帝,建议在轮台以东的渠犁,也就是今天的库尔勒市以南一带扩大屯田,"置校尉三人",先军屯,再民屯,"以威西国",并辅助与汉朝友好的乌孙。虽然桑弘羊的设想直到汉宣帝元康二年(前 64)方才实现,但其后设立的西域都护府,是与轮台、渠犁屯田提供的后勤交通保障分不开的。为保护屯田区的安全,桑弘羊还建议抽调张掖、酒泉的武装驻守巡逻于此,并建立以接力快马为手段的通信组织。

《汉书》卷九六下《西域传下》载:"地节二年,汉遣侍郎郑吉、校尉司马熹

---

① 《史记》卷 123《大宛列传》,中华书局 1959 年版,第 3197 页。

② 黄文弼:《罗布淖尔考古简记》,载黄烈编:《黄文弼历史考古论集》,文物出版社 1989 年版。

将免刑罪人田渠犁，积谷，欲以攻车师。至秋收谷，吉、熹发城郭诸国兵万余人，自与所将田士千五百人共击车师，攻交河城，破之。”又载“吉乃与校尉尽将渠犁田士千五百人往田”车师。悬泉汉简载元康三年（前63）四月，“前将军臣增、后将军臣舜、长史臣惠”承制诏为“军司马熹、舆校襄”置轺传文书。虽然有关熹的职务，载籍与简牍所记不同，但熹为同一人是没有问题的，载籍中的司马为姓，简牍中的司马为官称，这只是巧合。看来出于对熹所掌管的屯田区防务的重视，皇帝下令建立了到西域的车递中转线。只是元康三年四月，熹究竟是在车师，还是又回到了渠犁，恐怕都有可能，官称的变化可能正说明了这一点，但这条通往西域腹地的车递通信干线无疑是划时代的，其终点最后应当是落实到西域都护府的驻地乌垒。

汉宣帝神爵二年（前60），随着匈奴日逐王降汉，匈奴将统治西域的僮仆都尉撤销。为调整新形势下的交通布局，渠犁屯田被缩减，以将渠犁田卒遣往新屯田区。到汉元帝初元元年（前48）在车师设戊己校尉，负责整个西域的屯田事务，今天的吐鲁番一带就取代渠犁成为北道上的最大中转基地。所以，《后汉书》卷八八《西域传》载北道起自车师前王庭。从车师前王庭穿越吐鲁番盆地南缘和觉罗塔格山西南行，绕过博斯腾湖北即达焉耆，然后南行到今天的库尔勒一带就可以转入溯孔雀河前来的北道干线。因而，由车师前王庭通向焉耆的道路，实际是北道的支线。《汉书》卷九六下《西域传下》记载从车师前国（即车师前王庭）到焉耆是835里，到西域都护府是1807里。车师屯田区至长安的邮路即由经过焉耆的支线汇入北道干线后再接楼兰道前往两关。

西汉末年，匈奴又控制了西域各国。东汉初，鄯善等国王上书光武帝，建议汉廷派都护进驻西域。永平十六年（73），汉明帝命将军窦宪反击匈奴，入伊吾卢（今新疆哈密）。次年，入前后车师，置西域都护，驻乌垒城（今新疆轮台东北野云沟）。此后，汉进出西域主要经由伊吾、车师一路。

（四）北新道

随着车师屯田的扩大和对匈奴拉锯战的得势，又有避开罗布泊东北一带的三陇沙、白龙堆之厄，从玉门关直接穿越哈顺戈壁到达吐鲁番盆地的新交通线，此即《魏略·西戎传》所记出玉门关经五船北的“新道”：

> 从玉门关西北出,经横坑,辟三陇沙及龙堆,出五船北,到车师界戊己校尉所治高昌,转西与中道合龟兹,为新道。①

中道,是到了三国时期才有的说法。所谓中道即汉代的北道。而汉代以来的“新道”亦称北新道,或五船道,或五船北新道。北新道走向大致是出玉门关,经横坑(今疏勒河下游羊圈湾)至三陇沙东(今新疆若羌县境东北角红柳井子),折向西北方向,擦过白龙堆东北缘,越过库鲁塔格山,径入东汉时期的重要屯田区柳中城(今新疆鄯善鲁克沁镇),再至吐鲁番盆地以高昌壁为中心的车师前部。《汉书》卷九六下《西域传下》也有“新道”的记载:

> 元始中,车师后王国有新道,出五船北,通玉门关,往来差近,戊己校尉徐普欲开以省道里半,避白龙堆之厄。

西汉后期,车师分为前后二部,车师前王国居天山以南,车师后王国居天山以北,当今新疆吉木萨尔境内。② 汉朝为更好地控制车师后部,并从这里更方便地联系乌孙、大宛、康居,就由驻扎在车师前部的戊己校尉徐普主持,打算开辟一条从敦煌直插车师后部的邮路,大概是从今天鲁克沁镇一带翻越东部天山直接到达吉木萨尔,这样就不需要经过车师前部。徐普开路的时间约在汉平帝元始三年(3),其开路并非全线整修道路,而是利用当地人早已辟出的小径,把它变为有一定中转保障的邮路。此路纯粹是为了便捷与敦煌的交通,相较后来开通的伊吾道也还节省了800里路程,比此前通行的北道更是近了上千里。

既要便捷,又要躲开匈奴的拦截,加之沿途条件极差,北新道只是一条紧急情况下使用的备用邮路。且车师后部统治者不愿为接待汉使耗费国力,又由于其地“与匈奴南将军地接”,心怀恐惧,竟不惜逃入匈奴以阻止这条邮路的开通。至王莽当政时,车师后部王须置离听说王莽要派大队人马来西域重

---

① 《三国志》卷30《魏书·乌丸鲜卑东夷传》评曰裴注引《魏略·西戎传》,中华书局1982年版,第859页。

② 《汉书》卷96下《西域传下》载车师后王国的都城在务涂谷,去长安8950里,西南至西域都护府1237里。《后汉书》卷88《西域传》则记由车师前王国都城交河城至务涂谷约500里。由此推算,务涂谷当位于吉木萨尔南郊之河谷,或以为在吾唐沟一带。参见(清)徐松:《汉书西域传补注》卷下,商务印书馆1937年版;陈戈:《别失八里(五城)名义考实》,《新疆社会科学》1986年第1期;薛宗正:《务涂谷、金蒲、疏勒考》,《新疆文物》1988年第2期。

建秩序，感到难以负担迎来送往的庞大开支，又打算逃入匈奴，结果须置离被西域都护但钦所杀，所部“举国亡降匈奴”。[①] 北新道一路多沙碛，途中连小型绿洲也没有，水草供应极端艰难，所以只适合人马有数的小型行旅。《北史》卷九七《西域传·高昌》：“自敦煌向其国，多沙碛，茫然无有蹊径，欲往者寻其人畜骸骨而去。”

（五）伊吾道

东汉开通自敦煌出玉门关，经由伊吾（今新疆哈密）至车师前部的伊吾道。车师前部再折西南经焉耆可汇于前述北道；由车师前部北上，可至车师后部，并经卑陆（今新疆阜康）、贪訾离（今新疆呼图壁），沿准噶尔盆地南缘西行，再转西北即通乌孙、康居。《后汉书》卷八八《西域传》记载：“自敦煌出玉门、阳关，涉鄯善，北通伊吾千余里，自伊吾北通车师前部高昌壁千二百里，自高昌壁北通后部金满城五百里。”

伊吾，又称伊吾卢，在今天新疆的哈密一带。汉朝完全控制伊吾是在东汉永平十六年(73)，这年大将军窦固出酒泉进军天山东部，打败匈奴呼衍王，取得伊吾卢地，设置宜禾都尉，实行屯田。第二年，窦固平定了车师前后部，汉朝重新设立西域都护和戊己校尉，以戊校尉屯田车师后部金蒲城（即金满城，今新疆吉木萨尔），以己校尉屯田车师前部柳中城。

在汉匈争锋中，伊吾居天山东麓，为匈奴进出西域的第一道门户，而车师前部则扼守天山南麓谷口，为第二道门户，为保障北道安全，汉朝不得不全力与匈奴先争车师，后夺伊吾，双方都以屯田保障后勤，以驻扎重兵固守。拉锯战持续于整个东汉时期，史称其时中原与西域的关系是“三通三绝”，屯田和邮路皆随“通”“绝”而开、废。虽然伊吾道时断时续，但毕竟改善了汉通西域仅由楼兰道一条常设邮路进出的通信状况。中原王朝经由哈密地区建立起联系西域的稳固邮路要一直等到唐代开辟了伊西道。

在古代，邮路的兴废完全不同于真正实现了天下承平的今天，古人首先考虑的不是地理空间上的便捷，而是道路的安全状况。自然因素中，干旱地区的水草、人户往往是邮路选线的第一要素。而敌对态势的此消彼长又往往在自

---

① 《汉书》卷94下《匈奴传下》，中华书局1962年版，第3822页。

然因素之上。这是了解汉代边疆,尤其是西域邮路变迁的关键所在。

(六)通往中亚、西亚、南亚的外交信道

西域自汉代始称,极其广大,凡出玉门关、阳关汉使所至、所闻之地皆为西域。西域经营是在包抄匈奴的战略指针下拉开历史帷幕的。据张骞出使报告写作的《史记》卷一二三《大宛列传》述言:“自乌孙以西至安息,以近匈奴,匈奴困月氏也,匈奴使持单于一信,则国国传送食,不敢留苦。”这让决意与匈奴争雄的汉武帝要构建一个囊括所有西方大国的外交网。张骞第二次出使率庞大团队出访乌孙,并遣副使分赴大宛、康居、大月氏、大夏、安息、身毒等国,开了中国中原王朝与这些中亚、南亚、西亚古国官方往来的先河。

中国文明与地中海沿岸文明、两河流域文明,还有南亚印度文明的最初交往皆经由广义的中亚(除当今中亚五国,还至少包括阿富汗、巴基斯坦印度河中上游流域、俄罗斯南西伯利亚地区)。公元前 7 世纪,希腊旅行家就跟随采购阿尔泰山和蒙古黄金的伊塞顿人(Issedones)商队,从黑海北岸一路走到准噶尔盆地以东,听到了关于阿里马斯比人(Arimaspi,系蒙古种,当即中国古书所指熏鬻或匈奴)和希伯尔波利安人(Hyperborean,可能就是华夏族),甚至是太平洋的传闻。[①] 这条起自顿河河口的“伊塞顿之路”上要用到七种语言。然而这条行经里海北岸和哈萨克草原通向东方的商路,到公元前 5 世纪末就被草原民族的纷争阻断。两个世纪后,由于匈奴的迅猛崛起,秦及汉初经由草原道交往西方就变得更加遥不可及,地中海世界曾经关于中国的那点传闻也湮灭于历史尘埃中。可是,到了公元前 2 世纪下半叶,中西交往的新通途却突然在绿洲道上被全线打开。

公元前 3 世纪末,匈奴向天山东部的月氏发动攻势,并在公元前 2 世纪上半叶攻占其故地,得以染指塔里木盆地,又在公元前 2 世纪下半叶役使乌孙将西迁伊犁河、楚河流域的月氏彻底逐出,从而掌控了西抵伊朗高原的商道。在张骞向汉武帝所作报告中,连位居锡尔河中游流域的康居也臣服于匈奴。匈奴与康居经由巴尔喀什湖北岸可直接交通。匈奴、乌孙、月氏人应该都转手过丝绸。

---

① [英]赫德逊:《欧洲与中国》,李申等译,中华书局 1995 年版,第 1—24 页。

中亚绿洲道上的转手贸易,最早是帕米尔西麓出产的青金石被贩卖到两河流域。从语言上考察,吐火罗人的祖先被等同于出现在西亚楔形文字中的"古提人"(Guti),据说就是他们开辟了"青金石之路"。[①] 两河流域,甚至埃及考古所发现的高品质青金石全部来自阿富汗最东部巴达赫尚的科克查河(阿姆河支流)上游。这条商路经过伊朗东南部的沙里索克塔(Shahr-i Sokhta),青金石在这里切片、清洗并加工为奢侈品。[②]

公元前141年,希腊—巴克特里亚在包括吐火罗人在内的中亚游牧民族大举进攻下覆亡,塔里木盆地的吐火罗人也翻越帕米尔加入了占据巴克特里亚的游牧部族联盟。15年后,被乌孙赶出伊犁河—楚河流域的月氏也南徙来到阿姆河以北的索格底那亚(中国史书称粟特),并臣服了阿姆河以南的吐火罗部族。张骞是第一个到达此地的中国人,并依照中国古书对吐火罗人的记载把那里准确地称作大夏。

巴克特拉城在《史记》《汉书》中被称为蓝氏城、监氏城,张骞专程来此观览,发现了从印度贩卖过来的蜀地特产,从而得知还有一条万里之遥的蜀——身毒——大夏商道。张骞不但全程勘查了帕米尔南北两麓的绿洲道,成为打通丝绸之路全线的标志性人物,而且他的西域报告还促成了汉武帝经营西南夷,使西南丝绸之路也得以形成。

张骞第一次出使历经十年磨难,在公元前128年抵达了位于费尔干纳盆地的大宛,大宛派向导、翻译将他送到康居(应为康居南部的绿洲,今撒马尔罕、塔什干一带),使其最终到达大月氏(当时大月氏王庭在阿姆河北岸)。"大宛闻汉之饶财,欲通不得,见骞,喜"。[③] 可见,帕米尔以西各国早闻汉朝富强,现在得见汉使,又惊又喜。张骞游历大夏后,带着关于乌孙、奄蔡、安息、黎轩、身毒、条支等国的传闻,还有月氏王赠送的礼物经由塔里木南缘返回长安。

获得张骞的情报后,汉朝对匈奴展开痛击,并在公元前121年控制了罗布泊一带。公元前119年,张骞第二次出使西域,重点展开了对乌孙的外交。公

① [德]W.B.亨宁:《历史上最初的印欧人》,徐文堪译注,《西北民族研究》1992年第2期。

② 刘昌玉:《从"上海"到下海:早期两河流域商路初探》,中国社会科学出版社2019年版,第48—59页。

③ 《史记》卷123《大宛列传》,中华书局1959年版,第3158页。

元前108年,汉朝彻底控制了楼兰道以后,在张骞建议下,汉武帝两次以宗室女为公主下嫁乌孙王,开通了经由龟兹北越天山到达伊犁河谷的官道,进而通达位于以伊塞克湖为中心的乌孙腹地。汉朝设西域都护府,乌孙成为汉朝属国。《汉书》卷九六下《西域传下》载:"汉复遣长罗侯惠将三校屯赤谷。"赤谷城是乌孙王的冬都,与位于特克斯河流域昭苏盆地的夏都相对。从宜农和考古遗迹分析,赤谷城当在伊塞克湖东岸湖湾处,今天吉尔吉斯斯坦伊塞克湖州的蒂普(Tüp)西南。东汉时,乌孙依旧与汉朝联系密切。74年,耿恭就任戊己校尉,发檄文至乌孙,乌孙上下都很高兴,随即派使者向东汉献名马。83年,东汉派李邑送乌孙使者返回并赐乌孙统治集团大量锦帛,乌孙又遣侍子随李邑到洛阳。从乌孙赤谷城沿伊塞克湖南北岸皆可西行,经郅支城(今哈萨克斯坦江布尔)至康居,再至大宛、大月氏,此即张骞之后汉朝使者经由乌孙南境前往费尔干纳盆地和阿姆河以北的路线。

由乌孙至康居北境,再往西北一直可到达奄蔡(咸海、里海以北的游牧部落联盟),《魏略》云其西与大秦通。

开辟和维持前往中亚的外交信道并非一帆风顺,匈奴为反制汉武帝的包抄战略,曾联合大宛等国"隔东西道"。[①] 太初元年(前104),汉武帝命使臣携金帛去换取大宛出产的好马,结果换马不成,使臣也被杀害。继第一次伐大宛失利,太初三年(前102)数万汉军再伐大宛。由于规模庞大,不得不分兵自塔里木盆地南北道行军,沿线诸国"莫不迎,出食给军"。[②] 主力当沿北道经疏勒(今新疆喀什),越过铁列克(Terek)山口[③]先至大宛东境的郁成(今吉尔吉斯斯坦奥什),再至大宛都城贵山城。这条路线日后成为汉朝前往中亚的常规外交信道之一。

贵山城位于费尔干纳盆地西端,即今塔吉克斯坦北部的苦盏(Khojent,一译俱战提,苏联时期改名列宁纳巴德),当年是亚历山大在锡尔河南岸所建"极东亚历山大城"(Alexandria-Escate)。从大宛去大月氏,则经过康居南境的撒马尔罕,再经撒马尔罕以南希萨尔—库吉唐(Hisar-Kugitang)山中的铁门

① 《汉书》卷61《李广利传》,中华书局1962年版,第2703页。

② 《史记》卷123《大宛列传》,中华书局1959年版,第2701页。

③ 亦称铁列克走廊(Terek-Pass),李希霍芬称为铁列克-大宛(Terek-Davan)山口。

关(Iron Gate)就可以到达大月氏在“妫水北”的王庭。

自大夏东越葱岭可接塔里木盆地南道,具体行程是自蓝氏城东行,经过阿姆河与科克查河(Kokcha)汇合处进入巴达赫尚地区,再溯喷赤河穿过瓦罕走廊和小帕米尔、塔克敦巴什帕米尔联通塔里木南缘。此即张骞回程路线。

张骞出使报告说大月氏西面还有安息国,“地方数千里,最为大国”。于是在乌孙、大月氏之后,汉武帝便瞩目交好安息。现在大宛之路全面畅通,安息就成了外交重点。公元前3世纪下半叶,就在巴克特里亚脱离塞琉古王朝后不久,它西北面的一支游牧民族帕提亚人,在首领阿赛西(Arsaces)的率领下,夺取了希腊人对伊朗高原和美索不达米亚的控制,建立了帕提亚王朝。汉朝人误以阿赛西王名为国名,转音为安息。安息立国五百年,到公元3世纪,其疆域东自大夏、身毒,西到幼发拉底河,北自里海,南至波斯湾,腹地在今天伊朗。张骞第二次出使西域,分遣副使到达安息,“(安息)王令将将二万骑迎于东界。东界去王都数千里。行比至,过数十城,人民相属”。这是公元前112年的事,正当安息盛世。安息又“发使随汉使者来观汉地,以大鸟卵及犁靬眩人献于汉,天子大悦”。① 大鸟卵就是鸵鸟蛋。犁靬,一般泛指古罗马在西亚和北非的属地,此处特指今埃及亚历山大。眩人就是变戏法的魔术师。汉与安息首次通使成功后,两国贸易与文化交流得以展开,中国的丝绸通过安息商人之手远达近东和罗马,同时西方各国的珍奇异物也源源不断输入中国。

汉代西域外交的辉煌也得益于汉武帝对马的重视。出于对匈奴作战,马种改良无疑会让汉军在军事装备上全面碾压对手。张骞第二次出使返回时,乌孙王以马报谢汉朝,后又遣使献良马,被汉武帝赐名“天马”。待知大宛“汗血马”更佳而冠以天马之名后,即以乌孙马为“西极”。《汉书》卷二二《礼乐志》载《郊祀歌·天马》:“天马徕,从西极,涉流沙,九夷服。”《史记》卷一二三《大宛列传》亦云汉武帝得大宛天马后,修筑令居以西长城,置酒泉郡,“以通西北国”;又说:“因益发使抵安息、奄蔡、黎轩、条枝、身毒国。”黎轩,即犁靬,此时不可当成罗马共和国本部,而应视为希腊人、罗马人在亚洲的拓居地。随着汉朝将匈奴逼退到漠北,并直接统治了河西走廊,络绎不绝的汉使从塔里木

① 《汉书》卷96上《西域传上》,中华书局1962年版,第3890页。

南北道翻过帕米尔和喀喇昆仑分水岭进抵中亚、南亚、西亚各国。由于汉使携带丝绸、黄金作为礼物并支付沿途花费,而西域各地的使节和冒充使节的商人也能得到丰厚的回赐,外交使节的互访很快演化为东西方之间可观的长途贸易。穿越中亚的绿洲道直接与长安对接起来,横贯欧亚大陆的丝绸之路得以全线通畅。

伐大宛后,汉朝声威大震,真正打开了同西亚、南亚交往的局面。此后,不但康居、大月氏、安息、罽宾、乌弋等"绝远"之国与汉朝往来不绝。汉朝往西一路的外交信道,在东汉一直伸展到波斯湾。公元97年,时任西域都护的班超派遣部将甘英出使大秦(罗马帝国),以便同这个西方超级大国建立直接联系。甘英等人向西一直走到条支国所临西海(即波斯湾),打算乘海舶前往大秦。但由于当地船人极力夸张海上风险。甘英轻信折返,中止了前赴大秦的使命,成为历史憾事。安息等中亚、西亚国家一向用丝织品同罗马交易赚取中间差价,不愿中国和罗马直接通商。甘英出使大秦虽未成功,却到达了今天伊拉克境内,成为中国到达两河流域和波斯湾地区的第一个外交使节。

甘英的壮举在西方世界引发波动,三年后,希腊马其顿商人步汉朝使臣返程之后尘假冒"远国"使者现身于洛阳宫廷。《后汉书》卷四《和帝纪》记载:"永元十二年(100)……冬十一月,西域蒙奇、兜勒二国遣使内附,赐其王金印紫绶。"同书卷八八《西域传》再提蒙奇兜勒遣使贡献:"(永元)九年,班超遣掾甘英穷临西海而还,皆前世所不至,《山经》所未详,莫不备其风土,传其珍怪焉。于是远国蒙奇、兜勒皆来归服,遣使贡献";并在这段之前标榜班超经营西域的成就为:"于是五十余国悉纳质内属,其条支、安息诸国至于海濒四万里外,皆重译贡献。"蒙奇兜勒系马其顿希腊文的音译,二国或指具有自治权的商业城市。[①] 马其顿商团来华之行在古罗马地理学家托勒密(Claudius Ptolemaeus,约90—168)的《地理学》中亦有记载,说一个名叫梅斯(Maes),又叫蒂蒂阿努斯(Titianus)的马其顿巨贾命其在亚洲的代理商打着他的旗号全面考察了从"石塔"(Lithinos Prygos)到中国都城"塞里"(Sera)的路程。中外

① 杨共乐以为"二国"相当于吴楚七国般的封国,见《谁是第一批来华经商的西方人》,《世界历史》1993年第4期;另见《"丝绸之路"研究中的几个问题——与〈公元100年罗马商团的中国之行〉一文作者商榷》,《北京师范大学学报(社会科学版)》1997年第1期。

学者考证“石塔”就在帕米尔的重山之中,“塞里”就是东汉的都城洛阳。这个由马其顿梅斯派遣的商团谎称进贡使团,因而被东汉朝廷当作了外交使团。

以中西文献对照,当时自两河流域前往中国的交通首先是利用了波斯帝国的“御道”遗产,由底格里斯河畔的斯宾国(Ktesiphon,泰西封)到位于今天伊朗西部哈马丹的阿蛮国(Acbatana),经里海南岸再到位于今天伊朗东北侯腊散省达姆甘(Damg-han)西南的安息早期都城和椟城(Hekato-mpylos),继续向东到达安息东境亚里城(Aria,今阿富汗西部巴尔赫),然后折向北行至安息东北边境木鹿城(Margiana,今土库曼斯坦南境的马里),其后一路东行至蓝氏城。再往东则经帕米尔南麓吐火罗人所辟通道连通塔里木南缘,前已介绍;再一路自木鹿经康居南境(今天乌兹别克斯坦布哈拉、撒马尔罕一线),东行大宛,经铁列克山口至塔里木北缘,前亦已介绍。

前往安息还有一条南线,与上述途经里海南岸的路线被今人称作“伊朗北道”相对,这条靠南的汉代外交信道可作“伊朗南道”,甘英使团前往安息的去程即经由此路。东晋袁宏《后汉纪》说:“汉使皆自乌弋还,莫能通条支者。甘英逾悬度、乌弋山离,抵条支。”乌弋,即乌弋山离简称,亦称山离乌弋,乃音译外文地名两个组成部分颠倒所致,其腹地位于今天阿富汗南部的锡斯坦平原(Seistan,古作 Sakastan,意即塞人居地)。汉代这里正是“伊朗南道”与塔里木南缘西行之“南道”极远处的相会地点。《汉书》卷九六上《西域传上》:“自玉门、阳关出南道,历鄯善而南行,至乌弋山离,南道极矣。转北而东得安息。”可见,西汉使者行“南道”最远至阿富汗南部锡斯坦一带,并未踏上“伊朗南道”,当时赴安息皆由阿富汗北部或擦过塔吉克斯坦、吉尔吉斯斯坦、乌兹别克斯坦、土库曼斯坦走“伊朗北道”。甘英是第一个自乌弋山离西往踏上“伊朗南道”的汉使。甘英的外交报告被后人转录下来,知其行程为从塔里木西南缘的皮山到乌弋山离费时 60 天,从乌弋山离到条支的时间为马行 100 余天,从条支回到安息的时间为马行 60 余天。

甘英去程所行“伊朗南道”落实到今天地图上,大致是自今天喀布尔一带到伊朗西部卢特荒漠南缘的巴姆,再经克尔曼、亚兹德以后向西南行,途经波斯帝国的古都波斯波利斯(今伊朗设拉子东北 60 公里),一路向西到达底格里斯河畔的泰西封(今伊拉克巴格达东南)。甘英一行到达的最西处即泰西封,此地可谓汉朝外交信道的西极。从古巴比伦到伊朗萨珊王朝的都城泰西封一直是丝绸之路西段的一大枢纽,商路从泰西封北上巴格达,向西横过底格里斯河和幼发拉底河,穿过叙利亚沙漠到达地中海东岸地区的商业重镇佩特拉、帕尔米拉、阿勒颇,再由这些商业重镇前往北非和地中海北岸的商业都市。

甘英返程是先经由"伊朗北道",再转位于锡斯坦平原上的乌弋山离走上"南道"。

"南道"有一段艰险的路段位于印度河上游流域,号称"悬度"。《后汉书》卷八八《西域传》据甘英报告历数道:

> 自皮山西南经乌秅,涉悬度,历罽宾,六十余日行至乌弋山离国,地方数千里,时改名排持。复西南马行百余日至条支。

皮山国在今新疆皮山县境,其南有穿越昆仑山西脉的桑珠大坂,经此一线再经由叶尔羌河上源河谷,或由今天中印边界中方一侧的神仙湾南插喀喇昆仑山口进入印控克什米尔地区,再转入巴控克什米尔地区,经印度河上游支流希约克河河谷进入印度河正源河谷,经锡亚琴冰川以南印方一侧的杜尔杜克(Turtuk),巴方一侧的西格夏(Siksha)、哈伯罗(Khaplu)、道加尼(Dogani),再经过有摩崖铭文和佛教岩刻的戈尔(Gol)、尤戈(Yugo),[①]穿过这一以斯卡杜为中心的巴尔蒂斯坦地区就到达了《汉书》《后汉书》所载乌秅国。乌秅国在今天巴基斯坦北部以吉尔吉特(Gilgit)为中心的印度河上游及其支流吉尔吉特河谷地。悬度,又作"县度",得名于一条跨越印度河的极其险恶的过河溜索,位置大致在今天达丽尔(Darel)川口以东的一段印度河上。关于此路的艰难,《汉书》卷九六上《西域传上》记"又历大头痛、小头痛之山,赤土、身热之阪,令人身热无色,头痛呕吐,驴畜尽然。又有三池、盘石阪,道狭者尺六七寸,长者径三十里。临峥嵘不测之深,行者骑步相持,绳索相引,二千余里乃到县度"。《后汉书》卷八八《西域传》记:"(甘英历)梯山栈谷绳行沙度之道,身热首痛风灾鬼难之域。"身热、头痛皆穿越喀喇昆仑山高海拔区域的缺氧反应。如此险恶路段上,汉朝为尽大国责任,凡由皮山南行的域外贡使,一律由汉使一路

---

① [巴基斯坦]艾哈默德·哈桑·达尼:《巴基斯坦北部地区史》,杨柳、黄丽莎译,陆水林审订,中国藏学出版社 2013 年版,第 21—23 页。

护送至悬度,此即《汉书》卷九六上《西域传上》罽宾国条所言:“凡遣使送客者,欲为防护寇害也。起皮山南,更不属汉之国四五,斥候士百余人,五分夜击刀斗自守,尚时为所侵盗。驴畜负粮,须诸国禀食,得以自赡。国或贫小不能食,或桀黠不肯给,拥强汉之节,馁山谷之间,乞匄无所得,离一二旬则人畜弃捐旷野而不反。”因为那些域外贡使常常是一些商贾之人,为防他们被劫掠,汉朝要派使臣和百余人的护卫相送,分五批值夜还免不了遭到盗侵。沿途小国贫瘠不能供食,或是桀骜狡黠不肯给食,汉使虽手持强大汉朝的符节,但却依旧受饿于荒山野谷,乞求也得不到食物,过上一二十天,人和驮畜都抛尸旷野而不得返回。汉成帝之时,罽宾王遣使来汉廷谢罪并贡方物,汉朝又要派使者护送其回国终于引起大臣非议,经大将军王凤奏议,汉朝决定自此后凡护送由皮山一路出境的域外使者,汉使只送到皮山为止。

皮山国到乌秅国的道路最早为塞种所拓,两国统治者皆为塞种。公元前2世纪上半叶,月氏占有伊犁河谷后,原居此地的塞种溃散南下,一部留在塔里木盆地西南缘一带,一部继续南下穿过喀喇昆仑山隘道迁徙到今巴基斯坦北部。此即《汉书》卷九六下《西域传下》记载:“乌孙国……本塞地也,大月氏西破走塞王,塞王南越县度。”塞种是在公元前1世纪初从包括喀喇昆仑山口在内的喀喇昆仑隘道涌入印度河流域,[①]南越县度后,再从巴基斯坦北部扩散到喀布尔河流域,创建了以塔克西拉(Taxila,今巴基斯坦伊斯兰堡西北)和犍陀罗(今巴基斯坦白沙瓦)为中心的罽宾国,此即同书所言“塞王南君罽宾”。罽宾都城循鲜,即有“历史之城”美誉的塔克西拉,《大唐西域记》作呾叉始罗。塞种与希腊后裔反复夺取罽宾统治权,由于第一代塞种国王乌牢头剽杀汉使,致使汉使也卷入纷争,助力希腊裔国王上台。依靠大宗丝绸转手贸易,甚至是抢劫过路商旅强盛起来的罽宾沿商道四处扩张,占有了兴都库什山以北的巴达赫尚和喀布尔上游河谷的帕罗帕米萨德(Paropanisades),并向印度河中游扩张,今天阿富汗的贾拉拉巴德和加德兹也被其并入版图,为日后贵霜帝国的形成奠定了基础。公元30年前后,罽宾为乌弋山离臣服。再30年,贵霜攻占

① [匈牙利]雅诺什·哈尔马塔主编:《中亚文明史》第二卷,徐文堪译,中国对外翻译出版公司2001年版,第174页。

帕罗帕米萨德、犍陀罗、咀叉始罗，直至吞并了整个罽宾。

罽宾西接乌弋山离，后者亦为塞种所建。两国都城间的道路史称“罽宾—乌弋山离道”，系从今巴基斯坦的塔克西拉经白沙瓦到阿富汗喀布尔一带。

作为汉代重要的外交信道，皮山道不仅连接中亚、西亚，还连接了南亚。西汉中期，塞种一路南下东进，颠覆了希腊人龟缩于印度西北部的最后据点，穿过俾路支占领了印度河下游，逐渐深入印度内地，建立了若干小王国。《后汉书》卷八八《西域传》云：“身毒有别城数百，城置长，别国数十，国置王，虽各小异，而俱以身毒为名。”所谓身毒，即古印度，是一块包括了以今日巴基斯坦、印度、孟加拉国为主体的整个南亚次大陆和阿富汗东南一部的庞大地域。前往身毒的汉使，究竟所去之国在何处，难以确指。对照史书和今天的地理形势，只能勾勒出汉代“身毒使”所走捷径也是从皮山国一路南下，越过今天的喀喇昆仑山口，从希约克河上源东南行就可以到达今天印控克什米尔的拉达克地区。这是汉使前往印度内地的最近路线，《汉书》卷九六上《西域传上》皮山国条说皮山国“南与天笃（天竺的另一音译写法）接”。

20 世纪 70 年代以来，在印度河上游地区的中巴喀喇昆仑友谊公路沿线发现了大量的包括佉卢文、汉文在内的铭刻，可以认识到这里不但是塞种人的迁移路线和汉代直到北魏的中国外交使臣往返的通道，也是佛教向中亚和东亚的传播路线。塔克西拉在密切南亚、中亚与塔里木盆地的关系上有其重要作用，公元前 2 世纪就将佛教输出到于阗、龟兹。《魏略·西戎传》记载，汉哀帝元寿元年（前 2），大月氏王的使者伊存来到中国内地，向西汉的博士弟子景卢口授了《浮屠经》。作为犍陀罗地区佛教重镇的塔克西拉正是极盛于贵霜帝国时期。

贵霜帝国由前述西迁到阿姆河流域的大月氏创建，故汉代中国一直称贵霜为大月氏。贵霜得名于贵霜翕侯丘就却（Kujula Kadphises，约前 1 世纪末—1 世纪 70 年代），他灭掉了其他四个大月氏翕侯，将大月氏各部统一起来，并对外扩张，向东灭罽宾，占有犍陀罗和塔克西拉；还灭了濮达（Puskalāvatī，可能就是兴都库什山以南的帕罗帕米萨德），向南从安息手中夺回了原属大月氏高附翕侯的领地（今阿富汗喀布尔地区）。公元 65 年当这一系列扩张结束时,贵霜已跻身于与东汉、安息、罗马并列的欧亚大陆四大强国。

从张骞出使西域至西汉末年,大月氏一直保持着与汉朝的外交关系。尼雅和悬泉汉简中有 18 简涉及大月氏与西汉的交往,包括贵霜统一前的双靡翎侯和休密翎侯。重建东汉在西域威望的班超在公元 84 年派人赠送金银锦帛给月氏王,使其劝康居王撤回了支持疏勒王反叛的军队。公元 86 年,月氏帮助汉朝攻击车师有功,"是岁贡奉珍宝、符拔、师子,因求汉公主",但班超"拒还其使,由是怨恨"。① 永元二年(90),大月氏派副王谢率兵七万越过葱岭来攻打班超,被班超以战略计谋挫败。贵霜控制着从帕米尔以西到喀布尔河谷和印度河河谷的商路,最大限度地利用他们在罗马帝国和东汉间的商贸中介角色,到公元 2 世纪初达到鼎盛。

经历 2 世纪末年的中国黄河流域大动乱,待曹魏政权平定北方并打通河西走廊后,虽处盛世末期的贵霜仍极力与曹魏维持友好关系。《三国志》卷三《魏书·明帝纪》记载太和三年(229)十二月,"大月氏王波调遣使奉献,以调为亲魏大月氏王"。

① 《后汉书》卷 47《班超传》,中华书局 1965 年版,第 1580 页。

第三章　管理制度

官办官享的古代邮政是与中央集权的大国形态相表里的,国家愈大,公文制度和公文传达制度就愈加重要。秦汉王朝在广大地域上形成了一个相继以咸阳、长安、洛阳为中心的庞大的公文传递体系,构筑起以中央、郡、县三级行政中心为节点的复杂的公文传递网路。本章在对秦汉律令与宏观空间的把握上,呈现秦汉邮政具体的运行管理和一系列微观态势,一直深入县乡层面上。

在20世纪秦汉简牍出土以前,秦汉邮政的具体管理和微观态势是无从描述的,前人只好将制度与运行混为一谈。传世史料中,能说明邮政管理制度的最好材料无出前引《续汉书·舆服志上》刘昭注补其右,即:“东晋犹有邮、驿共置,承受傍郡县文书,有邮有驿,行传以相付。县置屋二区,有承驿吏,皆条所受书,每月言上州郡。”这是说郡县治所皆设邮、设驿,并将二者分区集中在一起,以分别收受邻近郡县以步递和马递传来的文书,邮和驿收受文书的情况皆由“承驿吏”逐一记录,每月汇编后向州郡报送。刘昭说明的是东汉情形,其“邮、驿共置”的原型是西汉郡县治所的邮、传共置。

与载籍史料的稀缺天壤有别,出土简牍,特别是里耶秦简与居延、敦煌、长沙等地所出汉简的大量刊布与研究,使人们能够直接触摸到秦汉邮政运行的许多鲜活细节,几乎可以对公文传递的所有作业环节作细致入微的复原,使当时的邮递过程及对这个过程的监控和稽查纤毫毕现。这样的材料在公元前后的世界历史上是极其罕见的,对复原两千年前的邮政运行管理,从而深刻认识中国古代邮政制度具有无比珍贵的价值。①

① 由于可以还原大量细节,今人对秦汉邮政制度的聚焦就超出其后不少朝代,特别是从广泛使用纸张的南北朝时期到印刷术普及的宋代前。纸本文书若非得益印刷,是很难穿越千年时光留存至今的。千年以上纸文书,除西北极端干旱,从而保存环境优良的楼兰、敦煌、吐鲁番外,可谓一纸难求。

第一节　公文制度

秦汉公文在文种、运行程序的章法上对后世公文制度产生了极其深远的影响,本节紧紧围绕公文传递述其大概。

秦始皇统一六国后,意义深远的施政措施之一就是以秦篆为基础消除了原来六国繁杂的文字,使此前无法使用语言交流的各地精英得以迅速地以秦篆、秦隶书写的文字把思想统一起来,皇帝的意志如水银泄地。自此,古代中国的全部政治事务一概围绕皇权这个核心运转,所有官员都牢牢把控在皇帝手中。

自秦始皇始,皇权首先体现在公文处理上,《史记》卷六《秦始皇本纪》曰:“天下之事无小大皆决于上,上至以衡石量书,日夜有呈,不中呈不得休息。”《汉书》卷二三《刑法志》引服虔注云:“始皇省读文书,日以百二十斤为程。”近年在相当于秦咸阳渭河南岸宫苑区北部的西安市未央区相家巷村出土的秦封泥多达万枚以上,可一窥秦时各处报送中央文书数量之巨。① 汉承秦制,为遵行君命,约束官僚,不惜繁文缛节,严刑苛政,以致“文书盈于几阁,典者不能遍睹”。②

一、文种

秦汉大一统后,专制主义的中央集权高度发展,公文成为国家行政管理的重中之重,汉代人评说是“以文书御天下”。御天下,首先是皇帝或以皇帝名义制发的大量下行文书,这类文书起源于秦统一前秦国君主使用的专用公文文种“命书”。睡虎地秦简《行书律》中见有“行命书”律条。秦始皇称帝后,改“命为制”,命书即称“制书”。制书主要用于在全国范围颁布政令和高级官员的任免通告,另用于皇帝对官员上书所做出的具有普遍指导意见的批复。

① 刘瑞:《1997—2002 年间西安相家巷出土秦封泥研究综述》,《秦文化论丛》第 10 辑,三秦出版社 2003 年版;刘庆柱、李毓芳:《西安相家巷遗址秦封泥考略》,《考古学报》2001 年第 4 期。

② 《汉书》卷 23《刑法志》,中华书局 1962 年版,第 1101 页。

制书在汉代也称“玺书”。

秦统一后又改“令为诏”。诏，昭示、昭告之意，为皇帝的另一专用文种。秦始皇规定凡不属于“制度之命”者，都以诏下达。汉代，诏书是针对特定官员的命令和批复。汉代，皇帝专用文种虽还有策书、诫敕，但进入传递环节的以制书和诏书为大宗。

东汉蔡邕著《独断》，总结了以皇帝为中心的两汉公文。蔡邕之后，又有南朝萧梁的刘勰在《文心雕龙》一书中论述了前朝公文，其中《诏策》《檄移》《章表》《奏启》《议对》《书记》等篇，不仅对公文进行了归纳分类，而且论及起源、内容、特点、用途。综合《独断》和《文心雕龙》，以及后世学者关于秦汉公文的论述，可将秦汉时期需要进入传递环节的行政公文分为三大类：除了上面说到的以皇帝诏命为中心的中央下行文种外，还有各级政府呈送中央的奏章文书，以及各级官府间的往来公文。关于第二类奏章文书，秦统一前，各国皆称“上书”，秦始皇改书为奏，成为人臣上书皇帝的专用文种，自秦汉到明清一直都沿用了奏这个文种，内容大体包括陈述政事、呈献典章、反映事变、弹劾罪愆等。奏是上书皇帝的主要文种，其他还有章、表、议等特别用途的文种。

第三类各级官府之间的往来公文较为繁杂。重要的文种有与战事或紧急事项有关的檄书，用于讨伐、征兵、战况报告和边塞上的重要事项。下行文种则有较高级的府书，发文机构多为三公九卿级别；有专以考证查实与申斥下属过失的举书；有用于对下级上移文书进行回复的报书；有用于地方人事任命的除书和遣书，遣书相当于赴任者的身份证明。上行文种主要有回复上级垂询和指令的应书；要求紧急变更政策，或对非常事态检举、告发的变事书。还有可广泛用于下行、平行、上行的文种，有用于验问、责问，亦可用于名籍登录、官吏升迁任免，以及法律、财物管理的牒书；有东汉年间开始，官府间大量使用的一种例行公文，叫作记，内容涵盖了考察、诏命、举劾等事由。

汉代有可能进入传递环节的公文尚有爰书、辟书、奏谳书这样的司法文书，以及各级官府处理各类事务而形成的籍簿、帐册，这些文书有相当部分要汇总传递上级行政机构。籍簿、帐册需要传递者主要是用于考绩的管理公文，是各级官府为定期向上汇报而制作。尹湾汉简实证，这些公文每年要由县乡汇集于郡国,再由郡国呈送中央,这就是前面提到过的上计文书,尹湾汉简题为计簿。

二、公文运行程序与运行枢纽

随着国家的大一统,秦汉时代的公文处理较先秦时期陡然繁杂起来,相应的公文运行制度随之生成,大体包括以下四个方面。①

第一,逐级下达和上呈。秦汉下行公文每每附带有说明下行程序的文辞,如《合校》65·18号简所录元康五年(前61)诏书的下行渠道即为御史大夫→丞相→车骑将军、中二千石、郡太守、诸侯相,郡太守→郡国都尉、农都尉、部都尉,再由都尉→边塞上的候官一级。当行政建制发生变动,公文下行渠道也会相应变化,如州刺史自西汉后期至东汉也成了公文转发的一级机构,过去公文由丞相直接下郡国的原则就发生了变化。如《居延新简》EPT54:5号简:"九月乙亥,凉州刺史柳使下部郡大守,属国农都尉承书从事下当用者。"上行公文也是逐级呈报,一般情况下不得越级。

第二,发文必有签署。为保证公文的权威,各级官府发文皆须长官签发。如长官不在署,则以级别和职务与长官最接近的官员兼行长官职权并签发文书。但兼行者只能用自己的"小官印"或"私印"来主发文书。公文结尾必有经手人签名。

第三,传递公文必有回文与传递记录。

第四,无论说成上计,还是说成计书、计簿,地方上每年上报的行政和财务例行报告数量可观,秦简可见中央政府颁布了一系列的"式"以规范所有报告的格式,且要求不同类别的报告在一年的不同月份上交中央,以避免集中上交而造成传递的阻滞。

全国范围内,公文运行是以京城为中枢,组成了一张放射状的庞大网路。秦及汉初,御史府、丞相府对于公文之网有着纲举目张的作用,特别是御史大夫更居于起草、转承诏书的关键地位。西汉中后期至东汉,尚书在中央公文运

① 以下主要据卜宪群《秦汉公文文书与官僚行政管理》撰写,载《历史研究》1997年第4期。

转中的作用日趋上升,尚书或领尚书事者成为转承皇帝文书的关键,东汉尚书的办公机构尚书台成为正式的行政中枢。

地方公文运行中,郡是最重要的环节。中央文书往往由郡直接派人下达到县乡,下辖机构收到公文不仅要立即回文,而且要将执行状况汇报给郡。自战国晚期的秦国开始,郡就是地方上发布、处理公文的枢纽,汉代的郡在辖境内所发公文多称"条教"或"记",以事无巨细的公文进行辖境内的行政管理。东汉时,随着十三刺史的监察区演变为州一级的行政区,州也成为地方公文行政的一大枢纽。

县是中央、州、郡下发公文的执行机构,县令长还要根据县情发布公文,史书所载有"记""科""制""条章"等文种,县还要处理辖境内的大量司法文书,处理乡的上行公文。里耶秦简可见一县公文极为繁杂。

乡也是公文运行的节点,中央、州、郡、县下行公文,既有需要由乡来执行的,亦有需要告示全乡居民的。《合校》139·13,16·4 号简都是要求将公文"明白大扁书乡市里门亭显见处","令民尽知之"。乡里发案,一乡之长的乡啬夫要进行验问并写成爰书上呈。乡里居民外出,首先要由乡开具证明,再去县上办理通行证。乡还须为治安、收赋征役等事移交名籍、田籍等账簿副本到县廷。

在秦汉开创的统一国家行政管理模式上,公文无疑发挥了巨大作用,而"治书定簿"的公文实践又成为邮政管理制度制定和运行的前提。

三、中央政令的传播

秦统一后,秦始皇规定皇帝的命令称诏、称制。里耶秦简 8—461 号有"以王令曰皇帝诏""承命曰承制"的说法。关于诏书的下达,引人注目的湖南省益阳市兔子山遗址 9 号古井所出《秦二世元年十月甲午诏书》简牍在 2013 年刊布:

> 天下失始皇帝,皆遽恐悲哀甚,朕奉遗诏。今宗庙吏(事)及箸(书)以明至治大功德者具矣,律令当除定者毕矣,以元年与黔首更始,尽为解除故罪,令皆已下矣。朕将自抚天下,(正)吏、黔首其具(俱)行事,毋以繇(徭)赋扰黔首,毋以细物苛劾县吏。亟布。

以元年十月甲午下,十一月戊午到守府。(背)①

这通诏书大体包含了两项内容,一是强调秦二世是“奉遗诏”登基,二是宣告改元布新措施以笼络人心。简牍背面揭示了诏书是在秦二世胡亥继位当月颁布,从甲午日下发到戊午日,也就是历时 24 天,这通诏书就从咸阳送到了位于今天湖南的某县级单位所在地。守府,即县廷。

里耶秦简则见有制书从中央下发到地方的实例:

(1)御史问直络帬程书

8—153

(2)制书曰:举事可为恒程者上丞相,上洞庭络帬书有□□手。

8—159 侧

(3)卅二年二月丁未朔□亥,御史丞去疾:丞相令曰举事可为恒程者□上帬直。即应令,弗应,谨案[致]……

……庭□。丿□手。

8—159 正

(4)三月丁丑朔壬辰,洞 庭□□□□□□□□□□□□

令□□□索、门浅、上衍、零阳□□□以次传□□□□□

书到相报□□□□门浅、上衍、零阳言书到,署□□发。

□□□□一书以洞庭发弩印行事□□恒署。

酉阳报□□□署令发。丿四月□丑水十一刻刻下五□□□□

迁陵□,酉阳署令发。

□□□□布 令□

8—159 背

(2)所见“制书”是附带着一份“御史书”下发的,时间在秦始皇三十二年(前215),这几枚简牍是地处秦朝边陲的洞庭郡迁陵县对这份中央文件及其下发过程的抄件。(1)为文件书题,以较为工整的秦隶书写,简首涂黑,当是文件归档后用作档案标签。帬即裙,“络裙”是秦人下身着装,凡当差之人皆由官府配给。“直络帬程”的直为价值,程则为标准,如(3)所言“可为恒程者□上

① 引自陈伟:《〈秦二世元年十月甲午诏书〉通释》,《江汉考古》2017 年第 1 期。

幂直”,也就是按照惯常的标准来调查并上报络裙在当地的价值。文件的发文者如(3)所示是御史丞“去疾”,御史丞为御史大夫的副手,经手中央文件的下发,因而书题就将发文者简约为“御史”,文种或即为“问书”。

名字叫作去疾的御史丞在制作这件传递公文时,首先放上以皇帝名义所颁制书,要求各郡向丞相上报有关可以采纳作为年度工作标准的事项,即“举事可为恒程者”;同时,又特别要求洞庭郡要上报络裙的价值。“上洞庭络幂书有□□手”的手即书写制作这份文书的责任人,在此当御史丞之下誊写制书的小吏。在以特别规格书写了制书后,随后书写的就是御史丞以丞相的名义下发的中央政令,要求地方政府遵照制书要求的事项向丞相汇报。虽然我们见到的仅仅是这份“御史书”的辗转传抄件,但上述所有情形都保留着清晰的痕迹。

“御史书”自中央下发的时间根据二月朔日为丁未,则亥当辛亥,即二月五日。“三月丁丑朔壬辰”为洞庭郡下发时间,即三月十六日。这样,差不多历经40天,这份中央政令从咸阳到达洞庭郡。“……庭□”后“丿□手”系洞庭郡郡府书吏誊写这份政令下发属县时留下的责任签名。(4)则是洞庭郡关于“御史书”下发属县的指示,明确下发的传递方式是“以次传”,即依照属县的地理方位依次传递。索、门浅、上衍、零阳系四处地名,皆洞庭郡属县。洞庭郡属县目前可以列出十几县,结合其他里耶秦简所示,洞庭郡内以次传是按水系走向同时分四路进行,索、门浅、上衍、零阳只是位居四路交通线端首的县级单位。迁陵县与索县、酉阳县同处沅水流域,或为一路。

(4)所见“书到相报”“言书到”是申明接到这件文书后要回复报告,后面所举一系列实例中亦可见秦汉时期所有下发公文无时无刻不在强调这一点。通过贯彻这样一条重要的制度措施,可以确保上级的指令在规定的时限内予以不折不扣地执行。(3)所见“即应令,弗应,谨案[致]”也是在传递文书过程中确保中央指令得到贯彻的一条措施。即,假若之意。“谨案致”的致有文书之意,案致是用于检查、核实用途的文书。就是说,在“御史书”下达后,无论各地有回应的,没有回应的,发文单位都要仔细记录在案。这样做,无疑是为了追究那些没有按时回报和虽回报了,但没有完成指令要求的单位。这无疑是防止郡县官员怠政,藐视中央政令和上级单位指示的有效措施。这也反映出公文传递管理制度是和公文本身并举的，构成文书行政的两大基石。

“御史问直络帬程书”在从洞庭郡下发到迁陵县后，为落实相关事项，随之又生成了一批办理具体事项的地方公文，在迁陵县内部和邻县之间传递。

汉承秦制，并完善了诏书的颁发流程。居延汉简见有诏书从中央颁行到基层的完整过程。

(1)元康五年二月癸丑朔癸亥，御史大夫吉下丞相，承书从事，下当用者，如诏书。

10·33

(2)二月丁卯，丞相相下车骑将军、将军、中二千石、二千石、郡大守、诸候相，承书从事，下当用者，如诏书。

少史庆，令史宜王、始长。

10·30

(3)三月丙午，张掖长史延行大守事，肩水仓长汤兼行丞事下

属国、农、部都尉小府，县官承书从事，下当用者，如诏书。/守属宗助、府佐定。

10·32

(4)闰月丁巳，张掖肩水城尉谊以近次兼行都尉事下候、城尉，

承书从事，下当用者，如诏书。/守卒史义。

10·29

(5)闰月庚申，肩水士吏横以私印行候事下尉、候长，承书从事

下当用者，如诏书。/令史得。

10·31

以上汉简全部出土于甘肃省金塔县天仓乡以北(旧称地湾)黑河西岸沙碛戈壁上的汉代肩水候官遗址，这5枚简与居延汉简中的另外3枚简可以缀合成《元康五年诏书册》。① 元康为汉宣帝年号，元康五年系公元前61年。这年，掌管时历和时节禁忌的太史丞通过其上级，九卿之一的太常上书丞相，请求皇

① [日]大庭脩：《秦汉法制史研究》，林剑鸣等译，上海人民出版社1991年版，第193—212页。

帝颁诏重申夏至时节寝兵、不听政事和举行改水火仪式。当时的丞相魏相就将这一书面请求传递御史大夫丙吉,丙吉拟就具体事项后请示汉宣帝。简文有"制曰:'可。'",即皇帝批准并同意下诏。以上情形是另外 3 枚简抄录的诏书内容,因与邮政运行关系不大,在此不予引录。只要关注这是一份每年都会如期颁发的日常诏令即可。上列 5 枚简皆属于诏后行下之辞,即诏书层层下发时各级官府所加说辞,这些说辞提供了难得的诏书下行实例,(1)是在中央层面的流转过程,(2)—(5)则是中央到基层的层层转发。首先是御史大夫丙吉将诏书正本下达丞相魏相,御史乃侍奉君王之史,监察之外,亦主文书。御史大夫名义上位居丞相之下,但负责宫中文书进出,故在诏书下达的流程上高于丞相。御史大夫之下有御史丞统领的 30 名御史承担制作文书和公文收发,又有御史中丞统领的 15 名侍御史居于宫中,负责文书进出并充任监察。自战国起,秦国就有御史之职,掌中央各部门文书,各郡县文书亦集于其手。御史成为君王耳目且行监察之职,与掌握全国文书大有关系。秦汉时,御史和其首长御史大夫仍承袭了这一传统,在政策制定和诏书起草上相当于皇帝的最高秘书班子,且由于监察职责而与邮政管理颇有牵扯。

(2)所谓"丞相相下"就是丞相魏相将诏书继续向下颁发,具体操作的是丞相府的高级书记官"少史"和普通书记"令史",简文中的"少史庆,令史宜王、始长"即名"庆"的少史和名"宜王""始长"的两位令史。丞相府发文只下发到中央部门和地方郡一级的政军高级官员。汉代全盛时,郡的数量多达上百,在手抄复制公文的年代,其繁重可以想见,所以丞相府光是少史就设置了 80 名。(3)是张掖郡下发郡属部门的官员,因郡太守不在署,而由长史"延"代行太守事务,又因郡丞也不在署,而由肩水仓长"汤"代行郡丞的事务。郡属官员包括了属国都尉、农都尉、部都尉和各县的在署首长。"小府"指都尉府。汉代边郡多设各类都尉,官秩与郡太守平级,而归太守节制。相对而言,太守府称大府,而都尉府称小府。办理这次郡级层面公文下发具体事务的是张掖郡太守府的属吏"守属宗助、府佐定",即名"宗助"的太守属吏和协助他的名"定"的太守府佐员。张掖郡太守府在向所属民政系统下达诏书的同时,也要发布给边防军政系统的居延都尉府和肩水都尉府,况且《元康五年诏书册》本身就涉及兵事。(4)即这通诏书传达到肩水都尉府后,都尉府又向其属下的候官一级下达。由于肩水都尉不在署,而由城尉“谊”代理,具体办理的则是都尉府的卒史“义”。(5)是候官一级向更基层的尉和候长下达,由于作为肩水候官长官的肩水候不在署,便由士吏“横”代理。

出土于地湾的《元康五年诏书册》,实际是肩水候官的令史“得”抄录下来的存档副本,因而完整记录了元康五年二月癸亥(十一日)御史大夫下达丞相,4天后的二月丁卯(十五日)丞相下达张掖太守,39天后的三月丙午(二十四日)张掖太守下达肩水都尉,11天后的闰月丁巳(闰三月六日)肩水都尉下达肩水候官,3天后的闰月庚申(闰三月九日)肩水候官下达到其所下辖的部。这样,从诏书出宫,御史大夫送达丞相起,经历57天才传递到额济纳河流域的汉代塞防线中部,再传到北部的居延都尉府大概还得10天。这份诏书属于非紧急的常例公开文件,计算下来的传递速度是平均一天为70华里,整个过程正如学者所言,“是合乎当时所定的誊写和传送文书的规定的”①。

“承书从事,下当用者”为下行文书中强调执行命令的惯用语,一层意思是要求收文者遵照来文指示予以办理,还有一层意思是将来文继续传达下去,直到所有相关部门都传达到。“如诏书”则是贯彻诏书精神。颁诏如果是为了督促贯彻律令,则使用“如律令”。《元康五年诏书册》的诏后行下之辞,代表了在全国范围传达中央政令的标准流程,后4枚简所录各单位处理收发文书经手人的署名,实际是这份中央文件下达中转环节中责任人的完整名单。这个名单最后不但要在事后层层上报,而且会在中转的各级部门留下档案。即使事后很长时间才发现问题,也可以层层追查。

汉代,凡有政令诏告天下,必达普通百姓与士卒。对于编户齐民,更是以一无遗漏为责任目标,塞防线上也要以书面形式张布到每一烽燧,这在简牍与载籍中都有生动的反映。汉简见有“凌胡隧、厌胡隧、广昌隧各请输札两行,隧五十,绳廿丈,须写下诏书”②。这是一线烽燧为转抄诏书而向上级单位申请誊写诏书的标准木简和简册编绳的报告。政令下达基层,通常要抄录在大

① ［日］森鹿三:《论敦煌和居延出土的汉历》,姜镇庆译,载中国社会科学院历史研究所战国秦汉史研究室编:《简牍研究译丛》第1辑,中国社会科学出版社1983年版。

② 甘肃省文物考古研究所编:《敦煌汉简》,中华书局1991年版,1684A号简。

木板上张挂在乡、里、集市和亭、燧的显见处，称“扁书”。更要组织宣读，“令尽讽诵知之”，即让不识字的基层民众周知。讽诵还带有彰显中央权威的仪式效果，《汉书》卷五一《贾山传》记载了讽诵政令的场景：“臣闻山东吏布诏令，民虽老羸癃疾，扶杖而往听之。”这是汉文帝时的政论家贾山在其所上《至言》中的一句话：我听说太行山以东的地方官吏宣读诏令时，百姓中即使那些老病瘦弱之人，也都拄着拐杖前去聆听。

1992 年发现于敦煌悬泉置坞内北组房屋遗址中的泥壁诏书，是一通经由传置输送到边郡的中央政令。泥壁诏书是扁书的另一种形式，称壁书。这通壁书自款“使者和中所督察诏书四时月令五十条”，后被文物部门定名为《四时月令诏条》，是汉平帝年间以太皇太后的名义发布的诏书。诏书以全年 12 个月份为序排列了 50 条法规，属于汉代中央政府颁布的农业和环保立法。这通诏令在泥壁上共书写了 101 行，第 6、第 7 行为：

元始五年五月甲子朔丁丑，和中（仲）普使下，下部、郡太守，承书从事，下当用者，如诏书。书到言。/从事史况。

这是说元始五年（5）五月十四日这天，皇帝委任特使下达诏书到各刺史部和各郡。从事史“况”是具体经办诏书文本誊写的人，可见诏书下达的每一环节皆职责分明。第 89 行要求由使者巡行“京师、郡国、州县”，监察这通诏书下达情况，“岁竟行所不到者，文对……牒□”，此处虽字迹残缺，但文意甚明，意思是到了本年度结束时，巡查使者还没有到达的地方，要以书面文件汇报该地颁发诏书的情况。第 92—99 行则为诏书行下之辞，其中，五月辛巳（十八日）从长安向郡下发，八月戊辰（初六日）由敦煌郡继续下发。对于汉代县级和县级以下单位传播和贯彻上级政令，当时人崔寔所著《政论》里记有一首民谣：“州郡记，如霹雳，得诏书，但挂壁。”悬泉置泥壁诏书正是向基层传播中央政令的真实写照，凸显了汉代高度的中央集权和文书行政的力度。而据悬泉置发掘简报介绍，在 F26、F27、F28 房址共出土大小不等的泥壁题记 203 块，《四时月令诏条》只是其中可以完整拼合者，其余泥壁题记碎块大多为多次涂抹，多次书写的多层墙皮墨书。《太平御览》卷五九三引《风俗通义》佚文：“光武中兴以来，五曹诏书题乡亭壁，岁补正。”岁补正，是对于那些常年保存的律令性诏书要每年将风化模糊的字迹进行描写。因而，作为悬泉置重要公共场所的F26、F27、F28墙壁上，当年也是常年壁书政令，并将其中一些“岁补正”，后来墙壁倒塌，这些完整的文告才碎成残块。①

悬泉置地处边塞，这通长达两米有余，高半米的《四时月令诏条》泥壁诏书，不仅起到了贯彻国家政令的作用，也使边地民众感受到中央的教化。汉代中央重要文告由使者和刺史乘传颁发郡县，作为传递中转站点的传置则以壁书或扁书的形式向过往行旅及附近乡里传播。

四、地方公文的运作

从秦统一后在广阔疆土上建立统治秩序，到汉进一步扩大版图并在所拓之地巩固主权，其间公文运行的艰巨程度实在超出今人的想象。里耶秦简和居延、敦煌、悬泉汉简正好提供了秦汉边陲之地公文运行的实景，由此一斑可窥秦汉地方公文运作全景。

（一）秦代地方公文运行

2002年，湖南省湘西土家族苗族自治州龙山县里耶古城一号井出土了多达38000余枚的秦简，虽然迄今为止只公布了其中一部分，但秦代郡县制下的公文运行已得到相当披露。里耶秦简全部属于洞庭郡迁陵县官府档案，内容涉及了大量的传递公文，既有迁陵县与洞庭郡之间的，也有迁陵县与外县、外郡的，还有迁陵县与所辖乡一级的，前所未有地展现了秦代地方公文运行的实态，从中可见秦朝政令通达，公文传递严密而又繁重。

里耶古城位于自洞庭湖先溯沅水，再溯酉水而上的地方，靠近今湖南省与重庆市交界处。由里耶秦简揭示的洞庭郡则大致占有今湖南省常德市辖境西部和湘西土家族苗族自治州全境。洞庭郡辖有至少14县，郡治所在尚不能确定，大约在沅水下游。

从里耶秦简看，洞庭郡与迁陵县公文往来颇为密切。由传递公文所遗实物看，里耶秦简共有封检197枚，带文字者55枚，并书“洞庭”“迁陵”者34枚。②

---

① 参见胡平生：《“扁书”“大扁书”考》，载中国文物研究所、甘肃省文物考古研究所编：《敦煌悬泉月令诏条》，中华书局2001年版。

② 湖南省文物考古研究所、郴州市文物处：《里耶一号井的封检和束》，《湖南考古辑刊》第8集，岳麓书社2009年版。

除了带有封泥槽的封检外，尚有不少简，也都是传递公文留下的实物，下举其中完好者，可称邮递指示简。

表2　里耶秦简中的部分邮递指示简列表①

序号	简号	简文	长（厘米）	宽（厘米）	缀合	备注
（1）	6—2	迁陵以邮行 洞庭	14.2	1.9		
（2）	6—18	迁陵金布 发洞庭	14.8	2.1—2.3		
（3）	8—12	迁陵以邮行·洞庭	15.5	1.9		
（4）	8—32	迁陵以邮行洞庭	23.0	1.6		
（5）	8—65	酉阳·洞庭（正） 廷（背） 户发	13.7	2.6		简首涂黑
（6）	8—90	☐迁陵以邮利足行洞庭急	17.7	1.6		
（7）	8—105	彭阳内史	20.1	1.8		
（8）	8—115	迁陵以邮行洞庭	12.6	1.6	8—338	
（9）	8—182	迁陵故令人 行洞庭急	16.5	2.4		
（10）	8—255	覆狱沅陵狱佐 已治所迁陵传洞庭	13.0	2.2		
（11）	8—264	迁陵发丞 前洞庭	10.0	2.0		
（12）	8—265	覆狱沅陵狱佐已治 在所洞庭	14.6	1.8		
（13）	8—320	迁陵以邮 行·洞庭	8.3	2.5	8—388	
（14）	8—321	迁陵以☐ 洞庭	5.3	2.4		简首涂黑
（15）	8—371	迁陵以邮行洞庭	17.1	1.0	8—622	
（16）	8—1147	贰春乡 以邮行	15.0	2.9		简首涂黑
（17）	8—1318	廷以邮 行户曹	21.4	3.0		
（18）	8—1553	迁陵以邮行洞庭	32.3	1.1—1.5		

① 引自湖南省文物考古研究所编著：《里耶秦简（壹）》，文物出版社2012年版。

表2所列(1)(3)颇为引人注目,所书为7个古隶文“迁陵以邮行洞庭”,句读正如(3)所示“迁陵以邮行·洞庭”,即发文方为洞庭郡,收文方为迁陵县,并标明文书要用“邮行”的方式传递到迁陵。这类不带封泥槽的简,当是传递公文的指示简,插在捆好的公文书卷上,有如近现代直封邮袋上按一定格式书写名址,以起到提示邮递人员作用,防止错投他处。当完成了传递环节后,这种指示简又被作为存档标签继续使用,(4)(8)(13)(14)(18)皆如此。这种指示简有可能成批制作,其中一些将尾部制为尖状,以利插入捆好的公文书卷。(18)特别长度表明这很可能是一枚附着在有着特殊规格的高等级公文书卷上的邮递指示简。

除洞庭郡下发迁陵县公文所用指示简以外,还见有与迁陵县无关的指示简。首先是与迁陵县同在一条邮路上的酉阳县,如(5)那样有可能是用“以次传”的方式先传送到迁陵县,在迁陵县继续将这份公文向酉阳县传递时,制作了新的邮递指示简,留下的指示简则成了归档副本的存档分类签牌。简首涂黑或与汉简简首的网纹格标记有异曲同工之妙,后者是确凿无疑的归档签牌,是为日后查档方便而缚于传递公文的正本或副本存档件上。因而,“酉阳·洞庭”正好用来指示这是迁陵县转发的洞庭郡下发酉阳县的公文存档。酉阳位于前面讲过的洞庭郡“以次传”四条邮路与迁陵同一邮路的终端。虽然与这枚指示简关联的存档公文或尚未公布,或已不存世,但在里耶秦简所见洞庭郡下发酉阳县的公文中,确有经迁

秦·“邮递指示简”。引自湖南省文物考古研究所:《里耶秦简(壹)》,文物出版社2012年版。

陵县节次转递的。(14)(16)简首涂黑也是利用原本的指示简作为归档、查档签牌继续使用,与所指示的传递公文仍旧作为一个存档卷宗。

还有的指示简所示地名与迁陵县相隔千里,如(7)是写有彭阳与内史的指示简。秦内史亦如汉代京兆尹,为管理京畿之地的行政区划,彭阳县地处秦西北边陲,非内史所辖,如此指示简出现在迁陵县档案中实在令人称奇。秦代由于戍卒与官吏流动,造成涉及这些人员的各种案件处理,相关公文可以直接发到涉案人员所在县级单位,而并不一定要通过其所在上级郡府的转发。内史传递公文到彭阳的指示简出现在迁陵,当与追查涉案人员有关,一开始以为该人员流动到彭阳,而最终发现可能是落脚于迁陵县,于是这枚指示简就随着彭阳移交的办理案件的公文卷宗千里迢迢直接来到迁陵县。相似的还有里耶秦简 8—206 号简"武关内史"与 15—169 号简"轵以邮行河内"。

在县级层面,当洞庭郡来文,为落实上级要求事项,往往又在该县内部和邻县之间继续传递并生成新的公文,如"御史问直络帬程书",在里耶秦简中还可以见到在迁陵县和酉阳县范围的继续延伸:

(1)卅二年四月丙午朔甲寅,迁陵守丞色敢告酉阳

丞主:令史下络帬直书已到,敢告主。

8—158 正

(2)四月丙辰旦,守府快行旁。欣手。

8—158 背

(3)四月丙午朔癸丑,迁陵守丞色下:少内谨案致之。书到言,署金布发,它如律令。/欣手。/四月癸丑水十一刻刻下五,守府快行少内。

8—155

(4)卅二年四月丙午朔甲寅,少内守是敢言之:廷下御史书举事可为恒程者、洞庭上帬直,书到言。今书已到,敢言之。

8—152 正

(5)四月甲寅日中,佐处以来。/欣发。处手。

8—152 背

前述,该公文是秦始皇三十二年(前 215)三月壬辰(十六日)由洞庭郡用"以

次传”方式转发所有属县，迁陵县收到这份来自中央的指令性文书却是经由酉阳县转过来的，(1)即迁陵县接到该文后按回执制度的严格要求向酉阳县发出回报公文的存档副本。回报公文是在四月甲寅（九日）由迁陵县代理县丞“色”签署，并于“丙辰旦”，即次日一早派遣一个名“快”的县廷差役步递送往酉阳县。守府，亦称廷守府，可以认为是看守县廷府库的人员，此等人员可能为临时轮流派遣，也可能是长期任职，故可笼统称为县廷差役。里耶秦简所见迁陵县发出的短途公文多由“守府”人员递送。“旁”即邻县，指酉阳。(2)属于在作为公文发文底稿的简牍背面附记的传递始发环节记录。

“御史问直络帬程书”是在四月癸丑（八日）送达迁陵县的，迁陵县廷当天就转抄了一份传递给本县直属机构“少内”，并要求由少内机构内的职能部门“金布”来开启这份公文。少内是管理县内府库和财务收支的县级机构，金布也是机构名称，主要职责为追讨债务，以及贮藏货币并负责市场管理、废旧公物核销与损害公物的赔偿。“直络帬”本在调查络裙的市场价格，故最终交由金布办理。这封公函依然是由那个名“快”的县廷差役去投递，(3)即传递少内公文的存档副本，并附记了发送环节的传递记录。(3)(1)皆由迁陵县廷名“欣”的书吏誊写。

(4)为少内收到迁陵县廷转发的“直络帬程书”后，给迁陵县廷的回报文书正本。这封回报公文由少内的书佐“处”誊写并亲自投递到县廷，而由县廷那个名“欣”的书吏收下，(5)所记“四月甲寅日中，佐处以来”，就是“欣”在少内回报公文的正本上所作收文和投递责任人的记录。

里耶秦简还见有迁陵县下发公文到乡的情形：

(1)三月庚戌，迁陵守丞敦狐敢告尉：“告乡、司空、仓主，听书从事。尉别书都乡、司空，司空传仓，都乡别启陵、贰春，皆勿留、脱。它如律令。”/釦手。庚戌水下□刻，走祒行尉。

(2)三月戊午，迁陵丞欧敢言之：写上。敢言之。/釦手。己未旦，令史犯行。

(3)[三]月戊申夕，士五(伍)巫下里闻令以来。/庆半。如手。

16—6 背

16—6 号简正面抄录的是秦始皇二十七年（前 220）二月庚寅日（十五日）洞庭

郡郡守下发迁陵县的“兴徭”文书。兴徭，征发徭役。该文系为输送军资而在全郡征发劳力，但强调不误农时，要按诏令精神少征发百姓，并规定了征发程序，凡违反程序的责任人要追究严惩。16—6 号简背面记录的就是迁陵县下发公文指示县属单位和所辖三个乡遵照办理和回复洞庭郡，以及对洞庭郡来文的收文记录。迁陵县下发指示和向洞庭郡回报的公文是分别以守丞（代理县丞）和县丞的名义签发，“釦”“庆”“犯”皆县廷具体办理相关公文的令史。（1）记三月庚戌（五日），“釦”录下迁陵守丞“敦狐”关于对县直属单位和乡政府下发公文程序安排的指示，并附记了发文记录，当日由“裙”送往县尉治所。（2）记三月戊午（十三日），迁陵县丞“欧”向洞庭郡报告（1）所记录的办理情况，即“写上”；此份上行报告也由“釦”经办，并于次日的三月己未旦（十四日黎明）由另一位令史“犯”亲自送出。（3）是抄录洞庭郡来文的收文记录以备忘，记述三月戊申夕（四日傍晚），迁陵县令史“庆”收到并打开了由籍贯巫下里的士伍“闻令”送来的文书。“庆半”，“庆”为人名，“半”同“发”，打开的意思。“如手”是说由同一人做了记录并署名。

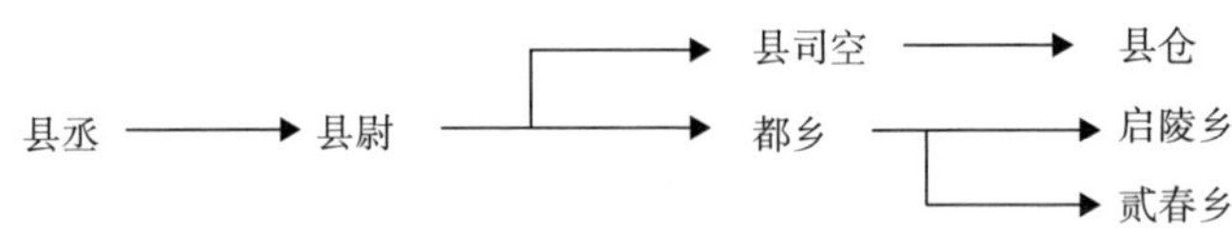

里耶秦简 16—6 所见迁陵县下发公文流程示意图

（1）留下了极为难得的迁陵县廷下发公文到乡的情形，根据迁陵守丞敦狐的安排，这件事关输送军资的“兴徭”公文首先下达主管军事的县尉，然后由县尉负责制作抄件下达各乡，并同时下达给县属的县司空，再由县司空下达县仓的负责人。下达各乡的具体流程是先由县尉将县廷下发给他的文书“别书”，即抄写一份发送给县城驻地所在的都乡，都乡再将县尉下发的文书抄写两份，分别发送给迁陵县的两个离邑乡启陵乡和贰春乡各一份。

“除邮人”简反映出秦公文制作和传递过程。“除邮人”简，即里耶秦简 8—157 号简正面的三行字迹有可能是启陵乡上达迁陵县的正本。其缮制责任人，启陵乡的“壬”在简背左下角留下了责任署名“壬手”。启陵乡的这件公文传递到迁陵县后，书吏“欣”首先利用这份公文原简，在其背面作了收文记录,就是背面左边上部的一行字迹“正月丁酉旦食时,隶妾冉以来/欣发”。“欣”也见于他简,是一名在迁陵县廷专事公文收发的小吏。一位名“冉”的是递送者。“欣”作了收文记录后,这件启陵乡任命邮人的请示公文就递进迁陵县廷,包括县令、县尉、县丞在内的县廷决策层经过商讨后形成处理意见,然后由县丞“昌”牵头给启陵乡复文,这个复文是由迁陵县廷的另一位书吏“气”执笔誊写,依然利用了启陵乡来文原简,由“昌”口授,“气”缮写在了简牍背面右部,占据了一行半,并署上作为誊写责任人的签名“气手”。“气”用另一枚简牍,依照他缮写在启陵乡来文原简背面的底稿,制作了给启陵乡的复文正本。随后,“气”将两枚简牍都交给了“欣”,由“欣”监办复文寄送启陵乡的发出过程。“欣”在完成发文后,依旧在启陵乡来文原简背面,接着“气”所缮写的一行半字的底稿,写下了占据半行字的发文记录:“正月戊戌日中,守府快行。”①这样,启陵乡来文正本与迁陵县复文副本,连同收发记录一起被极为巧妙地集合在一枚简牍上,作为档案收藏。这样的传递公文处理,节俭、紧凑、流畅,令人赞叹。

启陵乡来文是在秦始皇三十二年正月十七日寄发,二十日寄到迁陵县廷,当天批复回文,二十一日发往启陵乡。可见秦代县乡之间传递公文处理的时效。

除了乡一级的机构,县还有派出的治安机构“亭”,亭与县之间亦有公文传递:

> 廿六年二月癸丑朔丙子,唐亭假校长壮敢言之:唐亭旁有盗,可卅人,壮卒少,不足以追,亭不可空,谒遣□索,敢言之。
>
> 二月辛巳,迁陵守丞敦狐敢告尉:告乡主以律令从事。尉下亭、鄣署士吏谨备。贰乡上司马丞。亭手。即令走涂行。
>
> 二月辛巳不更与里戌以来。丞半。壮手。

9—1112

这件公文是秦始皇二十六年(前221),也就是秦统一六国那年的二月丙子(二

① 游逸飞:《再论里耶秦牍8—157的文书构成与存放形式》,《简帛研究(2012年)》,广西师范大学出版社2013年版。

十四日）这天，唐亭代理校长发给迁陵县守丞的，事由是唐亭附近发现“盗”30人，唐亭人手不足，无法追捕，希望上级派人协助。过了5天，辛巳（二十九日）这天，公文传递到迁陵县廷后，由迁陵县守丞转给了县尉。县尉一边发公文让贰春乡按照律令的规定办理，一边发公文布置亭鄣防备。贰春乡又上报迁陵县司马丞，请求派遣人手驰援。事情牵扯到贰春乡，唐亭应该就位于该乡辖境内。一乡设有多处亭，里耶秦简中还可见贰春亭。[①] 从五天传递时间推测，唐亭当在迁陵县县界的边远处，是纯为治安或边地防御而设的机构，与载籍中的秦墨之亭有承传关系。与“除邮人”简一样，这枚简也是一件来文正本，缮制者就是唐亭代理校长“壮”自己，迁陵守丞自己开启后，在背面左边做了收文记录。背面右部则为后续处理的扼要记录，然后作为档案留存。

可以看出，如此精熟的传递公文处理，必定是在繁复的实践中形成的。随着里耶秦简的全部刊布，秦代地方公文的运行有望展示出更多的细节。

（二）汉代地方公文运行

汉代地方公文的鲜活资料集中出土在丝绸之路经过的敦煌边塞和悬泉置，以及作为丝绸之路侧防突出部的居延。虽然出土地点是在烽燧和作为前线指挥部的障城遗址，以及作为交通中转机构的悬泉置遗址中，不似作为县廷档案的里耶秦简所披露的地方文书行政那样系统，但居延、敦煌、悬泉汉简却包含了军政与民政两方面的各类文书，并反映出郡、县、乡三级行政单位之间的文书传递过程。将这些边郡材料与尹湾汉简、江陵凤凰山汉简等内郡材料相综合，还是可以对汉代地方公文的运行做出全景描述。

从汉武帝开始的全面围堵匈奴战略中，秦统一以来的公文运行无论在运行空间和运行力度上又得到了一次空前的提升。为抵御匈奴骑兵，确保通往西域大动脉的畅通无阻，汉代在西北边郡以极大的代价维持着完全由移民构成的农业定居点和烽燧线上的常年驻军。居延、敦煌、悬泉汉简正揭示出这种空间急速拓展下的公文运行场景，因而在映射出全局的同时，又有其局部的特别之处。

---

① 8—1114号简：“传田官，别贰春亭、唐亭。”

首先是维持不足以完全自给自足的农业移民和耗费巨大的塞防驻军，有大量的内郡到边郡的物资和资金，包括纺织品等生活物资和发放给军政两个系统的俸钱。一些现金是由内郡所收赋税中直接划拨出来对口输送到边郡，所有物资和现金的输送皆不可避免地伴随着相关公文的递送，包括负责押运的内郡人员前往边郡的一路交通食宿也少不了通行文书的陪伴。更不用说在经营西域和北部边塞的整个防务中，由于“万里相奉，师旅之费，不可胜计”，终致国家财政极度紧张。为筹集边费，“乃榷酒酤，管盐铁，铸白金，造皮币，算至车船，租及六畜”，如此牵动全国，无所不用其极的施政中，公文的陡然增量是可以想见的，汉代地方公文的运行超越秦代也就成为历史的必然。

汉代地方公文运行从两汉整体讲，有四个行政层级，一为州，二为郡，三为县，四为乡里，分述如下。

1. 州

汉武帝设刺史，为州之滥觞。西汉时，刺史尚无固定治所，对郡国只有监察权，尚不构成制度性的公文运转行政机构。东汉，刺史有了固定治所，监察的同时还有权调查并罢免郡国官员，由监察官转化为行政官，州也成了一级正式的公文转发和下达机构。州一级的文书运行在西北汉简中见有：

(1)延熹二年四月庚午朔十二日辛巳，凉州刺史陟使下郡国大守、都尉，承书从事下当用者如诏书，各实核准。

甘谷汉简第22简

(2)☒阳朔五年正月尽十二月府移丞相、御史、刺史条

EPT56:77

(3)大司空罪，别之州牧，各下所部如诏书，书到言。

EPF22:67

(4)九月乙亥，凉州刺史柳使下部郡大守、属国农都尉，承书从事下当用者……如诏书/ 从事史贺音。

EPT54:5

(1)记载了延熹二年(159)，东汉凉州刺史“陟”为传达中央政令而颁发下行郡国的文书。(2)是传递公文的存档标签，是边塞候官一级单位将都尉府所

转达的中央文件与刺史文件按时间顺序集中庋藏,刺史与丞相、御史大夫赫然并列,说明其威严。阳朔五年即鸿嘉元年(前20),属西汉时期。(3)(4)皆为刺史转发中央文书而向郡一级单位所下之公文,皆属东汉时期。西汉时,中央公文直下郡国,东汉时则都要经过州一级转发。州有专人主管传递公文,收发工作一般由从事、祭酒、令史、书佐等担任。《续汉书》志二七《百官志四》司隶校尉条云:"其余部郡国从事,每郡国各一人。主督促文书,察举非法",其州条又云州刺史除"无都官从事,其功曹从事为治中从事"外,其余州从事与司隶从事建制和职能相同。

从汉武帝设刺史开始,刺史也下发公文沟通所监察的郡县,直到东汉时州成为一级行政区,刺史一直如同郡太守一样,使用记作为常用的下行文种。记,亦称记书。如《汉书》卷八六《何武传》记载何武"为刺史","入传舍,出记问垦田顷亩,五谷美恶,已乃见二千石,以为常"。这是讲西汉宣帝时,就任扬州刺史的一代良吏何武下去巡查郡县的故事。刺史乘传车行部只沿交通线而行,不能遍巡地方上农业实情,而何武每到郡县传舍住下后,首先以记书向该地的官吏们书面问询垦田有多少,五谷生长的好坏,之后才去拜见二千石的郡级地方高官,并且总是按照这一程序行部。可见,监察地方的刺史是使用记书来进行他不能亲往之地的调查的。

2. 郡

汉初为郡国,封国取缔后,郡即为划一的一级行政区,直至东汉时,州升格为一级行政区。两汉的郡大致保持在一百零五个,是中央沟通地方的最关键环节,郡的意义不仅在于它是中央与县乡的公文转承机构,更重要的是郡也是发布、处理地方公文的最重要枢纽。汉简中见有大量的郡级文书,包括等同于郡级的都尉府文书。

郡级下发文书以府书、檄书和府记最为通行。府书又分太守府书和都尉府书,是形式较为正式的下行或平行公文文种,常用于重要的下行文和向下属单位转发上级的重要文件:

(1)十一月丙戌,宣德将军张掖大守苞、长史丞旗告督邮掾□□□□□都尉、官□。写移书到,扁书乡亭市里显见处,令民尽知之。商□起察,有毋四时言,如治所书律令A

掾习，属沈，书佐横、实、均。B

16·4

(2)五月丙寅，居延都尉德、库守丞常乐兼行丞事谓甲渠塞候。写移书到，如大守府书律令。/掾定，守卒史奉亲

EPT151:19A

(1)是张掖太守府转发上级重要文书的府书，要督邮掾等一干官员负责监督在全郡范围内传达，从“扁书乡亭市里显见处，令民尽知之”和“如治所书律令”看，张掖太守府转发的应该是一份涉及全民的诏书。督邮掾排在官职高于他的都尉前面，可见在一郡传达重要文件的时候，督邮掾是保障文件传播到位的第一责任人。这件府书因为传达的范围广，缮制的抄件多，所以签署的缮制责任人也比较多。(2)是居延都尉府向甲渠候官转达张掖太守府的府书，从转发上级的重要文件上来说，与(1)的性质是一样的。

檄书是行事急切的文种，具有较强的劝说、训诫和警示作用，从形式上说也是比较夸张的文书。郡一级所发檄书亦称府檄，常用于警示和责问下级单位。由于地处边郡，西北汉简中多见檄书，如：

(1)府檄。檄到，警备，如律令。

271·8

(2)虚积八日，解何？甚毋状！檄到☐

156·35

两简皆出土于甲渠候官遗址。(1)为张掖太守府或居延都尉府发出的警备命令，这种府檄亦称警檄，当以较快的速度传达到包括甲渠候官在内的前沿指挥部。(2)很可能是居延都尉府为问责邮书传递延误而下行的檄书，此类檄书也叫行罚檄。“虚积八日”很可能是说邮书被滞留了八天，因为情形不可饶恕，所以责问口气极其严厉。“解何？甚毋状！”意思是该怎么解释呢？实在是太没样子了！断简紧跟“檄到”二字的下文应该是“行罚”。

郡一级单位使用最多的公文文种是记，凡太守府和都尉府下发者，均称府记。记书是较府书和檄随意的文种，既能下行，亦可上行。汉简所见郡级记书皆为下行，举一例与公文传递延误有关者：

六月辛未，府告金关啬夫久：前移拘逐辟橐他令史解事所行蒲封一，

至今不到,解何?记到久逐辟诣 A

会壬申旦府,对状。毋得以它为解,各署记到起时,令可课。告肩水候官:候官所移卒责不与都吏□卿所举籍不相应,解何?记到,遣吏抵校,及将军未知不将白之。B

183·15

所言"府"系肩水都尉府,是该府追查有关"拘逐辟橐他令史解事"的蒲书没有投递到位的记书,同时下发金关和肩水候官。"橐他"即橐他候官,位于肩水候官北侧,居延邮路正由肩水候官管段出金关进入橐他候官管段,也就是说肩水都尉府的公文是经肩水候官辖区,通过金关才可以投递到橐他候官。所以,当那封"逐辟"蒲书,就是验问橐他候官令史,要其说明情况的蒲书没有送到橐他候官时,自然要对邮路经过的肩水候官和金关进行调查。这通府记严令名"久"的金关啬夫,也就是金关关长亲自到肩水都尉府对质,给他规定的时限是府记发出(辛未日)的第二天一早(壬申旦)。"各署记到起时,令可课",是提醒金关要将府记送达的时刻记录好,大概是万一出现府记送达延误的情况,影响了金关啬夫按时到都尉府对质,可以通过记录的考核来免责。肩水都尉府此前已经就那封不知下落的蒲书进行过书面追查,即该简简背所言"举籍",或许是金关啬夫"久"把责任推给了肩水候官,而肩水候官的调查汇报又对不上肩水都尉府已经了解到的线索,所以同时责令肩水候官收到这通府记后,也马上派负有责任的小吏到都尉府核校问题所在。因为这次追查是围绕那封下落不明的蒲书,所以最后一句话"及将军未知不将白之"当与那封同样是调查问题的蒲书有关,意思是要就与蒲书关联的调查被延误一事给上级将军一个交代。

3. 县

汉简所见县一级文书以书类和记类为大宗。西北汉简虽多为军事系统等同于县一级的候官文书,然亦见有民事系统的县廷文书。书类以上行者居多,如上行的县官书:

(1)元始四年十二月丁酉朔己亥,觻得令建、守丞安昌敢言之,谨移十月▨ A

掾宗、守啬夫延年、佐就。

57·10AB

(2)元凤元年十一月己巳朔乙未,骍马农令宜王、丞安世敢言之,谨速移卒名籍一编,敢言之。

19·34

觻得系县名,为张掖郡郡治所在。骍马,肩水都尉下属田官,相当于县级,属于屯田系统的准军事化机构,因而(2)又可称农官书。"谨移"是上行呈文的口气,(1)是将十月份的一编有关统计或记录之类的簿籍向上传递到张掖太守府,(2)则是传递到肩水都尉府。"谨速移"是强调要在第一时间报送,因而应该是用比较快的传递方式。"卒名籍"应该是田卒名籍。

县级平行、下行文以记类文书为主,悬泉汉简中见有一例:

效谷长禹、丞寿告遮要、悬泉置:破羌将军将骑万人从东方来,会正月七日。今调米、肉、厨、乘假自致受作,毋令客到不办与,毋忽,如律令。

Ⅱ0114④:340A

这是通知破羌将军辛武贤率大队人马将于正月七日路过效谷县,为做好接待工作,敦煌郡效谷县给县境之内的遮要置和悬泉置发出的记书。

汉简所见较多的是与县平级的候官所发记书,亦可称官记:

(1)告第廿三候长:记到,召箕山隧长明诣官,以急疾为故,急急。

160·4

(2)元延二年十月壬子,甲渠候隆谓第十候长忠等:记到,各遣将廪。

214·30

官记皆为候官传递给直接下级人员,故大多不署发文者。此二例皆甲渠候官下发部、隧两级的记书。

4. 乡里

汉简所见乡一级的传递文书较少,都是上行文:

(1)永始五年闰月己巳朔丙子,北乡啬夫忠敢言之:义成里崔自当自言为家私市居延。谨案:自当毋官狱征事,当得取传,谒移肩水金关、居延县索关,敢言之。

闰月丙子,觻得丞彭移肩水金关居延县索关,书到如律令。掾晏、令史建。

15·19

(2)建平五年十二月辛卯朔庚寅，东乡啬夫护敢言之：嘉平/□□□□□□案，忠等毋官狱征事，谒移过所县邑、门亭、河津关，毋苛留，敢言之。

十二月辛卯，禄福狱丞博行丞事移过所，如律令。/掾海、守令史众。

495·12

汉代，乡里居民如果长途旅行，都要去乡上开具证明，乡政府证明其无“官狱征事”后，向县廷申请颁发作为外出通行证的“传”。上举两简就是县廷为乡里居民颁发的“传”的抄件，记录了乡官上行文书到县廷的情况。(1)反映张掖郡觻得县义成里里民崔自当要去居延做买卖，需要乡出具文书，相当于乡长的北乡啬夫“忠”，在永始五年(前12)闰月丙子日向觻得县行文，当天，觻得县县丞“彭”就审核通过，并由县廷中的掾“晏”和令史“建”为崔自当办理了通过肩水金关和居延县索关的“传”。(2)是酒泉郡禄福县东乡居民“忠”等因事外出，东乡啬夫“护”于建平五年(前2)十二月庚寅日为他开具证明并向禄福县行文，次日的辛卯日，禄福县狱丞“博”代县丞核准，由县廷的掾“海”、守令史“众”为“忠”等人办理了过关证明。从时间上看，文书传递和县廷办理文书的速度都很快。只是汉代县乡间的文书由什么人来传递，目前还没有材料。乡为乡里外出居民出具文书，既是国家赋予乡吏的权力，也是乡吏承担的责任。简牍中还见有乡以文书的形式上报乡中的各种情况：

(1)鸿嘉三年闰月庚午朔癸酉，安□乡有秩延寿敢言☐

32·17

(2)始元三年三月丙申朔丁巳，北乡啬夫定世敢言之☐

□□二百卌七匹八尺，直廿九万八千一百☐

47·3

(3)初元五年七月东乡啬夫定敢□☐之移移

312·7

(4)☐朔丁酉都乡佐音敢言☐

EPT31:2

这些都是乡的上行文书，由乡有秩、乡啬夫、乡佐上报。乡一级不设“史”这一类专门掌管文书的人，乡的文书是由乡有秩、乡啬夫或乡佐直接管理。

汉代的文书行政只到乡一级,乡与里之间为口头传达。①

第二节　以安全和时效为核心的秦汉公文传递制度

秦汉时期,所有中央与地方公文的运行都被严格约束在律令之中,集大成者就是《行书律》,还有见于岳麓书院藏秦简(以下简称岳麓秦简)中的若干令。

一、秦汉大一统时期的《行书律》

(一)岳麓秦简《行书律》

岳麓秦简中起首大书"行书律"的共有7枚简,涉及五条律文,其中有与睡虎地秦简《行书律》的律文属于同一律条者。经过综合对比,岳麓秦简《行书律》更加细密,律文的前后呼应更加合理。因而,不排除秦统一六国后,对沿袭已久的秦国旧法做过很详密的修订。② 岳麓秦简《行书律》系秦始皇统一六国后颁布。

除秦律外,岳麓秦简中还首次出现了大量秦令,亦有关涉邮政制度者。战国时期,令是统治者推行政策的重要文种,有"古者天子诸侯皆用令"之说。秦始皇改令为诏,令则演变为具有规范性质的诏书集结,而非专对某事的命令。秦汉时期,律令没有明确区分,具有同样的司法效力。秦的律令体系中,令是未及纳入正式文本的律法,是将单行诏书分类编纂后加以编序而实施的行政司法文本。秦令简与秦律简的特征是简端皆有墨丁,不同之处是秦令简后面有干支编序,这种干支编序在汉令中依然使用。

(二)张家山汉简《行书律》

1983年与1984年之交,离云梦秦简出土地不远,在当时的湖北省江陵县张家山发掘了三座汉墓,出土了大批竹简。考古工作者根据葬式、随葬器物及简书推断,下葬年代的下限在汉文帝初年,属西汉前期墓葬。迄今只有247号

① 卜宪群:《从简帛看秦汉乡里的文书问题》,《文史哲》2007年第6期。

② 陈松长等:《岳麓书院藏秦简中的行书律令初论》,《岳麓书院藏秦简的整理与研究》,中西书局2014年版,第259—269页。

墓出土的竹简得到刊布,内容多为汉律,虽墓主身份不明,但依据随葬简牍内容,推断为地方官吏是可信的。随葬汉律首简背面书有"二年律令"书题,故命名为《二年律令》。这批珍贵的汉简直到 2001 年才予刊布,随《二年律令》一同刊布的还有《奏谳书》,亦属法制文书。[①]《二年律令》中也有《行书律》。据整理者判断,《二年律令》颁行的年代是吕后二年(前 186),汉代《行书律》形成的年代下限当止于此年。[②]

张家山汉简《行书律》空前地接近这部律法的全本,内容上前所未有的丰富。有学者以为汉代有将前朝以及本朝皇帝以制诏形式颁布的法令入律的做法,所以《二年律令》如果确是吕后二年颁布,那么可以相信秦代的《行书律》应该经过了汉初萧何"捃摭秦法,取其宜于时者"的修订后,大概又在这部文本中增加了汉高祖刘邦在位时的相关诏令。从《二年律令》整体上有优惠吕氏家族的律条看,《行书律》也不排除增加了惠帝和吕后当政后的律条。

这部《行书律》一下将西汉初年的邮政制度较为全面地呈现在世人面前,为梳理秦汉邮政制度的演变打开了一扇大门。

二、确保文书安全的制度

对于通信而言,确保文书的安全是公文制度的重中之重。为防止传递过程中文书泄密和被篡改,以及被遗失,除使用纯技术手段,如封印、收发登记外,还要严惩篡改、冒用文书者,并对文书传递者的资质作出限制。

(一)封印制度及相关罚则

在以简牍为书写材料的年代,密封文书是在缮写好公文文本的简牍上再覆盖一简,以一根缄绳将覆简与所覆之简上下绕行三道捆紧,并将缄绳打结后置于封泥槽中,填实封泥再摁上官印印记并烘干。这样一来,在不破坏封泥或割断缄绳的情况下,就无法看到文本内容。而更换缄绳来重新封闭,又因原封

① 张家山二四七号墓竹简整理小组:《张家山汉墓竹简(二四七号墓)》,文物出版社 2001 年版。

② 有学者认为《二年律令》的二年有可能指高祖二年(前 205)或惠帝二年(前 193),张建国:《试析汉初"约法三章"的法律效力——兼谈〈二年律令〉与萧何的关系》,《帝制时代的中国法》,法律出版社 1999 年版;邢义田:《张家山汉简〈二年律令〉读记》(订补稿,连载一),简帛网 2006 年 1 月 14 日发布。

泥带有的官印印记而难以还原,这就有效杜绝了擅自拆阅而不被发现的情形。在简牍时代,这种闭锁文书的方法几近完美,非伪造官印而不能不为人所察。

闭锁文书所覆之简称检,有如器物之盖。对于检字的来历,《急就章》颜师古注曰:“检之言禁也,削木施于物上以紧闭也,使不得辄开露也。”检除了用于封闭文书,还可以用来封闭盛放文书的囊袋,故与公文传递大有关系。检由发文者题上受书者的名址,称署。《说文解字》:“检,书署也。”徐锴注:“书函之盖,三刻其上,绳缄之,然后填以泥,题书其上而印之也。”检上多挖槽,以藏绳结并防封泥脱落,因缄绳要绕行三道以捆扎结实,故两侧槽帮都刻有三道齿,以固定缄绳。此槽即称封泥槽,又因封泥上摁有官印,古人又称印齿或印窠。王国维形容说:“检之为制,有穹隆,其背作正方形如覆斗,而刻深其中以通绳且容封泥者,汉时谓之斗检封。”①

里耶秦简可见由于公文传递频繁,连刑徒亦被差遣送信。这种局面下,公文发送前都要封印。一些不封检的公文,为使其生效,亦需在作为公文载体的简牍上制作印窠以填入封泥并用印,这与现代公文使用公章是一样的。

战国秦汉一脉相承。

首先是对丢失官印者的严厉惩罚。张家山汉简《贼律》规定:“亡印,罚金四两,而布告县官毋听亡印。”汉代所说罚金就是罚黄金,当时 4 两黄金大约相当铜钱 2500 钱,是极重的经济处罚。这条律文的后半句是说丢失官印就要公告该官印失效,不要再轻信这通官印。里耶秦简 8—1234 号简见有为衡山郡直辖官署的“衡山发弩”印丢失,而由衡山郡守发布的告示公文。这通告示抄件出现在洞庭郡属县文档中,说明丢失官印,至少周围各郡都要公告。

其次对于冒用官印也给以严惩。秦汉将封印手段简称为“封”。《史记》卷六《秦始皇本纪》载始皇死于巡行途中,太监赵高与公子胡亥、丞相李斯篡改遗诏,“阴谋破去始皇所封书赐公子扶苏者”。这段历史是说秦始皇生前已密封遗诏,交代好发丧前传递给镇守北边的扶苏,使其赶回咸阳即位,而赵高伙同胡亥、李斯密谋破除了秦始皇遗诏上的封印,篡改遗诏,达到了篡权目的。

① 王国维原著,胡平生、马月华校注:《简牍检署考校注》,上海古籍出版社 2004 年版,第 88 页。

而在正常的统治秩序中，凡冒用封印者皆严惩不贷。甚至打开冒用官印的假公文而未察觉，再用真官印加封伪书而转发他处者，皆须严惩，如打开伪造文书而未察觉的，要罚两件甲衣，但涉及公文的过失大多是采用赀（是秦律中以罚物、罚钱来惩处过失或罪行的刑种）来刑罚。盗用官印来封缄文书的犯事者要按伪造官印罪来论处，而伪造官印在秦律中是处以弃市（即当众执行死刑）。汉代，冒用皇帝印玺者则要处以极刑，冒用其余官印者，皆按所冒官印的高低阶等治罪。张家山汉简《贼律》：

伪写皇帝信玺、皇帝行玺，要（腰）斩以匀（徇）。伪写彻侯印，弃市；小官印，完为城旦舂①

徇，有公开展示的意思；腰斩系用斧钺。当众腰斩是秦汉最重的刑罚，意在严惩冒用和伪造皇帝印玺。彻侯，爵位名，为秦汉二十等爵的最高级。小官印为两百石以下级别的官印，"完为城旦舂"是指动用毁伤身体的肉刑后再充作刑徒，"完"是留下终身残缺的刑罚。城旦舂，刑徒的一类，男称城旦，女称舂，意为从事修造城墙和舂米那样的苦役。

湖南省张家界市古人堤东汉遗址所出东汉简牍记有：

《贼律》曰：伪写皇帝信玺、皇帝行玺要（腰）斩以□。伪写汉使节、皇大（太）子、诸侯、三列侯及通官印弃市；小官印完为城旦舂。敢盗之及私假人者，若盗重以封及用伪印皆各以伪写论……②

可见，东汉在西汉基础上对冒用官印的治罪更加繁复。"盗重以封"指拆除或覆盖原封印而另封以新印。该律条最后一句是说盗用官印或掌管官印而私下挪用予他人者，凡官印被用于文书犯罪的皆以伪造官印来论处。

最后对封印完整性的要求。为防止公文在传递过程中被私自拆阅并改动，秦汉律令皆有针对封泥完整性的要求。

首先是封检的制作要符合保护封泥完好的要求，岳麓秦简 1162 号简：

令曰：书当以邮行，为检，令高可以旁见印章……

① 张家山二四七号汉墓整理小组编：《张家山汉墓竹简（二四七号墓）》，文物出版社 2001 年版，第 134 页。

② 湖南省文物考古研究所、中国文物研究所：《湖南张家界古人堤简牍释文与简注》，《中国历史文物》2003 年第 2 期。

此简所记当为有关行书的诏令,是说公文的文种只要达到可以用邮来传递的级别并确实打算以邮传递,则其所用封检的厚度要达到保护好封泥上的印记能让收文者看清印章的程度,“令高”是诏令对邮递公文的封检所要达到的厚度所做的规范,这个厚度是指封检隆起的部分。检达到一定厚度,检上的印窠才能刻到一定深度,才能使封泥上的官印印记不被摩擦而致破损或印文模糊。后面要讲到,邮在秦汉时期是长途接力步递,且因传送的大多为紧要公文,有时要以“利足”递送,即由跑得快的邮人一路跑步递送,这就难免使邮囊中的多件邮书互相磨损。或许是因为这个原因,所以要对“邮行”寄递的公文封检做特别规定。

其次是封印若有损坏,为不影响传递,需予弥补。张家山汉简《行书律》规定:

书以县次传,以及邮行,而封毁,过县辄劾印,更封而署其送檄曰:封毁,更以某县令若丞印封。①

这一条的意思是说公文在县级单位依次传递,或在以邮传递的过程中,凡封泥毁坏者,正当路途的县廷要立即查验破损封印,更换新的封印,并要专门缮制一枚檄随这件“封毁”的公文一起继续传递,檄上还要写明:“封毁,更以某县令若丞印封”。

传递公文而发生毁封情形,责任人要受罚。张家山汉简《行书律》规定:

诸行书而毁封者,皆罚金一两。

若毁封后,弄虚作假,掩盖错误,则加重处罚。张家山汉简《贼律》:“毁封,以它完封印印之,耐为隶臣妾。”②即文书封泥被毁,相关责任人却以其他官印重新封印以掩盖过失的要罚为刑徒。耐,即耐刑,是剔除颜面毛发的轻度肉刑加不等刑期劳役刑的复合型。③ 张家界古人堤《贼律》亦见有“毁封”处罚律条。

倘若有意破坏封印,则比照偷盖官印论处。张家山汉简《贼律》:“盗书、弃书官印以上,耐□”。盗书、弃书官印,盗书官印指偷盖官印于文书,弃书官

---

① 2001年版《张家山汉墓竹简》释“□县□劾印”。何有祖训“□劾印”前一字为“辄”,简帛网发布。邬文玲释为“过县辄劾印”,《张家山汉简〈二年律令〉释文补遗》,《简帛研究(2004年)》,广西师范大学出版社2004年版。彭浩依据红外线检测亦释为“过县辄劾印”,《二年律令与奏谳书》,上海古籍出版社2007年版。

② 朱红林:《张家山汉简〈二年律令〉集释》,社会科学文献出版社2005年版,第23页。

③ 程令政:《秦及汉初刑罚制度研究》,吉林大学2020年博士学位论文,第133—153页。

印指擅自破除文书上的封印。擅自破除文书封印在实际场景中多发生于呈给指定收件人以前就被拆封,这在文书行政当中也是绝对不能容忍的,因而罪罚同于偷盖官印于文书,一律以耐刑为最低量刑标准。

秦汉收发公文皆有专门记录,封印是记录中不可或缺的项目。如里耶秦简16—3号简:"尉曹书二封,丞印。一封诣零阳。一封诣昆阳邑。九月己亥水下八,走印(?)以口。"这是发文记录,"尉曹"是发文机构,"二封"是记录本次封印公文的件数,"丞印"是记录封印所用为县丞官印。后面则记这两件封印公文的送达地,即一送零阳,一送昆阳邑。"九月己亥水下八"是记录文书发送的月份、日期和时刻,"水下八"是漏刻计时。"走印"是记录具公文递送的责任人,"走"是和递送公文密切相关的职务,由徒步递送的方式得名。"印"为人名。

汉简多见"一事一封""一事二封""一事集封"的发文记录,封即指所封官印。有关实例将在后面分解。

(二)惩治冒用文书者的刑罚

假造文书在秦汉称"伪书""伪写"。自打封印制度实施后,冒用公文者往往同时犯有伪造官印罪,如《史记》卷一二九《货殖列传》所言:"舞文弄法,刻章伪书,不避刀锯之诛者,没于赂遗也。"伪造文书不惧重刑,这种情形大概自文书行政之始就已出现,尤其是钻了公文传递过程中,空间阻隔,异地查证不便的空子。假冒文书犯罪给以传递公文为核心的古代邮政运行带来极大问题,故严惩假用文书者,亦成为古代邮政制度的应有之义。

汉初即将针对矫制、诈伪、逾封等文书犯罪行为的刑罚放入《贼律》,给予重惩。冒用文书罪以篡改中央下行文书,尤其是制书和诏令最为严重,在汉代称矫制、矫诏。矫制包括了传抄失误等情况,不管主观意图如何,只要造成危害,一律处以重刑。张家山汉简《贼律》:"挢(矫)制,害者,弃市;不害,罚金四两。"《汉书》卷一七《景武昭宣元成功臣表》如淳注曰:"律:矫诏大害,要(腰)斩。有矫诏害,矫诏不害。"据考证,矫诏造成严重危害处以腰斩,这是吕后至汉武帝年间的律法,《二年律令》在此之前,故未有此律条。[①] 如淳引汉律未言

① 孙家洲:《再论"矫制"——读〈张家山汉墓竹简〉札记(之一)》,载中国秦汉史研究会编:《秦汉史论丛》第9辑,三秦出版社2004年版。

矫诏造成一般危害将如何处置,从张家山简可知矫制害者,一律弃市;不害者,则给予较重的经济处罚。

而撰制、使用一般的假造公文也要给予重罚。张家山汉简《贼律》:"为伪书者,黥为城旦舂。"

利用文书传递,擅自散播信息也会危害皇权,故需严防。睡虎地秦简《法律答问》:

> "有投书,勿发,见辄燔之;能捕者购臣妾二人,(系)投书者鞫审谳之。"所谓者,见书而投者不得,燔书,勿发;投者[得],书不燔,鞫审谳之之谓也。

引号一句话系律令原文,投书即匿名信,这一律条是说发现投来的匿名信,不得拆开,见到了要立即烧毁,如果能把投匿名信的人抓获,政府奖励男女两个奴隶,而对于投信人要囚禁、审问定罪。下面一段话是对这一律条的解释,说看到匿名信而没有抓获投信人的,要立即烧毁信件,如果拿获了投信人,那就不要烧毁信件,而是审问投信人并定罪。

严惩匿名投书者,自秦汉以后不绝于律令,可见在专制社会的正常统治秩序下,无论出于何种目的的匿名投书都是被禁止的,而根据匿名信提供的线索来办案也是被禁止的。汉初见有不得以匿名信提供的内容来定罪的律法,张家山汉简《具律》:"毋敢以投书者言系治人。不从律者,以鞫狱故不直论。"即不能凭匿名信作为治罪的司法证据,不遵守这一律条的人,则要被囚禁、定罪。张家山汉简《贼律》则有重治"投书、县(悬)人书"行为的律条,县(悬)书是指公开张贴的匿名揭帖。

(三)回执制度与丢失公文的处理

睡虎地秦简《行书律》有两条:

> 行传书、受书,必书其起及到日月夙暮,以辄相报也。书有亡者,亟告官。
>
> 书廷辟有曰"报",宜到不来者,追之。

岳麓秦简《行书律》也有类似律条:

> 行书律曰:传书受及行之,必书其起及到日月夙暮,以相报。宜到不来者,追之。书有亡者,亟告其县。

又里耶秦简 8—122 号：

言事守府及移书它县须报。

可见在秦代的公文传递制度上，“报”是一道必须履行的手续。“报”既是收到公文后要给发文单位回报而形成的一个文种，也指签收来文后正式行文回报的行为。

报在里耶秦简中有突出表现，下举 9—1 号简正面：

卅三年四月辛丑朔丙午，司空腾敢言之：“阳陵宜居士五（伍）毋死，有赀馀钱八千六十四。毋死戍洞庭郡，不智（知）何县署。·今为钱校券一，上谒言洞庭尉，令毋死署所县责以受（授）阳陵司空。司空不名计，问何县官计年为报。已訾责其家，家贫弗能入，乃移戍所。报，署主责发，敢言之。”

四月己酉，阳陵守丞厨敢言之：“写上谒报，报，署金布发，敢言之。”/儋手。

这是洞庭郡所转发的来自秦人故地关中阳陵县（今陕西西安高陵区）的追债公文，因被追讨赀赎钱的阳陵戍卒正在洞庭郡迁陵县服役，因而涉及了阳陵县、洞庭郡与迁陵县三方。现在见到的是洞庭郡下行给迁陵县的文本，这里节录的是这份下行公文起首移写的两件阳陵县公文。第一件是秦始皇三十三年（前 214）四月初六日这天，阳陵县一名官职为司空，名“腾”的官员为本县名“毋死”的士伍（无爵庶民）所欠赀钱制作了一份财务校验单据，请求行文洞庭郡来追讨。毋死家中无钱偿还这笔欠款，而毋死本人已遣戍洞庭郡，只是阳陵县吏不知其具体在“何县署”，即驻防地归哪个县管辖，于是请求行文洞庭郡主管军事的郡尉来下令毋死驻防的县予以催讨。文末云：“报，署主责发”，是说文书送抵后，要有针对这件公文的回执文书，要由负责相关事务的吏员开启这份公文。第二件是三天后，即四月初九日，阳陵县代理县丞“厨”抄录了司空腾的公文转给处理赀的专业机构“金布”，这件公文依然强调要“报”。“儋手”是标记制作这件公文的经手人名叫儋。

再看 9—1 号简背面：

卅四年六月甲午朔戊午，阳陵守庆敢言之：“［至今］未报，谒追，敢言之。”/堪手。

卅五年四月己未朔乙丑，洞庭叚(假)尉觿谓迁陵丞，阳陵卒署迁陵，其以律令从事，报之，当腾腾。/ 嘉手。·以洞庭司马印行事。敬手。

应该是阳陵县发出的公文迟迟不见回报，阳陵代理县令“庆”亲自出面，于秦始皇三十四年(前 213)六月十三日又向洞庭郡发了一封公文，声明至今没有得到回复，再次要求给予回报。这件追问的公文是由“堪”经手。最后，秦始皇三十五(前 212)年四月初七日，洞庭郡终于把阳陵县的公文转发到迁陵县，说阳陵戍卒现由迁陵管辖，应按律令处理，要“报”，并要将这件公文抄录传送给有关部门。① 洞庭郡发来的公文是由“嘉”经手。简牍的最后一段是迁陵县开启公文的记录，首记来文封印为“洞庭司马印”，为洞庭郡司马代洞庭郡尉行事，次记打开公文的经手人名“敬”。

里耶秦简 9—1 号到 9—12 号由整理者连续编号的简牍是同类事项的一组公文，12 枚简牍涉及了 12 名正在迁陵服役的阳陵戍卒，是阳陵县请求洞庭郡协助追讨他们所欠赀钱和赎钱，并由洞庭郡转发迁陵县的公文原件。12 枚简牍的公文格式几乎完全一样，1 枚简牍针对 1 名欠赀赎钱的阳陵戍卒。在千里迢迢的阳陵县与洞庭郡之间，这组公文的办理时间跨度达三年之久，最后由迁陵县将这些公文作为存档集中起来。这其中动用的人力资源甚为可观，秦代文书行政的一丝不苟可见一斑。而由阳陵县、洞庭郡发出的公文，每一件无不强调“报”，亦可见秦代公文传递回执制度是被严格执行的。

“报”或“报之”这样的提示语在秦汉公文用语中亦作“书到言”，如里耶秦简 J1⑧152 号简：

卅二年四月丙午朔甲寅，少内守是，敢言之。廷下御史书，举事可为恒程者，洞庭上帬直，书到言。今书已到，敢言之。

“今书已到”表明该简是一件回执公文，只是回执公文的正本已寄走，留在迁陵县文档中的是这件回执公文的副本。这件回执公文的副本与正本应是一字不差的，起首直到“书到言”是忠实抄录来文，以明确回执所针对的是哪一件

① “当腾腾”，秦代公文常用语，胡平生释两个“腾”皆为“謄”，意为“应当移写抄录的部门就抄录给他们”，《读里耶秦简札记》，载甘肃省文物考古研究所、西北师范大学文学院历史系编：《简牍学研究》第 4 辑，甘肃人民出版社 2004 年版。张春龙、龙京沙以为第二个腾是传送的意思(《湘西里耶秦代简牍选释》，《中国历史文物》2003 年第 1 期)。

公文。书到言，秦汉公文程式化用语，以警示收文单位及时回执，汉简中亦用“言到日”来表达。20世纪初，当王国维见到斯坦因在敦煌汉塞所获汉简的照片，专就简中“言到日”考释道：“言到日者，犹《史记·三王世家》及汉碑诏书后所谓‘书到言’也。汉时行下公文，必令报受书之日，或云书到言，或云言到日，其义一也。”①

“报”既是对文书行政效率的追求，也是为使公文丢失后能及时发现。对于丢失公文者必加惩处的律令自战国时期即已形成，即使失而复得也要处罚，睡虎地秦简《法律答问》：

> 亡久书、符券、公玺、衡羸(累)，已坐以论，后自得所亡，论当除不当？不当。

久书，钤有印章的文书。这一条是问丢失公文者如果已经治罪，后来丢失者自己将公文找回，该不该免予处罚？标准答案是：不该。

张家山汉简《贼律》则明确规定对“亡书”者要罚金二两。

(四)对公文传递者的资质要求

自战国以来，公文传递日益增多，官府为此负担益重，官府刑徒亦被差遣送信，但为保障公文安全，律令对公文传递者，特别是重要公文的传递者作出了资质要求。睡虎地秦简《行书律》：

> 书有亡者，亟告官。隶臣妾老弱及不可诚仁者毋令②

前一句是说公文丢失，要赶紧报告官府。后一句是说那些在官府服劳役的男女刑徒，凡诚实可靠，非老迈病弱者可以差遣去递送公文。

岳麓秦简1377号：

> ●行书律曰：毋敢令年未盈十四岁者行县官恒书，不从令者，赀一甲。

恒书是讲述犯人情况及处理办法的公文，相当于司法处理意见书，是重要的公文，因而特别规定不能用未满14岁的传递者。

---

① 王国维：《敦煌汉简跋四》，《观堂集林》，河北教育出版社2003年版，第418页。王国维所跋之简，林梅村、李均明编为第203号，释文为：“□二月庚午敦煌都尉子光丞万年谓大煎都候写移书到定部(甲面)□□言到日如律令 /卒史山书佐遂昌(乙面)”，《疏勒河流域出土汉简》，文物出版社1984年版，第44、45页。

② 睡虎地秦墓竹简整理小组：《睡虎地秦墓竹简》，文物出版社1990年版，第61页。

岳麓秦简 1384、1388 号简：

> ●行书律曰：有令女子、小童行制书者，赀二甲。能捕犯令者，为除半岁徭，其不当徭者，得以除它人徭。

皇帝和以皇帝的名义下行的公文，自然最重要，所以凡有差遣女子和未成年人去递送制书的，要给予较重的经济处罚。并规定要是能抓获违犯这一律条的当事人，官府给予免除半年徭役的奖励，如果立功者因有爵位而本人不需承担徭役者，可按其指定免除他人徭役。

在里耶秦简中有一枚珍贵的邮人任命简，依简牍用语被研究者命名为"除邮人"简。① 这枚编号为 J1⑧157 的简，全文移写如下：

> 卅二年正月戊寅朔甲午，启陵乡夫敢言之：成里典、启陵邮人缺。除士五（伍）成里匄、成，成为典，匄为邮人。谒令、尉以从事。敢言之（正）。
>
> 正月戊寅朔丁酉，迁陵丞昌郄之启陵：廿七户已有一典，今有（又）除成为典，何律令。应：尉已除成、匄为启陵邮人，其以律令。气手。正月戊戌日中守府快行。
>
> 正月丁酉旦食时，隶妾冉以来。欣发。　　　　壬手。（背）

里耶秦简"除邮人"简（8—157）。左为背，右为正，引自《文物》2003 年第 1 期。

简牍正面，是迁陵县下辖的启陵乡长官乡啬

① 于振波：《里耶秦简中的"除邮人"简》，《湖南大学学报（社会科学版）》2003 年第 3 期。

夫上行迁陵县的请示文书，请示任命名“匄”的人为启陵乡的邮人，以填补该乡按编制所缺邮人。文书同时请示拟任命名“成”的人为启陵乡下辖的成里里典。里典是一里之长，启陵乡啬夫解释提请这一任命的缘由同样是相关职位空缺。文书申报“匄”“成”的身份都是成里的士伍。士伍是没有爵位的在册平民。

这份公文是在“卅二年正月戊寅朔甲午”，也就是秦始皇三十二年（前215）正月十七日发出。背面书有文书到达的记录：“正月丁酉旦食时，隶妾冉以来。欣发。”也就是正月二十日早上由名“冉”的女性刑徒送达，再由名“欣”的小吏开启了这件公文。背面的主体部分是迁陵县对启陵乡请示的批复。在接到这份请示的当天，迁陵县名“昌”的县丞就代县令复函，批驳了启陵乡任命新的成里里典不合律令，质问成里二十七户，已有一个里典，为何又设一个里典，有何律令依据？批复指示：县尉已批准任命“成”“匄”两人都成为启陵乡邮人，并强调这是依法行事。这件批复文书由县廷名“气”的小吏经手，于“正月戊戌日中守府快行”，也就是在正月二十一日中午，由迁陵县名“快”的守府人员充当送信人，并记录是由“壬”经手交给“快”的。

这样一枚邮人任命简，透露的内涵颇为丰富。首先是邮人要由一乡之长的乡啬夫来推荐，并须报请县令和县尉批准，说明邮人的任职是很慎重的事情。

张家山汉简《行书律》反映出，邮人的任期可能是终身的，甚至要子承父业，一旦成为邮人，其家庭户籍也随之变化，有别于普通民籍，国家要分配专门的田宅，艰难邮路上的邮人还享有免除和减轻徭役赋税的待遇。因而，秦汉时期，将无爵的平民任命为邮人是人事上的提拔。①

三、保障公文时效的制度

文书行政发展到秦汉，如何保障公文的运转效率也是各级政府施政的重

① 胡平生：《读里耶秦简札记》，载甘肃省文物考古研究所、西北师范大学文学院历史系编：《简牍学研究》第4辑，甘肃人民出版社2004年版。

要方面,秦汉律令中对各类公文的传递时效制定了一系列条文,并形成了严苛的问责机制。

(一)确保传递时限与处罚迟留的规定

秦汉简牍反映出公文的交办和传递有严格规定,第一项措施是关于各类定期公文的传递频次,要根据文种和具体情况合理安排时间,以避免积压,这在岳麓秦简所见律令简的相关条文中有详细内容,如《内史仓曹令》规定:

> ●令曰:县官□□官(?)作徒隶及徒隶免复属官作□□徒隶者自一以上及居隐除者,黔首居(251/2142)及诸作官府者,皆日㽙薄(簿)之,上其廷,廷日校案次编,月尽为冣(最),固臧(藏),令可案殹(也)。不从令,丞、令、令史、官啬夫、吏(252/1854)主者,赀各一甲。稗官去其廷过廿里到百里者,日薄(簿)之,而月壹上廷,恒会朔日。过百里者,上居所县廷,县廷案之,253/1925 薄(簿)有不以实者而弗得,坐如其稗官令。内史仓曹令甲卅(254/1921)

秦时,大量刑徒劳作于包括仓在内的各类机构,这些县属机构需要按日分条记录刑徒劳作的情况,即"日㽙簿之"。被称为"作徒簿"的劳作簿上呈县廷后,按日编次并在月终汇总为"冣",以备案察。如有违反,则县廷与县属一干官员都要受到罚款一甲的惩处。该令条的第二部分就是根据县属各机构距离县廷的远近,规定了上呈劳作簿籍的频次、时间、地点等内容。若机构距离县廷在20里至100里范围内,则按日记录,每月朔日递送到县廷一次。过100里时,则向所在地的县廷上报,大约一般100里距离已超出本县。令条中没有单独提及距离在20里以内的处理办法,但考虑到距离较近的因素,县官的簿籍可能是按日记录并当天上报。看来离县廷较近的各官署上呈徒簿的时间较为灵活,不局限于朔日。

秦汉之际,定期例行公文以全国性的上计文书规模最大,报送时间和上报频率亦有规定。县级单位是于每年八月造簿后,于秋冬报送所属郡国。《续汉书》志二八《百官志五》县、邑、道、侯国条司马彪自注的本注曰:"秋冬集课,上计于所属郡国。"刘昭注补引胡广曰"秋冬岁尽,各计县户口、垦田、钱谷入出、盗贼多少,上其集(计)簿"。郡国则于每年岁尽报送于中央,《续汉书·百官志五》郡国条本注曰:“凡郡国皆掌治民……岁尽,遣吏上计。”刘昭补注引卢植礼注曰:“计断九月,因秦以十月为正故。”汉代,内郡上计皆于每年岁尽,边郡则三年上计一次。

例行公文之外,凡不定期收发的公文,都格外强调要合乎传递时限。严格执行公文传递过程中的时间记录就成为保障公文时效第二项措施。简牍文献中的律令类和邮递类的材料都表明,自战国时期的秦国起,历经秦汉时期,所有需要传递的公文在开头部分都必须标明发出的时间,以作为考核公文传递时限的起首环节。传递公文时限制度贯穿于整个传递过程的中转环节时间记录中,一直到收文单位将公文送达的时间记录后才算结束。战国秦汉,这样的记录流程可能有一个不断完善的过程,战国时期或许只记录传递公文发出和送达的时间。睡虎地秦简《行书律》规定:“行传书、受书,必书其起及到日月夙莫(暮),以辄相报殹(也)。”就是要求传递文书,必须记录启程与到达的时间,时间的记录不但要书写出月日,而且要精确到每天的早晚,以便及时得到回复。每件公文的寄送都有可能根据发文和收文双方的记录来进行考核,凡因滞留而未达时限要求的,要按律论处。

第三项措施是把所有需要传递的不定期公文分为紧急文书和一般文书。凡紧急文书都要在第一时间投送出去,不许有任何耽搁。睡虎地秦简《行书律》规定:

> 行命书及书署急者,辄行之;不急者,日觱(毕),毋敢留。留者以律论之。①

可见,早在秦始皇统一六国前,秦国就将传递公文划分为“紧急”和“不急”两大类。凡传送君主命书及那些标示了紧急字样的公文时,要立即传送;不急的公文可以稍缓,但也要在当天发出,不能滞留。凡滞留公文的责任人要一律依法处理。岳麓秦简1250号与0792号简:

> ●行书律曰:传行书,署急辄行,不辄行,赀二甲。不急者,日觱(毕);留三日,赀一盾;四日上,赀一甲。二千石官书留弗行,盈五日,赀

① 引自睡虎地秦墓竹简整理小组:《睡虎地秦墓竹简》,文物出版社1990年版,第61页。

一盾；五日到十日，赀一甲；过十日到廿日，赀二甲；后又盈十日，辄驾(加)一甲。①

这一律条是对延误公文递送的处罚量刑标准，根据轻重程度受相应的经济处罚。具体规定是标有紧急字样的公文，没有立即传送出去的，要罚两件甲衣。不急的公文，也应在当天送出，滞留三天者，罚盾一副，滞留四天以上者，罚甲衣一件。二千石官员(郡守一级)的文书滞留满五天的罚盾一副，滞留五天到十天的，罚甲衣一件，超过十天到二十天的，罚甲衣两件，二十天以上的，每满十天加罚甲衣一件。比较"传行书……留三日，赀一盾"与"二千石官书……盈五日，赀一盾"，则"传行书"的时限等级要高于传递二千石官员的文书，传行书似为一专用语，到底指什么尚待考证。

岳麓秦简 1893 号简：

●令曰：治书，书已具，留弗行，盈五日到十日，赀一甲，过十日到廿日，赀二甲。后盈【十】日，辄【驾一甲】

岳麓秦简 1805 号简：

●令曰：邮人行书留半日，赀一盾；一日，赀一甲；二日，赀二甲；三日，赎耐；过三日以上，耐。●卒令丙五十

邮人传递的都是比较紧要的公文，所以"署急"之外的传递公文亦不能耽搁，滞留半天就要处罚，直到滞留三天就要处以可以用钱赎买的耐刑，过了三天就要处以不可赎罪的耐刑了。

除了律令规定外，一些公文自身也会有关于传递的指令语，以不误时限。如里耶秦简 9—2361 号简：

行此书者勿留，

书二月乙亥旦食起诣廷。

第一行是这件公文在传递中不能被滞留的警示，第二行记录了公文开始发送的时间。

张家山汉简《行书律》在秦律的基础上，列有三条针对没有将公文及时转送出去的处罚律文。其一：

---

① 引自陈松长：《岳麓书院藏秦简中的行书律令初论》，《中国史研究》2009 年第 3 期。

发致及有传送，若诸有期会而失期，乏事，罚金二两。非乏事也，及书已具，留弗行，行书而留过旬，皆盈一日罚金二两。

意思是凡传递公文，若有时限要求而未按期送达，耽误事的，要罚金二两；没有耽误事的，在递送环节滞留时间超过一旬以上的，则再超过者，每天罚金二两。其二：

邮吏居界过书，弗过而留之，半日以上，罚金一两。

其三：

邮人行书，一日一夜行二百里。不中程半日，笞五十，过半日至盈一日，笞百；过一日，罚金二两。

可见，汉初对邮的传递速度，有明确的程限要求。中程，是指在规定时间内走完规定的距离，这种标准就叫程限。邮人的程限是一昼夜 200 汉里，未达到这个里数就叫不中程。不中程半天，即在规定时限内少走了 100 汉里，对于负责这段邮路的邮吏要罚金一两，对于当班的邮人要鞭笞 50 下；不中程超过半天到一天，也就是在规定时限内，传递的距离差了 100—200 汉里的，要罚邮吏金一两，邮人要鞭笞 100 下；不中程超过了一天，即规定时限内少走了 200 汉里以上的，邮人罚金二两，邮吏应当也是二两。相关的处罚规定，居延新简 EPS4T2：8B 号简记有：

不中程百里罚金半两，过百里至二百里一两，过二百里二两；不中程车一里，夺吏主者劳各一日，二里夺令□各一日。

对照张家山汉简《行书律》，这应该是针对分段负责邮路的邮吏的罚则，即在所监管的路段遇有公文传递迟缓，不中程 100 汉里的要罚金半两，差了 100 汉里以上而没有超过 200 汉里的罚金一两，超过了 200 汉里罚金二两。

秦汉有关公文传递程限的律法在实际运作中是被严格执行的，里耶秦简中的公文一旦进入邮递环节，必记录传递者的名字和携带文书出发的具体时间，详细到刻。如 8—154 号简：

卅三年二月壬寅朔朔日……（正）

二月壬寅水十一刻刻下二，邮人得行。图手。（背）

正面所记就是公文生效的年月日；背面所记传递者是邮人“得”，“二月壬寅水十一刻刻下二”为其上路时刻，是漏刻计时，“行”在此是送出去的意思。最后的“圂手”是说这件公文的生效和启程的时间是由“圂”经手记录的。

在里耶秦简中，还有公文传递过程中的时间记录，如 8—1432 号简：

/□以邮行。十月丙子食时过□□

/□临沅□□一月甲□夕过□□邮。（正）

/ 十一月丙申旦过□邮。

/十一月癸卯旦过酉阳□邮。（背）

这是一件伴随“以邮行”的长途公文一起传递到迁陵县的邮程记录，近似后世排单，以作传递合不合程限的稽查证据。

公文不能按时传递，汉代习称“留迟”，留迟的责任人必被追究、处罚。《合校》55 · 11，137 · 6，224 · 3+55 · 12A+55 · 13，224 · 14，224 · 15 号简：

十一月邮书留迟不中程，各如牒。晏等知邮书数留迟，为府职，不身拘校而委。

□□□宪程课之谓掾尽问之□

任小吏忘（妄）为中程，甚毋状。方议罚，檄到，各相与邸校，定吏当坐者言，须行法。

这是一件上级单位的下行弹劾书，意思是说汇总了十一月的邮书传递记录，审核出其中留迟不中程的各项记录并编制成单独的文件，“晏”等当事人明知邮书几番留迟，却没能尽职追查。下面的内容是在一枚残简上，大意是说相关人员在程限考核时有不实之词。最后一段是说当事人任由小吏妄言程限达标，目无法纪。刚刚合议给予惩罚，这件弹劾书以檄的形式下达后，各相关单位要核对有关邮书传递的记录档案，如果犯事吏员确如弹劾所言，必须依法制裁。

公文传递过程中的时间记录，是依法制裁留迟的重要证据。在居延汉简中有大量记录过往公文交接时间的简牍，如《合校》49 · 22，185 · 3 号简：

南书二封，皆都尉章，诣张掖大守府，甲戌六月戊申夜大半三分执胡卒□受不侵卒乐，己酉平旦一分付诚北卒良。

这是在西北居延边塞由烽燧间的士卒来传递公文，首先记录的是该批次交接的邮件是南行的两封公文，封的都是都尉的官印，是寄往张掖太守府的，在甲戌年的六月戊申日这天夜里的“大半三分”由执胡隧的兵卒从不侵隧的兵卒“乐”手中接收过来，在己酉日黎明前的“平旦一分”交代给了诚北隧的兵卒“良”。

（二）制定邮程表

秦汉简牍中皆见有罗列地名与相互间里程的文书，整理者多称为里程表，此种文件系为考核传递公文或运送物资的程限而制定，故可称邮程表。

里耶秦简见有3件邮程表，分别是16—12、16—52、17—14号简，虽然磨损残缺较为严重，但作为邮程表是显而易见的。从残存的地名看，3件邮程表所记载的都是迁陵县前往中原地区的邮路，或陆路，或水路，经补释残缺部分，所涉及的邮路竟北达蓟城（今北京），且16—12号简所反映的地名，系秦统一前的战国地名。① 依此结论，可以推测邮程表的最初推广当与秦国进行的统一战争有关。

16—52号简列出的是中原前往迁陵县的邮路，简牍第一栏字迹基本湮没，现只剩下第二栏：

鄢到销百八十四里，

销到江陵二百卌六里，

江陵到孱陵百一十里，

孱陵到索二百九十五里，

索到临沅六十里，

临沅到迁陵九百一十里，

［凡］四千四百卌里。

鄢在今天湖北宜城市东南，鄢到迁陵这一段，简文计数为1805秦里，而这份邮程表所记总里程为4440秦里，故知起点必远在黄河流域，有可能起自咸阳。②

16—12号简亦为残简，第一栏只存部分里数，已无法考证。第二栏所存地名尚清晰：

高阳到/

武垣到/

饶阳□/

① 黄锡全：《湘西里耶地理木牍补议》，《湖南省博物馆馆刊》第4辑，岳麓书社2007年版。

② 王焕林：《里耶秦简释地》，《社会科学战线》2004年第3期。

乐成□/

武邑/

信都/

武□/

宜成/

所列地名都在今天河北及河北与山东交界一带，当为秦国灭赵，甚至是灭燕后的产物。如此邮程表出现在迁陵县，综合已刊布的里耶秦简看，当与征调军事物资有关。

17—14号简亦残，但正面第一栏的地名和里数相对完好：

□阳到顿丘百八十四里，

顿丘到虚百卌六里，

虚到衍氏百九十五里，

衍氏到启封三百五里，

启封到长武九十三里，

长武到傿陵八十七里，

傿陵到许九十八里。

顿丘在今天河南境内，此段所记正是中原邮路。该简第二栏仅余“许”，背面却仍存“泰凡七千七百廿二里”。如此超长距离，则该简所记邮路或北起长城，或南过迁陵。

上举里耶秦简中的3枚简，是迄今所见最早的邮程表。北京大学所藏“秦水陆里程简册”亦属同时期与此类文献相关者，但其所记地名与路线交叉参错，而非连贯在一条邮路上。从这件简册根据季节水量变化而定出的行船和陆地重车程限看，是与大宗物资转输有关，且为官吏所作自用文本。然而这件简册所录水陆距离又有精确到步的，无疑是实测里程，如“競邮渚到競口七十二里、仓下到競邮渚二百步”。[①] 考虑到运输物资的路线多与邮路重合，因而这册“水陆里程简册”所记道里数据的相当一部分很可能引自邮程表。

① 辛德勇：《北京大学藏秦水陆里程简册的性质与拟名问题》，载陈伟主编：《简帛》第8辑，上海古籍出版社2013年版。

邮程表在西北汉塞出土的汉简中亦有,居延新简和悬泉汉简中各有一件,先看居延新简 EPT59:582 号简:

长安至茂陵七十里,月氏至乌氏五十里,

茂陵至茯置卅五里,乌氏至泾阳五十里,

茯置至好止七十五里,泾阳至平林置六十里,

好止至义置七十五里,平林置至高平八十里,

……

(以上为第一栏)

媪围至居延置九十里,删丹至日勒八十七里,

居延置至觻里九十里,日勒至钧耆置五十里,

觻里至偦次九十里,钧耆置至屋兰五十里,

偦次至小张掖六十里,屋兰至垦池五十里,

……

(以上为第二栏)①

此简上下左右四组简文各自连贯,但相互割裂,地名不相衔接。可断定这件邮程表是在简册编好后通栏书写,缺载部分系简册中的其他简散失所致。此简为松木制作,长 22.9 厘米,宽 2.1 厘米,共列地名 20 处,从地名排列顺序和地理方位推测,所缺佚部分的地名应与现存者相等,总共应是 40 处,里程应达 2000 余里。②

再看悬泉汉简 II0214①:130 号简:

仓松去鸾鸟六十五里,鸾鸟去小张掖六十里,小张掖去姑臧六十七里,姑臧去显美七十五里,氐池去觻得五十四里,觻得去昭武六十二里府下,昭武去祁连置六十一里,祁连置去表是七十里,玉门去沙头九十九里,沙头去干齐八十五里,干齐去渊泉五十八里。·右酒泉郡县置十一·六百九十四里。③

① 引自肖从礼:《居延新简集释(五)》,甘肃文化出版社 2016 年版,第 80 页。

② 参见何双全:《汉代西北驿道与传置——甲渠候官、悬泉汉简〈传置道里薄〉考述》,《中国历史博物馆馆刊》1998 年第 1 期。

③ 胡平生、张德芳编:《敦煌悬泉汉简释粹》,上海古籍出版社 2001 年版,第 56 页。

据整理者介绍此简为一木牍,下部和两侧残缺。

里程简反映了自战国晚期秦发动统一战争开始,到秦汉大一统,各地都有制度性的邮程表编纂。其程序可推断为由属县上报邮路的各段里程至郡,郡再汇编属县里程后上报至中央,中央核实全国各邮路邮程后,再下达郡县,作为考核公文传递时限的标准。

汉代,每一件公文的传递都要依照由邮程表核算的时限进行考核,如《合校》157 · 14 号简:"北书三封……九月庚午下铺七分,临木卒副受卅井卒弘;鸡鸣时,当曲卒昌付收降卒福。界中九十五里,定行八时三分,[不及]行一时二分。"①此简亦为西北居延边塞烽燧间的士卒分段步递传送公文的记录,其中"界中九十五里"当即邮程表所列,由此折算出的传递时限叫"当行","定行"是实际走递用时,"不及行"意为不及程限,也就是提前到达的意思。此简所记实际用时八时三分,比规定提前了一时二分,可见规定时限是九时五分,也就是一里地行一分时间。汉代一天分为十六个时辰,一个时辰又分为十分。仅此一斑,即可见汉代邮递监控之严密。邮程表的编制和公文传递程限的稽核,无疑是国家确保文书行政时效的有力措施。

第三节　邮传制度

秦汉之际,步递、车递是全国性的,马递则至少在西汉尚未成为全国规模,船递则因地制宜。从通信功能讲,以步递的邮最为专业,马递次之,而车递主要是在接送官员的过程中捎带。秦汉时期,步递使用最广泛,尤其是"以邮行"所达到的地域范围和通信效率,在整个古代文明中都是不多见的。船递的情形,由于材料极度缺乏,只得省略。

一、"以邮行"为代表的步递

步递通信自原始社会就有了广泛实践,到战国晚期,至少是秦国已经建立了完善的步递通信组织,并随统一战争的步伐,迅速覆盖了原东方六国的疆

① 谢桂华、李均明等:《居延汉简释文合校》,文物出版社 1987 年版,第 257、258 页。

域。汉代,为行政、军事通信服务的步递组织不断扩张,即以汉简所见就一直绵延到河西走廊和罗布泊北岸,使中央政令畅行无阻,一直传达到基层前线哨所。步递通信在组织和传递方式上见有“以邮行”“以轻足行”“以亭行”“隧次行”。最重要的是“以邮行”。

(一)**“以邮行”**

就目前已有的史料看,“以邮行”载于战国晚期的秦国,汉承秦制,得到进一步发展。睡虎地秦简《田律》规定每年八月以前各地以县为单位上报农业灾害和大田禾稼汇总情况,实行“近县令轻足行其书,远县令邮行之”的制度。由此可见,“以邮行”是一种长途步递通信方式。到了汉代,简牍所见边郡塞防线上的重要公文大多为“以邮行”。这种在边塞上运行的邮,有不少是动用邮路沿途的基层军事单位人员来传递,如下面这两枚利用来文封检所作收文记录上所透露出的信息。

(1)张掖候塞尉

甲沟以邮行 已奏⊡

□□□卒同以来

EPT59:367

(2)甲渠鄣候以邮行

十二月辛亥临桐卒同来·三事

EPT59:681

以上两枚封检皆出土于内蒙古额济纳旗破城子 59 号探方,是实寄过的。此地即汉代甲渠候官所在地,两枚封检皆由发文单位大书“以邮行”,其所覆盖的底牍当是直发甲渠候官的重要文书(“甲沟”为王莽统治时易名),“以邮行”或“邮行”字样本身就带有对传递速度的指示,按张家山汉简《行书律》的规定是一昼夜 200 汉里,居延边塞邮路的要求是一昼夜 160 汉里。收文单位启封时所记小字,由此可以推断,这两封函件都是由临桐隧那个名叫“同”的隧卒传递过来的,他应该是因为善走而被调派执行“以邮行”的任务。临桐隧正当前往甲渠候官的邮路上,是这段邮路的最后一个站点。在其他关于公文传递的记录简牍上,还标有“邮卒”,这更说明了“以邮行”所动用的边塞士卒是专职或半专职的,这些从事送信的士卒,也被叫作“奉邮书走卒”。

（二）“以轻足行”

“轻足”意为行走迅捷，也指行走迅捷之人，如相传是军事家吴起所著的《吴子 · 图国》中说：“能逾高超远轻足善走者，聚为一卒。”①可见，具备快走禀赋之人自战国起，就受到军队和军事家的特别重视。在古代，“轻足”对官府的价值很大程度上也体现在送信上，《东观汉记 · 光武纪》记载：“（刘秀）遂令轻足将书与城中诸将。”睡虎地秦简《田律》所言“近县令轻足行其书”是指离咸阳较近的县，由县廷自己差善走之人来报告情况。里耶秦简有“利足行”（8—117），利足，亦善于行走，步速较快之人。秦汉之际，大量的地方行政文书是由各级官府自己差遣人员来步行传递。里耶秦简传递公文的记录简文中有“走贤以来”（8—133）、“走起以来”（8—373）、“走印行都乡”（8—984）等，其中的“走”皆步递之意。有些步行传递者明显属于基层官吏，如“佐处以来”（8—152 背）、“求盗簪袅阳成辰以来”（16—5 背）。有的则为刑徒，如前面提到的“隶妾冉以来”（8—157 背），还有“隶妾以来”（9—984），“隶臣尚行”（16—5 背）。这种差遣吏员、平民、刑徒送信大都是在县境之内，乡与县之间的文书传递通常是由乡里的平民来完成，如“不更成里午以来”（16—9），这是一个爵位为“不更”的平民。“以邮行”之外的步递公文传递，大多是临时差遣人员来进行，这些被差遣送信的人应尽量挑选擅长健走的人。从睡虎地秦简《田律》看，当时的基层单位应该是优先挑选善走之人当差，因而能够执行律法所要求的“轻足行”传递任务。

（三）“以亭行”

在敦煌、居延、悬泉汉简中都见有作为步递站点的亭，“以亭行”就是通过这样的站点来传递公文。与“以邮行”相较，“以亭行”属于中短途步递通信：

（1）效谷悬泉啬夫光以亭行

《敦煌汉简》1290

（2）甲渠鄣候以亭行

33 · 28

（3）周并私印

① 陈曦译注：《吴子 · 图国第一》，中华书局 2018 年版，第 50 页。

甲渠官亭次行

九月癸丑卒以来·一事

EPT26:7

(4)甲渠官亭次走行

□戍卒同以来转事

39·12

(5)张掖甲渠塞尉

甲渠官亭次急行

十月癸巳隧长尚以来

EPT48:118

以上皆为封检,且皆当短途。悬泉汉简则见有一郡之内的中等路途的传递记录:

(6)其二封檄一渊泉长印

一檄效谷左尉印

三月丁亥定昏时西门亭长望来付乐望亭长充世

西书三封檄三皆诣太守府 板檄一冥安令印

一封张奉德私印

Ⅰ0108②:5

(6)所见渊泉、冥安、效谷皆敦煌郡属县,当为郡内一次重要的公文传递。或因此故,传递交接的双方皆为亭长。而悬泉简所见非县令长签发的一般地方公文大多由亭卒经手传递,如Ⅰ0111②:111+Ⅰ0110①:103号简的传递交接责任人就标有"乐望卒印卩",正与(6)中的乐望亭长对应。悬泉汉简见有60个亭。与居延简所见的亭有别,悬泉简中相当一部分亭是作为连接敦煌郡属县与郡治,保障公文传递的专设站点,而居延简所见的亭大多是与烽燧一体的。(1)为发文单位所书封面,明确指示用"以亭行"的方式将文书递给悬泉置啬夫"光",这类"以亭行"的亭系县级单位之间,以及县乡之间传递公文的机构,由河西走廊广设郡县的历史背景造成。一些屯垦区也以亭来联系干线邮路,以保持这些较大的居民点与河西四郡郡治直到中央层面的联系。悬泉简所反映的亭的密度和较正规的设置,以及"以亭行"封检的较多出土,是同敦煌郡绾毂东西交通的繁忙公务相适应的。

同样是“以亭行”，送达甲渠候官者则是利用烽燧哨所作为中转站点的。虽然很多隧同时也称亭，但是不是所有隧都可以发挥亭那样的作用还不太清楚。在居延都尉府到甲渠候官的邮路上，传递普通文书应该是在一系列烽燧中选出距离适中，水源充足的烽燧来执行亭的功能。新出额济纳汉简见有“临道亭长”（2000ES7S：13）和“亭卒”（2000ES7SF1：127），且后一简在“亭卒”后面出现了作为隧名的“吞远”，都说明适逢交通线上的烽燧，是有一部分在行使亭的功能。这样，在塞防之地所出现的“以亭行”和“以隧行”是有区别的。

“以亭行”的传递方式中当有一气行走较长距离，隔过途中若干亭的模式，以减少逐亭传递所造成的烦琐中转手续。这样，以平常的步速就可以加快传递速度。但一些需要沿途所有亭都知道的消息，则采取逐亭传递，这就是“亭次行”，不紧急的采取“亭次走行”，紧急的采取“亭次急行”，后者当以跑步方式进行。

悬泉简所见“以亭行”有较高程限要求：

（1）☐元康元年十一月甲午日餔半时，临泉亭长彭倩受广至石靡亭长褰，到乙未日入时西门亭长步安付其廷，道延袤百廿四里廿步，行十二时，中程。

Ⅱ0213③：26

（2）甘露元年四月，东书五封，大守章。安民亭长谊光受敦煌乐望亭长真如，到临泉亭长贺付广至石靡亭长武，道延袤百卌里，行十五时。

Ⅴ1512③：17

这是目前仅见的有关亭传递公文的时限材料。（1）记录的是在敦煌郡两个属县之间的传递，石靡亭属广至县，是广至县最西端的一亭，再往西的下一亭就是效谷县所辖临泉亭。公文当自广至县廷发出，由石靡亭亭长交给临泉亭亭长，意味着传递过程由广至县境转入效谷县境。西门亭设于效谷县县城西门，公文最后经手西门亭亭长交给效谷县廷。这枚简类似于后面要说到的邮书课，是对这次公文传递在效谷县境内的过程所做的考核记录。“道延袤百廿四里廿步”指从临泉亭到效谷县治的距离，124汉里用时12时考核为“中程”，即符合时限规定要求,据此推算则“以亭行”的行进速度要求是 1 时行 10 汉里。西汉之际,1 天分为 16 时,从甲午日餔半时到乙未日入时,绝对超过了一天,所以此处的考评语“中程”颇难理解,或许可以说明“以亭行”不如“以邮行”要求的那样严。(2)是从敦煌郡治沿河西走廊干线邮路向东横跨效谷县境的传递,由敦煌县东端乐望亭的亭长交给效谷县西端安民亭的亭长,由于效谷县治不当干线邮路,故未绕行,而是沿干线直抵效谷县东端的临泉亭出县境,入广至县石靡亭。横跨效谷县境东西的干线邮路自安民亭到广至县的石靡亭总长 140 汉里,行 15 时。该简未交代是否“中程”,只能推测“以亭行”是以 1 时走行 10 汉里的标准来运行的。在步递的传送效率上,“以亭行”当仅次于“以邮行”,其运行和稽查模式皆以后者为参照。

里耶秦简见有“以门亭行”:

> 邦尉、都官军在县界中者各☐
> 皆以门亭行,新武陵言书到署☐

8—649

与前述张家山汉简《行书律》“畏害及近边不可置邮者,令门亭卒、捕盗行之”相对照,则自秦代“以门亭行”到汉代的“以亭行”,可谓是在中短程传递中对“以邮行”的替代。只是里耶秦简中尚未见有“以亭行”,而汉代的门亭卒代行邮书,可以视为“以亭行”的特别情形,是在不设邮的动乱和边陲之地维持远程步递通信的替代办法。

(四)“隧次行”

隧是塞防线上最小的单位,在隧间广泛存在步递通信活动:

> (1)甲渠官隧次行

16 · 6

> (2)三十井候官隧次行　丁巳戊午

458 · 1B

> (3)肩水候官隧次行

32 · 23

> (4)玉门官隧次行……

《敦煌汉简》1974

汉简中凡强调由隧为单位来传递的公文，多为露布，即需要公开内容，广泛阅览的文件。“隧次行”强调的是逐隧传递并逐隧阅览。汉简表明，塞防线上的隧与亭并非完全相同的概念，只有部分隧执行亭的功能。隧的建制虽然划一，但因任务与所处位置不同，规模悬殊，大者近 30 人，小者仅一两人，一般在 10 人左右。虽然史籍上往往亭、隧互称，且有列亭、列隧、亭隧、亭鄣之谓，但这种亭、隧混称是沿袭先秦守边之亭的概念所致，与汉代作为步递中转站点的亭不可混淆。塞防线上的隧凡发挥亭的功能，某个具体的隧也就可以被叫作某亭，但不执行亭的功能的隧是不能叫作亭的。

作为基层单位的隧，其日常工作中有大量传递公文的制作，包括定期移交的簿籍和不定期传递的各种报告。隧所传递的公文大多以“部”为目的地，部是管辖若干隧的一级单位。部一级将隧的公文汇总后，接着传递到候官。定期移交的簿籍包括“卒名籍”“吏卒名籍”“病卒名籍”“卒家属名籍”等花名册，以及日常勤务的“作簿”，侦缉巡查的“日迹簿”，装备情况的“守御器簿”。部一级上报候官的有“钱出入簿”，记录粮食定量和谷物发放的“吏卒廪名籍”“谷出入簿”，喂马草料的“茭出入簿”，兵器保有和损耗情况的“兵物簿”。候官一级上报都尉府的则有出纳现钱的“赋钱出入簿”等。上举这些只是最具代表性的簿籍，大多要按月制作传递，层层上报。虽然隧、部、候官、都尉府四级机构之间的往来人员会顺便捎带一些，但由于数量庞大，这些簿籍主要还是遣专人递送。特别是隧、部所形成的簿籍要全部传递候官，可以想见的传递方式是隧次行。

二、马递

秦代马递情况至今不明，汉代使用单骑送信也远不如后世，虽说东汉开始“趋马废车”，但仅仅是一个转折的序幕。在西汉，马递尚未成为全国性的通信手段，马递主要是应用在中央与边郡的联系上，特别是北方塞防上。东汉，驿递情况虽强于西汉，但边地之外，驿是否为普遍设立的通信组织仍不明了。

（一）内郡马递通信

汉代人自己的认识是“行天莫如龙，行地莫如马”。[①] 因而，凡有特别情

① 《后汉书》卷 24《马援传》，中华书局 1965 年版，第 840 页。

形,无论官府,还是官宦,都会动用单骑送信,这样的材料在汉代颇有所书,但无论公私,凡在内郡所设者似乎皆为临时性的。私人所设者,如《史记》卷一二○《汲郑列传》说到有个叫郑当时的侠义之士,在他做太子舍人时,每逢五天一次的假日,经常在长安四郊置马,骑马去看望各位老友。原文为"每五日洗沐,常置驿马长安诸郊,存诸故人"。可见,在汉代人的说法中,驿不限于通信,凡事先安置马匹,接送人、物,皆可称驿。只是安排接力马递费用不菲,即便有权有势之人,设置私驿也只能偶一为之。况且,私自设驿大多属不正常情况,并不为朝廷乐见。《汉书》卷七《昭帝纪》记载:上官桀等人因被朝廷冷落,"而怀怨望,与燕王通谋,置驿往来相约结"。《汉书》卷六三《武五子传》记为:"昭帝年十四,觉其有诈,遂亲信霍光,而疏上官桀等。桀等因谋共杀光,废帝,迎立燕王为天子。旦置驿书,往来相报,许立桀为王,外连郡国豪杰以千数。"这是说燕王刘旦与上官桀等人内外勾结,为篡权夺位而私设驿递通风报信。还有一种情况是地方官府为办理特别公务而自行设驿,《史记》卷一二二《酷吏列传》记载王温舒为河内太守,"令郡具私马五十匹,为驿自河内至长安"。王温舒因为官严酷而被皇帝调到河内郡打击豪强,他动用行政资源设置驿骑,就是为了尽快得到皇帝批下的死刑核准书。豪强被王温舒抄了一千余家,他请示将罪大者灭族,罪小者处死,上奏送出后两三日,就拿到奏准。案子判决核准之快,竟"至流血十馀里"。河内的人都奇怪王温舒的上奏获准之快,"以为神速"。由此可见,至少在西汉时,内郡不设驿递,否则以王温舒处理公务的重要程度,断无命令郡以私马设驿的道理。载籍亦见有中央于内郡所设官驿,也是临时性的,如《水经注》卷二七《沔水一》载,汉高祖宠幸戚夫人,其喜爱家乡洋川米,"帝为驿致长安"。

汉代内郡马递通信的匮乏可能与内地马价太高有关,如《汉书》卷一七《景武昭宣元成功臣表》记载侯当千嗣卖马为 15 万钱,《汉书》卷六《武帝纪》记载元狩五年(前 118)所定牡马的售价是 20 万钱,《后汉书》卷八《孝灵帝纪》记载光和四年(181)的马价达 200 万钱。而居延汉简所见马价只有四五千钱,虽然后世材料表明良驽马价可至十倍之差,但不管上举内郡马价是不是良马,而居延是不是驽马,汉代内郡与西北边地的马价仍属悬殊。

（二）西北边郡的马递通信

神爵元年（前61），赵充国伐羌，自金城郡前线（今青海河湟谷地）向长安请示作战方案，汉宣帝回敕玺书，一来一回只用了七日。《汉书》卷六九《赵充国传》载："六月戊申奏，七月甲寅玺书报从充国计焉。"河湟至长安路程以地图计算约1400公里，往返合计2800公里，再留出进出宫廷与皇帝披阅的一日，则传递速度日均在460公里以上，以汉里换算，绝对是达到了一日千里的速度，这样的速度非使用马递不可达到。前引《汉旧仪》中有奉玺书使者，"其驿骑也，三骑行，昼夜行千里为程"。即凡加封了皇帝印玺的玺书在传递时，若采用马递，要达到一昼夜千里的速度。中国直到马递臻于全盛的清代康乾之世，这样的速度也仅仅用于传递战报。因而，汉代的诏书大多不会享受一日千里的速度。这里的玺书为紧要下诏，可以想见西汉十万火急的下诏应当都与对匈奴、羌人的作战有关。中央与边地动用驿骑送信还见于《汉书》卷七四《丙吉传》，属边郡告警，向中央传递盛于赤白囊中的"奔命书"；以及卷七〇《陈汤传》中西域都护府为军事行动而使用驿骑。另外，《后汉书》卷五九《张衡列传》记载监测地震的候风地动仪发明后，突一日，地动仪所置一颗铜珠落下，"京师学者咸怪其无征，后数日驿至，果地震陇西"。由此不能预料的突发事件，却有陇西在第一时间派出驿骑报信洛阳看，当时西北边郡联系中央的马递通信当为常设。再结合前述《丙吉传》和《陈汤传》，或许可以认为汉宣帝以后，在中央与河西、西域一线以及所有北部边郡之间运行着完备的马递通信。

悬泉汉简所见公文传递记录中有不少马递通信材料，凡中央与敦煌郡长史、西域使者、出嫁公主之间的重要文书，以及边郡高级军事指挥人员的上书大概都以驿马来传递。

（1）皇帝玺书一封、赐敦煌太守。元平元年十一月癸丑夜几少半时，县泉驿骑得受万年驿骑广宗。到夜少半时，付平望驿骑☐

V1612④：11A

（2）上书二封，其一封长罗侯、一乌孙公主。甘露二年二月辛未日夕时，受平望驿骑当富。县泉驿骑朱定付万年驿骑。

Ⅱ0113③：65

（3）阳关都尉明上书一封。甘露元年十一月丁酉日中时县泉驿骑道受平望驿骑□到日中付万年驿骑。

Ⅰ0114③:5

(1)是公元前74年,与悬泉置设于一地的悬泉驿骑从东侧的万年驿骑手中接收了将要送达敦煌太守的皇帝玺书,再转交给西侧的平望驿骑。(2)是公元前52年,出使西域的长罗侯常惠和乌孙公主给中央的上书,悬泉驿骑从平望驿骑手中接收后,再转交给万年驿骑。甘露二年二月的这通上书,就是《汉书·西域传》提到的宣帝所见与甘露三年派遣使者迎接乌孙公主归国一事相关的上书。① (3)是阳关都尉给中央政府的上书。

居延、敦煌汉简中也有频繁动用驿骑来指挥边塞战事的反映:

▨□大将军印章,诣中郎将,驿马行十二月廿二日起▨

EPT49:11A

▨年隧长育受武强驿卒良□▨

EPT49:11B

这枚断简是甲渠候官传递公文的记录,其所记录的公文正是重大军事行动中由中央军事统帅下达居延前线的。此简的年代当在东汉建武中期,大将军即窦融,中郎将即班固。时窦融正驻扎在张掖太守府,班固则驻守在居延,甲渠辖境正当张掖到居延的邮路上。相类的简还有:

(1)食四分,万年驿卒徐讼行封囊一封诣大将军,合檄一封,付武强驿卒。无印。

EPT49:29

(2)入北第一橐书一封居延丞印,十二月廿六日日食一分武强驿卒冯斗即弛行张东行。

EPT49:28

这几枚在同一地点出土的简牍反映的都是张掖、居延及居延以北前线之间的驿骑通信,应该都与窦融指挥的军事行动有关,(1)当为居延前线传报给窦融的军情,(2)则是居延县向更北边的前线发出的紧急公文。

① 《汉书》卷96下《西域传下》:"元贵靡、鸱靡皆病死,公主上书言年老土思,愿得归骸骨,葬汉地。天子闵而迎之,公主与乌孙男女三人俱来至京师。是岁,甘露三年也。"

（三）烽燧线上的马递通信

居延、敦煌汉简可见烽燧线上广泛使用了马递通信，这不但是应付紧急敌情所需，也是烽火通信一旦发生误报或无法举烽时所必须采用的补救措施。破城子 16 号房屋遗址发现的《塞上烽火品约》中就有烽号误报或无法举烽时尽量动用快马报信的条例：

（1）·匈奴人入塞，天大风，会及降雨不具烽火者，亟传檄告，人走马驰，以急疾为故□。

EPF16:16

（2）·塞上亭隧见匈奴人在塞外，各举部烽如品，毋燔薪。其误，亟下烽灭火，候、尉、吏以檄驰言府。

EPF16:10

（3）·匈奴人入塞，候、尉、吏亟以檄言匈奴人入，烽火传都尉府，毋绝如品。

EPF16:12

《塞上烽火品约》是 17 枚简一起出土的相对完整的书册，所谓品约，亦称品程，是各级军政机构自己制定的办事准则。该篇品约是居延都尉府颁发的有关甲渠、卅井、殄北三个候官举烽报警的规则，除 1 枚简为标题外，其余 16 枚简每枚书写一条规则。属于这篇品约内容的残简在居延其他遗址中也发现过，如在布肯托尼（A22）出土的 163·4 简所书内容就与（3）基本相同，因此《塞上烽火品约》是实际使用过的军事条例。16 条规则中，这里仅列与马递通信有关的 3 条，且为说明问题而颠倒了整理者所编定的秩序。（1）规定当匈奴攻进塞防线时，若遇大风和雨天无法举烽，则赶紧以最快的速度用檄书通报。这应当是要求第一时间发现敌情的烽燧在无法点燃烽火和把其他形式的烽号传递出去的情况下，要采用最快的方式通知邻近烽燧和上级指挥机构。最快的方式自然是首选马递，在没有马的情况下才以跑步来完成，这就叫“人走马驰，以急疾为[故]”。（2）规定凡见有匈奴临近塞防线而未攻破警戒线，只举布帛一类的烽号告警，不许点燃积薪施放烟火，如果不慎点燃了，要马上扑灭，并且由候长、尉史、士吏签发檄书“驰言”都尉府。从上下文关联的术语看，所谓“驰言”之驰同于“马驰”。（3）规定匈奴攻进塞防线，在可以举烽，并将烽号传到都尉府的情况下，也要由候长、尉史、士吏签发檄书报告邻近烽燧和都尉府。这条虽然没说传递方式，但从前两条的“亟传檄告，人走马驰”和“以檄驰言”看，此条既然明确“候、尉、吏亟以檄言”，则对传递方式的要求也应该是马递。当然，上千里的烽燧线上不大可能保证每座烽燧随时备马，风雨交加中，即使有马，考虑到前线的路况，马也未必快过人跑。所以，执行《塞上烽火品约》时，更注重的应该是“人走马驰”。

凡涉及举烽的条例，只要出现“言”“告”，则必包含了以步递或马递传递的情形：

(1)☑传言举二苣火，燔一积薪☑

427·2C

(2)亭隧第远，昼不见烟，夜不见火，士吏、候长、候史驰相告，无燔薪以急疾为故。

《敦煌汉简》2079

(1)是四面觚的C面，属于檄书，应该是在传递“举二苣火，燔一积薪”的烽号中断时，以檄“传言”下一烽燧，以便将烽号继续传递下去。① 这个级别的烽号，对照《塞上烽火品约》，是匈奴攻入防线的示警信号，是在烽号中断之际以最快的速度用檄书通报下一烽燧的珍贵实物。(2)属条例文本，规定因烽燧相距较远，而在无法望见烟火烽号时，遣士吏、候长、候史级别的军官去紧急相告。“言”与“告”在条件许可时，应该都是动用马递的。

在居延汉简中见有备马的大量材料，有的属于一线烽燧配置的通信官马，一般直呼驿马；有的属于候长、隧长个人的私马：

(1)又止害驿马一匹病又钘庭□

EPT43:109

(2)☑隧驿马一匹，骍牡☑

78·36

(3)出麦廿七石五斗二升　以食斥候驿马二匹五月尽八月。

303·2

① 程喜霖：《汉唐烽堠制度研究》，三秦出版社1990年版，第109页。

(4)☒驿骑出

521·28

(5)第十候长杨褒　马一匹□牡,齿五岁☒

18·13

(6)☒长隧长　马一匹,騩牡,齿七岁,高五尺七寸。

225·44

(7)第四候长夏侯放私马一匹　十☒

122·14

(1)所见"止害""研庭"皆隧名。(4)出土于大湾,是记录派出驿骑的简。在汉代,常年执行观察报警的候望系统似乎没有统一配备的军马,该系统凡有官马,大概主要用于报信,一律称驿马。(5)(6)所言候长、隧长的马正如(7)所明确指出的是私产,居延汉简中见有"食候长、候史私马六匹"(46·7)、"以迹候为职自给私马"(214·115),表明候长、候史一级的军官是要自备马匹,而由公家提供草料。居延汉简中还有隧长打算买马的例子(229·1),但不能说明隧长是否也一定要自备马匹。候长一级的任职条件是包括了自备马匹,马死后,还要自费补充新马。① 候长是管辖若干烽燧的前沿指挥官,对烽号的燃放负全面责任,所以也对意外情形下的报信和相关的备马负责。尉史,或称候史,是为帮助候长掌管文书而设;士吏则是候官一级派驻到候长身边的助手。实际执行时,三人都负有责任,随时替补。候长没有自己正式的官署,只是选择所辖烽燧中交通便利的一座驻扎。由于保证每匹马始终精力充沛极为困难,所以官配驿马之外,候长还要自备私马,以防不测。不设驿的一些烽燧由于地当要害,则可能要求隧长自备马匹。所以,烽燧线上的驿马虽然有限,但通过下级官吏自购马匹,解决了马递通信所需。

此外,属于记录日常勤务的"作簿"中,也有障卒充当"马下"(267·17、267·22、139·4A)和从事"守卫"(46·18)工作的记载。所谓马下就是养马的马丁、马夫,指派障卒轮流从事养马,或许说明候官一级有集中蓄养马匹的

① ［日］森鹿三:《论居延简所见的马》,载中国社会科学院历史研究所战国秦汉史研究室编:《简牍研究译丛》第1辑,社会科学出版社1983年版。

场所,这从“作簿”里大量的“伐茭”“积茭”记录中也可得到认证。这些养马和蓄积草料的记录也佐证了烽燧线上使用马匹的频繁。作为非野战军种,烽燧线上蓄养的大量马匹除供军官乘骑外,就是用于马递通信了。

由于驿马广泛配置在烽燧线上,因而紧急情况下,驿马也会被用于战事,如居延新简 EPT68:81—92 号所见的一份劾状,就检举了前线士卒骑驿马迎战,而被匈奴人捉走的案情。事后,城北候长被弹劾的罪状中有一条即“失亡马”。

三、车递

秦汉之际,车马价值不菲,使用车递受到严格限制,一般情况下只有两千石级别的高官才能动用传车,其他官员则视所办公务的性质而需履行报批手续。当时虽然维持了一个庞大的车递系统,到西汉时又由中央政府统一设立了交通干线上规模较大的车递中转机构——置,与郡县治所的传舍共同保障各类重要的公务出行;但传置的主要职责不在办理公文传递上,而在于人的交通。

秦代车递通信的材料严重缺失。里耶秦简虽见有传舍、轺车和“马以传食,人疾及留不行日”(14—638 号简)这样反映传舍日常运转的材料,甚至有如同悬泉汉简一般的传马死亡诊验牒书的签牌,说明秦代郡县普遍拥有车递交通手段,南方多水多山之地亦不例外,但车递与通信的关系在里耶秦简中全无反映。汉代只有重要和紧要的公文才由使者乘传车专递。正如前面讲过的,能够乘传的信使要么是“奉玺书使者”,要么是丞相、御史大夫和二千石高官所派遣的使者,一般人除非报告非常情况,不得乘传。不过,传车在接送官员的过程中,会捎带公文,这在河西走廊的干线邮路上有所表现。

悬泉汉简有传车搭载传递公文的珍贵记录,大多是由驾车的驭手来充当传递责任人。这种车递公文又分为顺便搭载和专车传递两种情形,先来了解在接送官员乘坐传车的过程中顺道搭载的情形:

〼□一诣渊泉　十二月癸巳夜食时受遮要奴忘得,立付鱼离厩佐宜时送都吏樊卿车〼

Ⅰ0404④:11

这是悬泉置传递邮件的中转记录,渊泉地近酒泉郡,在悬泉置以东,因而公文是向东传递的。遮要与鱼离皆为置,与悬泉置三点一线,遮要在悬泉西面一站,鱼离在悬泉东面一站。邮件是由遮要置名“忘得”的官奴带到悬泉置的,这名官奴当为驭手。悬泉置在收下公文后,立即转手交付给鱼离置名“宜时”的厩佐,“宜时”应该是驾驶鱼离置的传车正要从悬泉置返程,这趟返程的使命是接送一位官职为都吏,名“樊卿”的官员,而发送到渊泉的邮件只是由这趟东返的传车顺便捎带。值得一提的是,都吏是督邮的别称。督邮乘传车巡行,大多是下到各县检查工作。

已刊布悬泉汉简中,由接送过往官员的传车顺便搭载公文的情形,像上举这枚简记录得如此明确的仅此一例。更多情形下,由于记录简略,到底是顺便捎带,还是专车递送是需要推测一番的。

(1)甘露二年十一月丙戌,富平侯臣延寿、光禄勋臣显,乘制诏侍御史□,闻治渠军猥候丞承万□汉光王充诣校属作所,为驾二封轺传,载从者各一人,轺传二乘。传八百卌四。御史

大夫定国下扶风厩,承书以次为驾,当舍传舍,如律令。A

□□□尉史□□书一封,十一月壬子人定时受遮要……。B

Ⅱ0214③:73

(2)出东书四封,敦煌太守章:一诣劝农掾,一诣劝农史,一诣广至,一诣冥安,一诣渊泉。合檄一,鲍彭印,诣东道平水史杜卿。府记四,鲍彭印,一诣广至,一诣渊泉,一诣冥安,一诣宜禾都尉。元始五年四月丁未日失中时,悬泉置佐忠受广至厩佐车成辅。●即时遣车成辅持东。

Ⅱ0114②:294

(3)入西板檄二,冥安丞印,一诣乐掾治所,一诣府。元始四年四月戊午,悬泉置佐宪受鱼离置佐陋卿,即时遣即行。

Ⅱ0214①:125

(4)出西书一封,廷尉章,诣西域骑都尉。二月戊子日下餔时受鱼离啬夫,即时立行。

Ⅱ0112②: 119

(5)东书一封,合檄二,板檄三,皆大守章。合檄一,诣广至丞。书一封,诣凉州刺史。檄一,写传到渊泉。合檄一,诣渊泉守长。板檄一,□传

诣右扶风府。板檄一，诣酒泉大守府。正月己酉，日未中，付鱼离御苏谭。

V1611③:308

(6)……建平四年八月庚辰日中，佐董仁受遮要主办李并。鱼离厩普行。

Ⅱ0114④:82

(7)檄一，长史夫子印，诣使者雍州牧治所。□一封，敦煌大守章，诣使者雍州牧治所。檄一，督邮印，诣渊泉。二月乙巳日食时，佐永受御羌归即时归行。

I0114①:11

(8)入东绿纬书一封，敦煌长上诣公车。元始五年二月甲子旦，平旦受遮要奴铁柱，即时使御羌行。

Ⅱ0114②：165

(9)出绿纬书一封，西域都护上，诣行在所公车司马以闻，绿纬孤与缊检皆完，纬长丈一尺。元始五年三月丁卯日入时，遮要马医王竟、奴铁柱付悬泉佐马赏。

Ⅱ0114②：206

(10)入西蒲封书一封敦煌宜禾都尉印诣府，建平三年正月己酉日餔□遣御朱意行夜……付

Ⅰ0112①:26

上举10例，(1)—(7)都应该是捎带的，(8)(9)则可能是专车，(10)是明确的专车，且为夜色中赶路。(1)的正面抄录的是传车使用者出示的乘传凭证，背面记录的是传递公文时的中转手续，反映出在接送中央官员公差敦煌郡的返程中，由传车顺道搭载公文的情形。根据前面介绍过的河西走廊的邮路情形，遮要是置名，是悬泉置以西的一站，再西一站即到敦煌郡治。由遮要置的驭手驾车将要护送的中央官员送到悬泉置，同时也将“尉史□□书”一封送到。作为一份有关使用传车的证明的抄件，是要将过往人员的信息和证明文书本身的信息一起存档以备日后稽查，所以它的背面不大可能书写与之无关的传递公文记录。这两类记录同书一枚简牍，则应当属于传车驭手捎带公文的情况。(2)同(1)的情形一样，也是敦煌郡发出的一批公文随东行的传车带到了悬泉

置,只是这是一份专门针对传递公文的中转记录,具体讲是由广至厩的厩佐向东捎带公文经过悬泉置时的记录。所谓广至厩就是广至置下设的厩,广至置地处汉代广至县治,即今瓜州县南境破城子,此地距悬泉置所在的敦煌市甜水井有 70 公里以上,中间还隔了效谷置和鱼离置。这个叫作车成辅的广至厩佐是随传车来到了悬泉置,或许他本人就是驾车的驭手。车成辅把敦煌郡的公文向东带到悬泉置,则说明他的公出目的地是在悬泉置以西的遮要置,或者就是一直前行到敦煌郡治公干。车成辅这趟至少跨越了四个置的公务旅行,其主办事项难以推测,但当他乘传或驾车东返时,顺道捎带了敦煌郡这批向东投递的公文,并在经过悬泉置时,由悬泉置负责公文中转的佐记录了公文的保有情况与经过时刻,以便在日后有可能发生的公文遗失和传递耽搁的问责中,作为追责的证据,这就是这枚简在"●"号前所记录的文字。悬泉置办理公文传递的名"忠"的佐在逐一清点了车成辅捎带的公文,并一一记录后,在"●"号后以简明的语言记下了车成辅很快离开悬泉置,携带公文继续向东旅行的情形。车成辅乘坐可能是广至置的传车,也可能是由沿途各置一站一站轮换提供的,但作为厩佐的车成辅应该是驾车的好手,因而免去了各置再派驭手的麻烦。虽然车成辅只是路过悬泉置,他所捎带的这批公文在悬泉置也没有转手给他人,但作为中转站的悬泉置,还是要以公文传递的责任方一丝不苟地记录他所携带的所有公文,并由此出现了悬泉置的责任人,那位名"忠"的佐。按例行格式,悬泉置作为公文中转方首先记录了"忠"收受公文于车成辅,然后再"遣"车成辅持公文继续向东传递。(3)在传递方向上正相反,是由悬泉置向西传递,所以这批公文是由悬泉置东面的鱼离置的佐"陋卿"交给悬泉置的佐"宪"。"宪"在登记完过手的公文和交接的时间后,就驾车西行往下一站去了。(4)也是这种情况。所谓"即时遣即行""即时立行",是在交接登记完毕之后马上奔向前程的情况,这究竟是悬泉置为传递公文迅速向下一站派出传车,还是搭载公文的传车所接送的过客急于奔往下一站,还无法辨明。

以上 10 例文书,除去(1)(2),后面 8 例是否属于性质完全相同的文书也还不能肯定。主要是记录的格式中存在差异,对于公文交接的责任人,有的简单到只登记了下一程的托付人,如(5);有的则将上一程的传递者、本站的经办人与下一程的托付人皆记录在案,如(6)。这中间说明什么问题,是车递捎带与专车递送的不同模式造成,还是作为传递公文的中转记录,往往每次不止一份,有收文记录,有发送记录,在作业阶段是分别记录在了不同的简牍上,其后再定期综合起来,形成一枚简牍上囊括了上家、本站和下家三方齐全的完整记录。到底是什么情形,还有待于悬泉简的进一步刊布。

(7)(8)(9)则涉及了羌人与官奴隶充当驭手,驾驶传车传递公文的情况。(7)所记录的是一批敦煌郡向东投递的公文,从“即时归行”看应当是悬泉置的传车在从西面返回悬泉置时搭载的这批公文,悬泉置办理公文传递的名“永”的佐在返回悬泉置的传车抵达时,从“御羌”手中交接下这批公文,并作了这份记录。(8)(9)所记录的是较为重要的“绿纬书”,从这两次传递只各自记录了一件公文看,这两件分别由敦煌太守和西域都护上呈皇帝的奏书是享受了比较高的待遇;而两次传递都出现的“奴铁柱”,应该是一位在遮要置服役的官奴隶中选拔出的驾车好手,所以这两次由遮要置行驶到悬泉置的传车很有可能是为传递这两件重要的公文而专门出动的。第一次,“奴铁柱”单人驾车将敦煌太守的上书送到悬泉置,悬泉置丝毫没有耽搁,立马交给了一个羌人驭手奔往下一程。或许是由于情况紧急,悬泉置办理公文的佐甚至没有时间在这枚中转记录简上署名。推测这只是一枚作业阶段进行初步记录的简,或许过后还要补记完整的交接记录。第二次,随“奴铁柱”驾车一起来到悬泉置的还有遮要置的马医王竟,这就更说明了这次出车的事由是为传递西域都护的上书,而马医只是搭便车来到悬泉置。

地处丝绸之路要冲的悬泉置,其传车往返运行颇为频繁,有 10 乘传车和 34 匹传马同时运行在外的记录(Ⅰ0309③:289)。或许是由于这个原因,导致了原本要求步递的公文也会享受车递的待遇:

〼□禄福亭次行　建始元年五月庚寅,悬泉厩佐光付石靡守亭长□〼

V1661③:7

这是公文传递的中转记录,禄福是酒泉郡辖县,石靡亭地处广至县西端,因而公文是向东传递的。“亭次行”表明了公文原本只是要求按亭来进行普通的接力步行传递。悬泉置厩佐参与到这次公文传递过程中,说明有一段路程是搭乘了便车。

除传递公文外，内郡输往西北边郡的现金也按规定享有车递待遇，并遣专人全程押运：

永始四年九月辛丑朔戊辰，平阴阴虞侯守丞谭行丞事，移过所，丞庆辅为郡输钱敦煌，当舍传舍，从者如律令。 I0114①:1

平阴为河南郡属县，治今河南省孟津县北。此简记录了平阴县吏受河南郡指派，送钱到千里迢迢之外的敦煌，一路可以乘传车，住宿传舍。

汉简中，除悬泉置所在的河西走廊东西一线外，居延边塞南北交通线上也有频繁的车递活动，如地湾古城，即肩水候官遗址所出简牍中有"显美传舍"（10·17）、"车父"（10·37）、"轺车"（36·6、341·25、350·34）。大湾古城，即肩水都尉府遗址所出简牍亦见有"车父"（303·6）、"轺车"（505·9、505·12、505·13、506·3）和"当传舍"（303·12）字样的通行证。布肯托尼所出简牍中亦有居延县为一位亭长前往酒泉、敦煌、张掖买骑马而开出的"当舍传舍"证明函（170·3）。据此可以推测居延一线也应该存在由传车搭载公文的情形。相对内郡，边郡步递的环境是较为严酷的，不光是居民点稀疏，沿途饮水困难也是可以想见的，这在西北尤为突出。因而边郡调配传车来中转公文，并实现了步递、车递的联合作业，很可能是西北边郡的特例，至今未见内郡有这方面的材料。或许是内郡条件相对优越，日常行政文书大多由地方官府自己差人"以轻足行"的方式传递了，一般的紧急公文也由效率较高的"十里邮"解决了。这样，内郡的传置很可能并不像悬泉置等西北一线的置那样，常年具备以车递来中转传递公文的功能。

在汉代，车递还有长途押解、流放犯人，特别是高级人犯的功用，这也是古代颇有特色的一项邮递业务。首先是犯下重罪的地方高官和封国王侯，由于地方司法机构无权进行拘审，多数情况下是要用囚车递送到京师，史称"槛车征"。其一路的接待与传马通常情况下是由郡县传舍一程一程来提供的。

四、"以次行"的传递方式

上级单位下发的文件，在各基层单位流转时，有一种按各单位所处地理空间关系，依次传递公文的方式叫"以次行"。简牍中见有"太守府以次行""廷次行""县次行""亭次行""亭次走行"和最简洁的"以次行"，可见这种方式首先强调的是在各单位之间依次传递,其次才是步递、车递那样的传递方式。如睡虎地秦简《语书》中提到的"以次传",即指由郡下发各县级单位的文件自郡治传出,首先送到离郡治最近一县,再由这个县传递到相邻一县,逐县传递,最后将公文传递到所有南郡的县级单位,而不论各县之间传递时采取什么方式。里耶秦简多见洞庭郡下发各县的公文所申明的传递方式是"各以道次传"(9—26、9—713),或"以道次传"(9—2283),即指按事先规定好的路线依次传递。具体说,就是将洞庭全郡的所有县分成四条路线进行传递,索、门浅、上衍、零阳四县位居四路端首,迁陵县与索县、酉阳县同处沅水流域,或为一路。而这是秦始皇三十二年(前 215)的格局,当时洞庭郡是大概以临沅为郡治。而在里耶秦简 9—1861 号简中,明显可见那时的洞庭郡是以新武陵县(今地不明)为郡治,虽然下发各县的公文也是"布四道,以次传",但路线和秩序肯定有所变化。由已刊布的里耶秦简看,洞庭郡一带入秦并设县最早是在秦王政二十五年(前 222)二月(8—1450)。洞庭郡郡治始设新武陵,并在秦始皇二十六年二月形成了以新武陵为起点的按四路进行的"以次传"运行图景。秦始皇二十七年二月,"新武陵别四道,以道次传"已见"皆以邮、门亭行"(9—2283)。可见至少在秦统一六国的第二年,洞庭郡全郡邮路和邮的设置已基本通达各县,涉及全郡各县的"以道次传"皆为邮步递传送,个别偏远的县或以门亭卒代替邮来传递。

与里耶秦简反映的秦代边郡"以道次传"发布公文"皆以邮行"(9—26、9—713)不同,张家山汉简《行书律》规定:"书不当以邮行者,为送告县道,以次传行之。"可见西汉初年"以次传行之"已然是与"以邮行"相对的传递方式。不管叫"以次传行",还是"以次行",凡郡下达公文给县、道等县级单位,递送人员都当由郡县官府自行差遣,以县为单位接力进行。汉代的"以次传"对于传递方式较为宽泛,在交通条件好的地区,郡对属县的"以次传"可能以车递进行,但应该是由各县传舍提供传车,而不会动用置系统的车辆;但交通条件不好的地区应该是以步递为主,而以亭为站点。居延汉简和敦煌汉简所见西北边塞之地,大量"以次传"的文书是针对亭和隧的,即上面已经提到的"亭次行"和"隧次行",两者在通常情况下全部以步递完成。

第四节　作业管理

传递公文,秦汉时期有一个简洁的术语,叫“行书”。简牍材料反映出,当时所有的公文都是由各级官府自行封装,邮递标签的制作和收发公文的记录也是由官府令史一类的小吏承担。传递公文的签发是邮递环节开启的标志,当时传递公文的收发涉及了以下作业环节。下面对这几个环节予以描述。

一、公文的签发

在简牍刊布与研究都比较充分的居延汉简中,可见三类特别的简牍:(1)带有署名的发文稿本;(2)为适应传递环节而制作的封检、内标签简和外标签简;(3)记载文书发出情况的登记簿。自然,在发文单位留存的档案中,只会见到(1)(3)两类文书。而所有(2)类简牍,那些封检和作为指示用途的标签简一般都随传递走的文书留存在收文单位。因而,只有较大数量收发公文的地点所出土的简牍,才能完成上述三类简牍的集成,较好地复原传递公文的发文环节。

破城子,编号为A8的甲渠候官遗址所出成百上千枚简牍满足了三类简牍的集成,使发文环节能够被清晰聚焦取样,所见签发的文本有四项特点。

第一,非紧急状况下,传递走的文书皆有正稿留存于发文单位。真正传递走的正本是根据留档正稿缮写的。从居延汉简揭示的塞防线着眼,它们应该是由候望系统前沿指挥部中的令史和尉史这样的书记官制作的。照理,这同时制作的两份文书上皆有发文单位主事官吏的亲笔签名,以作为发生效力和承担责任的证据。但我们现在见到的大多是留档正稿上的签名,例如:

(1)永始四年五月甲辰,甲渠鄣候护敢言之……

EPT50:5

(2)汉元始廿六年十一月庚申朔甲戌,甲渠鄣候获敢言之谨移十月尽十二月完兵出入簿一编。敢言之。

EPF22:460A

以上两简中的“护”“获”与同简的其他文字笔迹有别,是于相对统一的其他文字笔迹的空白处填写上去的,当是作为其下级的书记官先行撰制了文本,然后再由官职为“甲渠鄣候”的发文责任者填写了亲笔署名。这两件文书涉及的都是要传递上级单位的正式报告,故由发文单位的长官签署,这不仅代表着权限,也留下了可以追查的证据。而真正传递走的文书应该是同时制作的一式两份文书中的另一份,也应该落有发文单位长官的签名。

第二,事出紧急或遇到特别情况,传递走的很可能是发文者亲自缮写的文稿。如《新简》EPT49:45B 上记有“手书大将军檄”,交代的就是收下的来文为大将军亲笔书写的檄文。这种情况下,发文单位或许会在檄文发出后,补记一份正稿存档。

第三,在一对一的公文传递中,有正本即可,但有些文书仅有正本是远远不够的。像要向全国下达的诏书,正本传递丞相签署后要下发到 100 多个郡国,这就需要丞相府的书记官制作 100 多份副本。每份副本在抄录诏书正本后还要加上丞相转发诏书的命辞。而诏书正本则留在丞相府存档。郡同样需要将丞相转发的诏书副本继续传抄,再加上郡府的下行命辞,向县一级转发。最后是县一级向乡一级转发。

第四,正式的传递公文一般都有发文单位的长官签名的正稿存档,这份正稿也是执行邮递权责的文件,以防止擅发邮件。而传递走的公文是依照正稿制作的正本,以正本为依据制作的副本则是为了下达更多的收文单位。

二、公文的封装

所有的传递公文在进入传递作业前,还要经过严格的封装环节。秦汉的公文封装,包括简牍的封缄与将简牍文书封入囊中,以利于公文的保密和转递。前面已述公文封印制度,此处仅据简牍实物来了解传递公文的具体封装流程。公文封装,大致依照以下三类情况来进行,首先是将所传递的公文分为需要保密和无须保密两类,后者又分为有具体收件人的和无须递送到某人手中,仅需互相传阅告知的两种情况。

保密的自然要封缄。密封公文所用的检,亦称封署,差不多就相当于纸文书通行以后发明的信封。凡检,其上必题有受文单位或受文官员,其次是传送的方式,如“以邮行”“以亭行”“隧次行”等,以及表示需要紧急传递的“吏马驰行”“亭次急行”等。总之,发文单位在封检上的书写极其简单明了,一些直接传递上级单位的日常公函，则连传送方式也省略了，如在破城子遗址出土的甲渠候官下属单位的上行公函封检上只书有“甲渠候”三字。封检制作的烦琐主要体现在起保密作用的印齿上，因为封缄结绳后要在印齿中填泥封印，所以印齿的刻制须有一定的设计。一些重要的机密文书，为加强保密，往往要制作两三处印齿。如：

(1)⊡甲渠，发候、尉前⊡

55 · 1A

(2)⊡甲渠候官，候⊡发⊡

EPT51:440

⊡即表明印齿和印齿的位置。“发候、尉前”“候发”是发文单位特别交代给收文单位的用语，(1)要求这封公函要在候与尉这两位官员共同在场的前提下拆开，(2)要求由候本人亲自拆开。

封缄公函的束缚材料，近代学者王献唐通过观察出土和流传的汉代封泥背面所带有的痕迹，认为大致是高级发文单位所发高级公文多用丝绳，基层发文单位多用麻线绞成的细绳。① 而睡虎地秦简《司空律》明确提到了境内多山的各县要因地制宜采集蒲、蔺等柔韧可制书绳的植物，多加储存以备“缠书”之用。负责这些缄书用绳材料采办和供应的官吏是司空。居延汉简中则有“蒲封”这样的用语(157 · 13、183 · 11A、183 · 15A)和边塞士卒大举“伐蒲”的记载(161 · 11)。

劳榦在整理居延汉简时，发现长宽不同的两种检署，一为与写有公文的常简相同者，一为宽博而较短者，劳氏以为前者为封缄公函之检署，后者为封闭书囊之检署。有关封闭书囊的方法，王献唐指出：“略如后世信筒，左右裹叠，中间为缝，入牍之后，折其上下两端，覆于缝上，中加以检，适压囊之两端、中缝。检有绳道，约绳束之；亦有印槽，以印泥封署，如此则中缝、两端为检所压，外人无从启拆，启则绳泥变动矣。”②

① 王献唐：《临淄封泥文字叙目》，山东省立图书馆 1936 年版；转引自汪桂海：《汉代官文书制度》，广西教育出版社 1999 年版，第 130 页。

② 王献唐：《临淄封泥文字叙目》，山东省立图书馆 1936 年版；转引自汪桂海：《汉代官文书制度》，广西教育出版社 1999 年版，第 133 页。

汉代凡重要特殊的公文在传送过程中必以囊盛放,并施检封印。首先,皇帝的诏书要以囊盛之,《汉书》卷九七《外戚传下·孝成赵皇后传》:“中黄门田客持诏记,盛绿绨方底,封御史中丞印”。方底,盛书之囊。悬泉汉简有“皇帝橐书一封,赐敦煌太守”(Ⅴ1612④:11)。橐书,装在囊橐中的文书。细分之,囊有底,前举方底即囊;橐无底,两端留口。其次,臣下上奏皇上的重要文书也要以囊橐盛放,特别是上书言密事。蔡邕《独断》讲:“凡章表皆启封,其言密事得皂囊盛。”悬泉汉简有“出绿纬书一封,西域都护上,诣行在所公车司马以闻,绿纬孤与缊检皆完,纬长丈一尺。”(Ⅱ0114②:206)这是公文传递记录中的一封直达皇帝的重要上书,公车司马是皇帝侍卫官,负责进递上奏。缊检,赤黄色封检。缊检与绿纬搭配,应该是紧急和重要程度的一种标示。绿纬书还见于敦煌太守给皇帝的上书(Ⅱ0114②:165)。悬泉汉简中还见有“封橐”(ⅥF13C②:10)、“皂布纬书”(Ⅱ0114②:89,Ⅱ0114②:275)、“皂缯纬”(Ⅱ0115①:59)等,皆不同颜色、质地的囊橐。皂,黑色。居延汉简中也在行书登记簿中见有“橐”(214·86A)与“封橐”(EPT49:29)。边郡向中央报警的紧急文书则盛以赤白囊,即《汉书》卷七四《丙吉传》中所言“驿骑持赤白囊”。所谓赤白囊之赤白,即红白两色相间,是一种极为醒目,带有警示视觉效果的专用邮袋。由此可见,囊的外表有标示公文重要程度和递送紧急程度的作用。但绿色与黑色的囊橐代表什么,其间的差异何在,目前还不清楚。

简牍时代,由于材料的获得与制作皆耗时费力,故十分节约。尤其是检有一定厚度,制作一枚检的材料可以制作两枚用于公文书札的两行,故公文无须保密者,多不封缄。如敦煌汉简988号:

> 九月辛巳,官告士吏许卿:记到,持千秋阁单席诣府,毋以它为解。(正)
>
> 士吏许卿。亭走行。(背)

这是一封写给士吏许卿的公函,正面为公函正文;背面则标明名址和传递方式,书“士吏许卿”,标明收件人。这封公函的发文方为“官”,系候官简称。公函正文中的“记”是前面介绍过的文种称呼,一般用于基层单位的普通公文。“千秋阁单席”当为澄清某一事项的物证。“府”指都尉府。这一简短公函是作为候望系统前线指挥机构的候官通过亭这一交通机构的接力步递送达士吏许卿手上,要他见到这通公文就持物证到候官的上级单位都尉府去当面说明,不许以其他理由再作解释。

另有大量不封缄的文书属于在一定范围内公开传阅的文件,时称“露布”,或汉简所言“板檄”。板檄特指不覆盖检的文书。檄在南北朝以后多用于军事征讨,但汉代的檄用途较广,可用于下达通告,发布赦令等,板檄正是为了便于布告周知。而需要保密且由指定收件人开拆的檄,则加封检称“合檄”。从居延、敦煌汉简实物看,作为通知的檄因为要普遍传阅,所以大多制作成单枚木简,这样可以避免多人经手易致编绳损坏而带来的错简麻烦。为在一枚木简上容纳更多的字并便于携带,檄往往制作成一种长而多面的杆状体,有四面或更多的面,这样的木简有个专名叫“觚”。作为檄的觚,其下端往往削尖,大约是传递时便于插入特制的背筒,其上部则有矩形槽口,可能用来系结绳索,以与传递者随身的其他装备连接在一起,以防丢失。需要紧急传递的檄,往往还插有鸟羽,称“羽檄”或“羽书”。《汉书》卷一下《高帝纪下》载刘邦平定陈豨叛乱时尝自诩:“吾以羽檄征天下兵,未有至者。”颜注:“檄者,以木简为书,长尺二寸,用征召也。其有急事,则加以鸟羽插之,示速疾也。《魏武奏事》云:‘今边有警,辄露檄插羽。’”

作为传递公文的重要类别,檄书上书写投送地址和关于传送方式的指令极其重要。檄在这两项的书写上有一定格式,居延和敦煌汉简中见有几件有代表性的:

(1)莫府吏马驰行以急为故

259·5A

(2)候史德在所以亭次行

令敢告卒人□九月癸巳檄□

□□

《敦煌汉简》2035ABC

(3)万岁东西部吞胡东部候长隧次走行

《敦煌汉简》2221

上举三檄显示出,投送地址和传递方式这两项重要的指令性文字,都书写在刻槽的一面,这一面相当于现在的信函封面。这些文字的书写鲜明简洁,并且书于槽口之上最醒目的位置,以确保传递环节的正确执行。(1)出土于破城子,“莫府”当为野战中的将军府,其指令性的标示文字意思明确:投递到将军幕府,由军官骑马投递,因为情况紧急。(2)(3)出土于敦煌烽燧遗址,意思亦简单明了。前者为:投递到候史“德”目前所在的地方,按亭逐次传递;后者为:投递到万岁东西两部的候长和吞胡东部的候长手里,按隧逐次步行传递。万岁和吞胡都是敦煌郡中部都尉管辖下的候官。

三、公文的收发记录

秦汉各级官府中,皆有专门负责收发公文的小吏,所有传递公文在向外发送之前或到达收文单位后,都会由这些小吏把公文处理的基本信息记录下来。当这些记录按时间顺序汇集后,就成为收发文簿。这样性质的记录文书在居延汉简中有成批的发现,只是难以复原成簿,但仍可见其章法严谨。

(一)发文记录

发文记录文书以甲渠候官遗址破城子所出最为集中,候官是县一级的官署,因而这里出土的发文记录有相当的代表性,如:

(1)卅井移驩喜隧卒郑柳等责木中隧长董忠等钱谓候长建国等●一事一封　三月辛丑令史护封。

214·34

(2)移居延第五隧长辅迁补居延令史,即日遣之官　●一事一封　十月癸未令史敞封入。

40·21

(3)卒胡朝等廿一人自言不得盐言府●一事集封　八月庚申尉史常封。

136·44

(4)甲渠言士吏孙猛病有廖视事言府　●一事集封

185·22

(5)□□□□□□退候史

周奴完军隧长韩胜之移府　●二事一封

179·8

(6)☐候长候史十二月日迹簿，戍卒东郭利等行道贳卖衣财物郡中，移都尉府。二事二封　正月丙子令史齐封。

45·24

先对上举各简所涉及的人和事稍加解释。(1)所记录的发文为卅井候官转来的驩喜隧的戍卒郑柳等人所提诉求，是一份为了向木中隧的隧长董忠等人讨债而向候长建国等官员所作的陈情。为何在甲渠候官留下发文记录，一种情况或许是欠债人调动到甲渠候官，而甲渠候官也无法解决这一经济纠纷，故而将这份诉求继续向上级单位转呈；一种情况是在卅井候官向上级单位居延都尉府呈报的传递过程中，封泥发生了破损，而由甲渠候官的令史“护”重新加以封印。(2)记录的是一件传递居延的复文，事由是提升第五隧隧长“辅”充任居延令史，并说明即日派他前往就任。(3)记录的是因为没有得到应发的盐，胡朝等21名戍卒向上级单位所作的多份陈述，这里的上级单位“府”应该是居延都尉府。(4)记录的发文是甲渠候官关于士吏孙猛生病、痊愈和重返岗位而向上级单位“府”所作陈述，“府”的性质一如(3)。(5)为残简，事项不明。(6)记录了两件上报居延都尉府的公文，一是两名官员候长和候史签署的十二月份的日常巡逻情况登记簿，一是戍卒东郭利等人于旅途中在郡城非法出租、出售官府发给的服装等物品的调查。

以上记录文书有统一的格式，是发送文书时留下的记录，是按日子来记录的。甲渠候官遗址出土的这类简牍可以列出几十例，足以揭示汉代传递公文在发文环节的最后一环，也就是从内部处理转向外部处理的关键流程中，为防止与投递环节脱节，而导致公文遗失和发生严重滞留，而精心安排的利于日后稽查的记录程序。

从大量秦汉简牍看，所有公文的传递，其处理程序可以归结为两点：

第一，每件传递公文都要记录在案，并精心保管。甲渠候官遗址所见发信日簿大多记录的是传递居延都尉府的公文，每次记录用一枚简，目前发现的都是单独的简，没有编联成简册的痕迹。是随时取简札记录，而非在事先编好的简册上作记录，这大概与节省材料有关。这些单简上的记录是否会积攒到一定时候编册或移写到正规简册上，目前还无法判断。但不管是否编册，这些简牍肯定是归类存放的，甲渠候官遗址所出者，根据笔迹看，几乎出自同一人的手笔,而根据简牍上所标发信日期与对汉代历谱复原的对比,可以认为是延续了两年以上。

第二,登记内容大致有三部分。第一部分是对传递走的公文的内容所作提要,正如上举6枚简所书,而在前5枚中,这一部分是用明显的"●"符与后面的部分隔开。这一部分还包括了对致函单位的记载,上举实例非常简略,有的甚至就省略了,或许是因为对口的致文单位特定明了,就没有必要填写了。第二部分是传递公文的封装方式。上举简文中记有"一事一封""一事集封""二事一封""二事二封",其他简牍还见有"一事二封""二事集封"。"事"指事项,"封"指封检。"一事一封"是为一桩事项发出了一份覆有封检的公文。"二事二封"也好理解,如(6)那样是为两桩事项同时发出了两份传递都尉府的公文,这两份公文分别覆盖了封检。"二事一封"则是将两桩事项写在了同一份公文中,这样自然也就只用覆盖一枚封检了,如(5)所示,虽因简牍残破而不明事项,但无疑是为两桩事项发往"府"的上行公文,只是两桩事项可能仅需一两句话来简短报告,故为节省起见,而缮写在了同一枚简牍上,所以也就只需覆盖一枚封检。而"一事二封"见于居延新简,所见皆系将同一事项通知不同的下属单位,因而虽是同一事由,却要制作两份公文,自然也就覆有两枚封检。而所谓"集封",一可理解为在多枚简牍上所施加的多枚封检,二可理解为就同一事项或不同事项,一次发出了多份文书,因为是发往同一收文单位,所以不用烦琐地在每枚简上施检,而是盛放于囊橐之中,集中施检。"集封"这一用语的"封"很可能是指囊橐一类的邮袋封检。第三部分是记录移走公文是何月何日,由何种职务何人封印并交接出去的。如(1)就是三月辛丑日由官职为令史,名"护"的人封发出去的;(3)是八月庚申日由官职为尉史、名"常"的人封发出去的。传递公文在封印后,一般情况下是当天就会发送出去,所以封印的日子,也就是公文启程的日子。令史是候官这一级官署中的文职书记官,有多人担任,尉史则为武职书记官。一件传递公文从起草到最后发送出去,往往由同一人全程负责,所以他在制作传递公文正本时,往往也会将发文记录同时填写,只是先不填写封印的日期和封印责任人的名字,因为他不知道自己是不是会负责到底。如(5),空白的月份日期与封印发送者那一项,是要等到实际发出的那天,在封印程序完成后再来填写,然后就可以存放起来，待一定时候集中成簿并归档。

（二）启封和收文记录

像发文记录一样，先试举几例简牍上的启封记录：

（1）　　印曰张猛

肩水候官三月乙巳金关

　　　　卒弘以来

332·1

（2）　　　　　　　　印破

肩水候官吏马驰行　　　　　　　　　　□

　　　　　　　　十二月丙寅金关卒外人以来

20·1

启封记录是直接在来函的封检上书写。上举两枚简皆出土于地湾汉代肩水候官遗址，简中间的大字“肩水候官”和“肩水候官吏马驰行”皆发文单位题署，标示投递地址及传递方式。简上的小字与大字截然不同，是收文单位的小吏书写，所书内容包括记录来函封泥印文、收文时间和投递人。(1)是一枚平直的简，不似普通封检，应当是从封闭囊橐的封检狭槽中取下的地址标签，有如近现代直封邮袋上的地址签牌。接收单位利用这枚地址签牌首先记录了发文单位封闭囊橐的责任人，因为囊橐封检的封泥上有他的印章印记。“印曰张猛”用现代汉语说就是印文上写着的文字读作张猛，这是以个人的私印来实施封检的例子。用私印检封公文和邮袋在汉简中极为常见，因为下级士吏不颁发官印。无论拆开简牍封检，还是囊橐封检，通常会损毁封泥，因而在启封之前记录封泥上的文字是必须履行的程序。倘若封泥在传递过程中损毁，则启封者也必须将这一情况记录在案，即(2)所示“印破”。收文的时间记录和发文一样，只记月日。而“金关卒弘以来”则是说这封被打开的公函是由金关那里一个名“弘”的士卒送来的。金关有可能是发文单位，也可能只是起中转作用的传递单位，(2)亦同此。当这些传递公文的封检被收文单位利用充当收文记录后，其作为文书的属性就发生了根本扭转。启封后，许多封检的封泥槽被削平或干脆截断，以便于这些已变身为收文记录的文档能够更好地存放。在甲渠候官遗址所出简牍中，甚至可以见到被从完整的封检上砍削下来的封泥槽残片。

利用来函封检作为收文记录只是初步程序,居延汉简中还见有更正式的收文记录,也可以视为正式的启封记录,如下举各简。

(1)　　　　二封王宪印　二封吕宪印
书五封檄三　一封孙猛印　一封王疆印　二月癸亥令
　　　　　　一封成宣印　　　　　　　史唐奏发
　　　　　　一封王充印

214·24

(2)书二封檄三　其一封居延卅井候　十月丁巳尉史蒲发
　　　　　　　一封王宪

214·51

(3)居延尉丞　其一封居延仓长
　　　　　　一封王宪印　　　十二月丁酉令史弘发

136·43

(4)　　　其一封吕宪印
书三封　一封王建国　　　十月癸巳令史弘发
　　　　一封李胜

180·39+190·33

这四枚简是对成批收件启封的完整记录。此种记录的书写有一定格式,首栏必书一个批次的收件文种(如书、檄)和各文种的总件数,或如(3)那样记录发文单位;中栏记录来函上的封泥印文,以将具体的发件人,也就是发文单位封发公文的责任人记录备案,还要记录这位发件人在这一批次的发件中所具体封发的件数;末栏则签署这一批次收件的启封人和启封月日。(1)所示"二月癸亥令史唐奏发"就是启封人的签名和关于启封月日的记录,"发"在这里是开启的意思,正好与"封"是一对反义词。启封的签署也要有职官和名字,从已出土的汉简看,各级官府中负责收件启封的小吏有掾、士吏、啬夫、从吏,尤以令史和尉史最为多见,这是因为收文记录多出土于候望系统的候官遗址。

除了由负责收发文书的小吏启封外,一些特殊的文书则要在长吏面前拆封,甚至由长吏亲手开拆,如简55·1A:

居令延印

⊡甲渠发候、尉前

□□□□□□□以来

这是从居延县传递甲渠候官公函的封检，中间一行大字为发文单位居延县所书，明确要求不能按常规处理这件公文，而是要在甲渠候官的长官甲渠候和城尉的面前来拆封。两侧的小字是甲渠候官小吏所做收文记录，其中的“居令延印”为抄录印文时疏忽中的笔误，应为“居延令印”。

（三）传递公文的归档

汉代传递公文，无论发文单位，还是收文单位，皆要将所收发公文的情况定期立卷存档。在汉简中遗有不少为传递公文立卷而制作的签牌，是为了存档后便于查找。这种签牌多见于居延汉简，是见证汉代公文时空运行的珍贵材料：

（1）▨建始元年尽

四年诏书

▨建始元年尽

四年诏书

EPT50:209AB

（2）▨阳朔五年正月尽十二月府移丞相、御史、刺史条

▨阳朔五年正月尽十二月府移丞相、御史、刺史条

EPT56:77AB

（3）▨建始三年正月以来

▨以来刺史书

EPT50:182AB

（4）▨建昭二年十月尽三年九月吏受府记

▨建昭二年十月尽三年九月吏受府记

EPT51:151AB

（5）▨五凤元年及二年□三□

▨都尉赋书及清塞下诏书

42·9AB

(6)▨元年十月以来言▨

府檄书

210·28AB

(7)▨建武七年四月以来府往来书卷

EPF22:409

(8)▨永光五年

十月尽六年

▨九月诸官

往来书

EPT51:628AB

(9)▨五凤三年十月尽四[年九月]

▨行亭书

45·4AB

(10)檄移部吏□□

常会八月晦▨

EPT2:29

(11)▨月部士吏、候长往来书

□

283·19AB

上举11例皆属这类签牌,它们的形制属于"楬"。楬的特征是上端做成圆头形,有孔或两端刻齿以系绳,缚于所标示的公文卷册末端,垂于其外。作为公文签牌的楬,九成以上在起首圆头部位都画有网格纹,有一些不但双面画网格纹,而且双面书写相同的文字,以便于在"盈于几阁"的文档堆中迅速查找到所需卷宗。上举(1)(2)(4)就是这种一字不差的双面书写楬,所标示的都是比较重要的上级单位下发公文。

这种作为传递文书归档后起标示牌作用的楬,文字简略,只书时间和公文类别。时间以月份计,如(2)标示的是西汉成帝阳朔五年(相当于公元前20年,实际已改元鸿嘉,只是甲渠候官这里尚不知晓)正月到十二月,正好是整一年的时间。有些则只交代了起始月份,说明是在已经立卷,而尚未完结的阶段制作的楬牌,如(6)(7)。关于公文类别的标示,(1)(2)(3)所代表的是上级单位转发的高层级单位来文的汇总;(4)(5)(6)所代表的是直接上级单位对本单位的来文,由于直接上级单位来文数量较多,所以又分成了“记”这样的例行来文和“檄书”类的特别来文;(7)所代表的是本单位与直接上级单位的往来公文汇总,分类的原则应该是涉及本单位日常事项的公文;(8)则是同级单位的平行往来公文;(9)(10)(11)是本单位对下级单位的行文和往来公文。此外,还要标示传递公文的收发单位,标示来文者必有发文单位,去文则必有接受单位,如“府移相、御史、刺史条”,标示的是都尉府转发的丞相、御史、刺史条令。(9)所见“行亭书”则是候官下行所属亭隧的通令性公文。

四、传递作业记录

里耶秦简、居延汉简、敦煌汉简都有相关传递记录,能大致反映秦汉传递公文的交接手续。

(一)收发记录对递送始末环节的附记

发文与收文记录涉及传递作业之间的交接环节,为防止差错并利于日后稽查,秦代就见有在收发记录上对递送始末环节所进行的规范附记,虽然未见有关于这种记录的律令,但在里耶秦简中存在大量实例。里耶秦简所见传递公文收发记录皆有对于递送环节的附记,所有发文记录中几乎都包括了对于进入递送环节的时刻和责任人的附记,所有收文记录也包括了对送抵时刻和送达责任人的附记。汉代,居延与敦煌汉简则只见收文记录有同秦代一样的递送附记,而未见于发文记录中。

里耶秦简中,迁陵县存档的大量传递公文记录副本上皆有传递责任人和寄送时刻的记录。在这些原本应当是集中分类保存的收发公文档案中,今人只能从出土时已彻底散乱的简牍中进行归纳。先看一件洞庭郡下行迁陵县的公文收文记录:

> 七月甲子朔庚寅,洞庭守绎追迁陵亟言。/歇手。
>
> ·以沅阳印行事。/八月癸巳朔癸卯,洞庭假(正)
>
> 守绎追迁陵亟,日夜上勿留,/卯手。以沅阳
>
> 印行事。/九月乙丑旦,邮人曼以来。/翥发。(背)

8—1523

根据他简望朔比对,本简所记为秦始皇三十四年(前213)洞庭郡为催办一项公事,两次“追”迁陵县。“追”在此处是名词用作动词,就是发出“追书”——一种要求迅速回复的催办公文。由于事情紧急,除使用“追书”,又特地点明要迁陵县“亟言”,就是紧急回复。第一次“追”显然没有达到目的,于是“八月癸巳朔癸卯”这天,洞庭郡再“追”迁陵县,并要求“日夜上勿留”,即无论传递,还是办理都要日夜兼程,不能耽搁。这正应了睡虎地秦简《行书律》中关于传递“书署急者”的公文要“辄行之”的律条。这枚简牍是迁陵县廷对“九月乙丑旦”收到洞庭郡第二次追书的记录,并将第一次收到追书的记录一并摘录,以供县廷办理和复文时参考。由于第一次收件记录在此仅是摘抄,故只转录了洞庭郡发文的时间,而未录迁陵县收文的时间和最后一程的投递责任人。第二次收件记录则一丝不苟,一记洞庭郡的发文日期“八月癸巳朔癸卯”;二记发文单位和发件签署者“洞庭假守绎”;三记来文文种和递送紧急程度;四记发文单位的经办人和封印,大概是迁陵县在复文时要将此信息抄录,以便洞庭郡在收到复文后对口办理;五记收文时间“九月乙丑旦”;六记最后一程的投递责任人是“邮人曼”;七记迁陵县启封的责任人为“翥”。

里耶秦简收发文记录中附记传递责任人,凡收文记录皆记谁谁“以来”,就是谁谁送来的;凡发文记录皆记某某“行”,就是派某某送出去的。后者举例如下:

> 卅三年二月壬寅朔朔日,迁陵守丞都敢言之:令曰恒以朔日上所买徒隶数。·问之,毋当令者。敢言之。(正)
>
> 二月壬寅水十一刻刻下二,邮人得行。圂手。(背)

8—154

此为迁陵县上行洞庭郡公文的发文记录,是有关迁陵县守丞向洞庭郡汇报购买奴隶的情况。“令曰恒以朔日上所买徒隶数”,“令”,秦朝中央诏令。根据“令”,每月初一日都要上报购买奴隶的数目。因而,这是一件例行公文的发文记录,公文正本于秦始皇三十三年(前214)二月初一日按诏令规定传递走,留在迁陵县存档的是公文副本和附记在副本上的传送记录。传送记录表明传递责任人是邮人“得”,上路的时间是“水十一刻刻下二”。

除了以上收发单位一对一的简单关系外，还有事涉多个单位的较为复杂的收发文记录中对传递责任人的附记。如16—5、16—6两枚简牍的背面，就是迁陵县对洞庭郡下发属县，以及郡派出官员所发指令在办理过程中的传递记录：

(1)三月庚戌，迁陵守丞敦狐敢告尉："告乡、司空、仓主，听书从事。尉别书都乡、司空，司空传仓；都乡别启陵、贰春，皆勿留、脱。它如律令。"/釦手。庚戌水下□刻，走袑行尉。

(2)三月戊午，迁陵丞欧敢言之：写上。敢言之。/釦手。己未旦，令史犯行。

(3)[三]月戊申夕，士五(伍)巫下里闻令以来。/庆半。如手。

16—6背

(4)三月丙辰，迁陵丞欧敢告尉："告乡、司空、仓主，前书已下，重听书从事。尉别都乡、司空，司空传仓，都乡别启陵、贰春，皆勿留、脱。它如律令。"/釦手。丙辰水下四刻，隶臣尚行。

(5)三月癸丑水下尽，□阳陵士□丐以来。/邪半。

(6)二月癸卯水十一刻刻下九，求盗簪袅阳成辰以来。/羽半。如手。

16—5背

这两枚简牍正面的文字相同，都是抄录秦始皇二十七年(前220)二月庚寅日(十五日)洞庭郡郡守发给迁陵县和卒史"嘉"、假卒史"谷"和属"尉"的指令，背面则是迁陵县关于从不同途径接到这份指令的记录和迁陵县要求县属单位和所辖的三个乡遵照办理的传递公文记录。

这两枚简牍正面所记公文内容，前面已经提及，为释读这两份较为复杂的记录，这里再概述一下：洞庭郡为输送军资而下令在全郡征发劳力，但为不误农时，强调依诏令少征发务农者，并制定征发各类人员的程序，强调凡违反程序的责任人要予追究严惩。指令一方面直接下达包括迁陵县在内的属县，另一方面下达给郡的派出官员"卒史"和"属"，要求一旦出现涉及违反程序的指控，县廷要迅速依法审判，并将犯事者的材料上报到"卒史"和"属"的治所，上报时要"令人日夜端行"，即派人日夜兼行。

里耶秦简中，作为书写材料的木牍较为宽大，相较编绳散断后难以复原成册书的较为细窄的汉简，宽大木牍往往是有关一件公文处理信息的完整记录，这对于还原公文的收发、传递作业程序，确实有较汉简优越之处。对于传递环节的附记，汉简未见于发文记录。汉简的收文记录中却有不少附记投递环节，总的精神是与秦简一脉相承的，如悬泉置所出：

三月丙戌，广至丞寿重 /掾禹、狱史长。

四月乙未，效谷守长江、丞光谓悬泉置啬夫吏，写移书到，案有告劾毋有，逐报，如律令。/掾宗、守狱史宗。

Ⅱ0115②：1A

效谷印。

四月丁酉餔时，毋穷卒以来。

Ⅱ0115②：1B

此简是悬泉置对于效谷县转来的广至县公文的收文记录，A 面是转录，首先转录了广至县发文日期是"三月丙戌"，接着转录效谷县转发的日期是"四月乙未"，中间隔了 8 天。B 面是悬泉置自己所作收文原始记录，一记封泥印记为效谷，标明了这封公函经过效谷县重新封发，二记投递时间为"四月丁酉餔时"，三记投递人是毋穷的卒。毋穷为亭的名字，因而广至县经效谷县转发到悬泉置的公文，一路经由亭来传递，而悬泉置只记录了其中最后一程的责任人。

居延汉简则见有将投递的最后一程附记于有关启封情形的收文记录中：

(1)董云　　　　　　　　　　令史博发

三月丙戌肩水库啬夫宋宗以来　君前

284·4B

(2)水肩塞尉印　　　　即日啬夫□发

十月壬戌卒周平以来　尉前　佐相

506·9B

上举两简可视为拆封记录，之所以将投递环节的最后一程附记于此，可能是传递公文的收受者与启封者相同，令史"博"、啬夫"□"就是负责人。从上举各简简文书写风格的一致性看，这些启封记录应该就是这些负责人所记录。

还有就是如前述那样在封检上直接作收文记录,并附记投递环节,这样的例子还可举出:

(1)甲渠官 杨音印
正月丙寅卒便以来

4·29

(2)张掖甲渠塞尉

甲渠官亭次急行 ⊡

十月癸巳隧长尚以来

EPT48:118

(二)转发记录与发送记录

在里耶秦简中,作为传递公文处理枢纽的迁陵县廷在将县内各单位发往县外的公文集中后,在以县廷的名义重新封装发送的过程中,留下了大量的转发记录。

(1)书三封,令印,二守府,一成纪。·九月庚寅,水下七刻,毛佁以来。

8—1119

(2)□□□□□印,一泰守府,一成固。九月己亥……☑

5—23

(3)☑一辰阳,一朐忍。廿八年九月辛丑,走起以来。

8—373

(4)司空曹书一封,丞印,诣零阳。七月壬申□□☑

8—375

(5)☑一诣苍梧尉府,一南郑。·□□☑

8—376

(6)狱东曹书一封,丞印,诣无阳。·九月己亥水下三刻,□□以来。☑

5—22

(7)狱南曹书三封,丞印,二诣酉阳,一零阳。/卅年九月丙子旦食时，隶臣罗以来。

8—1886

(8)尉曹书二封，丞印，

一封诣零阳，一封诣昆阳邑。九月巳亥水下八，走印以□。

16—3

(9)户曹书四封，迁陵印，一咸阳、一高陵、一阴密、一竞(竟)陵。廿七年五月戊辰水下五刻，走荼以来。

8—1533

(10)金布书一封，丞印，诣洞庭泰守府。卅年五月壬戌水十一刻刻下三，守府快以来。

9—1593

以上都是迁陵县廷对县属单位发往县外的公文所作记录，这些公文首先被集中于县廷进行重新封装，这些记录就缮制于外发公文封装处理后等待上路之时。在重点记录封装情况的同时，附记了县廷对于县属单位传递来文的收文情况。以上各简可见首先记录的是发文单位和发文者，上举皆迁陵县分科办事的列曹，“狱东曹”“狱南曹”为县里治狱机构主事；“司空曹”，司空本掌工程，因多用刑徒，渐成管理刑徒的部门；“尉曹”掌卒徒运转事；“户曹”掌户口名籍婚庆祠祀；“金布”掌财务。其次记重新封装后的用印，上举各简非“令印”，即“丞印”，这表明县级下辖单位不能直接向县外发送公文，而必须经县廷审核后，以县廷的名义发出。再记件数和寄达地。寄达地的范围极广，无阳(县名，治今湖南芷江东北)、零阳(县名，治今湖南慈利东)、酉阳(县名，治今湖南古丈西北)在洞庭郡内，成纪(县名，汉时治今甘肃静宁西南)、苍梧(郡名，辖境位于湘资流域，郡治不明)、南郑(县名，治今陕西汉中汉台区)、咸阳(今陕西咸阳东)、高陵(县名，治今陕西高陵)、阴密(县名，治今甘肃灵台县南)皆在洞庭郡外。最后附记公文送达县廷的时刻和送达人两项，皆为县廷收到这些需要外发的公文时所记，是对这些公文从县属单位传送到县廷的记录，这是对传递公文过程第一环节的记录。而整个记录又是县廷发往县外的待发邮件清单，相对于那些记录有“某手”“某半”“某发”的真正的收发文簿。

里耶秦简中,还有转发过程的完整记录,既包括对收件时刻和送达人的记录,也包括发送时刻和递送人的记录:

廿八年八月戊辰朔丁丑,酉阳守丞□敢告迁陵丞主,高里士伍顺小妾□余有逮。事已,以丁丑遣归。

□□□□迁(陵)令史可听书从事,□□□/八月甲午,迁陵

拔谓都(正)

乡啬夫,以律令从事。/朝手。即走印行都乡。

八月壬辰,水下八刻,隶妾以来。/□半。□手(背)

9—986

这是一件关于迁陵县批转酉阳县公文传递到迁陵县都乡的记录。酉阳与迁陵为邻县,秦始皇二十八年(前219)八月初十日,酉阳县为一桩民事案致文迁陵县,八月二十五日“水下八刻”,一名“隶妾”(女性刑徒)把公文送到迁陵县;八月二十七日,迁陵县将这封公文批转到县治所在的都乡,并于当天派了名“印”的人步行送去。这样的转发是在迁陵县廷处理完成的,县廷也就留下了这份转发过程的完整记录。

里耶秦简中,也有单一的发送记录:

书一封,·迁陵丞印□☑,卅五年六月甲子□☑。

☑诣启陵乡☑,隶妾孙行☑。

8—475+8—610

这是迁陵县对下发到乡一级的公文所作的发送记录,这样的记录在已公布的里耶秦简中仅此一例。

一些较高层次的公文传递中,发送记录还会伴随寄出的公文到达收文单位:

(1)书一封,酉阳丞印,诣迁陵,以邮行。ノ□□年十月丙戌水十一刻刻下八起酉阳□ノ

□月己丑水十一刻刻下一过启陵乡。

12—1798

(2)书一封,酉阳丞印,诣迁陵,以邮行。ノ二八年二月癸酉水十一刻刻下五起酉阳廷ノ二

月丙子水下九刻过启陵乡。

12—1799①

此二简为酉阳县廷制作的发件记录，并随酉阳县发往迁陵县的公文一起上路，在途经迁陵县启陵乡时，又在这件记录上作了经过时刻的记录。丙戌与己丑，癸酉与丙子皆隔两日，所以两次传递都是在启程后的第四天到达启陵乡。

五、传递记录与核查

作为公文传递记录的简牍因出土于不同地点而相应地反映着不同的机构，因而在性质上也会有很大差异。里耶秦简所反映的县廷，基本是收发记录和县域传递作业记录，那些长途传递过程中的交接记录在里耶秦简中是没有的。所幸，西北地区的居延、额济纳、疏勒河、悬泉汉简的出土地几乎都是当年的邮路中转站点，因而见有大量的长途中转交接记录，可补秦简之缺。

（一）传递交接记录

汉简中见有公文在长途传递过程中的各类记录，既有交接记录的综合汇编，也有交接现场的实时记录。这类记录有统一的格式，先书传递方向，有“南书”“北书”“东书”“西书”之分；再记录所传递公文的文种、性质，封数及封装情况，还有发文者的封泥印章；并以“诣”带出收文者；最后记传递的中转站点、传递责任人名姓和交接时刻。虽然文种、性质及封装情况若非重要公文不一定记录，但其他各项是缺一不可的。在破城子甲渠候官遗址出土的居延汉简：

（1）北书五封

（以上为第一栏）

夫人

（以上为第二栏）

其一封肩水仓长印，诣都尉府。

一封觻得丞印，诣居延。

---

① 此二简尚未正式刊布，仅陈列于里耶博物馆，释文引自［日］藤田胜久：《里耶秦简所见秦代郡县的文书传递》，《简帛》第8辑，上海古籍出版社2013年版。

一封居延左尉印,诣居延。

(以上为第三栏)

一封昭武长印,诣居延。

一封氐池长印,诣居延。

(以上为第四栏)

三月庚戌日出七分吞远卒……

五分付不侵卒受王。

(以上为第五栏)

317·1

(2)北书二封

(以上为第一栏)

其一封诣居延骑千人

一封厚□邓监悬掾将治所

(以上为第二栏)

五月戊寅下餔推木隧卒胜有受三十井诚敖隧卒樊隆,己卯蚤食五分当曲隧卒蔡崇付居延收降亭卒尹冯界。

(以上为第三栏)

EPT59:156

这种公文传递的交接记录,记录的格式通常为三栏,首栏和中栏记录的是所传递文书的基本信息,即传递方向、邮书数量,邮书的发件方与收件方,末栏则记录交接时间和交接责任人。

此二简首先以“北书”标示传递方向,即向北传递的邮书。居延邮路是沿南北流向的额济纳河延展,从南边递送到居延都尉府和居延县的公文,皆由甲渠候官辖区邮路管段向北递送,故概称“北书”。与之反向者,由居延都尉府和居延县向南传递到肩水都尉府和张掖郡,以及全国其他各郡和长安者,则概称“南书”:

(3)南书一封。

(以上为第一栏)

居延都尉章,诣张掖大守府。

（以上为第二栏）

十一月甲子夜大半当曲卒昌受收降卒辅，辛丑蚤食一分临木卒□付卅井卒弘。界中廿八里，定行☐□程二时二分。

（以上为第三栏）

317·27

上述三简皆为居延邮路上甲渠候官管段的交接记录。居延邮路是居延县所在地居延城（考古编号：K710）和居延都尉府（考古编号：K688）联系张掖郡首府觻得的邮路，是长安通西域干线邮路自觻得向北延伸出的一条邮路，全长400余公里。① 邮路穿越了张掖郡下辖的肩水和居延两大都尉府的障塞防区，沿途烽燧密布，所以邮递是依托两大都尉府下辖的各级塞防机构来执行。整条邮路上，承担邮递任务的站点推算起来应当在100个左右。由于简牍出土地点有限，因而只能复原出这条邮路上的个别站点和区段。甲渠候官管段的邮递记录出土的最多，所以这一区段的情况也就相对清楚一些。

所谓甲渠候官的候官是作为边防系统的居延都尉府下辖的一级机构。整个边郡军事组织中，作为一郡军政首长的郡太守统辖都尉、候、候长、隧长四级边防军官，其治所分别称都尉府、候官、部、署。候官之官犹官署之官，不作官长解释。候长一级因易与候一级混淆，故又称“部候长”或部候。候官作为都尉府的下级机构，表示的是管辖若干部候的机构，可简称“官”。如甲渠候官可称甲渠官。候官所在的部为诸部之“首部”，其他部则择下辖诸隧交通、战略位置最要者为驻地，如此逐级分防，层层节制，并划定大小不一的防区。边塞邮路即依防区来分段管理，中转交接，这在居延邮路和后面要讲到的沿敦煌郡塞防线而行，通往罗布泊北岸的东西向延展的邮路上都是如此。

甲渠候官防区已靠近居延邮路的北端，依简牍所记距离居延都尉府是70汉里，距离居延城是90汉里。甲渠候官邮路管段的两端，北临居延候官的收降亭，南临三十井候官的诚势隧（亦称诚势北隧）。甲渠候官管段的进出口，

---

① 关于K688遗址是居延都尉府，K710遗址是居延县所在地居延城，参见薛英群：《居延汉简通论》，甘肃教育出版社1991年版，第36页。

在北端以甲渠候官的当曲隧与收降亭为两个候官管段交接点;南端则是甲渠候官的推木隧(亦称临木隧)和诚孳隧。由北到南的传递过程即(3)所记,(1)(2)则从南到北。三简反映出的邮递运行是甲渠候官管段的综合记录,即只记邮书进出甲渠候官管段的交接时间和交接责任人,而不记管段内的运行情况。如此传递记录,分别是以进口处和出口处的属于其他候官的交换点为前站和后站,而以本候官管段两端的交换点为中站。凡北书,前站在南,而后站在北;南书则相反。北书由当曲隧作最终记录,首先抄录管段南端推木隧(临木隧)与前站三十井候官诚孳隧的交接记录,再记录当曲隧与后站居延候官收降亭的交接情况。而南书则由推木隧(临木隧)作最终记录。因为这样的记录最终是要汇总到甲渠候官审核并存档,所以首先记"北书""南书",以便按传递方向分类编排,方便日后检索。

上例是以整个甲渠候官管段为单位所作综合传递记录。这种综合记录所依据的原始实时记录在居延简中也有线索,作为甲渠候官管段内各中转站点的隧在传递过程中,会由各隧的传递者在交接时先把情况记录下来,但今能见到的甲渠候官管段邮书传递记录几乎全部是在甲渠候官遗址出土,因而实时记录已经由隧的上级部门作了整理:

(4)南书二封。皆都尉章●诣张掖大守府●甲校

六月戊申夜大半三分执胡卒常受不侵卒乐,己酉平旦一分付诚北卒良。

49 · 22,185 · 3

(5)南书一封。居延都尉章,诣张掖大守府。

三月庚午日出三分,吞远卒赐受不侵卒受王;食时五分付诚北卒朐。

EPT51:14

(6)▨都尉章,诣张掖大守府。

▨□令印诣诣张掖大守府。

二月辛丑,夜半时诚北卒朐受吞远卒寿,

鸡前鸣七分付临木卒常。

EPT52:52

(7)▨戍餔时,诚北卒世受临木卒丙下餔

☐时付吞远卒寿

EPT52:365

这4枚简都是由隧的上级单位整理过的传递记录。(4)标写在墨点后的“甲校”就是甲渠候官的小吏在部一级上报的邮书传递记录上所作的核校笔迹。这四例都是由部一级根据原始传递记录所作汇编。(4)是执胡隧卒首先从不侵隧卒那里接受了邮书,然后又将邮书递给了诚北隧的兵卒,也就是“六月戊申夜大半三分”这个时刻,北面不侵隧卒“乐”携带邮书南行来到执胡隧,交接给执胡隧卒“常”;“常”继续南行到下一站点诚北隧,在“己酉平旦一分”交接给诚北隧卒“良”。这个传递记录最初当为执胡隧卒“常”所记,他从执胡隧出发时,随身携带着这枚已经做了收受邮书记录的简,在到达诚北隧后继续书写了付出邮书的交接记录后,又将其带回执胡隧,并由隧、部逐级汇总上交到甲渠候官。还有一种可能,执胡隧卒“常”在传递这两封居延都尉南行张掖郡的重要文书时,在执胡隧与诚北隧分别作了接收与交付记录,是由交接双方当场用一块木牍各自书写实行剖分后,双方分执的一式两份记录,当“常”上交了在执胡隧与诚北隧分别所作的两份记录后,再由执胡隧专职文书工作的小吏综合上报。

(5)则是在不侵隧与诚北隧之间的另一条复线邮路上传递的记录,执行传递的是吞远隧卒“赐”。吞远隧大约与执胡隧东西相望,所以在不侵隧与诚北隧之间构成了复线邮路。(6)(7)则是从复线汇集到单线,更往南的一段邮路上,在吞远隧与临木隧传递段上,由居中的诚北隧兵卒所作的一南一北,正好构成一对的传递记录。(6)是南向,由诚北隧卒“朐”完成,他传递的是诚北隧到临木隧一段邮路。(7)是北向,由诚北隧另一卒“世”完成,“世”所走的是诚北隧到吞远隧的一段邮路。有趣的是,(5)也提到了诚北隧卒“朐”,而(6)(7)都提到了吞远隧的兵卒“寿”。“朐”“寿”很有可能是专职执行递送邮书任务的兵卒。

所有传递记录都要汇集到隧的上一级机构——部,再由部汇总整理后上报到甲渠候官。如果把邮路所穿越的隧的防区视为一级管段,那么部的防区所囊括的路段就相当于二级管段,而居延邮路全程穿越甲渠候官防区的路段就是三级管段。综合在甲渠候官出土的全部邮书传递记录,可知甲渠候官下辖不侵部、吞远部、诚北(城北)部、推木(临木)部四个二级管段。整个甲渠候官三级管段的北端进出口,当曲隧与居延候官收降亭(隧)的邮书交接是由不侵部管控,故见有一枚断简:"不侵部过书□收降亭隧▨。"(EPT52:492)

甲渠候官管段与相邻的候官管段进出口结合部,以及甲渠候官管段内充作中转站点的各隧与部级管段间关系可参考表3。

表3 汉代居延邮路甲渠候官管段

居延候官	甲渠候官				三十井候官
	不侵部	吞远部	诚北部	临木部	
收降	当曲不侵	执胡 吞远 万年	诚北 武强	木中 武贤临木	诚势北

说明:此表左为北,右为南。上下并列之隧,仅表示东西向的并列关系,而不能明确其东西相对位置。

根据表3,再看一些甲渠候官遗址出土的邮书传递记录:

(8)正月辛巳,鸡后鸣九分,不侵邮卒建受吞远邮卒福;壬午,禺中,当曲卒光付收降卒马卬。

EPT51:6

(9)▨三月丁未,人定,当曲卒乐受收降卒敞;夜大半,付不侵卒贺;鸡鸣五分付吞远卒盖。

104·44

(10)▨诣张掖大守府。

▨□候官

正月甲申,鸡后鸣,当曲隧卒猪受收降亭卒青;

乙酉,平旦五分,付不侵卒放;食时五分,付执胡卒捐。

EPT51:273

(11)▨[武]贤隧卒辟受城北隧卒捐;之临木隧

▨□时,付卅井诚势北隧卒尊。界中十七里□□

484·34

以上四简都是部一级的二级管段传递记录,是根据隧一级的一级管段传递记录整理出来的。(8)(9)(10)是不侵部的,以(8)最为典型,只抄录不侵部与外部的交接记录,而不论不侵部内部不侵隧与当曲隧之间的交接。(9)与(8)的传递方向相反,是南向,从字面上似乎是当曲隧所作记录,但实际上是当曲隧的后站不侵隧在完成了向吞远部吞远隧的传递任务后,才能形成这一记录,因而虽然抄录了当曲隧与不侵隧的交接记录,但其重点是邮书经过不侵部管段时的进出口交接。不侵部向南交接时,由于吞远部存在并列的三个站点,因而这一交接环节的对应点是有变化的,那就是不侵部的不侵隧对应着吞远部的吞远隧、执胡隧、万年隧三个站点。(8)(9)对应的是吞远隧,这应是居延邮路的主干线。(10)对应的是执胡隧。(11)则是甲渠候官南端临木部的传递记录,完整记录了南向邮书从诚北部的诚北隧进口,由临木部北端的武贤隧传到南端的临木隧,再出口到三十井候官管段的全过程。

除上举在破城子甲渠候官遗址出土的邮书传递记录外,在居延汉简的另一重要出土地大湾也发现了一批类似的记录:

(12)十二月三日

北书七封

(以上为第一栏)

其四封皆张掖大守章。诏书一封,书一封皆十一月丙午起,诏书一封十一月甲辰起。

一封十一月戊戌起,皆诣居延都尉府。

二封河东大守章,皆诣居延都尉。一封十月甲子起,一十月丁卯起,一封府君章诣肩水。

(以上为第二栏)

十二月乙卯日入时卒宪受不今卒恭,

夜昏时沙头卒忠付骍北卒护。

(以上为第三栏)

502 · 9A,505 · 22A

(13)九月九日

南书二封。居延都尉

(以上为第一栏)

皆诣张掖大守府。

(以上为第二栏)

九月丙辰夜食时沙头卒良付□□□

同,酉中二分□□卒同付破虏卒□。

(以上为第三栏)

495·3A

(14)南书五封。

(以上为第一栏)

二合檄,张掖城司马,毋起日,诣设屏右大尉府。

一封诣右城尉。

一封诣京尉候利。

一封诣谷成东阿。

(以上为第二栏)

右三封居延丞印,八月辛卯起。

(以上为第三栏)

八月辛丑日餔时骍北受橐佗莫尚

卒单崇,付沙头卒周良。

(以上为第四栏)

288·30

大湾遗址(考古编号:A35)被推断为肩水都尉府的所在地。此三简应是肩水都尉府下辖候官报送到肩水都尉府的邮书传递记录,与甲渠候官出土所见格式完全一样,可见至少是在汉代居延邮路上,邮书传递记录的格式有统一规定。这样格式的记录,亦见于疏勒河流域烽燧遗址,因而具有相当的代表性。

上举14例记录,即汉简所自称的"邮书刺"或"过书刺"。[①] 这种传递记录在边塞邮路上,首先是以作为中转站点的隧为单位进行汇编,然后上交到部

① 李均明:《汉简"过书刺"解》,《文史》第28辑,中华书局1988年版,第48页。

一级，部再据之整理汇编后上报到候官一级：

(15)☒酉，临木隧长忠，敢言之。谨移邮书☒

127·29

(16)建昭元年三月过书刺

317·3

(17)临木隧建始二年二月邮书刺

EPT51:391

(18)●不侵部建昭元年八月过书刺

EPT52:166

(19)●吞远部建昭五年二月过书刺☒

135·14

(20)●吞远部建昭五年三月过书刺

EPT52:72

(21)诚北建昭五年二月过书刺□

136·18

(22)·骍北亭永光四年十月过书□

73EJT22:8

(23)·骍北亭河平三年四月过书刺 己未朔

73EJT24:34

(24)·右十月过书□□

地湾汉简 86EDT1:18

(25)甲渠候官河平二年三月邮书□☒

227·14

(17)是隧一级上报作为邮书传递记录汇编的一册簿籍的标题简，(15)是临木隧隧长上报邮书传递记录簿籍时的简短报告。(18)(19)(20)为部一级的邮书传递记录簿籍的标题简。其他标写了“邮书刺”或“过书刺”的各简亦皆邮书传递记录簿籍的标题简，(16)不明是哪一级的，(21)有可能是诚北部的，也有可能是诚北隧的。(22)(23)出土于肩水金关，骍北亭是可以确认的居延邮路上的重要站点，有如前面举例中多次出现的居延候官收降亭。骍北亭位于南边的肩水候官与北边的橐他候官的交界部，同时位于一处重要的边塞关口金关的南侧。

关于邮书刺或过书刺，由于未见这种邮书传递记录簿籍的完整保留形态，只知道所有邮书传递部门，无论级别如何，都是要按月汇编这种邮书传递记录的，这与前引《续汉书·舆服志上》刘昭注补所言每县“有承驿吏，皆条所受书，每月言上州郡”是相符的。看来在汉代，将邮书传递记录按月汇编成簿籍，并逐级上报是全国性的普遍做法。根据汉简自身表露的迹象，这种汇编凡经由居延邮路各管段是首先按“南书”“北书”来分编，甲渠候官遗址所出居延旧简见有“●右南书”简（44·12；143·26），应该就是这种分编的标题。应该是当月所有“南书”简皆编列于“●右南书”简后面，最后一支简在抄录完原始记录简上的文字后加“云云”二字。隧、部的邮书传递记录簿籍汇集到候官一级，最终汇编成如（23）简所示的候官一级的邮书刺簿籍上报到都尉府一级，听候核查。候官自己则制作邮书刺簿籍副本存档。因而，甲渠候官驻地见有这种存档的标签：

(26)⊠建昭二年

……

⊠十月邮书

EPT51：615AB

从存档副本来说，甲渠候官遗址所出邮书刺、过书刺散简也远非最原始的邮件交接记录了。“刺”本身就是向上汇报的文种，是按照一定类别罗列所发生事实的上行文种。真正的邮书原始交接记录过去一直没有被发现，或说由于出土极少而没有得到甄别，直到悬泉汉简面世。悬泉置遗址出土的一部分邮书传递记录与甲渠候官遗址所出者在内容和形式上有相当差异，出现了前所未见的带有刻齿的邮书交接记录：

(27)入东书第二箧。十月壬午，日未入，临泉卒轩受毋穷卒时。A

日未入（右齿半字）B

Ⅴ1311③：33

(28)入东书第四箧。十月壬戌，日未中，临泉卒轩受毋穷卒材。A

日未中时（右齿半字）B

Ⅴ1310④：31

(29)出西书四封,函一。十月乙巳,蚤食时,临泉卒轩付毋穷卒材。A

乙巳蚤食时(右齿半字)B

V1210③:84

(30)出西书五封,刺一。十一月庚寅,日出时,临泉卒轩付毋穷卒材。A

日出时(右齿半字)B

V1210③:26

(31)出西书三封,檄一,刺一。十一月甲寅,夜半时,临泉卒轩付毋穷卒时。A

夜半(左齿半字)B

V1210③:14

(32)出西书二封函二十月甲寅辛巳,未中,临泉卒轩辟付毋穷卒时。A

日未中时(右齿半字)B

VT1311③:25

(33)出西书第一箧檄一二月丁巳,定昏时,临泉卒轩付毋穷卒当。A

定昏时(右齿半字)B

V1210③:100

(34)出西书第四箧七月癸亥,日蚤时,临泉卒轩付毋□▨ A

日蚤时(左齿半字)B

V1210③:85

以上八枚简都是由地处敦煌东西干线邮路上的临泉亭所作传递记录。① 临泉亭是悬泉置所在的敦煌郡效谷县最东端的一亭,紧邻悬泉置。毋穷亭则在临泉亭西面,故"东书"皆由毋穷亭卒传递到临泉亭,交给临泉亭卒,对于接受方的临泉亭来说,就是"入"。而"西书"则相反,皆由临泉亭卒传递到毋穷亭,交

① 释文皆引自张俊民:《敦煌悬泉置出土文书研究》,甘肃教育出版社 2015 年版,第 136、402 页。

付给毋穷亭卒，对于临泉亭一方来说，是将邮书等物品交接出去，故称“出”。

“出”“入”本是涉及钱和粮、帛等物品转移时的记账用语，汉简中多有涉及这类事务的簿籍，支付一律称“出”，接收一律称“入”。具体交接时，要取较为厚实的简牍，双面书写所转移的财物名目、数量和双方经手人，并在侧面刻齿后沿着最大截面剖开形成“券”，双方各执“券”的一面，可以对质，为防日后责任不清。这种原本作为财物转移收据的“券”在汉代的运用极广，凡需明确双方责任，防止互相推诿的事项，皆有可能采用“券”的形式在作业现场进行实时记录并剖分。一些用于日常固定事项的“券”有时还会事先缮制好备用，待事项交接完毕即行剖分，由当事双方分执。敦煌酥油土烽燧遗址中出土过一支尚未剖分的“券”：

(35)十二月戊戌朔，博望隧卒旦徼迹西与青堆隧卒会界上刻券/　A

十二月戊戌朔，青堆隧卒旦徼迹东与博望隧卒会界上刻券/显明　B

81. D38:38(《散见简牍》205AB)

这是用于两个烽燧的戍卒清晨例行巡逻至防区交接部，证明其会面互报平安的“券”，是事先预制但尚未刻齿剖分的券。① “/”后面是巡逻会面的戍卒填写自己名字的地方，“显明”应是青堆隧一方事先就确定了的巡逻执行者，但大概由于巡逻执行时又临时撤换了人员，这枚事先制作的“券”就作废了。

除了从侧面沿最大横截面剖开的“券”，还有在较宽的简牍上，左右两边一式两份书写交接事项后，再在中间大书一字有如花押，然后顺该字中心剖开，由交接双方分执的情况。居延简与悬泉简皆见有此种中剖，即在简牍最小横截面剖分之简，中央所书之字大多为“同”。如悬泉置出土者：

(36)☒□印。同(半字)一诣酒泉大守博，一诣主归义左候官，一诣表是☒

II0113③:94

无论刻齿后沿最大截面剖分，还是花押文字后沿最小截面中剖，这些传递记录应该都是操作现场的实时记录，是交接邮件时，在双方经手人共同见证下

---

① 参见[日]籾山明：《刻齿简牍初探——汉简形态论》，胡平生译，载中国社会科学院简帛研究中心编：《简帛研究译丛》第2辑，湖南人民出版社1998年版。

完成的。凡邮件的种类、数量、发信人、收信人、交接时刻、交接责任人都中规中矩书写得一清二楚,并且是一式两份书写于简牍的正反面,或写于较宽简牍同一面的左右两侧,再予剖分,以利日后勘验。

悬泉置遗址成批出土邮书传递的最原始记录,这种情况说明邮书传递的实时记录是由前面所说的邮路二级管段单位来庋藏。

(二)邮书传递的核查与处罚

汉代,在规定时限内完成公文传递有严格的考核办法,这不但符合律令中对行书迟留的严厉罚则,也和针对传递环节一丝不苟的监控相得益彰。这种监控的精妙贯穿在对邮书传递交接记录所实行的层层考核中,一旦发现问题,就会立即展开调查并会实施后续的处罚程序。居延汉简可见隧一级要对邮书传递记录进行整理和初步考核,部与候官作为两级邮路区段的管控单位,要对隧所上报的邮书传递记录再次进行整理、核校,将原始记录上的全部信息层层照录,将每一次传递过程都加上考核评语,按月汇编成簿籍,还要对重要公文的传递记录加以更仔细地核校,这样成册的记录最后按期上报到都尉府进行审查。候官相当于县级机构,而都尉府作为边郡的重要军事机构,与郡同级,这与前引《续汉书·舆服志上》刘昭注补所言县"皆条所受书,每月言上州郡"的做法完全相同。

甲渠候官遗址出土了大量带有考核评语的邮书传递记录,都是所属部隧两级单位按月报送上来的。凡为考核而形成的文书,汉简自称"课",为考核邮书传递记录而形成的文本专称"邮书课":

(1)建昭五年三月临木隧邮书课

145·34

(2)临木部建武八年闰月邮书课

EPT20:2

(3)☐部新始建国地皇上戊三年二月邮书课

110·19

(4)诚北部建武八年三月军书课●谨案,三月毋军侯驿书出入界中者……☐

EPF22:391

(5)甲渠候官河平二年三月邮书□▨

227·14

以上5枚简皆为“邮书课”简册的标题简,(1)为隧一级上报,(2)(3)(4)为部一级所报。(5)简之所以再次列举,是因为不能断定其“邮书”后面一字是“刺”,还是“课”,作为候官一级所报,当以“邮书课”的可能性较大。“邮书课”不会孤立上报,而是附在呈文后面。上报“邮书课”的呈文见有:

(1)元延四年九月戊寅朔戊寅不侵候▨

谨移八月邮书课一编,敢言之。

□□命第七吏即日下餔时起。

EPT40:147 AB

(2)建始二年十二月甲寅朔甲寅,临木候长宪敢言之。谨移邮书课一编,敢言之。

EPT51:264

这两例都是部一级上报邮书课的呈文,(1)还带有发送记录。两编邮书课无疑是上报给甲渠候官的,正如前面所述,不侵部和临木部正位于甲渠候官邮路管段的两端,不侵部与甲渠候官北面的居延候官相邻,而临木部则与甲渠候官南面的三十井候官接界,所以这两个部的邮书课在甲渠候官正当邮路的四个部中是比较关键的。

甲渠候官收到部上报的邮书课,首先要进行核校。居延新简见有核校的原简:

(1)北书四封 不校 其一封大守章,诣府▨

一封居延司马,诣府▨

二封章破

EPT52:168

(2)▨庚辰朔戊申第十七候长良敢言之,谨移卒输府财用券墨如牒,敢言之。连局令校。

EPT2:9A

(1)是居延邮路上“北书”传递记录整理后的编册中的一简,即上报到甲渠候官的邮书课简册中的散简。不校,应是在核校中发现问题,但一时不能确证问题所在时使用的评语,以留待进一步核实。(2)并不属于邮书课,而是部一级的单位为传递“卒输府财用券墨”牒书的上呈文书,是甲渠候官辖区内的上行公文,列举该简只是为了说明核校是由甲渠候官进行的。这两枚简上都存在两种笔迹,(1)上的“不校”、(2)上的“连局令校”与同简上的其他文字笔迹都不相同,是甲渠候官负责核校的小吏在核校过程中所书写。

前举居延旧简49·22,185·3号简上的“甲校”也是核校留下的笔迹,居延旧简中还见有:

(1)南书一封。

居延都尉章,十∽诣张掖大守府

49·33

(2)南书三封。十七Ƨ

其一封居延都尉章,诣张掖□□□。

一封居延丞印,诣广地候官。

一封居延塞尉印,诣屋兰。

五月戊辰,临桐卒□□□受□□卒明;餔时,付卅井卒□。

127·25

所见“十∽”和“十七Ƨ”,墨色和笔迹均与同简其他文字不同,均有可能是甲渠候官对邮书课核校时发现问题,用符号或文字来提示问题所在。

在校核隧、部两级报上的邮书课后,甲渠候官的下一步工作应该是将临木部和不侵部这两个部的邮书课对应起来,根据其中每条记录所提示的传递方向、收发文书的单位和传递日期,就可以很容易地将每一次邮书传递过程完整地整理出来,从而编制出整个甲渠候官管段的邮书课。

甲渠候官编制的邮书课正本必然是上报到居延都尉府去了,但候官自己也留有副本。这样的副本,甲渠候官遗址虽未发现成册的,却有不少单简,如实转录甲渠候官不侵部与居延候官之间,还有甲渠候官临木部与三十井候官之间的邮书交接记录,并在由此形成的甲渠候官管段综合记录后带有考核评语。这样内容的简自然就是甲渠候官根据临木部和不侵部上报的邮书课所编制的甲渠候官邮书课散简:

(1)北书三封,合檄、板檄各一。

其三封板檄，张掖大守章，诣府。

合檄牛骏印，诣张掖大守府牛掾在所。

九月庚午下餔七分，临木卒副受卅井卒弘；鸡鸣时，当曲卒昌付收降卒福。界中九十五里，定行八时三分，□行一时二分。

157 · 14

(2)书一封，居延都尉章，诣大守府。

三月癸卯鸡鸣时，当曲卒便受收降卒友；甲辰下餔时，临木卒得付卅井城敖北卒参。界中九十八里，定行十时，中程。

EPW:1

(3)☐收降卒海。界中九十八里，定行十时，中程。

EPC:37

(4)☐正月戊午夜半，临木卒赏受诚勢卒胜；己未日入，当曲卒并付收降卒海。界中九十八里，定行十二时，过程二时二分。

EPC:26

(5)☐四月戊寅人定二分临木隧☐

☐勢北隧卒赐去临木☐

·□□中时[疾程]四☐①

484 · 8

(6)☐五月己丑餔时，当曲卒猪受

☐夜半，临木卒周付卅井卒元。

·定行六时，不及程二时。

EPT51:351

(7)☐诣槖它候官。

正月戊申食时，当曲卒王受收降卒敞；日入，临木卒仆付卅井卒得。界中八十里，定行五时，不及程三时。

EPT51:357

① “疾程”原未释出，系谢桂华增释，引自汪桂海：《汉代官文书制度》，广西教育出版社1999年版，第187页。

汉代公文传递的考核是围绕“中程”来进行的。程,在此为规定之意。① 中程,作为邮书记录的考核评语,是指在规定的时限内完成相应的传递里程。东汉郑玄说汉代文书传递“有程”,“以道里日时刻”。编制邮书课的目的就是查出不中程者,给予惩戒。具体到甲渠候官的邮书课编制,应该是将不侵部与临木部报上来的邮书课先对应起来,综合出每次邮书传递在甲渠候官管段南北两端进出口的交接过程,然后据此列出“界中”里程,即实际传递里程,还有“定行”,即实际传递时间,把这两个数据按规定的时限核算后,再加上合格与不合格的考核评语。

规定的传递时间标准叫“当行”,如居延新简 EPT57:30 号简:“……毋伤隧长徐霸。界中廿五里,人当行二时五分□□。”可见,居延邮路上规定的传递标准是一时行十里。人当行,步行的时间标准。综合居延汉简所见的全部邮书传递记录,规定的标准就是一时十里。汉代一昼夜划分为十六时,则一昼夜当行一百六十里。虽说张家山汉简《行书律》规定的邮人行书是一昼夜行二百里,但居延这里的环境不比内地,是属于边塞隧卒代行邮书,所以传递标准低于内地的十里邮。

考核评语是非常程式化的,“中程”指符合规定;“过程”是指时间超过规定;“疾程”,指快于规定的时间;“不及程”是指不及程限,就是提前到达的意思。(2)(3)考核评语皆为中程,都是九十八里用时十时,但若按规定应是九时八分。相对(1)的九十五里,(2)(3)的里程明显增加了。在甲渠候官的邮书课中,相对其他简考评的严苛,这两简确实较为特殊。

(1)标“界中九十五里,定行八时三分,□行一时二分”,可知当行是九时五分,“□”按空隙大小估计缺了一个字,但很可能是两个字,即“不及”,就是说按规定是九十五里应当用时九时五分,而实际用时只有八时三分,因而提前了一时二分。(4)九十八里竟然传行了十二时,考核评语打的是“过程二时二分”,亦可见九十八里当行九时八分。(7)是八十里的情况,传递得异常顺利,提前了三时。可见,传递的速度或许并不完全取决于传递者个人因素,而应该是与天气条件和军事环境有很大关系。

---

① 《汉书》卷1下《高帝纪下》二年二月诏“今献未有程”,颜注:“程,法式也。”

邮书课上报后,凡邮书传递超过了规定的时间,就要进行调查并视其问题的性质来决定是否予以处罚了。这就等于进入了司法程序,首先是有司法权的上级单位要向责任单位发出进行司法调查的"举书":

> 临木卒戎付诚勢北隧卒则。界中八十里,书定行九时,留迟一时,解何?

133·23

举书之举,检举之意,是官府之间涉及司法领域的一种文书形式。举书多为上级单位在检查下级单位的工作时发现问题后发出的调查公文。上举例子只是一编调查邮书传递问题的简册所幸存下来的一枚简,前面的内容已无从知晓,可以判断这是居延都尉府就邮书传递在甲渠候官管段内被延误而发给甲渠候官的举书。"临木卒戎付诚勢北隧卒则"录自甲渠候官上报的邮书课,因而这支简的上一枚简至少还应录有所传递邮书的发文者与收文者,以及从居延候官管段收受下邮书的责任人。居延都尉府大概不会就每一次邮书"过程"都发出举书,必然是碰到严重的耽搁或重要公文被耽搁,才会及时以举书来进行司法调查。这件举书就此可以还原成是要甲渠候官就"界中"八十里的一次邮书传递被耽搁了整整一时而进行的初步司法调查,看看问题是什么性质。甲渠候官就举书所勒令的调查要直接训问相关部、隧,然后把调查结果上报居延都尉府,这个过程在居延新简见有一条很好的材料:

> 建昭四年四月辛巳朔庚戌,不侵候长齐敢言之。官移府所移邮书课举曰:各推辟部中,牒别言,会月廿七日。●谨推辟,案过书刺:正月乙亥人定七分,不侵卒武受万年卒盖;夜大半三分,付当曲卒山;鸡鸣五分,付居延收降亭卒世

EPT52:83

由此可见,针对邮书课的举书可称"邮书课举"。推辟,分析调查,"辟"为考实之意。推辟一般是举书所要求的一个司法调查程序,就是对举书所列举的过失进行调查后作客观陈述,走完这个程序来答复举书的回文也可以叫推辟书。看来,对一般邮书传递的耽搁,居延都尉府是根据所辖各候官传递给居延都尉府的邮书课进行勾校,勾出"过程"者,即邮书传送被延误的情况后,集中

抄录形成举书。所谓的“邮书课举”，即对一般邮书的留迟实行的调查是集中进行的，这样的举书或是按月，或是几个月才发出一次。举书下发时要规定一个调查时限，即推辟书上报的截止时间。居延都尉府下发的“邮书课举”，凡在甲渠候官管段内出现的问题，就由甲渠候官分别将举书内容抄送所属各部进行推辟，推辟的结果要“牒别言”，就是做成另外的简册，作为回文的附件上报。各部则将举书所列的每一次“过程”的邮书传递情形做出推辟，推辟往往根据留存在各部的邮书刺（过书刺）存档进行排查。推辟书应先上报到甲渠候官，再由甲渠候官汇总后上报居延都尉府。上举 EPT52：83 号简就是按照举书的要求对有关邮书刺进行排查所形成的报告书，即推辟形成的“牒别言”的一个片断。其呈文部分抄录了事由：甲渠候官转达了一份居延都尉府（官移府）下达的举书（邮书课举），要求各部进行调查后形成报告于当月 27 日汇总上报。不侵候长“齐”正是在接到这份甲渠候官转来的举书后，核查了自己所部万年→不侵→当曲→收降各隧亭间的邮书传递原始记录。

举书中，“各推辟部中”是习语，有时是“各推辟界中”，就是要求在邮路所经过的管段，由管段内的各单位调查实情。居延新简还见有一例，可见追查过程中办事官吏的一丝不苟：

> 官去府七十里，书一日一夜当行百六十里，书积二日少半日乃到，解何？书到，各推辟界中，必得事案到如律令言：“会月廿六日”，会月廿四日。
>
> EPS4T2：8A
>
> 不中程百里，罚金半两；过百里至二百里，一两；过二百里，二两。不中程车一里，夺吏主者劳各一日；二里，夺令相各一日。
>
> EPS4T2：8B

这枚简的 A 面是下令追查文书传递延误时间的原因，将“书一日一夜当行百六十里”的条例申明，以说明这次邮书延误的程度严重。“官去府七十里”，指甲渠候官距居延都尉府的距离是 70 里，当行的时限应该是七时，但实际递送的时间竟然费时两个整日再加小半日，即接近两天半。B 面是抄录有关法律关于传递延误的罚则，前面已经引用过。难得的是甲渠候官查办此事的官吏有法必依的这份认真。在这个例子中,减去当行的七时,无论怎么计算也超过了规定时限一天半,按一天折算成距离 160 里计算,就超过了 200 里,那就要按律实施罚金二两的较重经济处罚。“会月廿六日”是上级下行的举书上所规定的调查上报截止日期,在这个日期截止前上报调查结果也是要被当作律令一般来执行的。这次调查同样是居延都尉府下行甲渠候官,甲渠候官再下行所辖各部,二十六日是居延都尉府规定的上报截止日期,二十四日则是甲渠候官给各部规定的上报截止日期。两千年前地方邮政管理部门针对邮件传递超时的严厉查办,可谓历历在目。

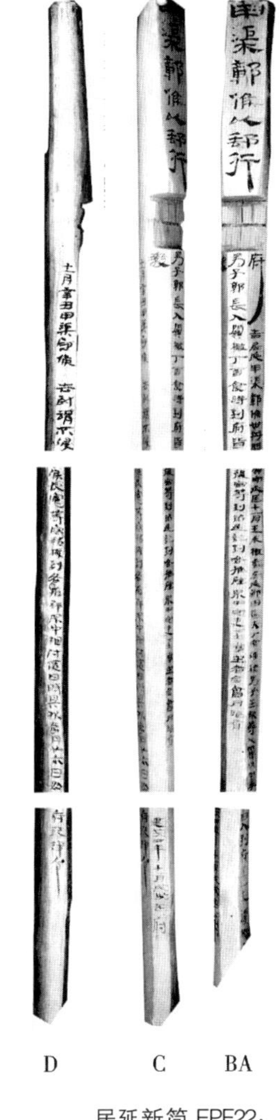

居延新简 EPF22:151。引自张德芳主编:《居延新简集释(七)》,甘肃文化出版社 2016 年版,第 242—244 页。

查办过程中还会令责任人当面对质。如前面提到过的居延旧简 123·55 号简:“邮书失期,前檄召候长敞诣官对状。”这是甲渠候官要求所属部候的候长就邮书传递误期一事亲自前往候官接受当面对质。调查后是否进行处罚,凡上举属于甲渠候官管段内发生的,当一律由居延都尉依据推辟验问书来决定。

在内郡,应当是县级单位每月将邮书课上报后,由郡级单位的法曹、督邮书掾和邮书掾来进行审核。而邮人传递邮书过程中所犯下的重大过失,甚至有作为疑案上报到中央政府来决定如何处罚的。张家山汉简《奏谳书》中就选编了一则这样的案例:

> ●●河东守谳:邮人官大夫内留书八日,诈更其徼(檄)书辟(避)留,疑罪。●廷报:内当以为伪书论。

这是河东郡太守上报中央的关于处罚邮人的疑难案子。谳,《汉书》卷二三《刑法志》记载汉高祖颁诏“自今以来,县道官狱疑者,各谳所属二千石官,二千石官以其罪名当报之。所不能决者,皆移廷尉”,奏谳涉及那些县一级解决不了,上报到郡一级,郡仍不能定案,再报中央主管司法的最高官员廷尉来审定的案子。张家山汉简《奏谳书》是一部作为判例集来使用的奏谳书汇编,所见这则邮人判例或许是汉代对邮人的最严厉处罚了。这位名“内”,爵位为官大夫的地位较高的邮人,其主要犯罪事实是“留书八日”,即将传递的文书耽搁了八天。按照张家山汉简《行书律》:“过一日,罚金二两”,则这位爵位为官大夫的邮人最多接受罚款十六两黄金的处罚即可。但其犯罪行为至此并没有结束,这位名“内”的邮人官大夫“诈更其檄书避留”,即通过伪造、更改邮书传递记录来掩盖自己“留书”的犯罪行为,最后被廷尉审定为伪造文书罪。“留书八日”仅仅是经济处罚,伪造文书的量刑就重多了,比照前述张家山汉简《贼律》“为伪书者,黥为城旦舂”,那就要刺字后发配为苦刑犯。

第五节 符传制度

文书传递者在执行任务的过程中,往往要通过关津,长途传递者还要在中转站点食宿,动用畜力为交通工具者还要喂食马匹,更换车马。凡此种种,必得有信物以为凭证。国家为严密控制社会,外出旅行者无论因公因私,必得持有官府颁发凭证,否则无法通过路途中的各种关卡。与公文传递和邮递环节密切相关的凭证统称“符传”。

符节的历史极为悠久,传则出现得较晚。符节可上溯远古,如儒家经解中三代诸侯朝天子所执圭。到了汉代,节上升为皇家使者的专用信物,成了体现君权的特殊象征物,因而代表皇帝和国家的使者又被称为使节,还流传下苏武“杖汉节牧羊”的故事。在汉代,一般公务出行者使用符和传,文书传递者亦不例外。符和传的区别在于符的作用是在通关,传除了通关以外,还是享用中转站点食宿,以及动用畜力交通工具的凭证。

一、符与文书

汉代,为防传递环节中出现伪书和利用文书进行不法勾当,不但对文书本身实施封印制度,有时还会对文书传递者,甚至所携文书进行验证,如《后汉书》卷七八《宦者列传·曹腾》所载:“(桓帝)时蜀郡太守因计吏赂于腾,益州刺史钟嵩于斜谷关搜得其书。”

证明传递文书的正当性和真伪，更常见的措施之一是配发与文书对应的符，之二是颁发证明文书送达者真实身份的节与符。

秦始皇统一六国后，在进一步加强中央集权的过程中，强化了符节之制，在中央政府设置“符节令丞，领符玺郎”。[①] 地方上亦对使用符节有严格法式，《秦会要》卷九“符节”条：

> 秦法，凡官吏及民有问法令者，主法令之吏，各以所问者明告之。为尺六寸之符，明书年、月、日、时及问者名，以左券予之。谨藏其右券，封以法令之长印。[②]

这是说，秦国自秦孝公时就实施了将符配发于官府回答吏民询问法令的咨文。秦始皇的时候将这种与文书相关的符确定为六寸的长度，主办法令事务的小吏在抄录法令条文形成咨文时，不但要申领这种六寸长的符券，还要在符券上书写抄录法令的时间及问询者的姓名，把符券的左券给予问询者，而将右券收藏归档，并封上相关官印，以防篡改。如此郑重其事，不嫌烦琐，是因为在简牍的时代，没有法律文本的广泛传播，老百姓有时很难确认法律条文的真假，难免以讹传讹，甚至出现被人篡改，谬种流传之事。所以，任何人无论出于何种用途出示这样的法令摘抄件时，只有同时出示与之相配的符券，才能令他人信服。官府留下符的右券，除防范作答的法令文书被人冒用外，或许还用于追究出现抄写错误的吏员。

以符节来分辨下达政令的真伪在秦汉主要是通过验证传达者的身份来实现的，符节往往配合使用。《秦会要》“符节”条：“始皇二十六年，旄旌节旗皆上黑，符皆六寸。”《史记》卷六《秦始皇本纪》：“旄旌节旗皆上黑。数以六为纪，符、法冠皆六寸。”《正义》：“旄节者，编旄为之，以象竹节。”《周礼》所见，节本通关信物，至秦代，或已为皇家信使专用。汉代使臣所持节由皇帝授予，代表了皇帝本人的权威和国家的威仪，后世所称汉节历来脍炙人口。《后汉书》卷一上《光武帝纪上》“持节北度河”句下李贤注引《汉官仪》：“节，所以为

---

① 《通典》卷21《职官三》门下省“符宝郎”条，中华书局1988年版，第558页。

② 杨善群校补：“商君书定分篇。案惠氏士奇礼说云：‘秦符六寸。’此言尺六之符，盖本于孝公，而始皇更定其制也。”引自（清）孙楷著，杨善群校补：《秦会要》，上海古籍出版社2004年版，第139页。

信也,以竹为之,柄长八尺,以牦牛尾为其旄,三重。"是在一根长约 1.8 米的竹柄上,束有三重用牦牛尾制的节旄。节旄在尚黑的秦代染黑色,在尚红的汉代染红色。江苏睢宁九女墩东汉墓画像石有持节羽人,羽人单腿跪地,左手持长柄节,节上缀有三重毛穗。汉代,皇帝专使皆凭节为信,中央政府专设"符节令",掌管符节发放。

秦汉之际,凡中央政府下发公文,皇家信使以外的信使大概皆持符,《释名疏证补》卷六《释书契》"符"条:

> 符,付也,书所敕命于上,付使传行之也。亦言赴也,执以赴君命也。①

这是从文书传递的角度来讲符的。"付使传行之也",即将符授予信使,以便其传行文书。"书所敕命于上",是说信使所执的符上写有以命书的形式颁布的关于符的法令,以昭示中央政府的威信。

段玉裁《说文解字注》竹部:

> 符,信也,汉制以竹,长六寸,分而相合。

"分而相合"是符的基本特征。依照东汉应劭的说法,符有左半和右半两片。只有中央政府的信使将所持右半符与早早送达地方政府的左半符对上以后,中央信使的身份才能得到承认。反之亦然。《汉书》卷四《文帝纪》"初与郡守为铜虎符、竹使符"句下颜注:

> 与郡守为符者,谓各分其半,右留京师,左以与之。

这种符专用于郡国与中央政府间的文书传递,号称"竹使符",只在中央政府与郡国之间剖分,尺寸也较为特殊,不是六寸,是五寸。关于竹使符使用的律令在居延汉简也有反映:

> (1)从第一始,大守从五始,使者符合乃□
>
> 332·12
>
> (2)☑市亡符及折☑
>
> 349·16

---

① 引自(东汉)刘熙撰,(清)毕沅疏证,王先谦补:《释名疏证补》,祝敏彻、孙玉文点校,中华书局 2008 年版,第 204 页。

(3)□符令,制曰可,孝文皇帝三年七月庚辰下,凡六十六字。

332·9,179·5

(3)是将汉文帝二年(前178)七月庚辰日颁布的有关竹使符的诏书编入"□符令"的传抄件。(1)(2)是抄录下来的这通诏书的内容片断。(1)是说留在中央的右半符从第一符开始使用,带往太守处的左半符要从第五符开始使用。这可能是两地如果全从第一符或第五符开始使用,且两地使者相向而行,那么当使者分别到达长安和郡太守那里时,另一方就没有可以用于核对的另一半符了。这说明,无论中央派往地方,还是地方派往中央的信使为了证明自己的身份都需要符,(1)正是为了避免发生无符相合的情况而采取的措施。(2)的内容应该是对符的亡失、破损等事故的处置方式,从有关破损描述的"折"可以看出这通诏书中的符是特指竹木材质的符,因而这通诏书所编入的令或许就叫"竹使符令"。①

关于汉文帝时中央政府与郡太守剖分竹符,《汉书》卷四《文帝纪》载:

(二年)九月,初与郡守为铜虎符、竹使符。

根据居延汉简,则关于竹使符的诏书早于铜虎符两个月发布,是在文帝二年七月。这一年,文帝下诏在京师的列侯回到他们的封国,所以《史记》卷一〇《孝文本纪》将郡守记为"郡国守相"。就是说汉初,在中央政府与中央政府派到各封国的国相之间,其实也就是在皇帝与诸侯王之间也是要以竹使符作为信使的身份证明。存于中央政府的竹使符右符由管理皇帝玺印、虎符的符玺郎统一管理,《续汉书》志二六《百官志三》记符玺郎职掌云:"旧二人在中,主玺及虎符、竹符之半者。"中央向郡国派遣信使,即授右符,到郡国后与相同编号的左符合符后,郡国才能接受中央的命令。《汉书》卷四《文帝纪》"初与郡守为铜虎符、竹使符"句下应劭曰:

……遣使者至郡合符,符合乃听受之。竹使符皆以竹箭五枚,长五寸,镌刻篆书,第一至第五。

所谓竹使符专用于皇帝与郡国守相间,每次只制作5对,编号为第一至第五。竹使符只用于重大事项,《续汉书》志六《礼仪志下》载:"(登遐)是日夜下竹

① [日]大庭脩:《汉代的符和致》,《中国史研究》1989年第3期。

使符告郡国二千石、诸侯王。竹使符到，皆伏哭尽哀。”可见对于皇帝驾崩这样的重要消息，信使更是要持竹使符才能取信于郡国。

竹使符还可作册封、任命这类特殊的下行公文颁发时的信用物。《汉书》卷九〇《酷吏传·严延年》“上欲征延年，符已发”句下应劭注：“符，竹使符也，臧在符节台，欲有所拜，召治书御史、符节令发符下太尉也。”这是皇帝拜将时使用竹使符，以昭信用。

信使执符也是为了沿途关津能够辨认官文书的传递者，这时符的功用就转化为通关凭证了。

二、符与文书传递者的通关

早在商鞅变法时，秦国就建立了一套维护社会稳定，限制人口流动的关津检查制度。汉初，为“备山东诸侯”，关津制度更加严格，张家山汉简《津关令》就是西汉初年实施的以护卫长安及关中为核心的关津检查制度。在整个两汉时期，为防范农民脱离户籍潜逃和所谓的豪侠之士的流动，不但对羁旅实行极其严格的查验，还实施宵禁制度。对于没有通关证明而绕开关津的偷渡行为，律法上称为“阑”，一旦抓住要处以“黥为城旦舂”的重罚。潜出边关则要处以更重的“斩左趾为城旦”的刑罚。① 总之，无论何人，出入关津必以符或传为证明。

根据对秦汉通关凭证制度的综合考量，当时使用最广泛的是符，邮人执行传递任务时，通常也使用符来出入关津。外出者随身携带这样的通关凭证，容不得丝毫马虎，即使在查验环节不予配合，亦会遭到处罚。睡虎地秦简《法律答问》即有关于符使用不当的罚则。秦律，持有符并到检查符的吏员那里配合查验的行为叫“布吏”，如持有符但不配合查验的叫“未布吏”，要受到“赀一甲”的经济处罚。②

汉代，除了前面说到的竹使符，符更为广泛的运用就是《说文》提到的六

---

① 张家山汉简《津关令》：“御史言，越塞阑关，论未有□，请阑出塞之津关，黥为城旦舂；越塞，斩左止（趾）为城旦……”

② 睡虎地秦简《法律答问》：“‘客未布吏而与贾，赀一甲。’可（何）谓‘布吏’？●诣符信于吏士是谓布吏。”

寸符,六寸符为普通外出公务者使用,质地有竹有木,皆就地取材。汉时尚未有邮递专用凭证,文书传递者是与所有公差人员一样,使用包括符在内的通行凭证。

长六寸的六寸符乃承秦制,汉时的六寸符得到了出土文献的印证。在涉及肩水金关的简牍中,就有六寸符的实物:

(1)▨金关为出入六寸符▨

▨从事

11·8

(2)▨出入六寸符券齿百从一至

▨□□卅三

11·26

(3)始元七年闰月甲辰,居延与金关为出入六寸符券,齿百,从第一至千,左居

官,右移金关,符合以从事。●第八。

65·7

(4)始元七年闰月甲辰,居延与金关为出入六寸符券,齿百,从第一至千,左居

□□□□□□合以从事。●第十八

65·9

(5)始元七年闰月甲辰,居延与金关为出入六寸符券,齿百,从第一至千▨

65·10

(6)元凤四年二月癸卯,居延与金关为出入六寸符券,齿百,从第一至千,左居

官,右移金关,符合以从事。第九五九。

74EJT26:16

此六简即六寸符,皆肩水金关出入符。"左居官"的居官系存放官府随时发放的意思。居延当居延都尉府省称。其中的(3)(4)(5)是非常难得的一组,经目测检视,确有刻齿,(3)(4)简文一面的左侧有刻齿,(5)则在右侧有刻齿。

将(3)(4)(5)拼对或是重叠在一起,刻痕的上下位置完全一致。这表明当时是把在同一位置上刻齿的左右两简作为一组,再在刻齿中写上"百",故称齿百。这种两枚一组的六寸符大概是一次性制作了一千组,可见是居延南下出金关,或是入金关北上至居延办事的普通公务者使用。上举诸简上的数目字"卅三""第八""第十八""第九五九"就是制作这一千组符的时候给每组符的编号。这一千组符或许是循环使用的。(3)简下端中央有孔,当系绳便于出行者携带,因而此简或许是左符。

符作为通行证,必得左右相合,才能通过检查。以上述材料讲,左符存于居延,右符事先运到金关。从居延出发的过关者需要持"在官"的左半符到金关后与同一编号的右半符相符合才能通过。

出入符的签发有一定之规,特殊事项需要申请文书,签发手续极严,叫"封符"或"发符",凡申请人姓名、职位、申请缘由无不存档以备日后稽查。居延汉简见有为买马、买药、领取补给等事项而"诣官封符"的办理记录。但为传递文书而申请符的记录至今未见,或可认为传递文书者出入金关,人员较为固定,出入比较常规,所以按例随时发放六寸符,随用随缴,省去了申请手续。

六寸符的使用对象和范围过去认为只限于与军事有关的人和事,这种符的实物也确实只发现在西北边塞之地,但不能否认内地关津也会使用这种符。以汉代各处关津检查之严,宵禁力度之大,无论邮人,还是官府中递送文书的其他人员,外出时都应携有身份证明,夜行更是如此。《汉书》卷九九中《王莽传中》记载:大司空骄横的属下骑马夜过奉常亭,酒后的亭长盘问:"宁有符传邪?"随后两方冲突,亭长醉意下杀了大司空的属下,王莽闻报后指示说:亭长奉公,不要追捕。可见,夜行者无论步行还是以畜力为交通工具,凡遇检查都要出示符或传。而夜晚通关,光执符还不行,必得申报,如《敦煌汉简》386号简记有:"●诸恶子受符,即欲夜出,皆诣近所抑官亭吏言欲夜出,报乃得夜出。"

综合各种史料,普通文书递送者的身份证明以通用六寸符的可能性最大。边塞地区的邮人和门亭执勤人员代行邮书者通关时是确定用符的,张家山汉简《津关令》有:"塞邮、门亭行书者得以符出入"的规定。以居延汉简印证,"得以符出入"之符即六寸符。《津关令》中与塞邮、门亭行书者用符列在一起的是需要经常出入关以从事耕种、畜牧的人，因而相对于后面讲到的另一种通关凭证——传，符的使用特点大约就是因为频繁地往还，因而适用于那些来回奔波的短途文书传递者和邮人。

从汉简看，符只有编号，不写人名，表明其非专人使用的性质。① 有些时候，文书传递者除了携带符之外，可能还要携带"致"这种补充的通关证明文件，特别是关塞之地。张家山汉简《盗律》：

使者所以出，必有符致，毋符致，吏智（知）而出之，亦与盗同法。

这是说包括信使在内的使者必以致配合符出入关，致的本意是送达，相当于官府给关津的通知书。关吏如果在明知使者不具符致的情形下还让其出入关，则比照惩处盗贼治罪。虽然汉简未见文书传递者用致的实例，但公出者使用致的情况不在少数。如敦煌汉简中有一枚作为存档标牌的楬：

▨玉门都尉官属吏（正）

▨致籍（背）

《疏勒河汉简》352

致籍就是与发放、使用致相关的登记簿，这枚楬标示的是玉门都尉为其下属外出办事发放致所形成的登记档案。居延汉简中也有这样的楬，只是右半部分残缺了：

▨凡出入关传致籍

50·26

这是专门记录通关时与传相配合的致，是将所发放的传和致正本上抄录下来的文字汇集编册的档案副本。传大多为需要住宿传舍的长途公出者，尤其是乘坐马车的信使所用，因而这枚残楬上虽缺失了作为使用者名号的限定词，但所记录的致当与长途外出公干者有关。

三、作为通关与畜力交通凭证的节和传

作为交通凭证的传出现在战国时期，只是没有实物存世。汉代，传的使用极为广泛，据悬泉汉简所见汉武帝时颁发的《厩令》片断分析，在汉代只有持

① 李均明：《汉简所见出入符、传与出入名籍》，《文史》第19辑，中华书局1983年版。

节的使者和边郡紧急报警的官吏,可以不出示传,其他所有使用畜力作为交通工具者都必须持传。汉节本身就是高级的通行证,报警则事出紧急,须臾不可耽误,但即便如此,只要动用传车、传马,都要备有关于车马规格的文书,否则传置机构断难为其提供畜力交通服务。汉代,传虽非为畜力交通者专用,但与畜力交通有很大的对应关系。

在汉代,传又称传信。与前面的符相比,传信是专人专用的,且用于长途旅行。关于传的形式,崔豹《古今注》作了这样的描绘:

> ……凡传者何也?答曰:凡传者皆以木为之,长(尺)五寸,书符信于上,又以一板封之,皆封以御史印章,所以为信也。

按照汉律的规定,凡中央政府颁发的传信皆由御史大夫府签发,要加封御史大夫的印章。《汉书》卷一二《平帝纪》元始五年"在所为驾一封轺传"句下颜注引如淳曰:

> 律,诸当乘传及发驾置传者,皆持尺五寸木传信,封以御史大夫印章。

地方上的传信一律由郡县颁发。传,多有封检,由颁发传的官署来封印,以防持用者更改传所书写的事项。若途经多道检查,则前处拆开查验后,当以检查机构的印信重新封印,此即前述睡虎地秦简《法律答问》"发伪传"条所言"即复封传它县"。

凡过关津,无论吏民,无论公私,以《津关令》规定必持符传,所有递送文书者亦不能例外。居延新简见有一件传的留档副件。

> □□四年九月己巳朔己巳佐寿,敢言之,遣守尉史强上计大守府,案所占用马一匹,□谒移过所河津关毋苛留。止如律令敢言之。□□巳居延令守江移过所如律令/掾安世、佐寿
>
> 73EJT10:210A
>
> □□□令延印
>
> □月甲午尉史强以来
>
> 73EJT10:210B

此简是记录一个名"强"的尉史所持的传上面的文字和封印的副本,是查验机关留下的存档件。所言"过所",本意是所过之地,因传信多写"过所"二字为惯语,故东汉时,传的官称开始变为过所,历魏晋至唐代蔚为大观。"上计大

守府”之上计就是秦汉时期地方上将辖境户口、赋税、盗贼、狱讼等项编造计簿，遣吏上报的年度统计。这里记录的传的颁发事由，即那位名“强”的尉史要从居延县前往张掖郡递送计簿。占马，在官府登记过的马，需向官府纳税。这里提到的一匹马当为尉史强所备私马，用于骑乘或驮运计簿。

肩水金关汉简中也有上计吏使用传的材料：

河平二年九月壬子居延库守丞贺为传　九月

□王严

上计大守府

73EJT4:99①

为传，意即应当给予作为交通凭证的传。九月上计当为全国性的制度规定。这是为名“贺”的居延县库丞前往张掖郡递送计簿而颁发的传的相关文字的记录副本，是肩水金关查验后的留档件。此简的“王严”和上简的“掾安世、佐寿”都是居延县廷办理并缮制传文书的责任人。河平二年为公元前 27 年。

马在汉代是重要的战略物资，所有关津对马的通过，皆有严格检查，措施就是验核相关的传。张家山汉简《津关令》规定传除了要写明过关人员的情况，凡跟随私马还要填写“马识物”，就是马身上的标识物。依照《津关令》，当文书传递者动用私马时可能还要由相关官府将有关马特征的通知书，即前述叫作致的文书提前送达关津，马才能顺利出关。这种涉及马出入关的文书又叫“马传”。

汉代，公出者享用传舍的介绍信与作为通关凭证的传是合一的，如居延汉简所见：

元延二年七月乙酉，居延令尚、丞忠移过所县道河津关：遣亭长王丰以诏书买骑马酒泉、敦煌、张掖郡中，当舍传舍，从者如律令。/守令史诩、佐褒。七月丁亥出

170·3A

居延令印

① 此简中的“为传”，《肩水金关汉简（壹）》原释“为转”，据邢义田：《〈肩水金关汉简（壹）〉初读札记之一》修改，《简帛》第 7 辑，上海古籍出版社 2012 年版。

七月丁亥出

170·3B

此简即为公务用传之抄件,为关口检查时抄录下来存档,以备日后稽核。所录之传是汉成帝元延二年(前11)七月乙酉日,居延县发给亭长王丰的,以利他按皇帝诏书的精神去酒泉、敦煌、张掖三郡买骑马。传的上面签署了县令、县丞的名字,背面的"居延令印"则是对这件传上所封印信的记录,可见公出者享用传舍食宿是一件极为郑重的事。随亭长王丰一起公干的还有"从者",亦可按律令标准"舍传舍"。简的正反面都书写了"七月丁亥出",且背面的笔迹不同于正面,这个日子究竟是传下发两天后从居延县启程的日子,还是通过关口的日子,还无法弄清。正面的日期是规定的日期,背面的日期可能是审核时,上级吏员确认的笔迹。由于各地道路都有精确的邮程表,因而只要规定了出行的日期,那么哪天到达哪一站都是有限定日期的,所以此简正反面书写的相同日期不是从居延县上路的日子,大概就是出居延县索关的日子。

统治者为了确保畜力系统的运行,保障传置随时有精力充沛的马匹,以及完好的传车,就必须对传车使用者实行严格的凭证审批手续。从京师出发的乘传者,往往要由其主管部门的二千石官员事先具文上奏皇帝,得到批复后转达御史大夫,御史大夫再据文书开列的公干路线及传车等级给长安的各处厩置下达书面命令。御史大夫同时将皇帝批复的奏文和他自己下达的动用传车的命令摘抄于一尺五寸长的简上,并根据传车的等级封印,制作成传信授予公出者作为凭证。

关于传车等级的封印,如果使用一匹马拉的轺车,传信上就有一处御史大夫印章的封印,使用两匹马拉的轺车,传上就有两处封印,叫"两马再封之"。①

---

① 《汉书》卷12《平帝纪》元始五年"在所为驾一封轺传"句下颜注引如淳引云:"律,诸当乘传及发驾置传者,皆持尺五寸木传信,封以御史大夫印章。其乘传参封之。参,三也。有期会累封两端,端各两封,凡四封也。乘置驰传五封也,两端各二,中央一也。轺传两马再封之,一马一封也。"此处是言自长安出发的使者所用传皆盖有御史大夫印章,依照官阶和办事的缓急、轻重而封有三封至五封印章。三封是四马下足驾的乘传,四封是乘传有时间限制不能耽搁的,五封是四马高足驾的置传或四马中足驾的驰传。过去认为一封、二封的传不用御史大夫印章封印,但悬泉汉简证明"一封轺传""二封轺传"确为御史大夫签发。参见王国维原著,胡平生、马月华校注:《简牍检署考校注》,第98—99页注②。

汉代人管前者叫一封轺传,管后者叫二封轺传。汉代供给传马、传车有极其严格的规定,汉律中有按官阶与所办事项轻重提供不同等级车马的律条,编在《厩律》中,可惜律文早已佚失。《汉书》卷一下《高帝纪下》:"(田)横惧,乘传诣洛阳"句下颜注引如淳据汉律言传车及其驾马按优劣分为高中低三等的"置传""驰传""乘传",这三等皆为驷马传车,一马、二马传车称"轺传"。如淳所言虽非汉律原文,然必出汉律,应该就是《厩律》。与高官享用的驷马传车有别,一般使者只能享用由一马或二马拉的轺传。悬泉汉简反映出,二封轺传大致得经皇帝批复,一封轺传亦得经手丞相、廷尉、光禄勋和御史大夫这样级别的官员。①

郡一级官府签发传的时候要由郡守与长史、丞三人联署。悬泉汉简保留了一批这样的传在使用查验后留下的存档副本,举一例:

> 初元二年四月庚寅朔乙未,敦煌太守千秋、长史奉憙、守部候修仁行丞事,谓县,遣司马丞禹案事郡中,当舍传舍,从者如律令。四月乙巳东。卩。
>
> II0213②:136[56]

这里记录的是汉元帝初元二年(前47)四月六日,敦煌郡太守等一干官员联署颁发供一位名"禹"的司马丞使用的传。禹被派到敦煌郡所辖各县执行查案任务,需在各属县传舍住宿。当禹及其随从自郡治敦煌出发经过悬泉置,悬泉置的小吏抄录下他所持的传,形成档案记录,并在禹享用食宿即将离开或离开后,在记录尾部注明离去时间"四月乙巳"与出走方向"东"。符号"卩"属于钩校符,表示某种措施已经实施过,在此表示禹一行人"当舍传舍,从者如律令"这件计划中的接待事宜已由悬泉置圆满完成,并做过核校。这应当是悬泉置官吏核查这份传信,并与悬泉置另记的相关"传食"账核对后留下的审核记录。②

悬泉汉简表明,持传者抵达传置后,传置官吏要拆开传的封检,依律令规定的标准供应食宿和替换车马,同时抄写一份被称作"副"的传的记录副本存档。持传者离开前,要在传的原件上注明享用传食的最后日期并重新封好,交

① 侯旭东:《西北汉简所见传信与传——兼论汉代君臣日常政务的分工与诏书、律令的作用》,《文史》2008年第3辑。

② 参见侯旭东:《传舍使用与汉帝国的日常统治》,《中国史研究》2008年第1期。

给持传者带到下一传置。

综合汉简资料,县廷签发的传,主要用来通关,其中有一些非常特殊的情况,如前述亭长王丰依诏书精神前往三郡买马,才兼及批准住宿传舍的许可。但县廷签发者,未有动用传车的情况。郡一级签发的传,一般都可住宿传舍,还有个别可获得乘传待遇。但郡一级签发的传凡涉及动用传车的都有“以令为驾”的文辞,大概郡一级本无权调用传车,是根据诏令才在特定情况下代御史大夫行使此项权力。以居延汉简、肩水金关汉简所见县吏外出办事自备马匹或轺车,凡县廷派出的长途递送文书者,一般情形下大概也不例外。[①] “上言变事”可能是县廷有权动用传车的唯一特例,但即便这种极为特殊的情况,也要持有传以外的他种交通凭证。

而汉代中央政府颁发的传,无一例外“当舍传舍”,且“以次为驾”,即由沿途各传置依次无条件提供车马。此类传信一旦丢失被人冒用,将扰乱社会秩序,故凡中央政府颁发的传不但由御史大夫统一办理,而且每一件都有编号,实施定期收缴制度。若有亡失,必通告全国。悬泉汉简中发现有一册中央向敦煌郡下达,敦煌郡再转达辖境各传置的《失亡传信册》(Ⅱ0216②:866—876),抄录了西汉元帝永光五年(前39)御史大夫所发追查遗失传信的文书,是发给全国各地传置机构广泛传阅的文件。

综上所述,传,或说传信是为秦汉一直沿用的兼有通关、食宿、动用车马三项作用的凭证制度。具体到通关一项,只有汉文帝因实施宽商政策,在文帝十二年(前168)下令“除关,无用传”。[②] 等到汉景帝四年(前153),因吴楚七国之乱,“复置诸关,用传出入”。[③] “无用传”仅就通关而言,食宿与动用车马的凭证不可能废止。汉景帝四年之后,以传通关再也未有稍懈,只是到了东汉或三国时期换了个名字,变成以“过所”相称。终汉世,传的形式一直是木制,只有王莽好创新,曾改用布传。

---

① 县吏外出办事自备轺车如:“五凤四年八月己亥朔己亥,守令史安世敢言之,遣行左尉事亭长,安世逐命张掖、酒泉、敦煌、武威、金城郡中,与从者阳里郑常富俱乘占用马轺车一乘,谒移过所县道毋苛留,敢言之。八月己亥居延令弘、丞江移过所县道,如律令/掾忠、守令史安世。”(73EJT9:104)“占用马”同占马,即向政府登记过的私人马匹。

② 《汉书》卷4《文帝纪》,中华书局2012年版,第108页。

③ 《汉书》卷5《景帝纪》,中华书局1962年版,第143页。

魏晋南北朝篇

魏晋南北朝时期,邮政制度承袭秦汉之制,但由于这一时期只有过短暂的统一,因此,国家的控制力要弱于秦汉,这影响着国家对邮政的管理和邮政的效率。长安、洛阳由于其政治、经济地位的下降,同时因政权分立中的人为阻隔,也使南北直通的邮政网路不如从前。但这一时期,因政治、军事、交通等需要,邺城(今河北临漳西南)、成都、建康、平城(今山西大同)等一批新的政治中心的出现,一些局部地区的邮路出现了兴盛的局面,一些边远地区出现了新的邮路。同样,并立的政权相互交往,民族的融合也使得原本偏僻的道路得到了整治,成为干线邮路。这一时期的邮政通信,除陆路通信外,水上通信也得到了较大拓展。

第一章　组织机构

魏晋南北朝时期，国家组织机构的根本沿自秦汉。在中央，起自秦汉的尚书组织，历经魏晋南北朝的扩大改造，以迄隋唐，成为中国古代两千年来的中央行政中枢。地方上，秦汉确立的郡、县二级制，到魏晋之际转变为州、郡、县三级制；更基层，则有北魏创立三长制。只是，魏晋南北朝时期的国家控制力，总体上说要大大逊于秦汉时期。这些都给邮政的管理机构和运行机构造成了影响。相对而言，中央层面的管理机构强于地方管理机构，而处于基层的运行机构则在很多时候处于半瘫痪状态，仅能勉强维持军令和诏令的传递，日常行政通信大多有赖各级官府自遣"健足"一类的步递送信者。

第一节　管理机构

魏晋南北朝是中国古代行政组织发生较大嬗变的时期，从中央到地方都发生了对后世影响深远的变化。中央层面最显著的，也是最重要的是三省制的流变。三省制的形成，标志着中国古代国家机器的进一步成熟。地方行政管理层面，最大变化是秦汉确立的郡、县二级制转变为州、郡、县三级制，并实行州郡领兵与领兵的都督兼任地方民政。由此，地方政权呈现了更强的军事色彩。所有这些都使得魏晋南北朝时期的公文通信和邮驿的管理机构呈现出复杂的态势。

一、中央层面

魏晋南北朝时期，中央政令的下发机构发生了重大变化。中国古代政治的一大特色是加强皇权，往往要采用培植皇帝身边的近臣组成新中枢来替代旧中枢,以不断削弱以相权为核心的外朝权力。魏晋之际,三省制的新中枢逐渐形成。

曹魏黄初元年(220),魏文帝曹丕将曹操揽权而在“记室”[①]基础上设立的秘书令改为中书省。中书省的建立是新中枢形成的转折点,中书省成为纳奏出令的核心机构。中书省设中书监和中书令,魏和西晋时的诏令皆由其起草。东晋时,中书监、令多由权臣兼领,草诏则委之中书侍郎。南朝一改东晋的门阀政治,君主借势用“寒人掌机要”,中书省的实权掌于七八品的低级官吏“中书通事舍人”之手。中书通事舍人简称中书舍人,职责为入呈奏事,出宣诏命,到南齐时甚至形成了自己独立的办事机构,称“舍人省”。梁、陈沿置舍人省,规模更大,陈朝增中书舍人为五人,领主事十人、书吏二百人,又设诏诰等二十一局,控制尚书省的二十一曹。[②] 由此,舍人省总揽国内机要。北魏亦置舍人省,职掌较南朝为轻。北齐将舍人省归属中书省,负责草拟诏令,宣旨劳问。北齐亡,舍人省遂废。

门下省因机关在黄门(禁门)附近而得名,原为皇帝的侍从办事机构,东汉时名侍中寺。侍中因贴近皇帝,经常参与军国大计,以后发展为尚书奏事须先经侍中等近侍之手,这些门下官有否决并另行提出处置方案的权力,称“驳奏”。大约东晋之际,门下的权力又进一步发展为复审待发的诏书。中书省草诏经皇帝批示由门下省发出,门下如以为不妥有权驳回,称“驳诏”。南朝刘宋时,门下省长官一度独掌中枢大权。当君主再次感到皇权旁落时,复宠信寒人,由此门下省与中书省皆由寒人主掌。北朝但凡要政亦皆出门下,成为中央政权机构的重心。

尚书省是在西晋形成。曹魏时,一般的诏书仍由尚书台颁布。西晋初步形成三省共掌权力,尚书省负责日常文书的收发。尚书省最高层设长官尚书令和副长官尚书仆射,属下佐官有尚书右丞负责督促记录文书,写表奏事。尚书省中层设尚书曹。曹魏置五曹尚书,西晋初增为六曹,增加的驾部尚书一职管理畜力中转传递。尚书省下层设尚书郎曹,曹魏设有 23 郎,西晋增至 35

① “记室”是曹操“奉天子以令不臣”,架空汉室尚书台的产物。

② 《隋书》卷 26《百官志上》,中华书局 1973 年版,第 723 页。

郎,东晋与南朝各有裁减。北魏孝文帝励精图治,十分重视尚书省,在尚书令之上又设"录尚书事",尚书曹一级设有六尚书,郎曹一级机构达 36 个。[①] 并规定凡重大政策出台需要由尚书省牵头集体议政。至北齐时,尚书令每日办公要大会百僚,沿袭"都坐"[②]之称。

历经魏晋南北朝,中书制令,门下审议,尚书执行的三省制基本形成,中央政令的制定、颁发和执行由此进行分工和制约。

曹魏中央经办通信与邮驿的机构设置多沿袭东汉旧制,尚书台、谒者台经办最高统治者的通信。虽然起草诏令、颁发密令转入中书之手,但魏明帝"乃选女子知书可付信者六人,以为女尚书,使典省外奏事,处当画可"[③]。后来的后赵石虎宫中也有女尚书,管理批阅宫外奏章、文书等。曹操深知掌握全国通信的重要,为夺取汉朝政权,将主管邮驿的法曹归于自己的相国府。这本是权宜之计,但到司马氏篡权建立西晋,法曹仍为相国府掾署。

蜀汉和孙吴也有主管中央通信的官职。蜀汉主管通信的实权归于丞相府,但公文传递于尚书,诸葛亮也不例外,《三国志》卷四〇《蜀书·李严传》"是臣不敏,言多增咎"句下裴注云"亮公文上尚书曰"。孙吴则在中央政府设中书令,负责起草和颁布诏书。

两晋时期,邮驿科程由法曹管理逐渐转向由兵曹或驾部郎管理。西晋政权初步形成了三省共掌权力制度。尚书省主管政务,门下省和中书省执掌机要。关于公文草拟与上传下达的通信方面,三省及其下属部曹各有分工。中书省负责起草诏令,颁发密旨。门下省下辖公车令公一人,掌受章奏。秦汉即有其制:"秦有公车司马令,属卫尉。汉因之,掌宫南阙门。……晋江左以来,直云公车令。"其职责是"凡吏民上章,四方贡献,及征诣公车者,皆掌之"[④]。如前所述,西晋尚书省设有六曹尚书,其中有驾部尚书,但六曹中没有法曹,有研

---

① 严耕望:《北魏尚书制度考》,载《中研院历史语言研究所集刊论文类编·历史编·魏晋隋唐五代卷一》,中华书局 2009 年版。

② "都坐"本言议事大厅,晋时尚书省有八座丞郎议政,其议事之所称都坐,有如唐代政事堂。尚书令别称都坐,都为总统尚书省政务之意。

③ 《三国志》卷 3《魏书·明帝纪》青龙三年条裴注引《魏略》,中华书局 1982 年版,第 105 页。

④ 《宋书》卷 40《百官志下》,中华书局 1974 年版,第 1243 页。

究者推测“很可能邮驿开始归尚书省的驾部管理”,[①]但这一推论还有待证实。

此外,御史台也有分管邮驿的部曹,在侍御史掌管之下。侍御史之职,“魏置八人。及晋,置员九人,品同治书,而有十三曹”[②],其中与诏令通信相关的有印曹、符节曹和法曹,主管举核非法,奉使出外,督察郡县。“及泰始九年,武帝省并兰台,置符节御史掌其事焉”[③]是西晋武帝设符节御史,专掌颁发符节,大致沿袭汉代由御史大夫给使者封传的制度。

源出东北大兴安岭森林的拓跋鲜卑,由拓跋珪于登国元年(386)重建代国,定都盛乐(今内蒙古和林格尔县)。同年四月,改国号为魏,史称北魏。太延五年(439),太武帝拓跋焘统一北方。太和十七年(493),孝文帝拓跋宏迁都洛阳,大举改革。北朝与南朝最大的不同便在于皇权更加强势,加之府兵制与均田制的推行,加强了中央集权,也促进了经济的发展。地方僚属的任命权逐步收归中央,扭转了士族把持选举、地方官可以自辟僚属的弊病。这些都为北朝沿袭秦汉格局,重现统一有效的通信系统创造了条件。

北魏太祖道武帝拓跋珪时建立尚书台,直到魏孝文帝推行较为彻底的汉化改制,尚书机构才被“颁为永式”。尚书各部曹数众多,分工细致。六曹中的殿中之下有驾部尚书掌全国畜力运输,其下属官职有驾部令。《南齐书》卷五七《魏虏传》:“驾部尚书知牛马驴骡。”畜力的征发则一般由尚书台下符于诸郡。

另外,御史台的符节令负责对使用邮传的人颁发节。孝文帝延兴二年(472)“五月丁巳,诏军警给玺印、传符,次给马印”。[④]

州郡上报文书给中央,先报主管民事的司徒,后改为径送相府。刺史也可以发私书给僚属,并不算违法,是北朝公文通信定制已较秦汉放宽。皇宫外设公车府承接民间文书,并置登闻鼓供百姓申冤。

继东晋之后的宋、齐、梁、陈享祚较短,总计160年,多承袭于孙吴、东晋旧制。中央置侍中掌诏书封发,尚书掌发符遣兵。《宋书》卷三九《百官志上》载

① 刘广生、赵梅庄编著:《中国古代邮驿史》(修订版),人民邮电出版社1999年版,第192页。

② 《晋书》卷24《职官志》,中华书局1974年版,第738页。

③ 《晋书》卷24《职官志》,中华书局1974年版,第739页。

④ 《魏书》卷7上《高祖纪上》,中华书局1974年版,第137页。

太尉府各曹职掌,其中"法曹主邮驿科程事,尉曹主卒徒转运事",这与汉魏以来的制度是相合的。

除上述内容外,魏晋南北朝时期沿袭秦汉之制,各个王朝在中央层面,凡负责民族事务和外交的部门也参与了邮驿事务的管理。

二、地方层面

从东汉到魏晋,原来作为监察区的州已经彻底转变为行政区。由是,秦汉的郡、县二级制就转变为州、郡、县三级制,对中国日后的地方行政制度产生了深远的影响。

州演变为郡之上的行政区划后,刺史或州牧就成为州的行政长官。除了治民权,刺史还有领兵权,因而在民事机构外,另设军府,形成州和府两套机构,有州佐和府佐两套人马。开始时,军民两套机构并存,互不侵夺,但终以府佐位高权重,侵州佐之职而夺民政之权。州佐中有亲近刺史的主簿主管文书出纳,传令校验;有等级较高的治中从事(司隶部称功曹)管理诸曹文书事项,另有簿曹从事主财谷簿书。府佐亦有主簿,另有典签一职于北朝之际掌宣传教命。军府诸曹参军中有录事参军管理文案,有记室参军掌文墨章表启奏,有法曹掌邮驿科程事。

在郡级层面上,魏、蜀、吴皆应置督邮,虽然蜀、吴情况传世文献缺载。走马楼吴简证实孙吴地方行政制度沿袭汉制,确于郡下设督邮。汉代督邮是督邮书掾的简称,吴简中也依然保持着督邮书掾的称呼:

(1)中部督邮书掾治所☑

壹·3837

(2)☑中部督邮书掾傅汜叩头死罪敢言之。

壹·4941

所谓督邮书掾,即督察邮书寄递的郡掾。因为县一级行政单位设邮书掾,所以郡一级行政单位就设置督邮书掾以督摄之。① 三国时期的督邮,依然延续汉

① 罗新:《吴简所见之督邮制度》,载北京吴简研讨班编:《吴简研究》第1辑,崇文书局2004年版。

代制度,将一郡之地分为几部,按部设置。走马楼吴简所见督邮为长沙郡中部督邮,则长沙郡大致应设有三部督邮。依照走马楼吴简所见“东部”,《三国志》卷五〇《吴书·嫔妃传·吴主权谢夫人》所见“长沙东部都尉”,《三国志》卷五二《吴书·张昭传》所见“长沙西部都尉”看,长沙郡开始应设中部和东部、西部这三部督邮。而当军事形势紧张时,“部”就会由督邮负责的监察区转变为都尉领衔的带有军事区性质的行政区。走马楼吴简所见督邮的上下行文书中,多与督催属县赋税钱粮有关,其工作已涵盖了郡县行政的许多方面,且长沙中部督邮书掾有由长沙中部劝农掾兼任的情形,这与东汉的情形一脉相承。走马楼吴简中,督邮好像还和屯田事务有关,如:“大田中部督邮”(壹4459),“〼人为生口送大屯事对封府督邮二月廿日谢□兵曹史〼”(壹1002)①。“大屯”应为军屯区,因为这封公文由兵曹史出具,“生口”即官奴婢。②

两晋时期,地方政权仍是州、郡、县三级,每州在中郡以上各置从事一人,主督促文书,察举非法。从事是州郡间负责文书传递的重要官员,州刺史对各郡的指示往往通过从事去传达。刘弘的史例多被用来当作绕过从事,直接与郡守通信的典型:“弘每有兴废,手书守相,丁宁款密,所以人皆感悦,争赴之,咸曰:‘得刘公一纸书,贤于十部从事。’”③

各郡有功曹掌管邮驿,有的则仍由督邮负责。前引《续汉书·舆服志上》刘昭注补:“东晋犹有邮、驿共置,承受傍郡县文书。有邮有驿,行传以相付。县置屋二区。有承驿吏,皆条所受书,每月言上州郡。”并引《风俗通》“今吏邮书掾、府督邮职掌此。”则东晋当承汉制每一郡县都有承驿吏负责文书传递的登记工作,无论是步递的邮,还是马递的驿所传送的公文,皆由承驿吏负责收发,登记造册,并且每个月要将公文收发记录汇总上报州郡。只是不知承驿吏是正式官称,还是仅仅为县级的邮书掾与郡级的“府督邮”的一种别称。邮书

① “大屯”原释作“□屯”,“谢”字未能确认。见李均明、王昕:《〈长沙走马楼三国吴简·竹简壹〉释文校记(一)》,载《出土文献研究》第7辑,上海古籍出版社2005年版,第164页。

② 蒋福亚:《长沙走马楼吴简所见奴婢杂议》,《首都师范大学学报(社会科学版)》2005年第6期。

③ 《晋书》卷66《刘弘传》,中华书局1974年版,第1767页。

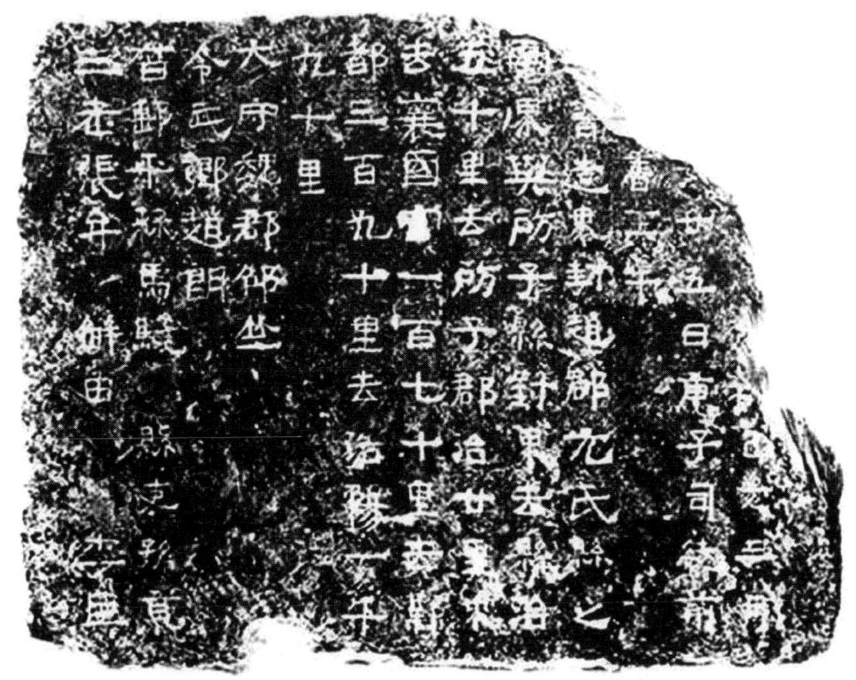

十六国·后赵·元氏县界封刻石拓片。左起第二行见有“督邮”。引自刘恒:《新出土石刻拓本题跋二则》,《书法丛刊》2000 年第 3 期。

掾与督邮书掾,或在郡县行政单位集中设立的邮、驿片区单设一名承驿吏也好,他们所承担的行政通信职责应该仅仅是督察由邮或驿接力传递来的公文。当时地方上传递的公文绝大部分是郡县之间的地方行政文书,所以说是“承受傍郡县文书”。至于中央下达地方的重要文书,其传递渠道多为高级信使乘传下到地方,地方行政官员要亲自去传舍接收,这样可以防止泄密。传舍的来往接待由舍长主管。有时,郡县传舍别称都亭,舍长也称亭吏。不当郡县之所的沿路之亭则由“亭子”负责。

十六国时期的后赵亦有督邮。1999 年春出土于河北元氏县的《元氏县界封刻石》,系后赵石虎建武五年(339)赵郡元氏县南界“造界封”所立,其中的立碑参与者中即有督邮。该刻石共铭隶书十三行,第十二行为:

督邮平棘马骧,县吏孙京。①

① 刘恒:《新出土石刻拓本题跋二则》,《书法丛刊》2000 年第 3 期。

平棘(今河北赵县南)为该督邮籍贯,督邮的名字叫马骧。界封刻石所立地点当穿越元氏县的南北邮路所过之处。

北朝时,只有北齐都城所在地还设有督邮。隋以后,就不见对督邮的记载了。

南北朝时期,作为步递通信组织的邮和亭持续衰退,重要通信大多要依赖于驿。伴随地方军政合一趋势的继续,驿进一步军事化,故驿的日常运行派有驿将、驿帅管理。驿将、驿帅皆属于军队编制,是将士中较低的级别。北魏时,邮亭组织有所恢复,严耕望以为北朝地方政府有主管邮亭步递通信的吏,是在州佐层面中所设“邮亭吏”①。以尹湾汉简所见“邮佐”和张家山汉简《行书律》所载“邮吏”揣度,此论可从。盖因北魏、北齐制度多袭晋制,而晋制大抵又沿用汉制。在邮亭机构设置上,郴州晋简所见邮亭仍与汉代一脉相承。因而,有关邮亭的管理机构,将北魏与汉晋情形作通盘考虑是可行的。

第二节　邮、亭的流变与消亡

作为秦汉行政通信机构,邮可谓其中的中坚,但魏晋南北朝时期,邮极少见诸载籍。专门提到邮,而非笼统言邮驿者就是前面一引再引的《续汉书·舆服志上》刘昭注补:“东晋犹有邮、驿共置。”“邮、驿共置”当发端于东汉,“犹有”表明这种情形完全是延续下来的。从邮和驿在魏晋南北朝的演化脉络可以认为,这种维持在东晋时期是仅就邮而言的。近年,长沙走马楼吴简和郴州苏仙桥西晋简的发现弥补了汉末到东晋这段时间的缺环,确凿反映了邮的组织在孙吴时已经要靠国家更大力度的维护,以比较特殊的手段来保证行政通信的运行,而到了西晋,则至少在郴州这样的僻壤,邮和亭已经开始衰败。

吴简中有一些记录向官府纳粮的竹简上面书有“邮卒限米”。与所谓限米相关的是基层社会较为特殊的一个群体,与邮卒并列者见有“吏帅客”。所

① 严耕望:《北朝地方政府属佐制度考》,载《中研院历史语言研究所集刊论文类编·历史编·魏晋隋唐五代卷一》,中华书局2009年版,第868页。

谓吏帅客,是由地方长吏统辖的官府依附民,属于屯田民的一种,他们以乡、丘基层行政组织为单位缴纳限米,所见乡、丘甚多,因而是分散居住,而非集中管理,且耕种的缴纳限米的限田有少至一户 20 亩者。① 因为吴简关于邮卒的材料仅见于邮卒限米,仅凭这样单一的材料还无法钩沉邮卒的组织与身份,因而只能经由相对信息较为丰富的吏帅客来认识邮卒。

首先,邮卒也是由孙吴国家所控制的依附民中的一个特别群体,官府将这些人单列,不和"正户民"(编户齐民中的民户)相混杂。东汉末年以来的社会大动荡为国有土地增量创造了充分条件,曹魏首先大行屯田,把抛荒的土地收归国有再招流民和失地农民耕种,由此获得的积谷甚是可观,解决了战乱中政权和军队的基本生存问题,因之被推广到所有郡县。黄武五年(226)起,孙吴亦行屯田,吴简所见限米即指屯田民向国家缴纳的一亩二斛的租税米,即所谓限米,这比正式民户缴纳的租税米要高得多,但却可以得到免除部分徭役和一部分赋税较轻的田地作为补偿,从而使这些人有精力去承担某项专职。这样的人也叫限田客,被强制耕种限田的除邮卒和吏帅客外,还有数量庞大的郡县"吏户",他们因承担各种行政职役而需要被用耕种限田这种强制的经济手段来控制。从缴纳限米的吏在孙吴嘉禾年间地位下降,甚至一些吏职出现了世袭倾向。再从吏的阶层所承担的职责转变为职役,也就是为官府服役的情况看,确实和邮卒有几分近似。

"邮卒限米"与屯田有关。就是说,邮卒除了传递邮书,他们的家庭还被用于屯田并缴纳相应的限米。这是东汉末年以来国家应对所控制的人口大幅流失情况的无奈之举。孙吴劳力一直紧缺,国家不得不征收较高租税,以致安定下来的流民又走上了叛亡之路。在国家财力紧张,战事不断,人口难以控制的情形下,以人身受到限制的依附民来充任邮卒,并将他们的家人捆绑在国有土地上,无疑是应对困境的创举。

① 长沙走马楼三国吴简叁·2063 号简:"其廿亩吏帅客☐",这应是单列某一田亩总数中吏帅客所耕限田的数量,当为一户吏帅客所领限田,长沙简牍博物馆等编:《长沙走马楼三国吴简·竹简(叁)》,文物出版社 2008 年版。参见沈刚:《长沙走马楼三国竹简研究》,社会科学文献出版社 2013 年版,第 208 页;蒋福亚:《吴简所见吴国前期民屯——兼论魏吴民屯的区别》,载《中华文史论丛》2008 年第 1 期。

吴简所载邮卒限米,除了将邮卒与吏帅客、私学这样明确的国家依附民并列外,大多为单独列出,如:

(1)入嘉禾二年邮卒限米七百九十八斛二斗八升☑

壹·1643

(2)入平乡嘉禾二年邮卒限米三斛四斗☑

壹·5029

(3)其五斛嘉禾二年贷食嘉禾元年邮卒限米

叁·1242

(4)其一百九十九斛四斗嘉禾元年邮卒限米

叁·1368

(5)其二百五十斛二斗五升邮卒……限米……

叁·1555

(6)其□□斛九斗黄龙二年邮卒限米

叁·4365

(7)其十五斛四斗□升黄龙□年邮卒限米

叁·4404

(8)其十五斛四斗三升黄龙三年邮卒限米

叁·4567

从限米简的格式上看,这类简是官仓“入米簿”中的分类统计。就是说作为身份特殊的邮卒,其所纳限米要单独记录,这反映出政府对邮卒的严格管制。记载邮卒限米的简只有少部分涉及地点,以平乡居多,其次是广成乡。从邮卒以乡为单位缴纳限米看,他们的生产大概是由乡来管理的。

邮卒授予专门的田地,是为“邮卒田”:

领二年邮卒田六顷五十亩,亩收限米二斛,合为吴平斛米一千三百斛。

壹·1635

“二年”是指以二年为周期,进行轮耕或休耕的田地,这是孙吴组织屯田所授田地中最正式的官田。6顷50亩大概是一个乡的邮卒田总数。依一户耕50亩计算,则一乡邮卒不过13人。与邮卒田和总数75亩的卫士田(壹·1669)

相对的是总数达到376顷65亩238步的"民田"(壹·1637),则这一个乡的正民户有700多户。这些田亩数所计都是"二年常限田",即缴纳租税较重的那部分官田,卫士田也要缴纳一亩二斛限米,而"民田"缴纳的是一亩一斛二斗税米。从耕种"民田"的正户民还领有缴纳租税较轻的被称为"余力田"的官田,只缴纳每亩四斗五升六合的租米看,邮卒的家庭在邮卒田之外,应该也耕种这种租税较轻的类似官田。限米、税米、租米也许都有可能属于国家组织民屯从而收取的租税,[①]只是不同于国家招募来的耕种"民田"的普通屯田客,邮卒和卫士的家室是属于由国家更加严密组织起来的带有军事化管理色彩的民屯户。

邮卒田无疑是国有土地,是孙吴政权分配给邮卒的,用以禁锢其家室,同时国家还能得到相当的租税,这是当时孙吴地广人稀情形下的高明之策。据走马楼吴简,孙吴还有"佃卒田",是由佃卒耕种并缴纳限米的田,又有前述"卫士田",即由卫士耕种并缴纳限米的田,邮卒田当与之相去不远。或者邮卒田还含有什么免除赋役上的特别意义,目前还无从知晓。民屯的一大意义就是将人口重新束缚于土地上,并迁徙到官府需要重点掌控的地方。带有军事化管理色彩的民屯,则更有安插人户从事具有政治、军事意义的工作。这种手段是和国家对社会总体控制力下降有关,所以不得不采取了用国家依附民来充当邮卒的应对之策。

在里耶秦简中,邮人尚有一定地位。张家山汉简中,邮人中还有官大夫那样的较高爵位者。只是东汉以来,邮人的地位持续下降,以致成为苦役。所以,《后汉书》卷六八《郭太传》中有"又识张孝仲刍牧之中,知范特祖邮置之役"这样的说法。刍牧是给官家放牧牛羊,与"邮置之役"一般,都是当时人眼中的苦役。西北边郡艰苦之地,为了严格控制邮人,自汉代便使用戍卒来传递邮书,而到了孙吴政权下,为适应战乱环境,就在内郡化用了这一模式,实行军事化管理,同时给予他们一定数量的土地佃种。[②] 仅从称谓上的卒字看,孙吴

① 参见孟彦弘:《〈吏民田家莂〉所录田地与汉晋间的民屯形式》,《出土文献与汉唐典制研究》,北京大学出版社2015年版。

② 参见沈刚:《试论走马楼吴简中的邮卒》,《吉林师范大学学报(人文社会科学版)》2011年第4期。

的邮卒也比汉代的邮人受国家控制更严。这些邮卒免除其他徭役,只服相当于兵役的传递之役,并利用余力与家人屯田积谷,所以缴纳的是“限米”。

除了邮卒,吴简中还有“传卒”:

入□乡传卒付建安廿六年限米廿四斛☐

6—1843

传卒的身份应与邮卒一类。

综上所述,在国家控制人口大幅下降的三国时期,孙吴依托屯田这种国有土地的经营方式保有了独立运行的通信组织——邮。邮卒依然是国家控制的特殊人口,享有专用土地,这和汉代对邮人的组织方式有继承关系。邮卒虽名为卒,但不属于常备兵系统,而应由当地人或寄寓该地的流民充任。走马楼吴简属于县级民政档案,因而吴简所见邮卒耕种的邮卒田属于屯田中的民屯,并可理解为带军事化管理色彩的民屯。

以孙吴情况度之,屯田更盛的曹魏也应当保留了邮,而且很可能是以军屯为依托。从前述汉代赵充国河湟屯田缮治邮亭看,可以想见被整齐划一为“五里置一营,营六十人”①的曹魏军屯中也应该存在邮亭,并延续到西晋。

1914年,斯坦因在楼兰L.E.古城发现的西晋简中见有:

泰始三年二月廿八日辛未,言书一封,水曹督田掾鲍湘、张雕言事,使君营以邮行。②

L.E.古城位于楼兰古城(L.A.)东北约24公里,斯坦因以为这座城是建于汉代的驿站。这枚西晋年号的简牍是一枚邮书传递的记录简,所谓水曹掾和督田掾当为西晋西域长史下辖的屯田官员,使君营即西域长史府,当时就在楼兰古城。西晋楼兰地区的屯田沿袭于曹魏,从汉代以来,这里就实行了军屯。所以,泰始三年(267)简牍上所见到的邮应该是依托军屯来维持的。这一地区发现的同期简牍中还见有“行书兵”。

① 《晋书》卷26《食货志》,中华书局1974年版,第785页。

② 引自林梅村编:《楼兰尼雅出土文书》,文物出版社1985年版,第79页。

四月二日赐于阗……三日赐行书兵……①

行书兵很可能是对邮卒的另一种称呼,因为他们在楼兰一带所进行的传递工作非常艰险,因此表现突出者或许能得到较高奖赏。回到前面,楼兰军屯区的官员水曹掾鲍湘和督田掾张雕向西域长史汇报情况,很自然地就使用了"以邮行"的方式来递送这份报告。西晋楼兰地区的邮当沿袭于曹魏,所以断定曹魏也存在以屯田来维持的邮。

楼兰地区出土的晋简中,除"行书兵"之外,亦见有"行书民",这应该也是从普通人里选拔出的能疾走者。在楼兰到敦煌一线的险恶路途中,这些通信者必然具备更加过人之处。如同向导一样,"行书民"有可能不但是一种称号,而且是一种终身职业。这样说来,"行书兵"也许是邮卒中的过人者,有如里耶秦简所见邮人中的"利足"者。

2003 年、2004 年之交,湖南省郴州市苏仙桥遗址抢救性发掘东汉以来的古井 11 座,其中 10 号古井出土了一批涉及邮、亭的西晋木简,如:

(1)迁度亭西到故长连邮廿五里,废,无居人。

1—4

(2)长连邮西到深浦亭十五里,不在正路,依已卯诏书省。

1—6

(3)万年亭北到湘东利阳县界十五里

1—27

(4)德阳亭南到郴界十里

1—40

(5)都邮北到故佳邮十里,废,无居人。

1—55

(6)垄德亭到故佳邮六里,废,无居人,今置迷桥驿。

1—74

(7)洛泉邮西北到松亭十五里,不在正路,依已卯诏书省。

2—359

① 方诗铭:《沙畹中国西部文书未影印晋简释文》,中国秦汉史研究会编:《秦汉史论丛》第 1 辑,陕西人民出版社 1981 年版。

(8)谷驿南到故松泊邮十五里,废,无居人。

2—374

(9)故谷亭一所,废,无居人。

2—386①

苏仙桥遗址J10古井出土木简为西晋桂阳郡郡府文书档案,纪年简有元康、永康、太安等年号,均属晋惠帝司马衷在位时,为公元340年前后。以上9枚简细分之下,又有两种情况,一种是属于各县所辖亭的位置道里汇编,如(3)所记“万年亭北到湘东利阳县界十五里”中的万年亭当属耒阳县(今湖南耒阳),(4)所记“德阳亭南到郴界十里”中的德阳亭有可能属于便县(今湖南郴州附近)。② 第二种或许是为那些有变动情况的亭、邮专门造册,以综合掌握郡县内邮、亭的兴废,其中可见(1)中的“长连邮”、(5)(6)的“佳邮”、(8)中的“松泊邮”、(9)中的“谷亭”皆废,原因都是“无居人”,即原有的值守人户散失殆尽,又无法安置新的人户前来留守;(2)(7)中的两个亭由于“不在正路”而根据“己卯诏书”省废。“不在正路”的两个亭当为乡亭。看来,由于乡亭难以维持,西晋惠帝时曾对全国的亭有过一次整顿清理。“无居人”的深层原因是西晋对屯田的废止,平吴后,将屯田中的官田不断在事实上予以私有化,这就使越来越多的邮、亭出现“无人居”的状况,其衰败与废止就成为历史的必然。

“佳邮”废弃后,因为通信线路上不能缺少这处站点,便又设置“迷桥驿”代替。这处驿的规模应该很小,大概类似前面讲到的汉代居延邮路上依托烽燧仅安置了一两匹驿马的驿。

郴州苏仙桥晋简最难得的是反映了邮、亭关系的流变。西汉初年,邮就发展为高度专业化的独立通信机构。从岳麓秦简和张家山汉简看,通信之外,邮的附设职能仅在于接待下乡公干的郡县官吏打尖。就广义的交通站点来说,以承担通信功能为主的邮和功能泛化的亭虽有近似之处,但绝非一个系统。只是设邮之地,也许往往同时设亭,或者是负责治安的亭也有附设于邮中的情

① 湖南省文物考古研究所、郴州文物处:《湖南郴州苏仙桥遗址发掘简报》,载湖南省文物考古研究所编:《湖南考古辑刊》第8集,岳麓书社2009年版,第99—101页。

② 参见戴卫红:《魏晋南北朝时期亭制的变化》,《社会科学战线》2016年第2期。

形,所以汉代见有"邮亭"复合名词。① 但邮亭绝非机构名称。晋简中出现的邮、亭混编甚至以驿填补的情形,是中国古代邮政运行机构从秦汉到隋唐蜕变过程中的珍贵标本,有助于理清这一变化的脉络。为了更好地观察苏仙桥晋简所呈现的邮、亭演变剖面,首先要把东汉末年以来亭的演化脉络梳理清楚。

与邮关系密切的亭在魏晋南北朝时期历经了曲折的发展过程,最终竟至相对于汉亭来说面目全非的地步。东汉有规模极大的亭,如洛阳都亭,受命为大将军的外戚何进镇压黄巾军时,就将"左右羽林五营士"的军队屯驻在洛阳都亭②,可见其规模宏大。这样高等级的都亭,虽然也叫亭,但与邮的关系不大。下面就以时间和亭的等级为线索来钩沉亭在魏晋南北朝的流变。

三国时期,作为交通中转设施的亭在魏、蜀、吴都得到延续。孙吴地处江南,行政通信以步递为主,除了上面谈到的邮卒专业递信外,州郡县专遣信使,途中主要由亭来接待。因负责接待各路使者,亭就成为信息的一大传播之所,以致化出荒诞不经的故事。《搜神记》卷一八记载了庐陵郡(治今江西吉安北)都亭中的亭怪。此都亭建筑不凡,有一定规模,所以称作"重屋"。故事的主角汤应乃是一位地位较高的使者,鬼怪把他当成上面下来的极为尊贵的使者。这个故事在史料阙失的情况下可以说明都亭也是地方高官接待高级使者的场所,这在古代就是朝廷和地方高层少有的信息交汇之所,因而邮、亭、传舍在信息传播上所起到的作用,远非传递公文那么单一。

凡郡治皆于城中或城下设都亭,并设亭吏来管理。出土官印中,亦有曹魏、孙吴、两晋时的都亭。③ 都亭之外,亭主要分布在交通干线沿途。从会稽(今绍兴)经典阿(今江苏丹阳)至建业(今南京),道途之上可考的亭就有布塞亭、永昌亭,孙休被迎立便经由这一路。在今天的江西省九江市西又有置马亭:"(刘)勋走入楚江,从寻阳步上。到置马亭,闻策等已克皖,乃投西塞。"④

---

① 参见[日]富谷至:《文书行政的汉帝国》,刘恒武、孔李波译,江苏人民出版社 2013 年版,第 219、222、223 页。

② 《后汉书》卷 69《何进传》,中华书局 1965 年版,第 2246 页。

③ 罗福颐主编,故宫研究室玺印组编:《秦汉南北朝官印征存》,1381、1572、1573、1733 号,文物出版社 1987 年版。

④ 《三国志》卷 46《吴书·孙策传》裴注引《江表传》,中华书局 1982 年版,第 1108 页。

汉代的亭，其本职在于治安。直到东汉末年，亭长仍负有捕捉盗贼及逃犯的治安职责。《三国志》卷一《魏书·武帝纪》载董卓立献帝，表曹操为骁骑校尉，曹操东归出关过中牟时为亭长所疑被捉拿到县廷，裴注引《世语》曰："中牟疑是亡人，见拘于县。"可见，是中牟亭长怀疑曹操是逃亡在外的人而执捕他。但到两晋时，亭的治安职能便消失了。《晋书》卷六八《贺循传》记载西晋怀帝时，最高统治者已淡忘了亭的治安理政功能，作为臣子的贺循不得不提醒皇帝说："按汉制十里一亭，亦以防禁切密故也。当今纵不能尔，要宜筹量，使力足相周。"

秦汉之时，作为政府伸向基层的触角，乡亭在构建广大地域治安秩序的同时，也与邮一道编织出一张庞大细密的通信网。乡亭在一些地方往往是中央政令下达基层的唯一传播途径。走马楼吴简仍见有乡亭中众多亭吏的身影，或许其中转站点的功能在主要依靠步递通信的孙吴仍得到了有效维护，但乡亭的通信功能是否还得到延续，就难以确知了。

(1)入东乡亭伍李息二年布一匹，嘉禾二年十月十九日，烝弁付库吏殷连受。

壹·7601

(2)年廿二给亭复人

壹·8670

(3)民男子朱苌年六十七□□亭复人 苌妻大女礼年卌三算一

贰·1773

(4)□二亭长□当☒

叁·4894

(5)□□亭长□□年□

叁·4977

(6)嘉禾四年广成里湖人公乘朱苌年六十六左足给亭杂人

肆·2042

(7)□成里户人公乘周从年廿三给亭复人

肆·2633

“亭伍”不见于载籍，有可能是级别低下的亭吏，“亭杂人”“亭复人”①当为亭的杂役，而“亭长”的存在更说明了乡亭仍然是健全的基层机构。晋时，亭长一类的亭吏由县功曹掌其职任。

三国两晋时，亭是大量存在的，官印中见有曹魏的安国亭、千秋亭、万岁亭、长乐亭、东武亭，两晋的安乐亭、平乐亭、武乡亭、开阳亭、晋兴亭、西阳亭、高乡亭、鲜城亭、高平亭、寿城亭、广阳亭、景阳亭、平都亭、开封亭、安邑亭、永贵亭、临水亭、鱼龙亭。② 这些亭的大部分应该都是乡亭。走马楼吴简中亦有：

□承敕□令足举户……吏□处乡亭下

肆·4641

而作为交通中转设施的亭一向是与都亭、乡亭融合在一起的。只是东汉末年以来的战乱使交通线上的亭多遭摧毁。《后汉书》卷四六《陈庞传附陈忠传》云：“臣窃见元年以来，盗贼连发，攻亭劫掠，多所伤杀。”这是黄巾军起义以来，各地的亭遭到攻击破坏的情形。自此后，亭的维系也愈发艰难，这是与国家对基层控制能力的减弱相伴的。吴简简文中见有告诫地方：“不得废关亭。”（叁·3256）此处“关”“亭”连用，当是交通中转之亭。

汉代以来，郡县治所的都亭与传舍就有融合的趋势。东汉，由于维系的艰难，亭、传舍的融合更进一步。《三国志》卷四九《吴书·刘繇传》裴注引司马彪《续汉书》云：“（刘宠）三去相位，辄归本土。往来京师……人莫知焉。宠尝欲止亭，亭吏止之曰：‘整顿传舍，以待刘公，不可得止。’宠因过去。”

至于晋简所见邮、亭、驿混编接力的情形，其实汉代的西北边塞已见端倪，无非是条件艰难下的变通措施。前述汉代居延邮路就是由邮、亭（隧）、驿来共同完成接力递信的，根据甲渠候官所属的不侵部、吞远部也被称作不侵邮、吞远邮，可知居延邮路上应该只有候望系统中的部这一级才设有邮。另一些

① “复人”中的“复”是复除、优复的意思。此处“给亭”，即供亭役使的复人应该是可以免除一定租赋、徭役的民户。

② 罗福颐主编，故宫研究室玺印组编：《秦汉南北朝官印征存》，1376、1377、1378、1379、1380、1734、1735、1736、1738、1739、1740、1741、1742、1743、1744、1745、1746、1747、1748、1749、1750、1752、1753 号，文物出版社 1987 年版。

地处交通和军事要地的隧则有规模极小的驿，而地当居延邮路上的普通烽燧也要参与邮书的传递。不少居延汉简都表明了这种混编接力情况的存在，邮书是通过邮卒、隧卒和驿卒的交替接力来完成整个传递过程。因而西晋之时，当内郡的邮和乡亭都维系艰难时，就不得不仿效汉代的边郡之法，实行了邮、亭、驿的混编接力，以竭力维持长途通信的畅通。

南朝之际，邮、亭在日常用语中已混为一谈，并成为诗人感时伤怀的起兴意象。亭又因地当要路而成为送客之所，由于迎来送往的仪式性功能，演化出后世的接官亭。魏晋士风下，亭又成为雅聚之所。

当亭的功能不断转化之际，作为交通和通信设施的亭却一路衰败。祸首是各级官吏动辄骚扰，甚至因私出行也假冒专使，使负有接待功能的亭不堪重负。

邮、亭自西晋以来持续衰败，这是和国家治理能力的下降，政治难以清明相一致的。两晋到南朝，各种名目的使者相望于道，寻得公差，便“朝辞禁门，情态即异，暮宿村县，威福便行”。只要地方上有人为之拉场面，马上就“顾盼左右，叱咤自专”起来。且一路招摇，鞭扑行人，鱼肉乡里，弄得“万姓骇迫，人不自固”。南齐时，连宗室们也看不下去了，如齐武帝萧赜的次子萧子良就上了一通《请停台使书》。齐梁之际，更有爱民的地方官万般无奈之下，只得索性彻底罢撤亭、邮，去除一条虐民的途径。南齐良吏范云出任始兴郡（今广东韶关）内史：“云入境，抚以恩德，罢亭候，商贾露宿，郡中称为神明。”①尽管商贾露宿草间，人们不但不反对，反而称颂范云“神明”。有学者认为自此亭制渐废，公文传递唯取驿站一途，以致驿站疲于应付，加速了南朝衰亡。② 此说是否成立，还有待史料的进一步发掘。

而在北方，以屯田来维持邮亭的曹魏传统在十六国时期由于社会动乱而受到影响，只见有前秦“二十里一亭”的昙花一现。但到北魏时却因屯田的兴盛而得以延续。北魏末年的太昌年间（532），宗人愍“出为南荆州刺史……愍勒部曲数千人……且战且前，三百余里，所经之处，即立邮亭”。③ 这虽是在南

① 《梁书》卷13《范云传》，中华书局1973年版，第230页。

② 马楚坚：《中国古代的邮驿》，商务印书馆国际有限公司1997年版，第53页。

③ 《北齐书》卷22《李元忠传》，中华书局1972年版，第318页。

北结合部因战事而发生的故事,但组织如此迅捷,则北魏腹地当有相当成熟的蓝本。

北齐时,仍有亭、邮余音。太清二年(548),萧梁遣徐陵出使东魏,滞留难归,后逢北齐代魏,梁元帝承制于江陵,通使于北齐。徐陵累求复命,终拘留不遣。徐陵乃致书于北齐仆射杨遵彦,其中云:“又公家遣使,脱有资须,本朝非隆平之时,游客岂皇华之势。轻装独宿,非劳聚橐之仪,微骑间行,宁望辎轩之礼? 归人将从,私具驴骡,缘道亭、邮,唯希蔬粟。”①最末一句说明了当时使者往还,依制不宿亭、邮,但一般公差,甚至普通行旅皆可在亭、邮食宿。

在此之后,作为交通和通信机构的亭、邮就从载籍上彻底绝迹了。与亭、邮衰败直到绝迹过程相对应的却是“驿馆”“别馆”的兴起,一路发展到唐代的馆驿。

第三节　作为畜力传递组织的驿传

魏晋南北朝时期,由于战乱频繁,各政权统治稳固的时间大多不长,故就驿传的总体规模而言,显然不如秦汉时期。但战争之下,单骑的驿又不可或缺,故在组织上有所变通。

东汉末年的战乱已使畜力交通遭到破坏,如《后汉书》卷八一《刘翊传》即有汉献帝迁都西京长安,“是时寇贼兴起,道路隔绝,使驿稀有达者”的记载。曹魏沿袭了东汉以来的驿骑,成为主要的畜力传递组织。史书见有魏文帝曹丕担心曹休渡江攻打东吴遭遇不测,“驿马诏止”②;诸葛亮北攻陈仓时,魏明帝曹叡“驿马召(张)郃到京都”(时张郃正配合司马懿欲攻荆州)③;曹叡向司马懿托孤时,将时在河内(今河南焦作一带)的司马懿“驿马召到”④。建安二十四年(219),曹操为扰乱围攻襄阳的关羽,行离间之计,“欲使羽与权相持以斗之”,故意将孙权“乞以讨羽自效”的密信转给关羽。史书记载的传递过程

① 《陈书》卷26《徐陵传》,中华书局1972年版,第328页。

② 《三国志》卷14《魏书·董昭传》,中华书局1982年版,第441页。

③ 《三国志》卷17《魏书·张郃传》,中华书局1982年版,第527页。

④ 《三国志》卷3《魏书·明帝纪》,中华书局1982年版,第114页。

是“驿传权书,使曹仁以弩射示羽,羽犹豫不能去”。① 就是把孙权的密信用驿骑传递到前线,再让曹仁以弩射给关羽,最终达到了惑乱关羽的目的。

曹魏时,驿的规模不及东汉,内地除非事出紧急,一般较少使用。正元二年(255)正月,陈泰被任命为征西将军,即为当时曹魏西部的最高军事长官。《三国志》卷二二《魏书·陈群传附子陈泰传》载:“泰每以一方有事,辄以虚声扰动天下,故希简白上事,驿书不过六百里。”《资治通鉴》胡注云:“狄道东至洛阳二千二百余里,而驿书不过六百里,盖传入近里郡县,使如常邮筒以达洛阳也。”②是陈泰以为以往一方有事,虚声扰动天下的积习不好,他自信守备无虞,不想扰动人心,在呈送公文时也是在边关用驿马快传,入关之后进入人烟密集的郡县,便以步递到达洛阳。内地不轻使驿马奔驰,以免人心骚动,可见曹魏之际的行政公文大概较少动用驿骑来传递。

汉代本有驿置作为驿骑的专用站点,汉末由于社会动乱,经济薄弱,大概已难以为继,只能将交通线上的各类设施都加以利用,以维持驿骑的运行。如袁绍控制冀州时,发信是由三个人骑上快马,“所在止亭传”。曹魏著名学者孟康出任弘农太守,常带部下出巡,但从不扰民,出行时令随行吏卒带上镰刀自己割草喂马,“不止亭传,露宿树下”。③ 亭传正如前面所言,是亭与传舍融合的结果。建安七子之一的徐幹著有《中论》,其第十二《谴交》描述汉末景象有:“星言夙驾,送往迎来,亭传常满,吏卒传问,炬火夜行,阍寺不闭。”④可见由于同样具有住宿功能,亭传逐步融合,一开始可能是在偏僻之地,到东汉末年则已成为全国性的普遍景象。但即如前面所述邮亭一般,机构设置地点的重合大概也是亭传合一的主因。

南方的孙吴亦保有驿骑。《三国志》卷四七《吴书二·孙权传》引《魏略》载魏三公奏书称“(孙权)重驿累使”与魏交通,可见孙吴与曹魏间的使节往来是乘驿前往。

---

① 《三国志》卷47《吴书·孙权传》,中华书局1982年版,第1120页。

② 《资治通鉴》卷76《魏纪八》高贵乡公正元二年秋“汉姜维复议出军”条,中华书局1956年版,第2429页。

③ 《三国志》卷16《魏书·郑浑传》,中华书局1982年版,第506页。

④ 孙启治:《中论解诂》,中华书局2014年版,第231—232页。

走马楼吴简中则见有"驿兵"：

☐年六十一给驿兵

壹·8976

因仅有这一枚孤简，所以我们对孙吴驿兵的组织方式无从探查。吴简还见有"驿马"：

临湘丞印
月日驿马来　侍吏　白解

壹·4335

孙吴对连接战略要地的畜力通行道路也很重视，唐人许嵩所著《建康实录》载有孙吴驰道的掠影："驰道如砥，树以青槐，亘以渌水。"①这些都说明孙吴有健全的驿骑组织。

蜀汉驿骑资料仅见于载籍。《资治通鉴》卷六八《汉纪六十》献帝建安二十四年（219）载刘备自称汉中王后，"因驿拜章，上还所假左将军、宜城亭侯印绶。"可见其时蜀境虽历刘备与刘璋间的多年争斗，驿仍能延续。蜀汉政权建立后则见有"驿人"：

（刘）备升马鞍山，陈兵自绕。（陆）逊督促诸军四面蹙之，土崩瓦解，死者万数。备因夜遁，驿人自担，烧铙铠断后，仅得入白帝城。②

此处的驿人便是蜀汉专责驿递之人。正因驿人"烧铙铠断后"，通过焚烧铠甲阻断吴军追击，刘备才得以借助夜色侥幸逃脱，完成了白帝托孤之事。此外，蜀汉在战略要路上置传舍，当有车马供应。《三国志》卷二二《魏书·陈群传》记载："昔刘备自成都至白水，多作传舍，兴费人役。"所谓兴费人役，是感叹建造和维持传舍耗费巨大，给民众造成负担。同书卷三二《蜀书二·先主传》注引《典略》亦载此事："备于是起馆舍，筑亭障，从成都至白水关，四百余区。"

从魏晋开始，驿骑往往与羽檄相连。羽檄乃插鸟羽的军书，寓意十万火急，最早见于汉代，多见于三国时期。《史记》卷九三《韩信卢绾列传》"吾以羽檄征天下兵"句《集解》云："魏武帝《奏事》曰：'今边有小警，辄露檄插羽，飞

---

① （唐）许嵩：《建康实录》卷四《吴下》，中华书局1986年版，第98页。

② 《三国志》卷58《吴书·陆逊传》，中华书局1982年版，第1347页。

羽檄之意也。'推其言，则以鸟羽插檄书，谓之羽檄，取其急速若飞鸟也。"后世遂以"羽檄"指紧急军事文书。羽檄由驿马传送，歌乐中有体现。汉有《短箫铙歌》之乐，列于鼓吹，多序战阵之事；及魏受命，改其十二曲，述以功德代汉；及晋武帝受禅，乃令傅玄制为二十二篇，亦述以功德代魏，其中改《有所思》为《惟庸蜀》，言平万乘之蜀的功绩。内有"驿骑进羽檄，天下不遑居"①。"驿骑进羽檄"说明军情传递主要靠驿马，而配合"天下不遑居"句，可知驿马传书在灭蜀之役中的关键作用。

西晋大赦天下的诏书由驿骑传到各地称"驿书班下"。西晋挚虞上疏中云："前《乙巳赦书》，远称先帝遗惠余泽，普增位一等，以酬四海欣戴之心。驿书班下，被于远近，莫不鸟腾鱼跃，喜蒙德泽。"②

对于南朝政权来讲，马匹的来源是个大问题。官府所用马匹需从民间征调，征调马匹成为百姓的重担，《梁书》卷二二《萧恢传》载"成都去新城五百里，陆路往来，悉订私马，百姓患焉，累政不能改"。萧恢的做法是"市马千匹，以付所订之家，资其骑乘，有用则以次发之，百姓赖焉"。即由政府出资购买民间马匹，平日由民间饲养，政府抽调时则出为驿马。

五胡十六国政权则多仿华夏典制建立驿递。匈奴人刘渊建立的前赵，征召贤士亦采用驿书。③《晋书》卷九五《艺术传・麻襦》载后赵石虎时有高人麻襦，石虎遣驿马将其送还本县。前秦的苻坚征召贤士也是用驿，《晋书》卷九五《艺术传・鸠摩罗什》记载苻坚闻西域高僧鸠摩罗什大名，乃遣骁骑将军吕光等率兵七万，西伐龟兹，对吕光说："若获罗什，即驰驿送之。"

十六国时期，相对南方政权，北方政权利用自身的草原民族优势或接近草原民族，使得驿骑表现出惊人的效率。偏居江左的南方官员对此有很深的印象，东晋左卫将军陈光上疏请伐后赵，诏令攻寿阳，蔡谟上疏中先言明后赵驿递之发达：

> 自寿阳至琅邪，城壁相望，其间远者裁百余里，一城见攻，众城必救。

---

① 《晋书》卷23《乐志下》，中华书局1974年版，第706页。

② 《晋书》卷51《挚虞传》，中华书局1974年版，第1426页。

③ 《资治通鉴》卷85《晋纪七》惠帝永兴元年"元达少有志操"条，中华书局1956年版，第2703页。

且王师在路五十余日，刘仕一军早已入淮，又遣数部北取坚壁，大军未至，声息久闻。而贼之邮驿，一日千里，河北之骑足以来赴，非惟邻城相救而已。①

“贼之邮驿，一日千里”极为生动地将北方少数民族政权的驿骑优势记录下来，“河北之骑足以来赴，非惟邻城相救而已”则将南方政权有识之士对北方政权单骑机动优势的忧虑表露尽至。驿骑迅速则通信快捷，军情讯息有着更高效的沟通，这成为双方交战中决定战局的重要因素。石勒遣荆州监军郭敬攻打襄阳，恰逢东晋南中郎将周抚监沔北军事，石勒以驿书敕郭敬退屯樊城，使之偃藏旗帜，寂若无人，最终设计拿下襄阳。②

十六国时期曾短暂统一北方的前秦，在苻坚与王猛的努力下，邮驿得到很好的建置，史称：“关陇清晏，百姓丰乐，自长安至于诸州，皆夹路树槐柳，二十里一亭，四十里一驿，旅行者取给于途，工商贸贩于道。”③可见自都城长安通向秦、雍、洛等州的驿道维护得极好，驿的中转站点也组织得很好。故百姓歌之曰：“长安大街，夹树杨槐。下走朱轮，上有鸾栖。英彦云集，诲我萌黎。”④

前燕的慕容垂企图复辟，会北边的丁零起兵叛秦，谋攻前秦的洛阳，苻坚驿书使慕容垂将兵讨之。⑤ 又如讨伐苻洛时，苻坚派遣“右将军都贵驰传诣邺，率冀州兵三万为前锋”⑥。此处驰传亦当驿骑。

北魏统一北方后，驿递建设成效显著。各地多有驿亭，如《魏书》卷一九下《景穆十二王传下·元略》中的“石人驿亭”，《魏书》卷八三下《外戚传下·高肇》中的“瀍涧驿亭”，《魏书》卷八九《酷吏传·郦道元》中郦道元遇害的“阴盘驿亭”。北魏孝明帝孝昌二年（526）六月己巳诏曰：“自运属艰棘，历载于兹，烽驿交驰，旌鼓不息……”⑦“烽驿交驰”表明战争时期的驿递建置有特

① 《晋书》卷77《蔡谟传》，中华书局1974年版，第2038页。

② 《资治通鉴》卷94《晋纪十六》成帝咸和五年“赵荆州监军郭敬寇襄阳”条，中华书局1956年版，第2977页。

③ 《晋书》卷113《苻坚载记上》，中华书局1974年版，第2895页。

④ 《晋书》卷113《苻坚载记上》，中华书局1974年版，第2895页。

⑤ 《资治通鉴》卷105《晋纪二十七》孝武帝太元八年十二月“慕容垂至安阳”条，中华书局1956年版，第3317页。

⑥ 《晋书》卷113《苻坚载记上》，中华书局1974年版，第2903页。

⑦ 《魏书》卷9《肃宗纪》，中华书局1974年版，第244页。

殊的价值。《宋书》卷八六《刘勔传》载贾元友致书宋明帝称:“虏于悬瓠(即豫州和汝南郡治所上蔡,今河南汝南)开驿保”,劝遣兵速攻悬瓠、郾城(今河南漯河)。刘勔则认为北魏“开立驿道,拒城坚守,观其形候,不似虌弱”,并不是特别好的“可乘之机”,同时指出“郾城是贼驿路要戍”,不宜急于攻取,宋明帝从之。从这类敌对方的策论中也可见北魏驿递组织与其军力配置相得益彰。

东魏、北齐则延续了北魏的驿递组织。后来当上北齐文宣帝的高洋在打算禅代东魏称帝时,计议不决,遂带兵出晋阳欲东至邺城,半道军次平都城(今山西陵川平城镇),召勋贵集议仍不决。《北齐书》卷三〇《高德政传》记载:高洋“遣驰驿向邺,书与太尉高岳、尚书令高隆之、领军娄叡、侍中张亮、黄门赵彦深、杨愔等。岳等驰传至高阳驿。帝使约曰:‘知诸贵等意,不须来。’唯杨愔见,高岳等并还。”高洋是担心到达邺城后遭到东魏权贵们的激烈反对,所以尽管心知时在邺城的高岳等人不赞成自己称帝,但还是冀望他们来到平都城后能转变立场,助自己一臂之力。然而高洋最终丧失信心,感到这批人来了,非但不能说服,反而坏事,所以又派使者到高阳驿把驰传而来的高岳等人拦了回去,只让赞成他称帝的杨愔前来相见。高阳驿今在何处,已难以考证,只知是在平都城到邺城的路上。高洋在平都城彻底失去信心,随即折返晋阳,每日闷闷不乐,赞成其称帝的人给他打气,劝进不已,说卦象显示五月应天顺人,机不可失。于是,高洋再次自晋阳进发邺城,并遣赞成他称帝的陈山提先去活动。“帝令陈山提驰驿赍事条并密书与杨愔。大略令撰仪注,防察魏室诸王。”撰仪注就是让礼官为禅代做好各种说辞。陈山提倒是五月五日就跑到邺城操办诸事,但因众人反对,情形颇为不利,到达平都城的高洋怎么也不肯再往前走了,在心腹苦苦劝进下,“即命司马子如、杜弼驰驿续入,观察物情。七日,子如等至邺,众人以事势已决,无敢异言”①。就是说司马子如、杜弼驰驿到达邺城后,邺城的勋贵们才感到大势无可挽回,不再公开反对。由此可见当时晋阳、平都城、邺城一线驿递组织的完善,通信极为畅通。

① 《北齐书》卷30《高德政传》,中华书局1972年版,第408页。

北周的驿递和驿站规模也极为可观。《周书》卷三一《韦孝宽传》载韦孝宽曾被数百骑追杀,而这"数百骑"曾在汤阴驿受招待。

魏晋南北朝时期,驿的机构地位似有所上升,这从驿使和驿的管理者地位上升中可以窥见。曹魏时,驿使的地位较高,可以与公卿、名士同堂,而能同堂的根本还在于驿使可以传递远方消息,为各方人士所乐见。蔡文姬为救父曾觐见曹操,朝堂之上便有远方驿使在坐。

祀为屯田都尉,犯法当死,文姬诣曹操请之。时公卿名士及远方使驿坐者满堂,操谓宾客曰:"蔡伯喈女在外,今为诸君见之。"①

北魏驿递以军人主事。主管在军中称队主,在驿为驿将,也称驿司。《魏书》卷二一上《献文六王传上·元谧》载:"台使元延到其州界,以驿逻无兵,摄帅检核。队主高保愿列言所有之兵,王皆私役。谧闻而大怒。"可见驿站的兵卒由队主统领。

各州统领军队兼典驿的将军,又称驿帅。《魏书》载有李裔:

孝昌中,为定州镇军长史,加辅国将军,带博陵太守。于时逆贼杜洛周侵乱州界,寻假平北将军,防城都督。贼既围城,裔潜引洛周,州遂陷没。洛周僭窃,特无纲纪,至于市令、驿帅,咸以为王,呼曰市王、驿王,乃封裔为定州王。洛周寻为葛荣所灭,裔仍事荣。②

杜洛周攻陷定州,导致主管州驿帅"呼曰驿王"。虽是乱象,但驿帅本有地位是可以想见的。

南朝亦设驿将管理驿卒,南齐大将张敬儿便曾担任驿将:"敬儿年少便弓马,有胆气,好射虎,发无不中。南阳新野风俗出骑射,而敬儿尤多膂力,求入队为曲阿戍驿将,州差补府将,还为郡马队副,转队主。"③张敬儿"便弓马,有胆气,好射虎……多膂力",是驿将肩负有保卫驿站的任务,需要勇武之人为将。张敬儿勇武过人,把驿将视为起家的跳板。

北魏州郡驿馆有专设管理者,《魏书》卷一一三《官氏志》第九品下有"方驿博士"。乘传的信使亦有较高品级者,同书第八品下有"乘传使者"。

---

① 《后汉书》卷84《列女传·董祀妻》,中华书局1965年版,第2800页。

② 《魏书》卷36《李裔传》,中华书局1974年版,第843页。

③ 《南齐书》卷25《张敬儿传》,中华书局1972年版,第464页。

然而,乘驿的普通信使和驿站中被役使者的地位则一向低贱。敌对政权南齐记北朝,“国中呼……曹局文书吏为‘比德真’……伪台乘驿贱人为‘拂竹真’,诸州乘驿人为‘咸真’”。[①] 军镇的专职骑马送信者则称函使,比函使更低一级的驿内人员则称驿子,比驿子还不如的是在驿站服役的驿户。东魏时期,有司奏立严制,其中规定:“小盗赃满十四已上,魁首死,妻子配驿,从者流。”[②]北齐《新令》四十卷云:“盗及杀人而亡者,即悬名注籍,甄其一房配驿户。”[③]驿户与杂户、隶户一般,都是另入簿册,户籍为铅轴赤纸,是压在社会最底层的“别户”。

第四节　水　驿

六朝经营南方,利用江河纵贯之势,大行水驿。三国时的孙吴就在沿江通衢要冲广置水驿。孙刘联军为抗曹军,双方曾在柴桑(今江西九江)水驿密商军情。晚清词人朱祖谋的词作借六朝旧事起兴,有“休道柴桑路远,小城正岁晚”“江南信息沉沉,水驿芳梅谁折”词句。因为多水的地形,孙吴通信多赖水驿。晋人崔豹所著《古今注·杂注》记载:“孙权名舸为‘赤马’,言其飞驰如马之走陆也。又以舟名驰马。”说明孙吴之舟舸迅捷。吴与蜀“东之与西,驿使往来,冠盖相望”[④],很大程度上是靠长江上的水驿来实现的。孙吴的水驿后勤因地制宜,形式多样,还有“棣”这样一种机构,《建康实录》卷二载:破岗渎[⑤]开成后,“上下一十四棣,通会市,作邸阁。”这种棣兼具存储物资和招待过往功能,因而被认为与水驿相近。

孙吴之后,南方的水驿继续发展。东晋的江州(今江西九江)、夏口(今湖北武昌)、江陵(今湖北荆州)等沿江主要城镇皆与都城建康联络密切,平常通信当俱仰水驿。东晋南朝时期长江沿线各州郡的日常行政公文大多也当以

---

① 《南齐书》卷57《魏虏传》,中华书局1972年版,第985页。

② 《魏书》卷111《刑罚志》,中华书局1974年版,第2888页。

③ 《隋书》卷25《刑法志》,中华书局1973年版,第706页。

④ 《三国志》卷39《蜀书·陈震传》,中华书局1982年版,第985页。

⑤ 破岗渎是孙吴屯田兵在今江苏句容茅山以北的丘岗地带开凿的梯级运河,兼有储蓄水源,调节水利的作用。

水驿传递。那时的船行速度较为可观。《晋书》卷六八《顾荣传》记载:“会刺史裴盾得东海王越书,若荣等顾望,以军礼发遣,乃与荣及陆玩等各解船弃车牛,一日一夜行三百里,得还扬州。”说的是晋代名臣顾荣回到故乡吴郡不久,即被司马越控制下的西晋朝廷征召为侍中。顾荣与一众士人北行,走到徐州彭城时,听闻北方局势愈加混乱,便迟疑不进。司马越闻讯后,写信给徐州刺史裴盾,说:“如果顾荣等人观望,则以军礼护送。”顾荣等知道后,大为恐惧,与纪瞻、陆玩等几位名士立刻解船弃牛车,一昼夜乘船逃亡三百里,得以回到扬州。而另一处史料言此事更详:“顾荣征侍中,见王路塞绝,便乘船而还。过下邳,遂解舫为单舸,一日一夜行五六百里,遂得免。”① 舫是将两艘船联体,以求平稳行驶与增加载重。而北朝亦有水路,速度同样不慢,北魏孝文帝在太和二十二年(498)至悬瓠(今河南汝南),“其疾大渐,乃驰驿召謇,令水路赴行所,一日一夜行数百里”。② 此处云数百里,虽未精准,但依古人习语当在三百里以上。

既有水驿,便关涉渡口、关津,往往设有津吏以主其事。因津吏接触各色水陆交通行者,消息灵通,特殊情况下,可以将情报直接向刺史汇报。北魏李式任西兖州刺史,“式自以家据权要,必虑危祸”,为防患于未然,便需要保证消息灵通,所以他“常敕津吏;台有使者,必先启告,然后渡之”③,试图以此方式提前知晓信息,规避风险。不过使者道行更深,通过欺骗津吏瞒过李式,最终致其覆亡。

① 《太平御览》卷 770《舟部三》引王隐《晋书 · 顾荣》,中华书局 1960 年版,第 3416 页。

② 《魏书》卷 91《术艺传 · 徐謇》,中华书局 1974 年版,第 1967 页。

③ 《魏书》卷 36《李顺传附李式传》,中华书局 1974 年版,第 834 页。

第二章　邮驿网路

魏晋南北朝时期，战乱割据造成了与秦汉时期截然不同的邮路格局。首先是长安、洛阳的政治与经济中心地位在相当长的时间内大幅下降，以其为中心的邮路网亦随之衰败，直到北魏定都洛阳，前秦、西魏、北周定都长安时，才得到一定恢复。政权分立中的人为阻隔也使相当一些跨区域的通道壅塞，故南北直通的邮传网路在总体上大不如统一的秦汉时期。但这一时期由于政治、军事、交聘等各种原因，一些局部地区的邮路出现了极度兴盛的局面，一些边远地区也出现了新的邮路。这一时期，先后形成了邺城、成都、建康、平城等一批新的政治中心，并形成了围绕这些新中心的邮路网。由于军事后勤和军事通信的需要，在南北方结合部出现了新的专用道路。割据政权之间的交往，也使原本偏僻的道路得到了很好的整治，成为干线邮路。这一时期，南北水上交通有了较大发展，船递通信有较大拓展。

第一节　东北与北方的邮路

魏晋南北朝时期，北方遭到的战争破坏远大于南方，邮路建设大多属于短期行为。整个秦汉时期的全国邮路枢纽长安自东汉开始其地位就在下降，在汉末和西晋后期的战乱中接连遭到破坏，其向周边辐射的邮路几近废弃，尤其是秦代开筑的直道被彻底抛弃。直到十六国时期的前秦统一北方，长安再度成为北方政治中心，长安的邮路枢纽地位方得恢复，但前秦统治短暂，这一盛景不过昙花一现。

黄河中下游流域自东汉末年丧乱，户口骤减，十不存一，遭受了毁灭性的破坏。曹魏时稍得喘息并奠定了西晋统一的基础，但历经西晋太康年间

（280—289）的短暂繁荣后，很快又陷入长期战乱，以致“中原萧条，千里无烟”①。尤其是十六国时期的诸政权皆倏焉而兴，忽焉而灭，直到 439 年北魏统一北方而止。除了曹魏和西晋的极短时期外，北方竟有 200 多年是处于战乱中。曾被视作“天下中”的洛阳屡次被毁，以致魏文帝曹丕代汉后虽将都城迁回洛阳，但也不得不常往许昌。西晋“八王之乱”后，洛阳多次沦为战场，其交通优势一再受损。前赵刘曜与后赵石虎相争，战场就在洛阳西。由于不能控制关中就不能在洛阳立足的古代政治军事地理形势，当整个北方东西分裂时，东部的割据政权大多选择在今天华北平原的太行山东麓大道一线建都。

一、从河北平原延伸到东北的邮路

（一）幽州大道

东汉以来，河北的战略地位不断上升，到魏晋南北朝时期，河北成为整个北方的经济重心。太行山东麓大道是华北自古以来最重要的南北向交通，其战略地位在魏晋南北朝时期进一步上升，有幽州大道之誉，这条大道及其穿越太行山的几条西向支线都成为重要邮路。

曹操稳定北方是以邺城为大本营，以河北平原为战略依托的。然而东汉以来，南移的鲜卑、乌桓此时继续向塞内地区迁移，匈奴则大举浸润晋北，这给曹魏后方造成巨大威胁。曹魏的对策是控制太行山东麓大道，再在大道北端的幽州治所蓟城（今北京西南）屯兵御边，把握住这个通往蒙古高原和东北地区的交通枢纽，同时经由大道西侧穿越北太行诸隘口的通道震慑山西高原和冀西北山间盆地。

太行山东麓大道地位的抬升，还和当时整个东北亚的国际形势相关。曹魏明帝曹叡在位时（227—233），即有日本列岛的使者在辽东登陆至洛阳。西晋稳固和繁荣时期的咸宁（275—279）、太康年间，东夷各国（东北亚和日本列岛各政权）亦多次来到洛阳朝贡。这些贡使是首先到达蓟城后，再相继取道幽州大道前往洛阳的。因而魏晋时期，幽州大道沿途当呈现出一番前所未有的盛况。

---

① 《晋书》卷 109《慕容皝载记》，中华书局 1974 年版，第 2823 页。

西晋末年,匈奴别种羯族首领石勒趁中原内乱从山西高原打进河北平原。当时西晋镇守河北的是幽州刺史王浚,石勒以襄国(今邢台西南)为据点与盘踞在蓟城的王浚展开拉锯战,最后石勒以诈谋取胜,《晋书》卷三九《王浚传》记载:

勒遂为卑辞以事之,献遗珍宝,使驿相继。浚以勒为诚,不复设备。

《晋书》卷一〇四《石勒载记上》载此事:"使其将王洛生驿送浚襄国市斩之。"从"使驿相继""驿送"看,石勒与王浚的几番拉锯战并未完全破坏曹魏以来沿幽州大道设置的设施,因而运送珍宝的驿使才能顺利从襄国络绎到达蓟城,活捉王浚后,石勒手下的大将王洛生也才能把他从蓟城"驿送"到襄国。

319年,石勒自称赵王,建都襄国,史称后赵。石勒"从幽州大道滹沱造浮桥,植行榆,五十里置行宫"①。也就是从都城襄国至蓟城,沿幽州大道遍植榆树以护道,又在滹沱河上架起浮桥,每隔五十里建一座行宫。这里的行宫当兼有兵站与驿站的功能。

石勒之后的后赵统治者石虎在336年迁都邺城。在后赵故都襄国与邺城之间的二百里道路上,石虎建设了供他留宿的高等级设施:

自襄国至邺二百里中,四十里辄一宫。有一夫人、侍婢数十、黄门、宿卫。石虎下辇即止。②

无疑,这一路上也会有为信使服务的完善设施。

然而,后赵好景不长即生内乱,在辽西建立了前燕政权的鲜卑慕容氏趁机挥师南下,于350年攻下蓟城,随即在此定都。前燕为向中原扩张,又于357年迁都于邺。正当大举南进,扩张疆土之际,前燕又生内乱,以长安为基地的前秦政权趁机东进,于370年攻占邺城,灭了前燕,完全占有了华北。可是,383年前秦在淝水之战一败涂地,鲜卑族的慕容垂举兵攻下邺城,于385年定都中山(今河北定州),是为后燕政权。中山地当太行山东麓大道与桑干河上游地区至河北平原的路线交会处,有着极好的交通区位。后燕大力建设中山

① (宋)李昉等撰:《太平御览》卷九百五十六《木部五》"榆"条引《赵书》,中华书局1960年版,第4243页。

② (宋)李昉等撰:《太平御览》卷一百七十三《居处部一》引《邺中记》,中华书局1960年版,第846、847页。

城的四出交通，特别是为了与同时崛起于内蒙古中部到晋北一带的北魏争雄，拓展了穿越太行山的飞狐道和出蓟城前往冀西北山间盆地的上谷路，为日后北魏打造联系河北的干线邮路奠定了基础。

魏晋南北朝时期，幽州大道的持续建设，抬升了蓟城的政治地位。《旧唐书》卷三十九《地理志二》曰："自晋至隋，幽州刺史皆以蓟为治所。"蓟城的交通区位优势不断得到强化，从而奠定了日后中国政治中心北移的基础。

（二）幽州通辽西、辽东邮路

东汉以来，游牧族群入塞，并受到农耕民族的影响而事耕耘。东汉末年的内乱亦使不少黄河流域的农民流落边地。十六国时期的后赵因势利导，自幽州以东至白狼（今辽宁建昌）大行屯田。[①] 这一线正是从幽州经白狼水（今大凌河）河谷至东北各处的大路，其基础是汉代以来拓展的卢龙道和平刚道邮路。东汉以来，卢龙道阻塞，至曹操北征三郡（辽东、辽西、右北平）乌桓，才因军事行动而重新开通，正所谓"道出卢龙，达于柳城"[②]。因经由卢龙塞，故又有"卢龙塞道"之谓。柳城原本为西汉辽西郡西部都尉治所，位于今天辽宁省朝阳市郊区的南十二台营子，十六国时期这里成为鲜卑族慕容部的"龙兴之地"。由于控制了这条通道，350 年，前燕从后赵手中夺取了幽州，迁都蓟城。后赵与前燕的相继经营，使这条通道成为中原沟通东北的主干邮路。尤其前燕元玺二年（353），一位叫作步深的将军率领大批人马，修治卢龙塞道，"焚山刊石，令通方轨"，成功后又"刻石岭上，以记事功"。[③] 这是继曹操北征乌桓后的第二次大规模整治，远远超过了曹操纯为军事后勤展开的整治，所筑道路不仅便于行人，而且可以并行两辆马车。

唐代以前，经由今天辽西走廊的傍海道为"浅不通车马，深不载舟船"[④]的严重积水所阻。所以，中原与东北交通的最好道路就是出卢龙道经由今天的朝阳。不但前往辽东，就是到辽西南部的交通也大多经由此路，以避开辽西走

① 《晋书》卷 106《石季龙载记上》，中华书局 1974 年版，第 2771 页。

② 《三国志》卷 11《魏书·田畴传》，中华书局 1982 年版，第 342 页。

③ （北魏）郦道元著，陈桥驿校证：《水经注校证》卷 14《濡水》，中华书局 2007 年版，第 346 页。

④ 《三国志》卷 11《魏书·田畴传》，中华书局 1982 年版，第 342 页。

廊上的海侵积水和当时辽河下游广泛发育的沼泽——“辽泽”。

北魏时,龙城升为营州治所,此道在后世即以营州道闻名。

(三)高句丽南北道与“北置”

周秦时期,高句丽人一直生活在我国东北地区。公元前108年,汉武帝设四郡,其中的玄菟郡高句丽县就是高句丽人聚居地。公元前37年,夫余人朱蒙在玄菟郡高句丽县建立政权,定都纥升骨城(今辽宁桓仁县城附近),公元3年迁都国内城(今吉林集安市)。东汉到西晋,高句丽频繁遣使中原,到洛阳朝贡。集安曾出土“晋高句骊率善仟长”“晋高句骊率善佰长”“晋高句骊率善邑长”铜印。① 十六国时期,西去的高句丽贡使达12次;北魏时期达到79次。公元427年,高句丽迁都平壤(今朝鲜民主主义人民共和国首都平壤)后仍朝贡不绝。

从中原前往集安,最主要的道路是自今天的辽宁朝阳市向东跨过辽河,再沿浑河及其上源苏子河经由新宾满族自治县东往。这段官道辟于汉代,是沟通辽东郡、玄菟郡的邮路。日后,高句丽西拓之际在其西境建立军事重镇新城(今抚顺高尔山山城)把守这条官道,故称“新城道”。又因高句丽在新城以东设有南苏城(今新宾上夹河乡五龙山城)护卫道路,故又称“南苏道”。《新唐书》卷二百二十《高丽列传》:“率营州都督兵,繇新城道以进,次南苏、木底”即言此路。木底城亦为高句丽护路所设,还在南苏东面,大约相当于今新宾满族自治县西木奇镇辖境。

再往东就是著名的高句丽南北道。

高句丽南道与北道皆以汉代玄菟郡的第二郡治②为起点。在今天新宾满族自治县永陵东南二道河子河口有一座从西汉沿用至高句丽早期的大型古城,分为南、北二城,总面积约25万平方米。根据遗物分析,南城为玄菟郡治,北城即高句丽县治。北城除发现有汉代绳纹筒瓦、板瓦和灰陶片以外,也有少量高句丽兴盛时期的遗物。因而,这处大型古城的遗址可以认为就是当年高

① 耿铁华:《晋封高句丽官印考略》,《东北史地》2005年第3期。

② 玄菟第一郡治在今朝鲜境内;西汉始元年间(前86—前80)内迁至今辽宁省新宾县,是为第二郡治;在高句丽压迫下,东汉永初元年(107)西迁到今沈阳市东郊上柏官屯,此地遗有汉魏古城,是为玄菟第三郡治。

句丽南道和北道的西端交会处。由此向东，一路往东南沿苏子河左岸支流二道河子，经榆树镇，再沿二道河子东支上溯而行，经岔路子、横道河子，进入桓仁满族自治县桦尖子、二户来，逾老道沟、高俭地、横道河子隘口，在下古城子渡过浑江，下古城子往东北通五女山城；渡浑江后再经四道岭、二棚甸子、沙尖子一线入集安，是为高句丽南道。

另一路溯苏子河继续东行经过新宾满族自治县县城，又过红升乡，至旺清门，此地有孤脚山高句丽山城；自旺清门南折顺富尔江下行，经转水湖村，此地有转水湖高句丽山城；稍下，至响水河子乡；又下，经双砍子村，附近有四道沟黑沟高句丽山城，过豹子洞村，进入桓仁满族自治县境；过业主沟乡，再过老俞子村，旧名高丽街，附近有高丽道岭；再行，过古年岭，《奉天通志》云："岭南有古城遗址"①；又过拐磨子乡西古城子，旋至东古城子，两城皆在富尔江东岸平原上，可以视为驿站所在，附近还有高句丽墓群；又过洼泥甸子、新江、老黑背等村，村庄附近均发现有高句丽墓群；过北甸子村后，富尔江注入浑江处有一村庄名江口村，曹魏大将毌丘俭出玄菟征讨高句丽，双方大战梁口，即今江口村；北甸子村附近，有一座高句丽时期的平原城喇哈城址，现已沉入浑江水库，这里亦见大量高句丽墓葬；渡浑江后入集安市辖境，迎面便是霸王朝山城；沿新开河河谷东南行，经财源、花甸子、前锋、台上等村镇，再经王八脖子岭附近，过望波岭关隘，逾板岔岭，20 世纪 60 年代修筑板岔岭公路时，曾发现马镫、铁矛、铁刀、四齿兵器、铁蒺等遗物，《毌丘俭纪功碑》则出土于附近的西北天沟，更说明毌丘俭是经北道进军的；再沿麻线河上游麻线沟到石庙子乡，越岭即至丸都山城，是为高句丽北道。②

高句丽南道辟于西汉年间，此道西段是高句丽第一国都纥升骨城（五女山城）通向玄菟郡第二郡治的干道，东段则是连接都纥升骨城和高句丽第二国都国内城的干道。北道通于东汉年间，高句丽第六代王太祖大王图谋西拓，

① 民国《奉天通志》，辽宁省地方志办公室影印，辽宁民族出版社 2013 年版。

② 梁志龙：《高句丽南北道新探》，《社会科学战线》1995 年第 1 期；王绵厚：《新城、南苏、木底道与高句丽南北二道的关系》，《社会科学战线》1996 年第 5 期。另参见李健才：《关于高句丽南北道的探讨》，载中国地理学会历史地理专业委员会《历史地理》编辑委员会：《历史地理》第八辑，上海人民出版社 1990 年版。

连续攻扰玄菟、辽东二郡。太祖大王六十九年(121)“十二月,王率马韩、秽貊一万余骑,进围玄菟城”;太祖大王七十年(122)“王与马韩、秽貊侵辽东”①。由于高句丽的西进策略,南北道的大拓是可以想见的。

2 世纪末到 3 世纪上半叶,公孙氏称雄辽东,数次攻破高句丽。高句丽遭受重创后,迁都于丸都山城(今集安城北高山上)。曹操剿灭公孙氏后,曹魏坐镇幽州的大将毌丘俭受命于正始五年(244)“将万人出玄菟……悬车束马,登丸都山,屠其所都。”②高句丽的西进被钳制。

慕容廆在太康五年(284)建立前燕政权后不久即与高句丽展开了争夺玄菟、辽东郡旧地的大战。慕容廆之子慕容皝在咸康八年(342)迁都龙城,当年便出兵扫穴犁廷,“(皝)自将劲兵四万出南道,以慕容翰、慕容霸为前锋;别遣长史王宇等,将兵万五千出北道,以伐高句丽”,结果是“高句丽兵大败……诸军乘胜追之,遂入丸都”。③

关于高句丽南北道即以此次慕容皝进军丸都山城的相关史料最为详尽。《资治通鉴》卷九七《晋纪十九》成帝咸康八年十月说起慕容皝商议进军计划时有言:

> 将击高句丽。高句丽有二道,其北道平阔,南道险狭,众欲从北道。翰曰:“虏以常情料之,必谓大军从北道,当重北而轻南。王宜帅锐兵从南道击之,出其不意,丸都不足取也。别遣偏师从北道;纵有蹉跌,其腹心已溃,四支无能为也。”皝从之。

《晋书》卷一〇九《慕容皝载记》则将南道记为“南陕”,北道记为“北置”,亦言:“(皝)率劲卒四万,入自南陕”,另一路“遣长史王宇等勒众万五千,从北置而进”。这里值得关注的是“北置”。置,一说通“直”,即相对狭窄崎岖的南道,北道较为平直;一说可通邮置,即因北道设有邮置,故名“北置”。金毓黻考证说:

> 南道,载记作南陕,陕者狭也,南道险狭,故名南狭。北道,载记作北

① (高丽)金富轼:《三国史记》卷 15《高句丽本纪三》,杨军校勘,吉林大学出版社 2015 年版,第 194 页。

② 《北史》卷 94《高丽传》,中华书局 1974 年版,第 3112 页。

③ 《资治通鉴》卷 97《晋纪十九》成帝咸康八年十一月,中华书局 1956 年版,第 3051 页。

置，置字从直，应有平直之义，北道平阔，置有驿递，故名北置，此称名不同之释义也。①

北道是高句丽前往中原的贡道，又是通往军事重镇新城的要道，无论从哪方面讲设有邮置的可能性都非常大。高句丽北道历史绵长，汉时就有一系列交往活动："汉时赐鼓吹技人，常从玄菟郡受朝服衣帻，高句丽令主其名籍。后稍骄恣，不复诣郡，于东界筑小城，置朝服衣帻其中，岁时来取之，今胡犹名此城为帻沟溇（也作'娄'）。沟溇者，句丽名城也。"②赐鼓吹技人，鼓吹即鼓钲萧笳乐器，出自北方民族，汉朝时本为军中之乐，又用于卤簿，或以赐有功之臣；技人则有技艺的工匠。受朝服衣帻，朝服为朝会时所著的礼服，朝服衣帻即全套礼服衣冠。最初高句丽常从汉朝玄菟郡接受衣冠，但当其强大后，就傲慢起来，不再到郡接受衣冠，于是改为在玄菟郡东界筑一小城，将衣冠放入其中，高句丽每年按时来取。高句丽一直称此城为帻沟溇。高句丽语中，称城为"沟溇"，"帻沟溇"即帻城。所谓"东界筑小城"虽不能确指今地，但从高句丽沿用此城看，当位于北道的要害之处。从今天新宾满族自治县县城以西的二道河子汉代古城向东，县城东面东升镇白旗堡汉代城址，地势开阔，控扼苏子河谷道，乡民称"罗锅地"，出土有与二道河子古城一式的典型汉代陶片。③ 继续往东就是富尔江西岸，东岸有高句丽转水湖山城，或许玄菟郡"东界小城"就位于富尔江西岸一带。如果将富尔江以西的高句丽北道称作北道的西段，其在汉代或已被辟为邮路。高句丽北道一直到明清之际都还作为邮路使用。

（四）夫余贡道

夫余的发源地可推定在呼嫩平原，是东北地区最早跨入文明的人群之一。夫余国立国于西汉年间，受中原王朝的行政管理，与高句丽一样皆属玄菟郡。夫余活动地域大致以今天吉林省吉林市一带为中心，东至张广才岭和威虎岭，

① 金毓黻：《东北通史》，社会科学战线杂志社 1980 年印本，第 140 页。本印本以简体字印刷，误将原繁体字"狹"（xia）简化为"陕"。

② 《三国志》卷 30《魏书·东夷传·高句丽》，中华书局 1982 年版，第 843 页。

③ 王绵厚：《西汉时期的玄菟郡"帻沟娄"城与高句丽早期"南北二道"的形成——关于高句丽早期历史文化的若干问题之六》，《东北史地》2008 年第 5 期。王文以白旗堡汉城为帻沟娄城，但此处距二道河子古城仅 50 里，从《三国志》卷 30《魏书·东夷传·高句丽》所记"（高句丽）后稍骄恣，不复诣郡"看，距离过近。

西至双辽、大安一线，南至龙岗山脉，北至嫩江和第一松花江。夫余为交通中原首先向西南方向拓展，从《史记》卷一二九《货殖列传》记载看，夫余在汉武帝时可能就已经突破匈奴、乌桓、鲜卑的阻隔而与汉朝发生了关系。《汉书》卷九九《王莽传》记载："莽策命曰：'普天之下，迄于四表，靡所不至。'其东出者，至玄菟、乐浪、高句骊、夫余。"表明至迟王莽当政时，夫余已被纳入中原王朝的朝贡体系。夫余首次遣使中原，史载为汉光武帝建武二十五年（49）。汉安帝时，又有夫余王子尉仇台朝贡，"天子赐尉仇台印绶金彩"。汉顺帝时，夫余王亲到洛阳诣阙朝贡，"永和元年（136），其王来朝京师，帝作黄门鼓吹、角抵戏以遣之"。① 从汉朝盛大的欢送仪式看，夫余颇受重视。

曹魏代汉后，黄初元年（220），夫余遣使到洛阳朝贡。此后，"岁岁遣使诣京都贡献"②。曹魏幽州刺史毌丘俭讨伐高句丽时"遣玄菟太守王颀诣夫余，位居遣大加郊迎，供军粮"。③ "位居"是人名，"大加"是官名。曹魏时，夫余处在由部落直接转化来的奴隶制统治时期，"加"是夫余奴隶制国家中仅次于君王的贵族官吏，"以六畜名官"，有马加、牛加、犬加、猪加等。诸加之下的官职称大使。

汉魏时，夫余虽是奴隶制国家，但受中原王朝经略东北的影响，很可能也有了交通中转设施的构筑。夫余贵族以车马交通出行，吉林市帽儿山墓葬中出土有铁马衔、铜马镳、鎏金铜马镫等，榆树老河深中层墓葬中也出土了大量车马具，有车軎、铁马衔、铁镳、鎏金铜铃等，④因而交通干线当有一定建设。

从《史记》卷一二九《货殖列传》所记"夫燕……北邻乌桓、夫余"可知，通往夫余的道路或许在战国时代就已形成，当时燕国和夫余可能存在一定的交往。当时的乌桓是在辽西塞外白狼水（今大凌河）以北，而夫余有可能南下活动到辽东塞外。汉代玄菟郡内迁后，由当时的郡治（今辽宁新宾）北上可越过辽河流域与松花江流域的分水岭，进入辉发河支流一统河河谷，一路向东北，再顺第二松花江左岸，径直可达夫余中心地域。东汉，玄菟郡治迁到今沈阳郊

① 《后汉书》卷85《东夷列传·夫余国》，中华书局1965年版，第2812页。

② 《三国志》卷30《魏书·东夷传·夫余》，中华书局1982年版，第842页。

③ 《三国志》卷30《魏书·东夷传·夫余》，中华书局1982年版，第842页。

④ 姜丽丽：《高句丽与夫余文化对比研究》，福建师范大学2012年硕士学位论文，第28页。

外后,夫余贡道则改为由辉发河上溯其上源柳河,越过分水岭后顺浑河到达玄菟郡郡治,或继续前行到达辽东郡治(今辽宁辽阳)。从地形山川看,这一线河谷地带并分水岭较为平缓,通行运送“玉匣”的车马是没有问题的。

从前述夫余与高句丽的密切关系所流传下来的后者“南进”建国神话看,辉发河支流一统河河谷应该还是这两个地方政权沟通的干道的一段。关于高句丽开国者朱蒙弃夫余南走路线,《魏书》卷一〇〇《高句丽传》、《北史》卷九四《高丽传》、《隋书》卷八一《东夷传·高丽》皆称前一程是渡过了“一大水”,《梁书》卷五四《高句丽传》称为“淹滞水”,《好太王碑》记为“奄利大水”,朝鲜半岛史书《三国史记》则称:“淹淲水,一名盖斯水,在今鸭渌东北。”经考证,此“大水”即辉发河,或说因其水势较大成为夫余与高句丽的自然分界。朱蒙渡过辉发河,摆脱了夫余追兵,继续行进的地方《三国史记》记为毛屯谷,《魏书》卷一〇〇《高句丽传》记为普述水,依山川形势当为辉发河右岸支流一统河或三统河,而从朱蒙出逃的终点卒本川(今辽宁桓仁县境的浑江及富尔江下游谷地)看,以一统河的可能较大。毛屯谷言其河谷名,普述水则言其水名,是为一条河谷。[①] 朱蒙建都纥升骨城后仍“遣使扶余馈方物”。[②] 时夫余强大,逼迫高句丽与其建立臣属关系。琉璃明王十四年(前6)“夫余王带素遣使来聘,请交质子”,[③]由于未果,带素发兵五万来攻,因突遇大雪损失惨重而撤兵。夫余软硬相逼,琉璃明王只得称臣。琉璃明王三十二年(13),夫余王又发兵来攻,琉璃明王命王子无恤率军伏击,大败夫余。此后,夫余式微。高句丽大武神王五年(22),大武神王进军夫余南部,带素亲临战阵,被斩。夫余誓死抵抗才使高句丽退兵。此前一年,大武神王率兵亲赴沸流水(今富尔江)整修道路。

高句丽前往夫余应有多条道路,主要道路或许前后有所变化。东汉年间,夫余与高句丽的关系彻底翻转,夫余多次遣使,向高句丽进贡了三角鹿、长尾

---

① 参见王欣媛:《高句丽“南进”研究》,东北师范大学 2018 年博士学位论文,第 32—36 页。

② [高丽]金富轼:《三国史记》卷 13《高句丽本纪一》,杨军校勘,吉林大学出版社 2015 年版,第 177 页。

③ [高丽]金富轼:《三国史记》卷 13《高句丽本纪一》,杨军校勘,吉林大学出版社 2015 年版,第 179 页。

兔,甚至还向高句丽太祖大王进献了一只丈二长的无尾虎。后来太祖大王还前往夫余巡视。这时,夫余前往高句丽的贡道当上溯今天的三统河到通化市,通化市北面有高句丽山城遗址;自通化市顺浑江上溯其右岸支流苇沙河南下,经头道、清河、大川等地,都有高句丽墓群。这条路上,现存两道关卡遗迹,一是清河乡东南四里地大川村后山(北山)的大川哨卡,周长 153 米,是控制北来之敌攻入丸都城的戍堡;一是大川哨卡东南热闹乡上围子村南,清河(北流入大苇沙河)左岸,今天的通(化)集(安)公路两侧,有三道石城,当地称关马墙。经过这两处御敌的关口后,沿清河继续南下,过老岭,再沿有大量高句丽墓葬的通沟至集安市。①

(五)勿吉、豆莫娄贡道

魏晋南北朝时期,活动于黑龙江中下游的是勿吉和豆莫娄。

勿吉古称肃慎,汉魏称挹娄,北朝称勿吉。南与北沃沮相接大约是在今牡丹江中游一带,夫余东北所指大致是张广才岭,所滨大海为日本海。考古界倾向于黑龙江中下游的蜿蜒河类型文化(俄罗斯境内称为波尔采文化)为汉代挹娄文化。挹娄人善用弓箭,西周时就有肃慎入贡楛矢和石弩的记载。汉代,挹娄臣于夫余,汉朝由夫余得知挹娄。曹魏时,挹娄人脱离夫余控制,青龙四年(236)贡楛矢;景元三年(262),"辽东郡言肃慎(挹娄)国遣使重译入贡,献其国弓三十张,长三尺五寸,楛矢长一尺八寸,石弩三百枚,皮骨铁杂铠二十领,貂皮四百枚"。② 因语言不通,需"重译入贡",就是需要通晓挹娄语言的夫余人、沃沮人、高句丽人的转译才能交流。毌丘俭征讨高句丽,高句丽王逃遁,"俭遣玄菟太守王颀追之,过沃沮千有余里,至肃慎氏南界",这是中原王朝第一次有官方人员抵达挹娄境界。

挹娄与中原虽是山高水长,但一直保持着朝贡关系。后赵时,一个挹娄使团竟然在路上走了四年才走到后赵都城。北朝之际,夫余衰微,由挹娄更名的

---

① 参见李健才:《关于高句丽南北道的探讨》,只是该文将此路作为高句丽南北道的北道。前举梁志龙《高句丽南北道新探》一文辨析:"由集安出发,逾土口岭、老岭,经热闹、清河、头道等乡镇,过浑江再北上,也是一条重要的高句丽交通道,该路过关马山城和大川哨卡,但将它视作高句丽北道欠妥,应是高句丽至夫余的道路。"可从。

② 《三国志》卷 4《魏书 · 陈留王奂纪》,中华书局 1982 年版,第 149 页。

勿吉却强盛起来,逐步驱逐夫余向南发展,并侵扰高句丽。勿吉,通古斯语"丛林"之意。4世纪,拓跋鲜卑逐步蚕食周边,"西兼乌孙故地,东吞勿吉以西"①,从而与勿吉相邻。

勿吉通使北魏有15次;通使东魏和北齐达14次。使团规模最大的一次达到500人之多,贡品数量有时惊人,最大的一次贡马达500匹。关于其间的交通路线,由于勿吉仍处在前国家阶段的部落联盟时期,贡使可能是由尚未统一的各部落联合派出,这样也就难以确指其道路所终。北魏延兴年间(471—476),部落首领乙力支作为勿吉使者入贡北魏时曾对其行踪有描述:

> 乙力支称,初发其国,乘船溯难河西上,至太沵河,沉船于水,南出陆行,渡洛孤水,从契丹西界达和龙。②

《魏书》卷一〇〇《勿吉传》又记由洛阳经和龙到勿吉的行程:

> 勿吉国,在高句丽北,旧肃慎国也……去洛五千里。自和龙北二百余里有善玉山,山北行十三日至祁黎山;又北行七日至如洛瓌水,水广里余;又北行十五日至太鲁水;又东北行十八日到其国。

《北史》卷九四《勿吉传》记勿吉有七部,分布地域极其广泛,从第二松花江到第一松花江中下游和黑龙江下游流域。由此看,难河大约包括今嫩江和第一松花江中段;太沵河即太鲁水,今嫩江支流洮儿河;洛孤水当今西拉木伦河。乙力支的通使路线是从松花江一路上溯嫩江、洮儿河,沉船之后,沿大兴安岭东南麓草原南行,渡西拉木伦河,进入教来河谷继续南行抵达朝阳市(和龙)。③ 善玉山当属努鲁尔虎山,朝阳市北出路线当经大青山关隘,经相当于契丹西界的内蒙古自治区敖汉旗、奈曼旗一线,在今天的通辽市渡过西拉木伦河。这条交通线一直沿用到隋唐和辽金元时期。

勿吉的强大奠定了日后渤海国兴盛的基础。

北朝时,还有最东北方向与勿吉相邻的豆莫娄朝贡。豆莫娄是夫余残部逃亡到第一松花江和黑龙江下游以北,融合当地土著形成的一个部落大联盟,中心地区在三江平原。豆莫娄始见于《魏书》卷一〇〇《豆莫娄传》,又称大莫

---

① 《魏书》卷1《序纪》,中华书局1974年版,第9页。

② 《魏书》卷100《勿吉传》,中华书局1974年版,第2220页。

③ 朝阳市交通史编委会:《朝阳古近代交通史》,人民交通出版社2004年版,第50页。

卢、达末娄。史载夫余遗人在410年建立“豆莫娄国”，这个部落联盟在临近勿吉的地方有包括豆莫娄在内的十二“国”，“前后各遣使朝献”①，路线当与勿吉一路，从黑龙江中下游行船经过流经勿吉之地的难水及其支流，再沿蒙古高原东南缘陆行到和龙。②

（六）库莫奚、契丹、地豆于、乌洛侯、室韦（失韦）贡道

北朝时期，随着鲜卑等人群的陆续内迁，出现了库莫奚、契丹、地豆于，以及地处黑龙江上游的乌洛侯、室韦五个与中原王朝有朝贡关系的地方政权。

库莫奚，单称奚，为东胡系东部鲜卑宇文氏别部。西晋时，东部鲜卑分为慕容、宇文、段三部，三部中慕容部日益强大，于东晋初年打败宇文部。从属于宇文部的库莫奚逃窜到松漠之间的鲜卑故地，即弱洛水（今西拉木伦河）和土河（今老哈河）一带，脱离了宇文氏部落联盟，开始了独立发展。北魏登国三年（388），道武帝拓跋珪亲征库莫奚至弱洛水南。此后北魏致力逐鹿中原，无暇北顾，库莫奚得以人畜滋盛。北魏太武帝拓跋焘灭北燕，置戍和龙，库莫奚开始向北魏朝贡。北魏都平城时期，库莫奚和契丹等地方政权纷纷前来和龙参与边市贸易。终北朝之际，库莫奚向北魏朝献31次、北齐5次、北周1次。

契丹与库莫奚同属东部鲜卑，也是宇文氏别部。北魏献文帝拓跋弘在位时（466—471），游牧于松漠的契丹八部与库莫奚一样皆与北魏互市于和龙。孝文帝拓跋宏在位时（471—499），允许请求内附的契丹居于白狼水东，遇饥荒可入关籴米。契丹各部向北魏朝贡多达32次，后又向东魏和西魏，以及之后的北齐和北周分别朝贡。

地豆于，亦称地豆干，位于洮儿河以南。5世纪下半叶，随着契丹南迁，地豆于亦随之南下近塞。地豆于对北朝朝贡较晚，共向北魏、东魏、北齐朝贡11次。

北朝时，位于东北地区西北一隅的是乌洛侯。北魏初年柔然势力强大，乌洛侯一直处于柔然的控制下，直到北魏太武帝太平真君四年（443）才得以遣使朝贡。由于乌洛侯贡使的报告，北魏得知其鲜卑祖先石室就位于乌洛侯境

---

① 《魏书》卷100《勿吉传》，中华书局1974年版，第2221页。

② 王绵厚、朴文英：《中国东北与东北亚古代交通》，辽宁人民出版社2016年版，第176页。

内，于是就在乌洛侯朝贡的同年，派遣中书侍郎李敞前往告祭，刊祝文于石壁。[①]《魏书》卷一〇八《礼志一》记载："石室南距代京可四千余里。"新中国成立后，考古工作者在内蒙古自治区鄂伦春自治旗阿里河镇以北，地处大兴安岭北段的嘎仙洞洞口石壁上发现了李敞刊刻的祝文。[②]

北朝时，从嫩江到黑龙江中上游流域还分布着领地极广的室韦。室韦，初作失韦，属东胡族系，是蒙古族的先民。根据考古文化，室韦主体的活动范围在外贝加尔东部（今俄罗斯联邦境内）、额尔古纳河、黑龙江上游、嫩江流域和呼伦贝尔草原。北齐时，已知室韦有五部，至隋朝其分布地域方为中原详知。整个五部室韦的最南界在今洮儿河或绰尔河一线以北。南室韦分布在嫩江以西，东至大兴安岭上；北魏以后，乌洛侯连同其所居呼伦贝尔地区一起并入该部室韦。北室韦散居在嫩江上游、小兴安岭北端及今黑河地方。钵室韦又在北室韦以北千里，与深末怛室韦都分布于黑龙江左岸；深末怛室韦是以水为号，深末怛即精奇里江支流西林穆丹河（今俄罗斯联邦境内结雅河支流谢列姆扎河）；钵室韦"依胡布山而住"，胡布山即雅玛岭，今俄罗斯联邦境内厄左林山，其北麓为深末怛水（西林穆丹河）发源地，这两支室韦是鄂温克的祖先。最后是距中原最远的大室韦，"应在今黑龙江与额尔古纳河会流处以东，外兴安岭以南，黑龙江以北广大地区"。[③]

史书上，室韦对北朝政权朝贡的时间很晚，从东魏孝静帝武定二年（544）起，共朝东魏和北齐 8 次。

库莫奚、契丹、地豆于、乌洛侯、室韦贡道形成于北朝时期，从时间上讲，是从南向北一步步延伸，空间上则大致纵贯于南北一线。由于这些部落当时都处于以游牧和狩猎为经济基础的部落联盟阶段，因而无论从史书记载和考古上都难以确指其路线，只能梳理其大致方向。从北向南，是起于黑龙江上游左右岸包括精奇里江和呼玛河在内的各支流，稍向南联络嫩江上游及其各支流，这一段基本以行船为主，然后再陆行经纵贯蒙古草原东缘的草原道路到达和龙。

---

① 《魏书》卷 100《乌洛侯传》，中华书局 1974 年版，第 2224 页。

② 米文平：《鲜卑石室的发现与初步研究》，《文物》1981 年第 2 期。

③ 谭其骧主编：《中国历史地图集释文汇编·东北卷》，中央民族学院出版社 1988 年版，第 55 页。

二、北魏都平城时的四出邮路

与东北地区兼有山林狩猎和零散农业的半游牧民族不同，中国广大的北方草原驰骋着完全以畜牧为生的纯粹游牧民族。当汉末三国动乱之际，源出东北的鲜卑不断南下西进，据有匈奴故地。原处鲜卑分布最北，位于额尔古纳河和大兴安岭北端的一支“别部鲜卑”在长途迁徙后，又在发生于匈奴故地的民族融合中产生了所谓“鲜卑父，胡（匈奴）母”的拓跋鲜卑。皇始元年（396），拓跋珪从陉北兵发三路进击中原，在短暂打算迁都邺城后，于天兴元年（398）匆匆离开邺城北返，宣布定都平城（今山西大同）。这样直到太和十九年（495），孝文帝将都城迁往洛阳之前，平城迅速凝聚了百万人口，成为雄霸北方的政治中心和交通枢纽，不但使新的邮路网成为北魏王朝贯彻政令的命脉，也由此巩固了中国北部版图。北魏立都平城的时代是北魏重新统一北方，结束十六国时期130多年的分裂局面，经过改革一举奠定了北强南弱的格局，从而使得这个平城时代跻身于中国历史的辉煌时代。这一时代将近百年的北方邮路网是值得大书特书的。

（一）前往营州（和龙）的邮路

位于今天辽宁省朝阳市的和龙是北魏钳制东北诸族的根据地，太武帝拓跋焘太延二年（436）灭北燕后，北魏据有和龙。北魏在和龙置营州，以镇守这个三燕故都。营州的设置增强了北魏对东北各民族的影响，他们纷纷前来朝贡。

平城与营州的交通，除了向南绕行幽州（今北京西南）一路外，还有沿桑干河谷道至怀来盆地，再自延庆小盆地直插白檀（今河北滦平北），利用汉末的平刚道到达营州的道路。今北京北部山区的北朝长城遗迹很好地指示了此道路径，即经延庆区四海、怀柔区沙峪、密云区古北口前往。① 延和元年（432）六月，北魏伐北燕；七月，太武帝拓跋焘亲临濡水督战，并遣大将奚斤“发幽州

① 唐晓峰、陈品祥主编：《北京北部山区古长城遗址地理踏查报告》，学苑出版社2009年版，第47、48页。该书介绍怀柔沙峪北沟遗址，评述沙峪有两条南北向山谷通道，可以将上谷与渔阳联系起来，故北朝长城出于古代交通的地理条件而可能在此构成向南呈袋状弯曲的一段。

民及密云丁零万余人，运攻具，出南道，俱会和龙。”①时密云非今北京密云所在，而是位于白檀一带，故此处密云透露出奚斤所出南道即曹操伐辽西乌桓之路。丁零即后来的高车。北魏献文帝时（466—471），游牧于松漠的契丹与北魏互市于和龙、密云。② 当时要求入塞互市的还有库莫奚，他们与契丹人、汉人杂处在和龙到密云一线。③ 在北魏平城时期，东北地区的高句丽、契丹、库莫奚、勿吉等政权纷纷前来朝贡，经由白檀西行上谷（冀西北怀涿盆地），再沿桑干河继续西行的道路是使用概率比较高的一条。④

与上面提到前往和龙的南道相对应的北道，则由北魏上谷郡郡治居庸县（今北京延庆）北上御夷镇（今河北赤城），再沿燕山北麓前往。自延庆前往赤城一路，北魏立国之际被大力开发。登国初年，拓跋珪亲征游牧于西拉木伦河、松漠一带的库莫奚，于登国二年、三年、四年（387—389）多次巡幸赤城，还有《魏书》卷二《太祖纪》提到的东赤城，当在今河北省赤城县以东。赤城为拓跋珪进军辽西的一大基地，居庸县北上赤城为一大后勤干线邮路。《水经注》卷一三《㶟水》载居庸县有牧牛山，“山在县东北三十里，山上有道武皇帝庙”。道武帝拓跋珪一生行踪与此地有关的就是登国初年东幸赤城，牧牛山上的道武庙很好地说明了拓跋珪是经由今天北京延庆区北上赤城的。登国三年（388）五月，拓跋珪征库莫奚至弱洛水（今西拉木伦河）南，应该也利用了延庆北上赤城的道路。赤城至朝阳的“北道”一段虽史无明载，然由地理形势比附大致是自赤城沿 112 国道转 101 国道经河北省平泉县至朝阳。

（二）直插东北的草原之路

除了经由营州（和龙）的邮路，平城还有一条经过今天的山西省阳高、天镇两县，再经河北省张家口市直插西拉木伦河流域的草原通道。这是一条绵亘于蒙古高原南缘到东南缘的游牧民族大通道，以濡源（滦河上源）为中点可分为东西两段。这里先说其东段，得益于东北—西南断裂带上的大兴安岭、努

① 《魏书》卷 4 上《世祖纪上》，中华书局 1974 年版，第 81 页。

② 《魏书》卷 100《契丹传》，中华书局 1974 年版，第 2223 页。

③ 《魏书》卷 100《库莫奚传》，中华书局 1974 年版，第 2223 页。

④ ［日］前田正名：《平城历史地理学研究》，李凭、孙耀、孙蕾译，书目文献出版社 1994 年版，第 241、245 页。

鲁儿虎山及其间的西拉木伦河—老哈河—英金河—阴河与闪电河、大马群山的对接,河谷与山前出露的泉水带构成了松嫩平原与蒙古高原南缘之间得天独厚的交通孔道。两汉以来的乌桓、鲜卑迁徙南下,无不经由这一通道。相当于汉初的匈奴冒顿之时,匈奴"诸左王将居东方,直上谷以东,接秽貉、朝鲜"①。秽貉,即濊貊,汉初在今吉林省中部一带。而鲜卑则自大兴安岭北段开始南下,西拉木伦河与呼林河之间分布的舍根文化,吉林省通榆县兴隆山发现的鲜卑墓,时代早至西汉中晚期,表明了鲜卑的南下之路。② 东汉时,占据了匈奴故地的檀石槐部落大联盟"东却夫余",活动范围东达今吉林中部与黑龙江接壤的拉林河流域一带。《后汉书》卷八《灵帝纪》载建宁元年(168),"鲜卑及濊貊寇幽、并二州"。可见鲜卑南下以后仍旧与东北族群有着密切联系。

早在西汉时,乌桓南迁塞外,鲜卑亦随之南徙。东汉时,北匈奴西走,鲜卑首领檀石槐收纳匈奴余众,统一草原,"尽据匈奴故地",建立起一个部落军事大联盟。檀石槐早年担任大人期间,就在弹汗山(今河北尚义与内蒙古兴和交界处的大青山)建立庭帐。统一草原后,又设东、中、西三部大人,中部大人管辖右北平北部(今河北承德一带)以西至上谷北部(今河北北部坝上)的区域。檀石槐死后,部众分裂,被称为"小种鲜卑"的轲比能拥有十余万骑,占据了代郡、上谷郡边塞内外,曾与曹魏互市。轲比能之后,以濡源为界,以西兴起拓跋鲜卑。

关于拓跋鲜卑,《魏书》卷一《序纪》云:"昭皇帝讳禄官立,始祖之子也。分国为三部,帝自以一部居东,在上谷北,濡源之西,东接宇文部。"昭帝名禄官,帝号是日后追认的,当时不过为部落联盟的首领,或曰强大酋邦的首领"大酋"。濡源即濡水之源,今滦河上游闪电河(源出河北丰宁西境)。昭帝之立在晋元康五年(295),其时濡源之西为拓跋部,以东为宇文部。濡源以东直至柳城皆在宇文部势力范围内。宇文部初立牙帐是在紫蒙川,据《读史方舆纪要》卷一八《北直》是在营州西北,故紫蒙川即今老哈河上源。因而这一直

① 《汉书》卷94上《匈奴传上》,中华书局1962年版,第3751页。

② 张柏忠:《哲里木盟发现的鲜卑遗存》,《文物》1981年第2期;中澍、相伟:《通榆县兴隆山鲜卑墓清理简报》,《黑龙江文物丛刊》1982年第2期。

插东北的草原通道是由匈奴、乌桓、鲜卑共同开辟的。

汉代设护乌桓校尉，治宁城（今河北张家口南），曹魏时的护乌桓校尉仍治宁城。① 汉代以来所开胡市有如磁石一般，使穿越蒙古草原的道路辐辏于宁城。《魏书》记载了夫余曾于太安三年（457）和太和六年（482）向北魏朝贡，所行即东北直通平城的草原道。

（三）“六镇”邮路

史载北魏一朝，为抵御更北方的强敌柔然（北魏蔑称蠕蠕），便在平城北面一线，由西向东依次设置沃野、怀朔、武川、抚冥、柔玄、怀荒六个军镇，史称“六镇”。但从“蠕蠕犯塞……筑长城于长川之南，起自赤城，西至五原，延袤二千余里，备置戍卫”②的记载看，贴近濡源的赤城镇（今河北赤城，该镇后被位置稍北的御夷镇取代），至少北魏初年的太武帝时也在六镇系统之内，与当时的五原镇（今内蒙古包头西，该镇后被沃野、怀朔两镇取代）东西呼应。六镇所含括的军镇前后有所变化，但其总体防御构成是前后贯之的。六镇与东起赤城，西至五原的北魏长城构成了一个完整的防御体系，可谓缩小版的汉塞。

通观六镇戍防，御夷、武川两镇为重兵所在，故邮路联系也最重要。下面就依军事形势分别述之。

最东一路是由前述平城直插东北的大道，经过今天的山西省阳高、天镇两县到达河北省张家口市折向北方。折向北方的路是经过位于于延水（今洋河）流域的长川城联系柔玄镇，可称长川道。《水经注》卷一三《㶟水》记载：“㶟水又东，左得于延水口，水出塞外柔玄镇西长川城南小山。”则长川即今内

① 黄盛璋指出，《三国志》卷30《乌丸传》：“太祖平河北，（阎）柔帅鲜卑、乌丸归附，遂因以柔为校尉，犹持汉使节，治广宁如旧”的广宁系宁城讹传。对“治广宁如旧”，清人已有怀疑，恽毓鼎以为阎柔所治仍是宁城，而非广宁，“广”是衍文。谢钟英《三国志疆域补注》一书则以为《乌丸传》既云“治广宁如旧”，是《后汉书》卷90《乌桓传》之宁城即指广宁，“广”非衍文。黄氏以为《后汉书》卷四八《应举传附应劭传》载《汉官仪》为建安二年（197）应劭任袁绍军谋校尉后所作，《后汉书》卷六五《张奂传》注引《汉官仪》曰：“乌桓校尉屯于上谷宁县（宁县治宁城）”；而据《通鉴》考证，阎柔杀乌桓校尉邢举以自代，是在兴平二年（195）被推为乌桓司马时，故阎柔之乌桓校尉治宁城，未徙治广宁，足证恽说是，谢说非。黄盛璋：《和林格尔汉墓壁画与历史地理问题》，《文物》1974年第1期，另载《历史地理论集》，第511页。

② 《魏书》卷3《太宗纪》，中华书局1974年版，第63页。

蒙古兴和县境的东洋河上源,长川城就位于今兴和西北。从这里向北就是拓跋鲜卑历史上具有重要地位的东木根山,位于今河北尚义县境。柔玄镇即尚义县哈拉沟古城。由柔玄镇向东沿今天尚义到张北公路,就是北魏自柔玄镇到怀荒镇(今河北张北)的邮路,自此穿过今崇礼县境就到了赤城县北境的御夷镇。御夷镇虽建于北魏太和年间(477—499),但自登国二年(387)起,拓跋珪就多次来到这里。

前秦时,鲜卑的贺兰部曾被用来对付慕容鲜卑,后被后燕击溃。苻坚灭拓跋鲜卑建立的代国后,又以贺兰部的贺讷"总摄东部为大人,迁居大宁",①以阻慕容鲜卑西进。后燕建兴三年(388),慕容德与慕容麟击贺讷,破赤城,追至勿根山(即东木根山),贺讷走投无路请降,其部众被徙于上谷。北魏登国二年、三年、四年,拓跋珪几度东临赤城,当与慕容结盟对付贺兰部有关;登国五年(390)四月,拓跋珪与慕容麟合击贺兰部,六月,贺讷请降于拓跋部,"遂徙讷部落及诸弟处之东界"②。因而六镇邮路东端的开拓,也有西部鲜卑贺兰部与东部鲜卑慕容部的筚路蓝缕之功。

长川西边有牛川,在今内蒙古自治区呼和浩特市西南,亦平城北上六镇邮路所经。此路自平城西北行,过参合陂(今内蒙古凉城岱海东北)继续向北。牛川应该是凉城以北大黑河的一条支流。此路亦可向东绕行到长川,从而连通柔玄、怀荒、御夷三镇。

平城北出道路中最重要的是白道,可直抵武川镇(今内蒙古武川西)。《水经注》卷三《河水三》记载:

> (芒干水)又西南迳白道南谷口,有城在右,萦带长城,背山面泽,谓之白道城。自城北出有高阪,谓之白道岭……芒干水又西南迳云中城北,白道中溪水注之,水发源武川北塞中,其水南流,迳武川镇城……其水西南流,历谷,迳魏帝行宫东,世谓之阿计头殿。宫城在白道岭北阜上。

芒干水今名大黑河。大黑河及其支流乌素图沟是古代从中原穿过阴山直上蒙

① 《魏书》卷83《贺讷传》,中华书局1974年版,第1812页。

② 《魏书》卷83《贺讷传》,中华书局1974年版,第1812页。此东界,田余庆以为当在大宁与赤城之间,《拓跋史探》,生活·读书·新知三联书店2003年版,第35、70页。

古高原的要道,乌素图沟即“白道中溪”,沟内地势陡峭,车马不便通行,两侧则较为平缓,道路即以“白道”名世,后世又称阴山道、阴山路。《太平寰宇记》卷四九《河东道十·云州·云中县》引《冀州图经》记载:

白道川,当原阳镇北,欲至山上,当路千余步地,土白色如石灰,遥去百里即见之,即是阴山路也。

实地观察,由于其地山石存有凝灰岩,远观道路路面有如白线,故名白道。自平城至武川镇是一路西北行,先至盛乐故都,再经由今呼和浩特以北的白道城和白道。

武川镇西面是怀朔镇,此地原属汉代五原郡,即战国以来的九原之地,可对应为内蒙古自治区固阳县北白灵淖乡的城圐圙古城。此处以阴山为依托,位于大青山北麓西端,扼控前往漠北的交通,所以一直是防御蒙古高原游牧势力南下的战略要地。怀朔镇再西是沃野镇,最初设在汉代朔方郡沃野县,可对应今内蒙古自治区巴彦淖尔盟临河市西南的黄羊木头古城。沃野镇、怀朔镇联系平城,也皆由白道一线。

北魏世祖,即太武帝拓跋焘为守护白道,设有白道守将、白道军事这样的官职。《魏书》卷八七《段进传》载其“世祖初,为白道守将”。《魏书》卷三〇《来大千传》载:

从讨蠕蠕(即柔然),战功居多。迁征北大将军,赐爵庐陵公,镇云中,兼统白道军事。贼北叛,大千前后追击,莫不平殄。延和初,车驾北伐,大千为前锋,大破虏军。世祖以其壮勇,数有战功,兼悉北境险要,诏大千巡抚六镇,以防寇虏。

经由云中(即北魏盛乐)沿阴山西行,正是战国时的赵国西扫蒙古高原南缘后,开通的前往高阙的大道,秦汉以来一直是北边道体系中的重要邮路。《太平寰宇记·河东道十·云州·云中县》引《入塞图》曰:

又一道:从平城西北行五百里,至云中。又西北五十里,至五原。又西北行二百五十里,至沃野镇,又西北行二百五十里,至高阙。

平城西北行五百里至云中,云中又西北五十里至五原,此处五十里当五百里之误。云中至五原邮路先是北上白道,经怀朔镇西往。北魏后期,设朔州刺史驻怀朔镇,兼沃野、武川、怀朔三镇军事,其时都城已迁洛阳,但联络三镇的邮路仍经由白道,故有“朔州是白道之冲”①的说法。

自武川镇东北行可至抚冥镇,其地一说内蒙古四子王旗乌兰花土城子古城,一说察右后旗克里孟古城。所以平城至抚冥镇的邮路亦经由白道。而武川镇东北行过抚冥镇,可经今天河北省商都县到达张北县和赤城县一带,这条路在北魏之际就是贯通六镇东西邮路的一段。

平城联络六镇的邮路体系以白道为中轴,所以前面说到的来大千在“兼统白道军事”后,又被世祖下诏“巡抚六镇”。作为重要军事邮路的白道也是重要的军事补给线,物流运输极为频繁。继来大千之后总摄此地的是源贺。《魏书》卷四一《源贺传》载太平真君十年(449):

> 又诏都督三道诸军,屯于漠南(武川镇)。是时,每岁秋冬,遣军三道并出,以备北寇,至春中乃班师。贺以劳役京都,又非御边长计,乃上言:“请募诸州镇有武健者三万人,复其徭赋,厚加赈恤,分为三部。二镇之间筑城,城置万人……使武略大将二人以镇抚之。冬则讲武,春则种殖,并戍并耕,则兵未劳而有盈畜矣。又于白道南三处立仓,运近州镇租粟以充之,足食足兵,以备不虞,于宜为便。”

源贺上言要意是在白道北侧沿武川镇和怀朔镇一线的道路屯田,在白道南侧建三处军仓,贮存附近州镇的租粟,这是考虑到了军粮运输难题后的一体解决方案。武川、怀朔镇一线的屯田和其间筑城自然也有守护邮路的意图。出白道西行怀朔镇的邮路,其战略价值一直保持到北朝末年,北齐皇帝高洋为抗击柔然南侵,屯兵白道,并将辎重留在这里,出白道轻装追击,一直追到怀朔镇。

六镇邮路上活跃着众多专门长途送信的函使,其中一位是高欢。高欢,又名贺六浑,实为鲜卑化的汉人,原籍渤海郡修县(今河北景县),六世祖高隐曾任西晋玄菟太守。因家道中落,其父举家迁居“白道南”。高欢成年后,因为娶了鲜卑人家的女子,才备得起马,并当上了怀朔镇队主,后转任函使。函使是专门负责传递公文的下级武将,六镇函使是军镇属官,位居军主与队主之间,负责奉函与京师来往。高欢即专跑洛阳一路,“尝乘驿过建兴”的建兴郡(治阳阿,今山西晋城北)就位于六镇到洛阳的邮路上。高欢的骑术高超,所

---

① 《魏书》卷44《费穆传》,中华书局1974年版,第1004页。

以才有“半日乃绝，若有神应者”，“往来无风尘之色”之誉。六镇函使都是军中最出色的骑手。

六镇起义爆发后，高欢混迹于杜洛周、葛荣起义军，后转投尔朱荣。接着，高欢趁尔朱荣扶植傀儡专权，与北魏皇室相互残杀之际，与尔朱氏势力决裂，自行控制北魏朝廷。高欢仿曹操的做派，以大丞相之位居晋阳（今山西太原）遥制洛阳。北魏孝武帝不甘做傀儡，西奔拥兵长安的宇文泰，于是高欢另立孝静帝，迁都邺城。北魏自此一分为二，高欢所立史称东魏，宇文泰所掌史称西魏。

（四）柔然贡道

柔然贡道是平城通六镇道路体系的一部分，以白道为主的中轴及其以西的那部分也是北魏与雄踞蒙古高原上的柔然的交往通道。

中国历史上，柔然是继匈奴、鲜卑之后，出现在蒙古高原上的第三大游牧民族政权，对东西方历史都有重要影响。5世纪初，柔然首领社崘兼并高车，破匈奴余种，称可汗，建立了幅员辽阔的奴隶制国家。北魏和南朝政权蔑称柔然为蠕蠕、芮芮、茹茹、蝚蠕。在柔然政权统治下有很多的族群，如匈奴（拔也稽部）、鲜卑（拓跋氏、丘敦氏）、高车（叱洛侯氏、副伏罗氏）以及西域诸族。柔然政权经常遭到属下各部落的反抗，北魏太和十一年（487），“高车阿伏至罗率众十余万落西走，自立为主”①，沉重打击了柔然的统治，所属部落或依附突厥，或南下，或西迁。

北魏与柔然间的邮路是在征伐与通使的交替进行中逐步形成的，这个历史过程大致上在477年以前以相互征伐为主，477年以后则以通使为主。太武帝拓跋焘在位时，对柔然攻伐最甚，共发动九次犁庭扫穴式的进攻，除最后一次由皇太子领军，其余八次皆由太武帝亲征。其中，神麚二年（429）四月，太武帝北伐柔然的进军路线是大军出东道向黑山（今内蒙古巴林右旗北罕山东北部），此东道即汉代以来的稒阳塞道。与此东道相对的西道，为平阳王长孙翰率军所出，奔向大娥山（今阴山西端），此道就是汉代的鸡鹿塞道。北魏东、西两道进军的目标都是柔然王庭，这两道也就是后来北魏与柔然交往的正

---

① 《魏书》卷103《高车传》，中华书局1974年版，第2296页。

道。五月，魏军在漠南舍弃辎重，轻骑突进至栗水（今翁金河，源出蒙古国杭爱山南麓，流经前杭爱省、中戈壁省、南戈壁省）。因攻其不备，柔然纥升盖可汗慌忙率部西奔，统辖柔然东部的其弟匹黎先，闻北魏大军将至，就率众去与纥升盖可汗会师，结果被拓跋翰截击，属下部落首领数百人被戗。太武帝穷追不舍，率军缘栗水西行到达菟园水。[①]《魏书》卷一〇三《蠕蠕传》记有：神䴥二年五月，“世祖缘栗水西行，过汉将窦宪故垒。六月，车驾次于兔园水，去平城三千七百里。分军搜讨，东至瀚海，西接张掖水，北渡燕然山，东西五千余里，南北三千里”。兔园水即今蒙古国巴彦洪戈尔省图音河；所谓窦宪故垒，即东汉窦宪大破北匈奴，勒铭燕然山那场战役中所筑前线军垒；张掖水即今额济纳河，燕然山即今蒙古国杭爱山。值得一说的是，自张掖郡（治今甘肃张掖）沿张掖水（一名弱水）出居延海也是汉代以来通向蒙古高原的重要通道。这一仗，北魏缴获畜产数百万，高车诸部也趁机摆脱柔然统治，柔然统治下的各族群归附北魏者达三十余万落。

柔然劫掠北魏亦由这两路，另外就是经由前面讲过的白道直接入寇云中。白道北行，经过牛川，再转西北前往意辛山（今内蒙古锡拉木伦河之北）[②]，然后过大漠可至鹿浑海。道武帝于登国五年（390）西征至鹿浑海袭击高车。亦可自意辛山进入大漠至弱洛水（今蒙古国土拉河）地区，道武帝天兴二年（399）镇北将军、高凉王乐真袭击高车即由此路。

进入5世纪，虽然柔然与北魏间兵戎不断，但自号“敕连可汗”的柔然统治者吴提（429—444年在位）审时度势，曾与北魏大举和亲。太武帝将西海公主下嫁吴提，吴提也以其妹嫁给太武帝，封至左昭仪（仅次于皇后）。

六镇起义爆发后，北魏不得不借助柔然武力助剿。534年，北魏分裂为东、西魏后，柔然更加得势，结果是东魏、西魏争相向柔然纳贡。本来在高车酋长阿伏至罗率部众十余万落西走后，柔然大衰，其在西域的统治也基本结束，焉耆、龟兹诸国大都脱离柔然的统治和羁縻，改附于西方的𠯁哒。而6世纪，由于𠯁哒的衰落，柔然在与高车的战争中占据优势，并于6世纪40年代击灭

① 《资治通鉴》卷121《宋纪三》文帝元嘉六年，中华书局1956年版，第3811页。

② 谭其骧主编：《中国历史地图集》第四册，《东晋十六国南北朝时期》，中国地图出版社1982年版，第7—8、11—12、13—14页。

高车,再次称雄漠北。

532年,北魏孝武帝曾许婚柔然,准备以范阳王晦之女琅琊公主下嫁阿那瓌长子,后因孝武帝出奔而婚事未成。北魏分裂后,东、西魏以孝武帝与柔然的婚约为契机,"竞结阿那瓌为婚好"①。535年,西魏遣库狄峙、杨荐、杨宽出使柔然,请结婚姻,"又使(杨)荐纳币于蠕蠕","加以金帛诱之"。乃得以化政公主下嫁阿那瓌兄弟塔寒,西魏文帝亦被迫废皇后乙弗氏而纳阿那瓌女为皇后。东魏闻柔然与西魏结婚姻,亦遣皇族元整使柔然求婚,或因东魏未向柔然"纳币",阿那瓌遂留元整,"不报信命"②。与西魏和亲后,柔然便开始侵扰东魏边境。538年五月,阿那瓌寇幽州范阳(今河北涿州);九月,掠肆州秀容(今山西岚县),又杀害被扣留的元整。③ 面对柔然寇边,高欢忍气吞声,放还被扣留于东魏的柔然使者龙无驹。④ 兴和二年(540),东魏终于以常山王妹乐安公主许之,改封为兰陵郡长公主。高欢十分重视此次和亲,"资用器物,齐神武亲自经纪,咸出丰渥",次年又亲自护送公主至楼烦北,接待柔然方面派来迎亲的使者,"每皆隆厚"。⑤ 542年,阿那瓌又以孙女妻高欢之子高湛。546年,高欢废皇后娄氏,纳阿那瓌女为后。东魏与柔然以数度和亲巩固了双方的关系。"自此东魏边塞无事,至于武定末,使贡相寻。"⑥

东魏是利用白道与柔然交往,西魏则利用前述北魏太武帝北伐所行东、西道与柔然交往。

(五)平城西进邮路

继屠各匈奴所建汉赵政权后,5世纪初,又有铁弗匈奴在朔方(大体相当今鄂尔多斯高原)建立大夏国,是十六国时期第二个由匈奴族建立的政权。为别于历史上其他国号为夏的政权,铁弗匈奴所建夏国,一般就以其创建者赫连勃勃的姓氏称作赫连夏。赫连夏存在时间虽短,却极富野心,于道路用功颇巨,使其都城统万城和新建立的军镇成为新的交通枢纽,为北魏统一北方后的

① 《北史》卷98《蠕蠕传》,中华书局1974年版,第3264页。

② 《北史》卷98《蠕蠕传》,中华书局1974年版,第3264页。

③ 《北史》卷98《蠕蠕传》,中华书局1974年版,第3264页。

④ 《北史》卷98《蠕蠕传》,中华书局1974年版,第3264页。

⑤ 《北史》卷98,《蠕蠕传》,中华书局1974年版,第3365页。

⑥ 《北史》卷98《蠕蠕传》,中华书局1974年版,第3265页。

西进邮路奠定了基础。同时,拓跋鲜卑与铁弗匈奴长达两个世纪之久的世仇也埋下了北魏大举西拓的前因。

东汉年间,南匈奴内迁。建安元年(196),南匈奴大贵族去卑护送汉献帝自长安东归洛阳。曹魏以"去卑功显前朝",使其部入居雁门郡(曹魏时治广武,今山西代县西南)北。① 晋泰始七年(271),去卑子刘猛在新兴郡虑虒县(县治故城在今山西五台豆村镇境)以北出塞叛晋被杀,其子副仑率部投奔拓跋鲜卑。去卑部匈奴与拓跋鲜卑通婚,从而有了"匈奴父鲜卑母"的铁弗匈奴。到刘猛从子刘虎回驻新兴、雁门一带时,就以铁弗为号。晋永嘉三年(309),刘虎统领陉北(句注陉以北)匈奴,"雄据肆卢川(今滹沱河支流云中河)"。② 刘虎一度称臣于刘渊,与西晋并州刺史刘琨及其同盟者拓拔鲜卑为敌。318年,拓跋鲜卑大破铁弗刘虎,使其远走朔方。360年春,刘虎孙刘卫辰降前秦,苻坚允其率部居朔方塞内营田,春来秋往。铁弗刘卫辰一直想东渡黄河,从拓跋鲜卑手中夺回陉北之地。《资治通鉴》卷一〇四《晋纪二十六》孝武帝太元元年(376)有刘卫辰屯驻朔方之城名代来城(今内蒙古伊金霍洛旗西北),胡三省注:"言自代来者居此城也。"拓跋代昭成帝二十八年(365)正月,刘卫辰自朔方渡河攻击拓跋部被击退。三十年(367)十月,昭成帝什翼健率军反攻抵达黄河君子津(今内蒙古清水河县喇嘛湾),其时河水尚未封冻,什翼健派人用芦苇编的大绳拦住冰凌,冰草相接为桥渡河击溃刘卫辰,"俘获生口及马牛羊数十万头"。③ 374年,什翼健再伐刘卫辰,迫其南逃。刘卫辰求救于前秦,376年,前秦以刘卫辰为向导自朔方大举征伐,也在君子津渡过黄河,灭拓跋代国。前秦以刘卫辰统领黄河以西的朔方之地。淝水之战后,什翼健孙拓跋珪于386年复国,创建北魏。391年,刘卫辰遣子直力鞮率众八九万进攻北魏,困住了前来抵抗的拓跋珪及其将士五六千人。拓跋珪沉着应战,"乃以车为方营,并战并前,大破之于铁岐山(内蒙古固阳西北白云鄂博)南,直力鞮单骑而走,获牛羊二十余万"。④ 拓跋珪乘胜追击,从五原金津(今内蒙

① 《三国志》卷28《魏书·邓艾传》,中华书局1982年版,第776页。

② 《晋书》卷130《赫连勃勃载记》,中华书局1974年版,第3201页。

③ 《魏书》卷1《序纪》,中华书局1974年版,第15页。

④ 《魏书》卷95《刘卫辰传》,中华书局1974年版,第605页。

古包头西南昭君渡)渡河,直捣代来城,获“名马三十余万,牛羊四百余万”。[①]铁弗部崩溃四散,刘卫辰被杀,其三子刘勃勃单骑逃遁。勃勃后被后秦姚兴收留,并以其为安北将军、五原公,配以鲜卑及“杂虏”二万余落镇朔方。406年,因后秦与北魏遣使通好,勃勃叛后秦。时值柔然献马八千匹于姚兴,勃勃在大城(今内蒙古杭锦旗东南)截留,并攻打后秦高平(今宁夏固原)。

407年,勃勃在高平自立为天王、大单于,年号龙升,因其自诩为夏后氏之苗裔,故建国号大夏,仿中原政制,设置百官。随后,勃勃改姓赫连氏。[②] 417年,趁后秦为东晋所灭,勃勃率骑二万从东晋手中夺下长安。勃勃在灞上即皇帝位后就匆匆北返。夏凤翔元年(413),勃勃即征发夷夏十万人在今天流经毛乌素沙漠的红柳河(无定河上游)北岸新建都城。419年,筑城毕,取名统万城(今陕西靖边白城子),意谓“统一天下,君临万邦”[③]。夏承光元年(425),赫连勃勃病死。此时,北魏日渐强大,426年从蒲坂出兵攻下长安。427年,拓跋焘命造浮桥于君子津,发兵十万灭夏,终于拿下统万城,“车驾入城……获马三十余万匹,牛羊数千万。”[④]北魏在统万城置统万镇,成为西线邮路的枢纽。太和十一年(487),改置为夏州。[⑤]

从北魏几次攻伐赫连夏的战事可知平城至统万镇邮路路线。平城出发的第一站是西北进至善无(今山西右玉县境)。北魏功臣庾业延“葬在代西善无之界,后世祖讨赫连氏,经其墓宅,怆然动容,遂下诏为立庙,令一州之民,四时致祭”。[⑥] 北魏世祖即太武帝拓跋焘,说其讨伐赫连夏时路过善无,这应该是始光三年(426)十月,拓跋焘亲率大军第一次攻击统万城进军途中的事情。善无向西即至黄河渡口君子津,其名据《读史方舆纪要》卷四四《山西六》引郦道元之说:“君子津在云中西南二百余里,汉桓帝时有洛阳大贾卒于此。津长田子封以遗资悉归其子,桓帝嘉之,因名其津为君子津。”始光四年(427)五

---

① 《魏书》卷110《食货志》,中华书局1974年版,第2849页。

② 赫连,胡语奉天承运之意,汉语雅释“徽赫实与天连”,见《晋书》卷130《赫连勃勃载记》。

③ 《资治通鉴》卷116《晋纪三十八》安帝义熙九年,中华书局1956年版,第3659页。

④ 《魏书》卷4上《世祖纪上》,中华书局1974年版,第72页。

⑤ 《元和郡县图志》卷4《关内道四·夏州》,中华书局1983年版,第99页。

⑥ 《魏书》卷28《庾业延传》,中华书局1974年版,第685页。

月,拓跋焘从平城出发再次大举征伐赫连夏,由君子津浮桥西渡黄河,在拔邻山(今内蒙古准格尔旗东南)筑城,以为前沿军输基地,然后渡过黑水(今内蒙古乌审旗南部纳林河)攻陷统万城。

此后三年,北魏以统万城为基地继续向西南挺进到安定和平凉,控制了六盘山南麓,从而使平城西进邮路最终连通了丝绸之路。这一邮路当时无名,可依照地理形势特征命名为鄂尔多斯沙漠南缘路。从统万城向西是沿今陕北白于山北麓进发,这里如今是毛乌素沙地的南缘。

统万镇向西有薄骨律镇,该镇位于今宁夏吴忠市利通区古城湾村西面的古黄河沙洲上,这是由于黄河东西摆动造成。由于镇城历经黄河改道而无损,故北魏后期称作灵州。早年赫连夏在此建有皇家果园,故有果城之名。其别名白口骝城,是取骏马之名为城名,白口骝在当地少数民族语言中的发音就是薄骨律。太武帝拓跋焘太延二年(436),北魏在果城基础上创建军镇,号曰薄骨律镇。孝明帝元诩孝昌二年(526),撤镇建州,改为灵州。薄骨律镇所在地原为西汉北地郡上河农都尉辖区,东汉末至魏晋,屯田的内地农民陆续内撤,由此成为匈奴、鲜卑、羌的驻牧地。北魏时期,这一带重新成为重要的屯田区,这里也就成为一大交通枢纽。薄骨律城与统万城之间的道路就是后世著名的灵州、夏州间的道路。唐时,在吐蕃崛起后的政治地图变幻中,全新的灵州道成为丝绸之路东段的重要邮路,其基础实由北魏奠定。薄骨律镇沿黄河东岸北通沃野镇的800里陆路则属于贯穿北魏西北边戍的重要邮路,这条邮路再自沃野镇一路东去经武川镇,穿白道连通平城,即前述贯穿六镇防御体系西部的干线邮路。从薄骨律镇向南沿高平川(今清水河)河谷而行可通平凉、安定。神䴥三年(430),拓跋焘西讨赫连勃勃第五子赫连定,大获全胜后自安定回师,依次经过平凉、纽城,“四年春正月壬午,车驾次于木根山,大飨群臣”。①太武帝车驾所经木根山即今乌海市以东桌子山,正傍临于这条邮路。

统万镇向西南有邮路直通高平镇(今宁夏固原市原州区),属于丝绸之路东段路网的一部分。北魏后期,高平镇撤镇,改置原州。西魏时在今陕西定边县设置盐州,成为灵州与夏州邮路中途的一大站点。高平镇向北有邮路接通

① 《魏书》卷4上《世祖纪上》,中华书局1974年版,第78页。

薄骨律镇,所以太平真君七年(446),拓跋焘曾下令调集高平镇车辆帮助把薄骨律镇的屯粮运往沃野镇。高平镇向西行进的邮路就是通往姑臧(今甘肃武威)的凉州道。太延元年(435),拓跋焘展开与西域的交往,皇帝不但亲幸河西,并遣王恩生、许纲等出使西域。史载这年五月,北魏“遣使者二十辈使西域”①。但柔然阻截了北魏使团,抓住王恩生。据守姑臧的北凉政权也不愿意北魏与西域直接交往。太延五年(439)九月,拓跋焘亲率大军渡过媪围河(媪围一带的黄河干流,今甘肃靖远与景泰所夹持的黄河段)灭掉北凉,打通了凉州道。自此,高平镇到姑臧的邮路得以大通,完全沿用了汉代通西域的干线邮路。

北魏末年,波斯王给北魏皇帝送来一头狮子,途经高平。这时高平受压迫的各族人民正在呼应六镇起义,高平的起义军领袖万俟丑奴自称天子,见到狮子大喜过望,以为天降瑞兽,于是改年号“神兽”,并扣留了狮子。到530年夏,万俟丑奴失败,那头逗留高平达两年多的波斯狮子才被送往洛阳。可见高平也是北魏都洛阳通往河西走廊邮路的必经之处。

下面说统万城南下邮路。统万城直南有“圣人道”通向长安。凤翔五年(417),东晋灭了后秦。昌武元年(418),赫连夏趁东晋远征立足未稳之际,一举拿下关中;真兴元年(419),又从东晋手中夺得蒲坂(今山西永济西)。其后,又攻下陕城(今河南陕县)以西地区。赫连勃勃在长安建置尚书南台,视为陪都,随即凯旋统万城。为保障统万城与长安城之间的通信联络、军队调动和军粮运输,赫连勃勃下令开筑宽30—40米的“圣人道”。圣人道很容易让人联想到秦始皇的直道,但两者的路线有相当区别。《太平寰宇记》卷三七《保安军》记载:

> 圣人道,在(保安)军城东七里……经(保安)军界一百五里,入敷政县界,即赫连勃勃起自夏台入长安时,平山谷开此道,土人呼为圣人道。

夏台即指统万城。关于保安军城与敷政县,史念海引《元和郡县图志》卷三《延州》与嘉庆《大清一统志》卷二三四《延安府》考证说:“宋保安军即今志丹县。敷政县东北距唐延州一百五十里。唐延州即今延安市。这个县(指敷政

① 《魏书》卷4上《世祖纪上》,中华书局1974年版,第85页。

县)也在清安塞县西南一百二十里。”史念海还认为《元和郡县图志》所载“夏太后城”和圣人道很有关系,指出夏太后城的位置在今陕西省富县西,赫连勃勃最早修筑的圣人道,就通达这座太后城,是为其母行路安谧。① 1986年,《陕西古代道路交通史》一书的主编王开在探查秦直道的实地考察中不自觉地寻访到圣人道遗迹,听说“安塞县镰刀湾一带也有古道遗迹”,只不过认为是与直道有关。② 史念海据方位判断镰刀湾一带的古道遗迹就是圣人道。这是目前所知唯一的圣人道遗迹线索。据近年实地勘踏,延安市安塞区镰刀湾镇境内的古道遗迹是由志丹县进入安塞区,经枣村阳湾上山,过堡子山、阳山

十六国・赫连夏・“圣人道”遗迹。陕西省延安市安塞区镰刀湾镇境内鸦巷山开挖有深70多米、宽16—20米、长70米的人工垭口,为匈奴族赫连勃勃所建立的大夏国(史称赫连夏)在5世纪所筑“圣人道”邮路遗迹。引自马啸等编著:《秦直道线路与沿线遗存》,陕西师范大学出版社2018年版,第96页。

① 史念海:《直道和甘泉宫遗迹质疑》,《中国历史地理论丛》1988年第3期;另载《河山集》四集,第472页。《元和郡县图志》卷三《鄜州》:“伪夏太后城在(鄜州洛交)县西三十六里。赫连勃勃闻刘裕灭姚泓,命其子义真等守长安,大悦,自将兵入长安,留太后于此,筑城以居。”

② 王开:《“秦直道”新探》,《西北史地》1987年第2期,收入《中国人民大学报刊复印资料・先秦秦汉史》1987年8月号;另载《成都大学学报(社会科学版)》1989年第1期。

湾、卧虎湾、圣人条进入化子坪镇红花园村，在新庄沟北岸的河西沟以西，有东、西两条道路遗迹。东路经哈巴崾岘到达冯岔村，路线较直，但坡度较大。西路经阳山梁村，路线呈弧形，但坡度较缓。两条路线在冯岔村交会。随后沿延河西岸二级台地向北延伸，经徐家坪进入镰刀湾镇境内，在罗居村南过延河，沿着张家沟西侧台地北上，经石窑滩、康家河，在前火石洞复上山，沿山梁经麻地渠到达鸦巷山。镰刀湾镇境内的这段道路遗迹长约20公里，虽因水土流失破坏严重，但基本走向清晰可辨，最后是向北通往靖边小河镇。①

史念海以为《太平寰宇记·保安军》有关圣人道的记载中提到敷政县，说明圣人道必经安塞县，所以"赫连勃勃由他的都城统万城南行，必然由今安塞县西北镰刀湾南行。镰刀湾于唐时为塞门镇，其北十八里处有芦子关，为夏州与延州间往来大道。王开同志所说，安塞县镰刀湾一带有古道遗迹，这无疑就是赫连勃勃所开的圣人道遗迹。"②

（六）平城南下邮路

南下邮路虽然放在最后，却是北魏都平城时期最重要的邮路，即使迁都洛阳后，这些邮路的重要性也没有减弱。拓跋政权攻灭后燕夺取河北平原后，这里就成为北魏最重要的经济区，所谓"国之资储，维籍河北"③。因而，除了平城直南而下洛阳的"并州大道"，另有在汉代穿越太行山的常山谷道基础上拓建的"定州大道"④，可直抵中山城（今河北定州）再前往太行山以东各处，并可南下洛阳。相对而言，前者可称西路，后者可称东路。北魏迁都洛阳后，这两路是联络平城旧都及北方六镇的重要邮路。

东路由平城向东南先斜穿到中山城，再南下可通达黄河下游沿岸各处。

---

① 马啸等编著：《秦直道线路与沿线遗存》，陕西师范大学出版社2018年版，第95—97页。

② 史念海：《直道和甘泉宫遗迹质疑》，《中国历史地理论丛》1988年第3辑。

③ 《北史》卷15《魏诸宗室传》，中华书局1974年版，第380页。

④ "定州大道"出自《盖天保墓砖》。砖铭2005年出自大同东南3.5公里的沙岭村东500米左右的高坡上，下葬纪年为太和十六年（492），葬地铭为："葬在台东南八里坂上。向定州大道东一百六十步。""台"原指为朝廷所在，此指平城郭城，据实测当平城东南外郭（相当明清大同城东南城墙）。"台东南八里"，应该是从平城外郭东南城门起算的里程。该墓往东朝向定州大道一百六十步，则有待日后考古发现定州大道遗迹证实。参见殷宪：《盖天保墓砖铭考》，《晋阳学刊》2008年第3期；李凭：《北魏平城郭城南缘的定位和与此相关的交通问题》，《山西大同大学学报（社会科学版）》2009年第4期。

北魏灭了后燕,中山城置为定州治所,所以平城到中山城的一路就称为“定州大道”。这条大道与今人概念中的大路相去甚远,因为其间翻越的雁北山地和太行山峡谷在古代一向以险峻著称。定州大道自崞山县(今山西浑源县境)往东进入今天山西北部的恒山山区,再穿行到灵丘便进入太行山山区,沿途山峦重嶂,险峻曲折,是北魏都平城时期最重要的邮路。关于这段北魏着力最大,地形最复杂的邮路,史书载有几次大规模的整治修拓,在整个北朝历史上可谓无出其右。由于不断修拓改进,此路在近百年间的行经路线有所变化,因而穿越太行山的最险段可用飞狐道体系来概括其间的时空变迁。

燕元三年(386),后燕慕容垂建都中山后,中山城就雄起为河北平原的政治经济中心。同年,拓跋珪在牛川部落联盟大会上即代王位,拓跋代政权迅速崛起。一东一西两个政权,最初尚可相容,但很快就势同水火。拓跋珪登国十一年(396),慕容垂亲领大军由中山城来攻,以雪头一年后燕惨败之耻。慕容垂举倾国之力,企图经由太行山险道出其不意长途奔袭,他的大军越过险峻的青山,壁立刺天的天门,一路凿山开道,直指平城。① 后燕妄图一举剿灭拓跋鲜卑政权,拉开了飞狐道体系因大规模用兵而地位迅速上升的进程。

最终,后燕亡于北魏,拓跋珪迫不及待查看了中山城并南下邺城,当他踌躇再三是否迁都于此,终因忌惮拓跋守旧贵族,而不得不宣布仍旧定都于平城。拓跋珪返回平城前,就决意仿效当年秦始皇修建直道,开筑一条跨山越岭,连接平城和中山的快速通道,以牢牢控制河北平原。

皇始二年(397)冬十月,北魏一举攻占中山城,次年正月拓跋珪就迫不及待发卒万人辟“直道”,“自望都(今河北唐县东北高昌)铁关凿恒岭至代(平城别称代都)五百余里”,②大大改善了中山城至倒马关(今河北唐县倒马关乡倒马关村)的路况③。

---

① 《晋书》卷123《慕容垂载记》,中华书局1974年版,第3090页。

② 《魏书》卷2《太祖纪》,中华书局1974年版,第31页。

③ 参见严耕望:《唐代交通图考》(五),上海古籍出版社2007年版。严氏认为道武帝发卒万人修直道,应只针对晋时的望都关道,大致路线可能是从倒马关南下南、北两岭,直趋唐县(今唐县西)。

北魏·太武帝东巡碑（已断残）拓片。引自《中国书法》2014年第7期。

到了太武帝拓跋焘时,又开辟了一条不经由倒马关,而是从定州北上,溯徐水(今漕河)进入太行山区,翻越一座叫作五回岭的分水岭直插广昌(今河北涞源城关)的五回道。20 世纪 30 年代在易县西南 80 公里的狼牙山下画猫儿村(今猫儿岩行政村所属南画猫)曾发现过一通北魏太武帝时期的《皇帝东巡之碑》,碑文有“径五回之险邃”,而《水经注》卷一一《滱水》徐水条所记太武帝《御射碑》亦有此文。“五回”,即五回道,得名于五回岭,岭在狼牙山西北。按《水经注》上的《御射碑》碑文“太延元年十二月”(为《皇帝东巡之碑》拓片所缺),可知太武帝是在 435 年经五回道往来平城与定州之间。这年的十一月,太武帝结束对河北诸州巡视后西返平城,车驾至徐水出山处时,面对危崖,即兴张弓演示射技,《水经注》记载定州官员为纪念此事而在徐水岸边立有三碑。近年,三座碑中的两座遗迹被重新发现,而 20 世纪 30 年代所拓《皇帝东巡之碑》的立碑地点,也被锁定在南画猫村东临漕河的西岸阶地,河对岸就是著名的“画猫儿岩”,或称“猫儿岩”。① 根据立碑地点,五回道是从今天易县狼牙山镇猫儿岩行政村南画猫村溯漕河(古徐水)至口头村往西北翻越五回岭,再自五回岭北坡顺拒马河的一条小支流下到浮图峪,继而上溯拒马河谷地西行到广昌(今涞源城关)。广昌地处太行山间断陷盆地,拒马河由此径直向东流经紫荆关,此一路亦为汉代以来的穿越太行山的一大通道。因而,放大空间鸟瞰五回道,当是自定州治所中山城沿太行山东麓山前地带北行,至位于今天满城县境的漕河出山口入山,经易县狼牙山镇(原管头镇)及其所辖南画猫、猫儿岩村、甘河(干河)村、口头村,再西行进入坡仓乡境内后自五回岭南坡越岭,过乔家河乡大岭沟村境进入涞源县境,一路顺五回岭北坡下坡,经涞源县兰家庄村、杨家庄镇西北行至浮图峪,然后利用拒马河谷的一段西行至广昌。今天,五回岭地名犹在,为易县与涞源界山,当地民谚说:“狼牙山高,到不了五回岭半山腰。”

但避开倒马关的五回道作为正道使用的时间应该不长。平城时代,还是倒马关一路更为常用。《水经注》在讲到倒马关一带时,有“齐、宋通和,路出其间”的说法。就是南朝宋、齐相继通使北魏,使者皆行经倒马关。

---

① 罗新、李泉汇:《北魏太武帝东巡碑的新发现》,《中国国家博物馆馆刊》2011 年第 9 期。

郦道元所注滱水即今唐河。在“直道”初通的年代，在倒马关以西，仍然是穿飞狐陉北上出飞狐口，即走今天的涞源—蔚县—广灵一线到达平城。随着太延二年(436)八月发定州七郡一万二千人开辟灵丘以西的莎泉道，以及太和六年(482)七月发州郡五万人修治灵丘以东的灵丘道。[①]之后，平城至中山城的交通就改为灵丘—广昌(今河北涞源)—倒马关一线或由灵丘顺唐河上游河谷直驱倒马关，不再经由蔚县小盆地和飞狐口了。灵丘道(灵丘直插倒马关)应是不满足于灵丘—广昌—倒马关这种迂回路线而新拓的。灵丘道和莎泉道的出名，是因为其险峻的程度和浩大的工程，但也仅仅是改善了通行太行山的局部路段。虽然经由飞狐口北上的迂回路线最终被放弃，但依然沿用了飞狐道的显赫名声，并被套用在了新整修的唐河上游谷道上，这或许是对战国以来常山(恒山)谷道概念的一种继承。于是倒马关西侧的灵丘道、莎泉道也都成为飞狐道体系的组成部分。就是说北魏时，飞狐道的概念大大向西延伸了。作为新的飞狐道体系，唐河谷道在今倒马关与飞狐陉，也就是老的飞狐道(经由飞狐口)南端相接，这就使中山城到平城，中山城到广宁(北魏改下洛为广宁，今河北涿鹿)这两条北魏时的重要交通线构成了一个道路体系。兴光元年(454)十一月，文成帝拓跋濬自平城行幸中山、信都(今河北冀州市)，十二月，还幸灵丘，接着又北上广宁温泉宫(拓跋焘所建)，可谓全程巡视了飞狐道体系。[②]

在北魏都平城的约一个世纪里，在定州设行台以牢牢控制太行山以东地区，可以想见经由倒马关的“定州大道”邮路应该是一派繁忙。从中山城南下，经真定(常山郡)、高邑(赵郡)、邺、滑台(今河南滑县)一路，由济州碻磝津渡过黄河可东南行于建康，是南朝与北魏间的交聘路线。若从邺城向西南，由河阴(今河南孟津)南渡黄河便可抵洛阳。

平城直南而下洛阳的道路，相对绕行太行山东麓大道的东路，可称西路。西路系由平城南下，经肆州、并州、上党、怀州，至河阴南渡黄河达洛阳。拓跋

① 《魏书》卷4《世祖纪上》(中华书局1974年版，第87页)并卷7上《高祖纪上》(中华书局1974年版，第151页)。

② 《魏书》卷5《高宗纪》，中华书局1974年版，第114页。

珪定都平城后不久，即“诏有司正封畿，制郊甸，端径术，标道里”①。当时划定的畿内之地“南极阴馆（今山西代县西北，雁门关西）”②，整个雁北地区③被划在了北魏平城京畿之内，从而由“荒塞”一跃成为腹心之地。平城畿内道路的通畅使雁北成为四方辐辏之地，以至出现了专事贸易的大贾，如雁门繁峙人莫含，“家世货殖，赀累巨万。……含居近塞下，常往来国中”。④ 在平城作为北魏国都的年代，南下邮路也是一条连接塞外与中原的商旅大道。作为通商商道，近代以来打通中原与蒙古高原商贸的“走西口”和所谓的万里茶路有其极为深厚的历史渊源。北魏始祖力微与曹魏和亲，“遣子文帝如魏，且观风土”，“魏晋禅代，和好仍密”。⑤ 力微之子，被追封为“文帝”的沙漠汗在洛阳“聘问交市，往来不绝。魏人奉遗金帛缯絮，岁以万计”；西晋初期，沙漠汗仍居洛阳，“朝士英俊多与亲善，雅为人物归仰”。⑥ 直到277年，沙漠汗经并州返回，力微大悦，使诸部大人到阴馆迎之。

日本学者前田正名在其平城历史地理专著中指出：

> 当时，有一条自平城南下，前往黄河中游地区的重要交通路线。这就是自平城向南进发，到达桑干河干流上游盆地，在雁门关与古来有名的入塞道交会，然后翻越雁门关南下。因这条路线经过雁门关，姑且称之为雁门关路。⑦

北魏时，由平城南下并州首府晋阳（今山西太原）的大道，因其间翻越雁门关，所以可称“雁门关路”，当然也可以依“定州大道”之例，称作并州大道，这是平城通往洛阳道路的第一段。第二段由晋阳南下洛阳，大抵是通过壶关南至高都（今山西晋城），然后越过南太行的关口到河内（今河南泌阳），再经河阴的

① 《魏书》卷2《太祖纪》，中华书局1974年版，第33页。

② 《魏书》卷110《食货志》，中华书局1974年版，第2850页。

③ 雁北即雁门关以北，也即陉北。作为地理概念的雁北地区指山西北部的大同市和大同、怀仁、阳高、天镇、浑源、广灵、灵丘、山阴、应县、朔县、平鲁、左云、右玉13县。行政区划上，1993年撤销雁北行署，析为大同市和朔州市。

④ 《魏书》卷23《莫含传》，中华书局1974年版，第603页。

⑤ 《魏书》卷1《序纪》，中华书局1974年版，第4页。

⑥ 《魏书》卷1《序纪》，中华书局1974年版，第4页。

⑦ ［日］前田正名：《平城历史地理学研究》，李凭、孙耀、孙蕾译，书目文献出版社1994年版，第161页。

黄河浮桥至洛阳。

平城南下洛阳大道为高等级道路，称驰道。据后世地志所述，北魏在今山西境内的汾河谷地设有驿站。[①] 若顺汾河一直南下至蒲坂（今风陵渡），可西去长安，此即春秋以来的秦晋通好大道，北魏之际可称“汾河路”[②]。若走一段汾河河谷，在今太谷、祁县之间折向东南，溯昌源河而上，再顺浊漳西源而下壶关，经北魏建兴郡，即平城南去洛阳驰道的南段，可称“浊漳水路”[③]。这一段路就属于高欢当函使时所行六镇—平城—洛阳邮路。平城—洛阳邮路的最终完善还要归结于魏孝文帝迁都洛阳。

孝文帝率南征大军到洛阳，是经由了肆、并、怀、洛四州地界，是从西路前往洛阳的。元澄驰驿自洛阳赶回平城亦应行经西路。而孝文帝北返时，相继到达滑台、邺城，则走东路无疑。孝文帝在邺城督促平城众人作迁都准备，接着再折返回去南巡洛阳，视察河阴，然后诏告天下迁都洛阳。随后经西路北巡平城，并在句注陉以南逗留。孝文帝在平城与洛阳间的往返巡行当然与迁都遭到的阻力有关，但也有全面勘查平城与洛阳间交通的用意。

整个北朝时期，太行山东西两侧的邮路及其间的连线可以归结为一个较大的邮路单元，这一单元的形成是由当时的政治地理形势决定的。东汉以来，南匈奴内附后广布雁门、代、上谷各郡，并向汾河流域聚集。汉末，匈奴成为内迁最早、人数最众的游牧民族。曹操为汉化内迁匈奴，分并州匈奴为五部，将三万余户，二十万匈奴人置于今山西临汾、祁县、忻县、隰县、文水。这些匈奴部众接受所在郡县管理，编入户籍，但“不输贡赋”，鼓励其转为农耕。曹魏据邺，于襄垣东南置天井关，以扼控上党，震慑五部匈奴。西晋到十六国时期，匈奴后裔源源涌入内地，势力大增。“八王之乱”中，自称汉外甥，冒姓刘的五部匈奴统领刘渊首先发难。晋惠帝元康九年（299），引刘渊为援，将其部众召至邺城的成都王司马颖又派刘渊回并州召集匈奴骑兵回援，结果是刘渊趁机起

① （清）曾国荃修，王轩总纂：《山西通志》卷44《关梁考一》，光绪十八年刻本。

② ［日］前田正名：《平城历史地理学研究》，李凭、孙耀、孙蕾译，书目文献出版社1994年版，第172页。

③ ［日］前田正名：《平城历史地理学研究》，李凭、孙耀、孙蕾译，书目文献出版社1994年版，第172页。

事。刘渊其实并非真正匈奴,而是西晋年间与并州匈奴合流的并州屠各,屠各本称休屠各,是西汉年间匈奴大联盟中休屠王的后裔,后被汉朝安置在其故地武威郡以东的五郡塞外。并州屠各与内迁的南匈奴奠定了刘渊建国的基础。304年,刘渊在离石称王建国,国号汉,是五胡十六国的第一个王朝。308年,改称汉帝,建都平阳(今山西临汾),完全仿汉制建立中央和地方行政机构。早在东汉初年,处于汉朝北部边郡控制下的内附匈奴即被要求利用其马上优势,"皆领部众为郡县侦罗耳目"①。在这些列置诸郡助为捍戍的南匈奴中,就有"左南将军屯雁门,栗籍骨都侯屯代郡"。刘渊从小接受汉文化教育,具有较高的汉文化水平,魏末晋初又在洛阳为"质子",结交甚多,后西晋委以左部帅、北部都尉的官职,在成都王司马颖的奏请下,更以宁朔将军的名号督五部匈奴军事,因而他对包括驿传在内的中原王朝典章制度是熟悉的。刘渊死后,继位的四子刘聪攻陷洛阳,刘聪所派族弟刘曜攻破长安,西晋的最后两个皇帝被俘。319年,刘曜在长安称帝,改国号为赵,史称前赵。从刘渊建汉,到329年前赵亡于后赵,汉赵政权不过历时26年。但刘渊自起兵即以取代晋室,统一天下为志。为建立和巩固中央集权,汉赵完全仿汉晋之制实行官僚制和郡县制,强化专制统治并颁布法律,加之户口登记和赋役摊派,可以推测刘渊开创了北方少数民族政权的驿递制度。汉赵政权存在虽短,但汾河河谷与上党地区当有联络平阳、邺城、洛阳、长安的驿使,应该是高欢那样的北魏函使的肇端。汉赵政权是十六国少数民族政权汉化政治制度的先驱,是十六国和北朝时期,邮路在今天的山西境内相对发达的嚆矢。

而十六国和北朝时期,邮路在河北平原的高度发达已见前述。连接太行山东西两侧邮路的重要连线除前述飞狐道体系,还有穿越井陉的一路,以及下面讲到的由晋阳过壶关到达邺城的一路。

三、北朝邮路的建设

整个魏晋南北朝时期,北魏的邮路建设是比较突出的,并影响了北朝后继各朝。

① 《后汉书》卷89《南匈奴列传》,中华书局1965年版,第2945页。

北魏一朝,南北征战,讲求实效最为关键,邮路的建设无不处处体现了这一点。

道武帝拓跋珪建都平城后,于天兴元年(398)“诏有司正封畿,制郊甸,端径术,标道里”。[①]“正封畿”,是北魏统治者标榜承袭周礼,制畿封国,划定“王畿千里”的范围。《魏书》卷一一〇《食货志》:“天兴初,制定京邑,东至代郡,西及善无,南极阴馆,北尽参合,为畿内之田。”也就是以今天河北蔚县,山西右玉、雁门关和内蒙古凉城为四至的一大块地方,其中的道路得到精心整修,并一一标明道里。

除了畿内这一区划,道武帝还圈定了范围更大的郊甸区划:“东至上谷军都阙,西至河,南至中山隘门塞,北至五原,地方千里。”[②]上谷军都关,即今北京市昌平区居庸关;西至河的“河”,即晋陕间的黄河;中山隘门塞,指位于早先中山国境的一处险塞,得名于隘门山,位于今天山西省灵丘县东南,正当灵丘道;五原指五原郡,郡治在今天内蒙古包头市九原区辖境。这一郊甸区划内的干线邮路也应该比照畿内做了完善的规划和整治。军都关把控的是由平城经由上谷(郡治位于今河北怀来县境)到幽州(治蓟城,今北京城区)干线邮路;中山隘门塞则把控着前述“定州大道”。

关于中山隘门塞,《水经注》卷一一《滱水》记载此地也有一通《御射石碑》:

> 滱水自(灵丘)县南流入峡,谓之隘门,设隘于峡,以讥禁行旅。历南山,高峰隐天,深溪埒谷,其水沿涧西转,径御射台南,台在北阜上,台南(按:实际为台北)有御射石碑,南则秀嶂分霄,层崖刺天,积石之峻,壁立直上,车驾沿溯,每出是所游艺焉。

此御射台乃文成帝拓跋濬南巡所遗。《魏书》卷五《高宗纪》记载:

> (和平二年,461)二月辛卯(初四日),行幸中山。丙午(二月十九日),至于邺,遂幸信都。三月,刘骏遣使朝贡……灵丘南有山,高四百余丈。乃诏群官仰射山峰,无能逾者。帝弯弧发矢,出山三十余丈,过山南

---

① 《魏书》卷2《太祖纪》,中华书局1974年版,第33页。

② 《元和郡县图志》卷14《河东道三》云州条,中华书局1983年版,第409页。

二百二十步,遂刊石勒铭。

北魏灵丘县即位于今山西灵丘城关,前述定州大道穿越今天浑源县境入灵丘。北魏时,有崞山(今山西浑源西麻庄村)、莎泉(今山西浑源汤头温泉所在汤头村)两座县邑当道,崞山境内定州大道旁的悬空寺创建于太延元年(435)。定州大道经过灵丘,据《元和郡县图志》卷一四《河东道三》蔚州灵丘县条,县东南行十五里即隘门山,明元帝拓跋嗣在此设义仓。此处山高谷深,层崖壁立,石道险狭,形若门阙,即北魏隘门塞所在。入峡谷南行三里,唐河蜿蜒呈"S"形,河西有一龟状台地,台地东南北三面濒唐河,西边逶迤而连觉山,山上有北魏太和七年(483)创建的觉山寺。《水经注》所言《御射石碑》与御射台皆在龟状台地上。台地南边岩下为唐河,对岸绝壁上耸立三座石峰,以其山形称"笔架山"。20世纪80年代,灵丘县文物管理所在龟状台地上重新发现了《皇帝南巡之颂碑》,即《水经注》所载《御射石碑》。①

古代,道路并非独为邮路所辟,干线快速邮递所依交通基础设施建设往往有赖皇帝的出巡。北魏自太延二年(436)开通莎泉道以后,诸帝开始频繁巡行山东诸州。由于交通活动频繁,当地百姓负担加重。孝文帝太和六年(482)二月辛卯诏曰:"灵丘郡土既褊塉,又诸州路冲,官私所经,供费非一,往年巡行,见其劳瘁,可复民租调十五年。"②即减免当道的灵丘郡百姓十五年的赋税。同年七月,孝文帝又如前述下诏"发州郡五万人治灵丘道"。

在古代,邮路的标准化当然离不开畜力交通工具的标准化。北魏很好地继承了秦始皇开创的标准化的重要举措——"车同轨"。孝文帝迁都洛阳后即下令"车同轨"。宣武帝元恪更将统一车轨之事当作王朝的大政方针,以诏令的形式将南北诸州车轨统一。永平二年(509)六月辛亥诏曰:

江海方同,车书宜一,诸州轨辙,南北不等。今可申敕四方,使远近无二。③

这一时期,道路标记依然用土候,即土堆,亦称土墩、土堠。西魏废帝时期

---

① 灵丘县文管所:《山西灵丘县发现北魏"南巡御射碑"》,《考古》1987年第3期。

② 《魏书》卷7上《高祖纪上》,中华书局1974年版,第151页。

③ 《魏书》卷8《世宗纪》,中华书局1974年版,第208页。

(552—554),名将韦孝宽出任雍州刺史,“先是,路侧一里置一土候,经雨颓毁,每须修之。自孝宽临州,乃勒部内当候处植槐树代之”,即种植槐树来固着标记道里的土候。此法一举两得:“既免修复,行旅又得庇荫。”西魏的实际掌权者宇文泰知悉,大为赞叹,推行至西魏及后来的北周诸州:

周文后见,怪问知之,曰:“岂得一州独尔,当令天下同之。”于是令诸州夹道一里种一树,十里种三树,百里种五树焉。①

北魏之后的东魏、北齐统治者皆起家于晋阳后再南控洛阳,并东出太行而得富庶的河北平原,这就使太原盆地、上党地区及河北平原的邮路进一步改观。北魏末年的动乱中,尔朱荣在高欢怂恿下在黄河浮桥桥头发动“河阴之变”,随后盘踞晋阳,遥制洛阳。随后高欢又夺晋阳,以为霸府,再后迁都邺城,建立东魏。东魏和北齐时,晋阳到邺城的通道是最繁忙的邮路,道路维护用功甚巨,中转设施也较为齐全。“自神武(高欢)迁邺之后,因山上下并建伽蓝,或樵采陵夷,或工匠穷凿……近有从鼓山东面而上,遥见山巅大道,列树青松。”②此路大致走向是晋阳东南行至襄垣,出壶关口(今山西黎城县境),越太行山,入滏口(滏口陉,太行八陉之一,今河北磁县西北)东南行到达邺城。

一直到北朝末年,太原盆地周遭邮路仍可见驿递奔忙的身影。575年,北周伐北齐。第二年,周军围困晋州(治今山西临汾)。晋州告急时,齐主尚在天池游猎,“自旦至午,驿马三至”。③ 天池在今忻州市静乐县境内,当时属岚州,可知由晋州至晋阳、岚州均有驿道相通。

第二节　通西域的邮路

魏晋南北朝时期,北方众多民族交替兴起,鲜卑、柔然、高车、突厥、吠哒相继活动于西域,各政权相互兼并,各民族分化融合。这一时期,中原王朝对西域的管理虽较汉代有所减弱,但却从未中断。西域各地方政权也不自外于中原,一直与中原王朝保持着联系。

---

① 《周书》卷31《韦孝宽传》,中华书局1974年版,第538页。

② 《续高僧传》卷25《圆通传》,中华书局2014年版,第1000页。

③ 《资治通鉴》卷172《陈纪六》宣帝太建八年,中华书局1956年版,第5355页。

一、河西道与楼兰道的疏通

东汉末年,丝绸之路曾一度中断。随着曹魏重新打通河西道,中原王朝的西域经营又得以逐步展开。

东汉末年,陇西人宋建称王割据,都枹罕(今甘肃临夏双城遗址),断绝了西域与内地的联系。建安十九年(214),曹操派大将夏侯渊讨平了宋建势力,将关陇、金城一带的割据势力全部平定。金城平定后,曹操任命苏则为金城太守。这位太守"亲自教民耕种,其岁大丰收,由是归附者日多"。[①] 金城郡的复兴为曹魏打通河西道奠定了基础。黄初元年(220),魏文帝一继位,就"分河西为凉州",调安定太守邹岐为凉州刺史。凉州刺史除管辖河西诸郡外,还"领戊己校尉,护西域"[②]。曹魏在河西设州派官,损害了地方豪强势力,他们举兵叛乱,武威三种胡也在豪帅驱使下作乱,致使"道路断绝"[③]。苏则率领将军郝昭、魏平等进兵武威,很快就降服了武威三种胡,又乘胜攻破张掖,平定了土豪叛乱,打通了河西走廊。次年,西域诸国便来朝献:

> (黄初三年)二月,鄯善、龟兹、于阗王各遣使奉献。诏曰:"西戎即叙,氐、羌来王,《诗》《书》美之。顷者西域外夷并款塞内附,其遣使者抚劳之。"是后,西域遂通,置戊己校尉。[④]

戊己校尉是曹魏管理西域的官职,驻扎在高昌壁(今新疆吐鲁番高昌故城)。接着,又在罗布泊西北的楼兰故地设西域长史,管辖西域各国。《三国志》卷三〇《魏书·东夷传》提到:"魏兴,西域虽不能尽至,其大国龟兹、于阗、康居、乌孙、疏勒、月氏、鄯善、车师之属,无岁不奉朝贡,略如汉氏故事。"

曹魏时期,仓慈任敦煌太守。仓慈到任以后,抑制打击占据交通要道的豪强势力,保障当地驿站和百姓交通的正常运行。他还鼓励西域客商经河西走廊去中原经商,凡是要去洛阳的,就为他们出具过关的凭证并封盖官印;想从敦煌郡返回西域的,官府给他们公平换取钱物,常常用官府贮藏的财物和他们

---

① 《三国志》卷16《魏书·苏则传》,中华书局1982年版,第491页。

② 《晋书》卷14《地理志上》,中华书局1974年版,第433页。

③ 《三国志》卷16《魏书·苏则传》,中华书局1982年版,第492页。

④ 《三国志》卷2《魏书·文帝纪》,中华书局1982年版,第79页。

进行交易,还派官吏和百姓在路上护送他们,因此当地百姓和西域胡人都称赞他的德惠。敦煌恢复了往日的繁荣,丝绸之路再次畅通。

西晋承袭曹魏统治西域,中央政府仍在高昌壁设戊己校尉,在楼兰设西域长史。虽然史籍缺载魏晋楼兰邮路的材料,但楼兰古城发现了大量的魏晋官方文书与私人书信,揭示了这里频繁的通信活动。

楼兰所获木简和纸文书有下列几件与公函、书信有关:

(1)泰始五年七月廿六日,从掾位张钧言敦煌太守

(2)出　长史白书一封,诣敦煌;蒲书十六封具

十二封诣敦煌府;二诣酒泉府;二诣王怀、阚颀

泰始六年三月十五日,楼兰从掾位

马厉付行书民□孔得成。

(3)白叔然敬禀

从事王石　二君前

在楼兰

(4)三月一日,楼兰白书济逞白。

(5)三月十五日,楼兰卑白。

(6)六月六日,楼兰贱甥马厉再拜白。

"付行书""楼兰白书""楼兰卑白""楼兰贱甥马厉再拜白"表明这些都是公函、信件的草稿残件或发文记录,而且是由楼兰发出的。其中,(1)发往敦煌;(2)为发往敦煌方向的邮书记录,有西域长史公文一封发往敦煌,簿书16封分别发往敦煌、酒泉和王怀、阚颀二人处,此二人身份不明,单记人名,有可能是私信。楼兰出土简牍中标有敦煌地名的有十余枚,楼兰沟通外界的最重要邮路就是通往敦煌的邮路,简牍记载传递这些日常公文的专职人员是"行书民"。(3)为书信的木牍封检,"石"字下的空格是结绳打封泥用的,发信的地点写作"在楼兰",这应该是一封制作完毕,但却没有真正使用的函封。(4)中的"济逞"人名在其他文书草稿中也多有出现,看来是一位身居楼兰,领衔草拟文书的小吏。前举西晋泰始三年(267)简牍书有:"言书一封,水曹督田掾鲍湘、张雕言事,使君营以邮行。①"所

① 引自林梅村编:《楼兰尼雅出土文书》,文物出版社1985年版,第79页。

谓使君营即西晋西域长史府,"水曹督田掾"当为"水曹掾"和"督田掾",前者为鲍湘的官职,后者为张雕的官职,都是屯田系统的官员。他们自屯田区通过邮寄来上书西域长史,可以想见西晋之际楼兰邮路运行的繁忙有序。

十六国时期,河西地区先后出现了"五凉"政权。所谓"五凉",指五个割据政权,分别是汉族张氏建立的前凉、氐族吕氏建立的后凉、鲜卑秃发氏建立的南凉、汉族李氏建立的西凉、匈奴沮渠氏建立的北凉。西晋末年起中原大乱,但河西自前凉奠基人张轨于 301 年出任凉州刺史开始到 439 年北魏灭北凉,却出现了相对安定繁荣的局面。汉武帝设十三州后,东起金城郡(治今兰州),西到西域,南及西海(今青海东部)的广大地域皆由凉州刺史管辖,"五凉"政权正是承袭这一行政管辖传统延续河西道路并维持通往西域的邮路。"五凉"的西域邮路前后有变化,楼兰道只涉及前凉。

前凉张氏在西晋灭亡后,一直延续西晋建兴年号达 45 年之久,并始终称臣于东晋,讨取晋室封号,对东晋贡使不绝。同时,前凉以楼兰为基地积极经营西域,保障了邮路的畅通。虽然楼兰与敦煌之间横隔着三陇沙和白龙堆,但汉代就建立了连接两地的邮路和一系列中转站点。这些直到前凉政权经营西域时应该是得到了重新利用,包括楼兰沿孔雀河前往焉耆的楼兰道西支。负责管理邮路的就是设置在楼兰的西域长史府,这个机构当从曹魏延续到西晋和前凉时期。西域长史之下,不但有仓曹、奏曹、兵曹大量寄发公文,还有专职掌管文书工作的官吏,具体负责邮路运行的则是督邮。楼兰出土有前凉时期致西域长史的封检,标明由"王督"递交西域长史张君。从其他楼兰文书可知,"王督"当为前凉西域长史所部的督邮王彦时。

自 1901 年以来,楼兰一带就不断出土魏晋时代的木质和纸质文书。1908 年又在楼兰以南 50 公里的海头遗址(LK 古城)出土了《李柏文书》。① 李柏为前凉张骏时的西域长史。据王国维考证,《李柏文书》包括了表文草稿一通,函稿三通。一通表文草稿,内容残缺,仅余 13 字:"……尚书……臣柏言,焉耆王龙……月十五日",具体内容已难推敲,但应该是向前凉统治者张骏或张重华奏闻焉耆王的近况。另三通是李柏致焉耆王书函的草稿,王国维推测:

① [日]森鹿三:《西域出土的文书》,李子捷译,《新疆艺术学院学报》2009 年第 1 期。

“实一书之草稿，其所致之人当即焉耆王。”三通函稿内容大同小异，其中比较完整的一通云：

> 五月七日□□西域长史关内侯李柏顿首、顿首□□□□，恒不去心，今奉台使来西，月二日到此海头，未知王消息，想国中平安，王使回复罗从北虏中，与严参事往想是到也。今遣使符太往相闻，通知消息，书不悉意。李柏顿首、顿首。①

前凉张氏政权的西域通信在吐鲁番文书中也有所见，哈拉和卓三号墓出土有王宗上太守启：“九月三日，宗□死罪。秋节转凉奉承明府体万（福）……王宗惶恐死罪。□损示，知须□□□奉□，当（遣）。”②时间当在建兴三十六年（348），是前凉统治者张重华在位的第三年，为东晋永和四年。

楼兰出土文书最晚的是前凉建兴十八年（330）的木简，此后不久楼兰城（L.A.）应该就被放弃了，但由敦煌到达焉耆所经楼兰道相当一部分及其西支或许一直还在使用。

二、南道邮路及鄯善国驿传

1901年，斯坦因在英俄争霸之际展开的“中亚探险”中闯进新疆，当他路过南疆尼雅小镇时，有了一个石破天惊的发现。尼雅在维吾尔语中意为“遥远的地方”。旅行者无论来自东方，还是西方，只要穿行在丝路绿洲道上，位于塔里木南缘中点的尼雅都可称作是最遥远、最偏僻的地方了。原本计划在此稍作休整的斯坦因，因熟知此地历史，一落脚就忙着打探古物。当他的驼夫出示从巴扎上带回的两块写着文字的木板时，凭其在印度十几年间的古史钻研，一眼就认出木板上写的是久已失传的佉卢文。斯坦因雇当地人为向导，沿尼雅河床走进沙漠深处，来到尼雅北边一百多公里的尼雅废墟，那里正是当年精绝王都的所在。精绝，西域三十六国之一，地当西域南道。《汉书》卷九六上《西域传上》记载：“精绝国，王治精绝城，去长安八千八百二十里，户四百八十，口三千三百六十，胜兵五百人。”面对相当完好、好像主人刚刚离去的尼雅

① 罗振玉、王国维编著：《流沙坠简》，中华书局1993年版，第277—282页。

② 国家文物局古文献研究室、新疆维吾尔自治区博物馆、武汉大学历史系编：《吐鲁番出土文书》（第一册），文物出版社1988年版，第2页。

废墟，满脑子都是佉卢文的斯坦因并未履行规范的考古流程，而是撒出大把金钱进行激励，亢奋的民工第一天就找到了200多件珍贵的佉卢文简牍。

在佉卢文中，尼雅废墟当年叫作“凯度多”，正是汉译精绝的对音。汉朝人以“精绝”来书写这个土著小国，多少带有褒义，“精”是惟精惟一，夸赞精绝国专侍汉朝；“绝”是称赞作为丝路南道站点的这个绿洲小国绝妙无比。当斯坦因1931年第四次进入尼雅废墟时，掘获的26枚汉文木简中有一枚残简以工整的隶书写着“汉精绝王承书从”。

当佉卢文盛行于精绝的公元3世纪，精绝早被鄯善吞并。曹魏黄初三年(222)开始，魏晋相继在楼兰屯田以掌控西域。鄯善因地利之便而为中原王朝格外倚重，鄯善王被封号“侍中大都尉”，意思是服侍中原皇帝的大都尉。这种局面一直持续到河西割据政权北凉对西域经营之时。此后，随着中原内乱，鄯善也丧失了对精绝的控制。5世纪中叶，鄯善国覆灭。

斯坦因在尼雅废墟发现了带有中原王朝确切纪年的汉文简牍，时在西晋开国皇帝晋武帝的泰始五年(269)，由此可以肯定西晋王朝与扩张到精绝的鄯善保持着册封关系，并在尼雅一带维持着肇端于东汉的屯戍，以维护丝路南道的畅通。尼雅出土的晋时汉文简牍提到敦煌太守，还有主持与西域各国事

尼雅遗址出土的佉卢文楔形木牍。引自［英］奥雷尔·斯坦因:《古代和田》第二卷，山东人民出版社，第99页图版ⅠC。

务关系的西晋中央政府的大鸿胪转发西域长史，再下达给鄯善等国的诏书。说明当时的邮路是从敦煌经楼兰城转南道。

吐火罗人建立的鄯善国先后吞并了丝路南道上的精绝、小宛、戎卢、且末四个小国，成为与于阗、疏勒并列的南道大国。鄯善国最盛时东近阳关，北边曾到达今天哈密鄯善县一带，南接阿尔金山，西至尼雅一带与于阗接壤。相比于阗、疏勒，鄯善的畜牧业极为发达，《汉书》卷九六上《西域传上》说其国“民随畜牧，逐水草，有驴马，多橐它”。橐它即骆驼。在古代，塔里木河和车尔臣河下游，特别是罗布泊一带，植被茂盛，是畜牧业非常发达的地区，因而鄯善也就在丝绸之路的东西交往上扮演了极为重要的角色。

西晋时，汉文仍是这里的官方文字，但也开始兼用佉卢文，此后则以佉卢文为主。佉卢文曾流行于贵霜帝国，3 世纪贵霜帝国分裂后，同属吐火罗人的一支贵霜残部东迁塔里木盆地，他们带来的佉卢文因为适合拼写塔里木盆地土著语言，因而成为鄯善国和于阗国的官方文字。这样，鄯善国的官方文书就受到汉晋和贵霜的双重影响，而建立贵霜帝国的吐火罗—大月氏人曾将西北印度和中亚连成一片，极大促进了丝路的商贸交流和佛教东传。这样到了 4 世纪，佉卢文就在鄯善国占了上风。

在尼雅遗址出土了一批鄯善王敕令，是以特别的楔形泥封木牍下达到这里的。尼雅在当时是鄯善国西陲重镇、凯度多州的首府，这些敕令都是下达给州政府长官的。楔形泥封木牍由两枚同样大小的楔形木牍重合起来使用，其中带封泥槽的为封牍，另一枚为底牍。封牍正面写收件人名址。敕令正文则从底牍正面右上角写起，从右向左横写，若底牍正面写不下，就续写在封牍背面。当封牍与底牍重合后，敕令内容就完全被封闭。然后捆上三道缄绳，将绳结藏于封泥槽内，再填实封泥，按上印玺印记。这种封简方式完全来自汉朝，而楔形简牍形状则带有当地色彩。封泥上的印记除了“鄯善都尉”是模仿自中原王朝，更多的阿西娜或其他希腊神像则无疑是亚历山大遗风所致的贵霜风格。此外，不同于中原内地，也有一些不用保密的国王谕令是用皮革书写的，正面是谕令，背面书写收件人。

鄯善在汉晋王朝与贵霜王朝的双重影响下，有着较为成熟的公文制度。而鄯善疆域最大时东西跨有 900 公里，其间自然要有公文传递制度，只是目前所见佉卢文简牍尚不足以揭示其全貌。不过,佉卢文文书确凿反映出鄯善国有王家信使和驿传组织。如 28 号文书为佉卢文楔形木牍,内容是下达凯度多州的州长夷陀伽及督军伏陀的谕令,汉译如下:

当汝接到此楔形泥封木牍文书时,务必将太侯盈力之 Kulola 名曰鸠尔布速交即将启程前来之信使,由彼将其送至本廷。

该楔形底牍的背面则标有“关于太侯之事”。①

关于驿传组织,首先是鄯善国有王家马场,委派专职厩吏看管。马匹也被作为礼物赠给于阗王,如 214 号文书为国王敕谕南道沿线的两位州长柯利沙和索阁伽,说有王家使者奥古侯阿罗耶为两州事宜出使于阗,并托他将一匹马进献于阗王,沿途居民要供给马匹谷物和紫苜蓿作饲料。此外,王家也注重骆驼的使用。55 号文书也是给南道沿途几位州长的:“务必由皇家驼群途经各城镇提供饲料和饮水。无论其在何处病倒,都要由当地给予照料。”②包括信使在内的因公出差者皆由沿途官府派马或骆驼作为骑乘,如 135 号文书敕令:“监察善亲须出使于阗。当汝接到此楔形泥封木牍时,阿毗陀也须出使,和善亲一起到于阗。务必向监察善亲提供两头专用橐驼,并给阿毗陀一头专用橐驼,还要向彼等提供一位合适之人作响导,在前面引路。该响导应骑自己的牲畜。”367 号文书敕令:“布色正在办理皇家事务,须由莎阁提供两头橐驼和一名卫兵,将其护送至边境,再由精绝提供适于作战的战马一匹和卫兵一名,护送其至于阗。”③虽然鄯善由于国力弱小,可能不存在独立运行的正规驿站,而是由沿途官府照料,但畜力无疑是分段运行的。如 64 号文书敕令:“属且渠伐迟沙之四头 amtagi 橐驼应由沙摩尔沙送回;并由沙摩尔沙再提供四头橐驼,由苏那将其送回;并由苏那再提供四头橐驼,由皮沙利耶送回。”④由于官府所能提供的畜力有限,信使有时不得不租用牲畜,租金则由王庭或地方政府报销。如 272 号文书是一件皮革文书,上面书写的敕令中有一条是:“是时,若有信差因急事来皇廷,应允许彼从任何人处取一头牲畜,租金应按规定租价

---

① 林梅村:《沙海古卷:中国所出佉卢文书(初集)》,文物出版社 1988 年版,第 46 页。

② 林梅村:《沙海古卷:中国所出佉卢文书(初集)》,文物出版社 1988 年版,第 58 页。

③ 林梅村:《沙海古卷:中国所出佉卢文书(初集)》,文物出版社 1988 年版,第 103 页。

④ 林梅村:《沙海古卷:中国所出佉卢文书(初集)》,文物出版社 1988 年版,第 62 页。

由国家支付。"①

北魏时期，鄯善使者到达平城。前面说到，太武帝太延元年（435），以王恩生为首的第一批北魏使团受到柔然的阻挠，未能完成使命，这批使团是经伊吾路西行。但同年六月，鄯善国遣使来献，说明南道是可以通行的。同年，中亚的粟特国也遣使入贡，他们可能也是经由南道。同年，还有一个南道小国悉居半也第一次遣使中原。太延三年（437）三月，龟兹、疏勒、乌孙、悦般、渴盘陀、鄯善、焉耆、车师、粟特等九国来朝贡，北魏则遣董琬、高明西使。董琬使团所行路线明确是"出鄯善"，经九国至乌孙，大概是穿过吐谷浑辖境到达鄯善后再北上的。太延四年（438）三月，鄯善王遣其弟素延耆入侍于北魏，北魏与鄯善的关系更加密切。西域多国皆经鄯善朝贡于北魏。北魏灭北凉后，北凉余众在沮渠无讳率领下西迁，沮渠无讳派沮渠安周西击鄯善，鄯善王弃城逃走，鄯善成为北凉的据点。沮渠无讳又逐高昌太守阚爽而据有其地，次年自立为凉王，西域南北两道阻绝。太平真君六年（445）四月，北魏为全面控制进出西域的交通进击吐谷浑，吐谷浑王慕利延西走，北魏打通了进军鄯善的道路。这年八月，太武帝命万度归征发凉州以西兵进攻鄯善。万度归率五千轻骑出敦煌，穿越戈壁抵鄯善。太平真君九年（448），北魏以韩牧领护西戎校尉、鄯善王，镇鄯善。自此，南道大通。太平真君年间（440—450）北魏派遣使者韩羊皮到达萨珊波斯（今伊朗），其所行路线明确经由于阗（今新疆和田北），因而应该也经过了鄯善，从于阗往西则经由朱俱波（今新疆叶城）越葱岭（帕米尔高原）前往波斯。《魏书》卷一〇二《西域传》说韩羊皮出使波

北魏出使中亚古国迷密的使者在今巴基斯坦北部所遗岩刻题记。引自马雍：《西域史地文物丛考》，商务印书馆2020年版，第131页。

---

① 林梅村：《沙海古卷：中国所出佉卢文书（初集）》，文物出版社1988年版，第82页。

斯后，"波斯王遣使献驯象及珍物。经于阗，于阗中于王秋仁辄留之，假言虑有寇不达。羊皮言状，显祖怒，又遣羊皮奉诏责让之。自后每使朝献"。于阗王看到波斯进献的大象和珍物，假托忧虑撞上贼寇恐怕到不了北魏皇帝那里，就全扣下了。韩羊皮向献文帝拓跋弘报告情况，北魏皇帝大怒，就又派遣韩羊皮奉诏出使责备于阗王。北魏孝明帝时派遣僧人宋云西行，这次重大的活动兼有取经和出使两项任务。《宋云行记》记载，宋云等人于神龟元年（518）十一月，"初发京师，西行四十日，至赤岭（今青海日月山），即国之西疆也，皇魏关防正在于此……发赤岭西行二十三日，渡流沙，至吐谷浑国……从吐谷浑西行三千五百里，至鄯善城。"①可见，宋云西行也是经过鄯善从南道西行，一路再经于阗、朱俱波国、汉盘陀国（今新疆塔什库尔干），翻越葱岭，再经过今天的克什米尔地区到达天竺。

在巴基斯坦北部离中国边境不远的洪扎河畔"洪扎灵岩"（Sacred Rock of Hunza）有往来行旅所遗佉卢文和婆罗米文铭刻上千条，在"洪扎灵岩二号"岩刻群一块高数丈的岩石上则保留有一行汉字题铭：

大魏使谷巍龙今向迷密使去②

马雍考证作为西域国名的迷密始见于北魏，故此岩刻为北魏使臣所刻。迷密，当为隋代米国，其都城迷密城即唐代的钵息德城，即今塔吉克斯坦西部的喷赤干（Pendjkent）遗址。③ 北魏使臣谷巍龙出使路线大致是行经南道，从皮山或于阗向西南沿汉代以来的外交信道到达今天巴基斯坦北部的洪扎河谷盆地，由此转向西北，取道奇特拉尔（Chitral），越兴都库什山，再渡过阿姆河前往迷密。《魏书·西域传》说迷密城"去代一万二千六百里"。代就是平城。正平元年（451），迷密曾遣使到达平城，此时北魏平凉州，破吐谷浑，臣服鄯善、焉耆、龟兹，丝路畅通，中亚、南亚诸国与北魏通使频繁，大多经由南道。

三、河南道与吐谷浑邮路

4至6世纪，由于北方政权在关陇与河西阻断了南方政权交通西域的道

① 杨衒之：《洛阳伽蓝记校注》卷5，上海古籍出版社1978年版，第252页。

② 马雍：《巴基斯坦北部所见"大魏"使者的岩刻题记》，《西域史地文物丛考》，文物出版社1990年版。

③ 马小鹤：《米国钵息德城考》，《中亚学刊》第2辑，中华书局1987年版。

路，于是一条起自成都的新的邮路绕行于祁连山以南，维系了分裂时期的南方政权与西北地方政权，同时也维系了中国南方政权与中亚、南亚、西亚诸国的域外交往。据不完全统计，东晋和南朝各朝，加之前凉、吐谷浑、柔然、丁零、突厥、铁勒和西域各绿洲小国，还有许多域外政权的使者、商人、宗教传播者都借助这条邮路完成了他们的漫漫旅程，构成了中国南北分裂时期丝绸之路的绚丽画卷。这条邮路史称河南道。

中国历史上有许多以河南为名的地理名词，河南道的“河南”在历史地理上是指黄河上游以南，正如河西走廊的“河西”是指黄河上游以西。中国古代单称河，即指黄河。隋唐以前所说河之南，一般都指黄河上游以南。在历史名词中，“河南”又指吐谷浑所建立的河南国。

吐谷浑，最初是人名，见于《晋书》卷九七《西戎传·吐谷浑》：“吐谷浑，慕容廆之庶长兄也。”就是说吐谷浑是前燕创建者慕容皝的父亲慕容廆的庶出兄长。后来，吐谷浑的子孙就以祖先的名字作为族名。由于这个源出东北的人群在4世纪远徙到黄河上游南侧，并在此强大。《南齐书》《梁书》《南史》就称其为“河南”“河南国”。

吐谷浑的族属可溯至源出东胡的鲜卑。鲜卑慕容部到三国曹魏时，从内蒙古东部科尔沁旗草原哈古勒河一带迁居到今天的锦州以北一带。史载吐谷浑和慕容廆的父亲叫涉归，曾以居住地的乌候秦水（今老哈河）为吐谷浑命名，乌候秦水在鲜卑语中与吐谷浑音似。涉归把部落中的一千多家分给吐谷浑统领，这一千多家慕容鲜卑人便成为吐谷浑的最初构成。涉归死后，由于吐谷浑是庶出，继承涉归部族首领之位的只能是他的异母弟弟慕容廆。两兄弟随即发生矛盾，吐谷浑率部西迁阴山（今内蒙古阴山山脉），时在西晋太康四年到十年间（283—289）。阴山是匈奴故地，水草丰美，但由于拓跋鲜卑和柔然已威赫此地，吐谷浑仅在此地留牧二十多年。西晋永嘉年间（307—312），吐谷浑再度南迁，“始度陇西，至于枹罕”，进入河湟地区。由于枹罕一带正处在几个割据势力的争夺之下，吐谷浑又向西南迁移，最终来到现在青海境内。迁徙的一路上，吐谷浑裹挟了不少沿途其他部落民众，到河湟地区更是征服了当地的羌部落，势力大增。至4世纪上半叶，吐谷浑的疆土已西尽白兰（今青海都兰一带），南至昂城（今四川阿坝一带），初具规模。在与西秦、南凉两个割据政权几番争斗后，5

世纪,吐谷浑强大起来,不但据有黄河源头的群羌之地,还向河西拓展,于西秦灭亡后伙同沮渠氏北凉瓜分了其地,控制了河州(今甘肃临夏西南)、秦州(今甘肃天水)及凉州的部分地区,成为西北强国。吐谷浑培养了著名良马"青海骢",《北史》卷九六《吐谷浑传》记载:"青海周回千余里,海内有小山。每冬冰合后,以良牝马置此山,至来春收之,马皆有孕,所生得驹,号为龙种,必多骏异。吐谷浑尝得波斯草马,放入海,因生骢驹,能日行千里,世传青海骢者也。"吐谷浑人还把马训练成能在音乐中翩翩起舞的舞马,并多次向内地政权进贡善马、舞马。吐谷浑人善奏马上乐,此乐后被唐朝乐府收入宫廷乐谱。1996 年,在柴达木盆地东南缘的海西州都兰县血渭草场察汗乌苏河北岸,青海文物考古研究所发掘了一座有可能是吐谷浑王墓的"血渭一号大墓",出土了大量中原、吐蕃、波斯文物,表明了吐谷浑在东西交往上的重要地位。

吐谷浑势力曾向西深入今新疆境界,攻破于阗,甚至远征罽宾,震动女国(今西藏西部)。6 世纪初,吐谷浑统治了鄯善(今新疆若羌)、且末一带。于是,吐谷浑人经营的河南道直接与塔里木南缘的丝路南道对接。由于吐谷浑在中西交通上发挥的作用,河南道亦称吐谷浑道。又由于这条道路的大部分在今青海境内,故称青海道。

吐谷浑立国三百年,在中国历史上的少数民族政权中,像吐谷浑这样建立政权时间长,活动地域广,在中西交往中发挥作用如此之大的还不多见。663 年,吐谷浑为吐蕃所灭。此后吐谷浑人散居青海、甘肃、新疆东部,以及宁夏、内蒙古、陕西北部、山西、河北北部,直到北宋才不见踪影。居于青海、甘肃的吐谷浑人后来与蒙、藏等民族发生融合,形成了今天的土族。

历史上的吐谷浑使丝绸之路河南道达到了最繁荣的阶段。吐谷浑着力经营河南道,因为经由此道可从蜀地获得大量精美丝绸。丝绸在战国秦汉之际本以北方,尤其是今天的河南和山东一带为主要产地,但到东汉时,已逐步向长江流域推进。三国时,蜀锦声誉日隆,以至魏国和吴国都争相求购。西域商贾通过河南道向西贩运蜀锦,吐谷浑在充当物流中转的同时,也作为西域商贾的代理,组织与南朝的朝贡贸易,赚取了高额回报。

河南道一线的交通早在先秦就应存在。20 世纪下半叶,著名考古学家裴文中根据青海湟水流域出土的大量新石器时代遗物,推测沿祁连山南侧,顺湟水至青海湖,再经柴达木盆地至南疆,是一条主要的东西通道。史书记载中则以张骞"凿空"西域返回中原时所走的祁连山以南的"羌中道"为最早。其时聚居在青海的羌人与居住在南疆的"婼羌"相交往,故称"羌中道"。假此道往来东西,多为避开匈奴的劫掠。张骞在中亚所见蜀布也有可能是从羌中道经南疆、克什米尔一线贩运印度,再落入中亚商人之手而转运到大夏。汉武帝开拓河西后,河西走廊与陇西的防务很大程度上要依赖蜀地的粮食和织品,因而这一线的物资运输也出现得很早。只不过当时是利用嘉陵江水运之便,将蜀地物资皆溯流运至沮县(今陕西略阳),再取嘉陵江支流青泥河(一名黑峪河)经下辨(今甘肃成县西北)转陆路前往天水郡和陇西郡。

吐谷浑重商,因为这个游牧政权号称"国无常赋",所以自贸易商抽税是维持统治的最重要财源。维护通往成都的商路,就成为吐谷浑的立国之本。成都在东晋南北朝时期持续繁华,以至成为能够与扬州并举的一大都会,很重要的缘由就是经由河南道的丝路商贸。商人携数百万本钱经由吐谷浑辖境前往成都从事丝绸贸易,从青海湖一带到成都,是经由今天的甘南,沿白龙江河谷南下入蜀。虽然三国时期蜀魏相争就拓展了阴平(今甘肃文县西北)穿越岷山山脉到达江油关(今四川平武东)的阴平道,魏将邓艾伐蜀辟为可通行车马的栈道。但由于这一线相继控制在仇池国、前秦手中,因而从四世纪后半叶起,河南道西蜀支道又多走岷江一线。从今天地图上讲,就是自成都经都江堰、映秀、汶川、松潘、黄胜关、包座,到达白龙江与其支流包座河汇流处的卡坝,再溯白龙江上游,经迭部、卓尼、临潭、合作进入黄河上游流域,经黄河支流隆务河一线的同仁和黄河上游的贵德到达青海湖地区的共和。吐谷浑立国后,控制了松潘以北地区。"鲜卑慕容廆庶兄吐谷浑为氐王。在益州西北,亘数千里,其南界龙涸城,去成都千余里。"①龙涸城就是今天的松潘,东邻岷江,沿江而下便可直达成都。岷江一线较白龙江一线更南、更西,也更为险远,但因远离北朝控制区,因而政治上较为安全,所以南朝交通西域的聘使大都取此道前行。

跟随使节脚步的是商人和僧人。其中僧人慧睿的故事最为曲折。释慧睿

---

① 《南齐书》卷59《河南传》,中华书局1972年版,第1025页。

在求法途中，于西蜀支道的岷江一线遇强盗，被掠卖为牧羊奴。许久后，取道岷江的长途贩运商人，有一位是虔诚的佛教徒，一眼看出释慧睿是修行高人，交谈中始知其身世，于是将其赎回，携往成都。释慧睿后来止栖庐山，成为著名高僧。[①] 经由西蜀支道来到成都的还有西亚和东罗马商团，成都西门外原有珍珠楼，相传为大秦人（东罗马）所建，至唐代废弃。赵清献《蜀郡故事》说："昔胡人于此立为大秦寺，门楼十间，皆以珍珠翠碧贯之为帘……每有大雨，多拾珍珠瑟瑟，金翠异物。"[②]大秦寺极有可能是琐罗亚斯德教的教堂，琐罗亚斯德教是流行于古代波斯（今伊朗）及中亚等地的宗教，中国史称祆教。从史书描述的大秦寺的富丽堂皇，可见当时经由河南道来成都经商的西方商团规模相当可观。

中亚以经商而闻名的粟特人也千里迢迢"通商入蜀"。成都平原考古所见大量胡人形象的画像砖，应是粟特人内徙的真实反映。史载胡商入蜀并定居于郫县，也证明往来成都平原的中亚商贾不在少数。以至蜀汉建兴五年（227），后主刘禅举兵伐魏时，竭力讨好蜀汉政权的粟特人竟也参与其间。统兵的诸葛亮说："凉州诸国王各遣月支、康居胡侯支富、康植等二十余人诣受节度。"[③]这句话是说原由汉朝凉州刺史所辖的西域鄯善、于阗等国国王派遣中亚侨民参与了蜀国的军事行动。受封侯爵的月支首领支富和康居首领康植当为中亚侨民领袖，当因往来蜀地经商而深得蜀汉信任。

新疆吐鲁番阿斯塔那—哈拉和卓古墓群出土了一批南北朝时期蜀地生产的丝织品，有学者认为它们很可能是通过丝绸之路河南道转运高昌的，而由粟特人居中转手贸易这批丝织品的可能性很大。经由河南道展开的中西贸易还体现在青海境内吐谷浑故地发现的许多外国钱币上。早在1965年，西宁城内隍庙街出土的一个陶罐中就发现了76枚波斯萨珊朝银币，系卑路斯（457—483在位）银币。2000年，青海省乌兰县大南湾遗址考古发掘中，出土金币1枚、银币6枚，金币为东罗马查士丁尼一世（527— 565）所铸，而银币则为波斯萨珊王朝在不同时期所铸。2002年，又在都兰县香日德镇以东13公里处的

① （梁）慧皎：《高僧传》卷7，汤用彤校注，中华书局1992年版，第260页。

② 辑录于（清）陈元龙：《格致镜原》卷32《珍宝类》，《四库全书·子部十一》。

③ 《三国志》卷33《蜀书·后主传》裴注引《诸葛亮集》，中华书局1982年版，第895页。

沟里乡牧草村吐谷浑墓地中发现了一枚东罗马金币，系狄奥多西二世（401—450）金币，为当时中国与东罗马帝国之间的经济往来提供了又一重要物证。

4至6世纪，东罗马帝国与中国的间接贸易往来十分频繁，大量的丝绸商品通过粟特人传入东罗马，同时东罗马的工艺品和钱币也传入中国。青海都兰“血渭一号大墓”发现的波斯锦和乌兰、都兰出土的东罗马金币，都证明丝绸之路河南道的重要性。当时河南道所经今日甘肃、青海两省境内的一段为临洮—河曲—都兰—格孜湖—阿尔金山口—若羌一线。

史书记载南凉时期（502—557），远在西亚和中亚的波斯、呎哒等国“遣使朝贡”（实为商贸），就基本选取此道。《高僧传》中记载的僧人释慧览自西域归来时，也是从河南道回到蜀地的。《高僧传》记载刘宋元徽三年（475）法显也是自巴蜀经河南道前往西域。僧人异域求法大多愿和异域商人结伴同行，这些人马纷纷行经吐谷浑控制的河南道，是和吐谷浑实行左右逢源的外交政策分不开的。吐谷浑立国三百年间积极遣使奉贡，维护与南北政权的关系。出于外交活动和经贸往来的需求，吐谷浑很注重河南道沿途的交通设施，给西域诸国商贸使团提供向导翻译和转运商品上的便利。《南齐书》卷五九《芮芮虏河南氐羌传》史臣曰评说吐谷浑并羌的一支于白龙江流域建立宕昌国时有言：“残羌遗种，际运肇昌，尽陇凭河，远通南驿。”“远通南驿”即开辟前往南朝的驿路。吐谷浑通商益州时，还不断遣使建康，相继被宋、齐、梁政权册封为“河西王”“河南王”。吐谷浑与北朝的关系也相当密切，不仅在北魏延兴三年至永熙三年（473—534）遣使前往平城、洛阳，而且后来同地理上相对较近的西魏、北周也保持了密切关系。对于远隔万里的东魏、北齐，吐谷浑与其通使不仅要克服地理上的阻隔，还要绕行与其敌对的政权。即以东魏、西魏对峙时期来说，吐谷浑不得不绕行塞外的柔然，吐谷浑使者要由青海道西行先至鄯善，再北折高昌（今新疆吐鲁番）、哈密进入蒙古高原，行至蒙古高原东南缘后才能南下东魏。这种因战争和敌对关系而造成的形似马蹄铁形的大迂回交聘线路也为南朝使者运用，5至6世纪，为躲开北方敌对政权的南朝使者曾多次经由河南道穿行吐谷浑，再走鄯善、高昌一路与柔然交往，全程相距“三万里”，往返一次费时三年。这样推算下来，则吐谷浑到东魏的使者绕行于柔然往还一次大概也要在两年以上。

四、高昌国邮路

在今天新疆吐鲁番市东南40公里处屹立着高昌古城遗址。高昌建置可追溯到西汉中央政府在此设置的驻军屯田壁垒——高昌壁。此后,在汉人移民的带动下,高昌绿洲农业和手工业逐步发展,成为西域经济最发达的地区。

东汉延光二年(123),班勇率兵出屯柳中(今鄯善鲁克沁镇),"置军司马,将士五百人"。直至东汉末年,戊己校尉一直驻屯高昌。魏晋沿袭其制,高昌壁隶属凉州敦煌郡管辖。随着各地汉人越来越多地聚拢于高昌壁,汉人开始成为吐鲁番盆地的主体居民。高昌社会经济迅速发展,开始具备了置郡的条件。前凉建兴十五年(327),高昌戊己校尉赵贞叛乱,前凉张骏率军攻破赵贞,并在其地置高昌郡,一改此前中原王朝只以军事手段统辖西域的历史,开行政手段统治西域之先河。此后,高昌地区长期受控或依附于河西政权。高昌郡先后隶属前凉、前秦、后凉、段氏北凉、西凉、沮渠氏北凉等政权。北凉承平十八年(460),柔然攻高昌,灭高昌北凉沮渠氏,立阚伯周为高昌王,开始了高昌汉人地方政权的历史。高昌国历阚、张、马、麹四姓共十六王,到唐贞观十四年(640)灭国。

高昌汉人主体地位的形成,与魏晋以降河西与陇右汉人为躲避战火而大规模西迁有关,时人有所谓"避难西奔"①之说。高昌国的十六位国王都是汉人,居民也基本以汉人为主。高昌汉人以张姓最多,与敦煌张氏同源一脉,都属河南南阳白水张氏。张氏在汉晋时为南阳大姓,至唐代仍然很显赫。两汉时张氏迁居河西,②至魏晋成为凉州显族。公元443年沮渠无讳率领敦煌一带居民一万余户西迁高昌,这支汉人成为高昌王国政权的主要支持者,而张氏在其中有举足轻重的地位。继阚氏成为高昌王的张孟明即敦煌张氏迁居高昌者。

麹氏,高昌王族之一,统治时间最长。《北史》卷九七《西域传·高昌》说高昌王"(麹)嘉字灵凤,金城榆中人"。《张雄妻麹氏墓志铭》:"故夫人陇西金城麹氏",可证高昌麹氏是金城麹氏的支系。

索氏,亦高昌汉人大姓,在高昌国执掌很高的权力。高昌索氏系敦煌索氏

① 《张礼臣墓表》,引自宋晓梅:《麹氏高昌国张氏之仕宦——张氏家族研究之一》,《西北民族研究》1991年第2期。

② 参见《张怀寂墓志铭》。

支系，敦煌索氏中的文化名人以西晋大书法家索靖最出名。索氏自东汉至北凉，多次迁徙，形成高昌索氏。

汉人以外的其他族群，也是高昌国的重要组成部分。这部分族群迁居高昌后，基本以其原属国和部落名为姓。如康居人康姓；焉耆王龙姓；鄯善人鄯姓；中亚绿洲城邦国家昭武九姓中的曹、安、史、何、石等。

昭武九姓属于粟特人，他们的原居地在今天中亚锡尔河与阿姆河之间的河中地，南北朝时期建立了康、安、米、曹、石、何等绿洲城邦国家，因为有九个中亚城邦的商人在河西走廊建立了移民城市北昭武城，故称昭武九姓。后来北昭武城为突厥所破，这些粟特商人集团就移居到了高昌。吐鲁番出土高昌国文书中有康、史、曹、何、石、安等姓，即昭武九姓迁居高昌者。高昌为中西交通孔道，中外贸易多经由高昌，隋唐以前，也有大量九姓商人直接从中亚来高昌定居。到唐初高昌灭国前，高昌人口应该至少在五六万，这在当时的绿洲城邦中算是很大的了。

高昌国由河西避难汉人建立，因而它遵循魏晋模式建立了客使接待制度。作为丝路上的绿洲城邦，高昌国的盛衰系于丝绸之路的通绝，因而高昌国的客使制度又有自身的特点。高昌国将作为田租征收的葡萄酒的相当一部分直接用于供应客使，田租所取的小麦一般都由百姓加工成方便食用的面或炒面供应给客使，还有供喂马的苜蓿，而肉类、干果、蔬菜等的消费则需要客使自付酬值，为迎送客使也要征用百姓驴、马、车等运输工具。

自1915年斯坦因盗掘吐鲁番阿斯塔那墓地首获纸质文书后，这里就不断有各代文书出土。1959—1975年，中国对阿斯塔那、哈拉和卓两地四百余座墓葬进行了科学发掘，获得晋唐间的纸质汉文文书2700多件。此后，又陆续不断出土纸质文书，这其中有一些是高昌国接待诸国使者的原始记录。

1997年，吐鲁番洋海1号墓出土一件文书，由两张纸缀合而成，编号为97TSYM1：13—5+97TSYM1：13—4，背面有文字20行，内容为某年号之九年、十年出人、出马送使的记录。① 据同墓所出其他文书的年代，这件文书是

① 荣新江、李肖、孟宪实主编：《新获吐鲁番出土文献》，中华书局2008年版，第162、163页。

阚氏高昌国所用柔然永康年号的九年、十年(474、475)两年间高昌出人、出马护送外来使者的记录,内容整理如下:

时　间	所送使者	送使方向	人数	出马
九年六月十二日	婆罗干	北山	216	216
九年七月廿三日	若久	焉耆	260+	260+
九年十月八日	处罗干无根	[北山]	100	100
九年十月廿日	郑阿卯	[北山]	162	162
九年十二月二日	乌苌使	焉耆	118	118
十年三月八日	吴客并子合使	北山	108	108
十年三月十四日	婆罗门使	焉耆	182	182
十年闰[三]月五日	焉耆王	北山	256	256

高昌国要送的使者大致可以分作两类,一类是不带“使”字者,有婆罗干、若久、处罗干无根、郑阿卯,这些人为高昌官府所熟知,所以没有冠以国家名称。从阚氏高昌当时作为柔然的附属国,而这些人名又多带有阿尔泰语词汉译的特征,可推测他们都是柔然使者,除若久之外,婆罗干明确记载是去北山方向,即往柔然方向,而另外两位没有记载,推测也应该是往北山方向的。大概正因为他们是柔然使者,出使后必然返回柔然,所以才没有记载他们的去向。另一类是国名后带有“使”“王”“客”这样的词,可以确知他们是来自某国的使者或国王,包括乌苌使、吴客、子合使、婆罗门使、焉耆王。

高昌国的客使供应制度,由吐鲁番文书综合看,确知当时高昌国中央政府设有九部,九部中的“主客”管外事,包括使节的迎送及客商经高昌者的食宿接待等;兵部掌军务,具体分担马匹的购置与饲养,以及客馆的保安,往复宿卫及通信联络等;民部分管户籍、租调、税收征管及文件上下转达;仓部主财政,主管客使接待费用,出资买肉、粮食和酒,秋冬季节还要供应取暖所需薪柴。①如果客使还有其他需求,则可用仓部供给的织物在市场上交换。作为宗主国的柔然客使不仅有饮食供应,还可经相关部门官员传令供给高昌当地生产的高档织品。高昌国完善的客使接待制度,也是吸引商旅前来的重要筹码。在

① 薛宗正主编:《中国新疆古代社会生活史》,新疆人民出版社 1997 年版,第 198、199 页。

以纺织品充当货币本位的阚氏高昌时代,客使和商旅在这个绿洲国家还以输石(打火石)等奢侈品为硬通货。

纵观魏晋南北朝时期,中原王朝于西域用功最大,使者所行最多的是北魏。《魏书》卷一〇二《西域传》称:"初,世祖每遣使西域,常诏河西王沮渠牧犍令护送,至姑臧,牧犍恒发使导路出于流沙。"而记交通西域的道路云:

> 其出西域本有二道,后更为四:出自玉门,渡流沙,西行二千里至鄯善,为一道;自玉门渡流沙,北行二千二百里至车师,为一道;从莎车西行一百里至葱岭,葱岭西一千三百里至伽倍,为一道;自莎车西南五百里,葱岭西南一千三百里至波路,为一道焉。

鄯善一道,即前面鄯善国驿传所述南道邮路的东段。车师一道即经由高昌国。莎车西行伽倍一道,伽倍国亦称钵和国,位于今天阿富汗瓦罕谷地的东部,向西可赴厌哒都城拔底延城(Balkh),向西南可至乌苌。莎车西南至波路一道,波路国在今天巴基斯坦北部的吉尔吉特一带,此即汉代出皮山国的南道西段。

在北魏统摄下,西域各政权维持交通,使丝绸之路的通行繁盛一时。如前述北魏建义元年(528),波斯使者取道今宁夏固原,将珍奇及一头狮子送往洛阳。而在固原发掘的北魏早期贵族墓葬中出土有波斯萨珊王朝的银币,该文物同样可证北魏与西域诸国的交通。

第三节 南方邮路

自孙吴定都建业到东晋定都建康,后又有宋、齐、梁、陈,全都在今天的南京建都。所以南京别号六朝古都,并以金陵美名享誉天下,长期引领长江流域及整个中国南方的发展。其时陆路干道,金陵经京口(今江苏镇江)渡长江至广陵(今江苏扬州),可北上彭城(今江苏徐州)以通使北方政权;自京口、毗陵(今江苏常州)向东南可入浙,经诸暨东抵会稽(今浙江绍兴),京口、毗陵折而南下可入闽、赣;经寿春(今安徽寿县)可抵中原;经丹阳(今安徽马鞍山东南)西行可至庐江(今安徽潜山)、柴桑(今江西九江西),再西行可进抵地跨两湖的荆州境;荆州地界上,一路由柴桑溯赣江越大庾岭(今粤赣交界处的梅岭)可南下广州(治今广州),一路溯湘江经始安(今广西桂林)可入地括两广与越南北部的广州、交州境,一路沿汉水抵襄阳经武关可达汉中并西出关陇,一路沿长江水路西去可至巴蜀,一路由武陵郡(治临沅,今湖南常德)沿沅水可达牂柯(今贵州贵阳一带)并西抵以今天云南为主的宁州(治滇池,今云南澄江西)。由于孙吴、蜀汉、东晋、南朝的交通和通信史料既少且不平衡,整个南方邮路能够具体描述的只是一些局部路段。

六朝日常行政通信尤为仰仗水路交通线。长江一线自不必言。自建康沿江西上,转溯湘江,再顺溱水(珠江支流北江及其西支上游武水)过始兴郡郡治曲江(今广东韶关),南抵番禺(今广州)的水路也是非常重要的邮路。

一、东南沿海地区的重要邮路及交通域外的海上信道

六朝建都金陵,京口乃其门户,两地间的邮路可称南方政权最重要的邮路,从地理形势讲是沿宁镇山脉滨江而行,计程 200 里。六朝以前,镇、宁地位相当,镇略胜于宁。镇江的重要在于春秋战国以来,以"吴头楚尾"之势成为军港和南北渡江的一大渡口。此渡在后世以西津渡闻名,古则称西渚,又因背靠蒜山(云台山)北麓,三国之际叫蒜山渡。春秋时,吴国大军曾由此过江吞并邗国。吴王夫差筑邗城,开邗沟,争霸中原。蒜山渡相继成为吴楚两国的重要军港。六朝时,镇江一带江岸线较为稳定,航行条件十分优越,虽是江宽水深,但大江两岸人流、物流往来频繁。吴主孙权子孙亮"自京口西津渡北渡广陵……风帆往来约六十余里,江宽而险"。① 建安初年,孙吴政权就在北固山前峰建筑京城,号称铁瓮城。《建康实录》卷一记有建安十三年(208):"权自吴(今苏州)迁于京口而镇之",这里便成为东吴的政治中心和军事基地。西晋"永嘉之乱"后,大量北人南渡至此,"幽、冀、青、并、兖五州及徐州之淮北流人相帅过江淮"②。东晋政府为安置这些流民,设立侨寄州郡,曾先后在京口侨立南兖州和南徐州。当时涌入江南的 100 万人口,侨寓南徐州者达 22 万。北方大族,如东晋的北伐名将祖逖,还有巨富刁达等人的家族都侨居在京口。东晋改造、扩建京口城,称陵罗城。东晋王牌军"北府兵"驻扎京口,在蒜山击

① 高曾伟:《论镇江西津渡的发展、功能和开发价值》,《镇江高专学报》2006 年第 1 期。

② 《晋书》卷 15《地理志下》,中华书局 1974 年版,第 453 页。

败孙恩起义军。南朝刘宋开国皇帝刘裕生长于京口并仰仗“北府兵”夺得皇位。齐高帝萧道成、梁武帝萧衍也都为南兰陵（今江苏丹阳东）人。刘裕遗诏交代：“京口要地，去都邑密迩，自非宗室近戚不得居之。”

孙吴实行屯田，毗陵（今江苏常州）、江乘（今江苏句容北）、丹徒、丹阳等地的屯田规模最大，屯民“男女各数万口”。[①] 东晋南朝时，这一带“地广野丰，民勤本业，一岁或稔，则数郡忘饥”。[②] 由此，不但宁镇间 200 里邮路，即使辐射整个江南的邮路运行都得到了经济上的充分保障。

建康—京口邮路的走向为：出建康城东行穿钟山山麓，东北行绕过摄山（今栖霞山）北侧一路东行至江乘（今南京栖霞区摄山镇西湖村），之后过竹里山（今南京栖霞区龙潭旁山）一段险路，号“翻车岘”，再东即京口。

东南一线最重要的邮路是自京口向东，经丹徒到曲阿，再经毗陵一路东去吴郡（治吴县，今苏州），一路南下会稽郡（治山阴，今绍兴）。

由于史料稀缺，东晋南朝的邮路情形不得不依靠一些影响较大的历史事件来钩沉，这其中又以孙恩起义和徐道覆起义最有价值。孙恩出身琅邪士族，世奉五斗米道，其叔父孙泰因此被流放广州。东晋孝武帝听说孙泰有养性之术，便调孙泰为徐州主簿。孙泰仍以道术“眩惑士庶”，终被处死。孙恩逃入海岛，聚合亡命者百余人，趁地方不稳，遂于隆安三年（399）十月从海上攻入上虞（今浙江上虞），再占会稽，自称征东将军，其党徒号为“长生人”，自立官署。隆安五年（401）六月，孙恩率楼船千余艘，舟师十万人进入长江，突袭京口，建康震骇。镇北将军刘劳之率军从山阴出发走陆路，又遣刘裕自海盐（今浙江海盐）出兵讨伐，倍道兼行，竟与孙恩同时到达京口。京口往东南邮路的路况畅通可见一斑。

孙恩起义失败后，余众推孙恩妹夫卢循为主。元兴元年（402）五月，卢循自东海进犯东阳（今江苏常熟北），桓玄命抚军中兵参军刘裕击之，卢循败回永嘉。元兴二年（403）正月，卢循命司马徐道覆（为孙恩姐夫）再攻东阳，被刘裕再次击退。卢循屡败后，决定渡海向岭南发展。元兴三年（404）九月，卢循

---

① 《三国志》卷 52《吴书·诸葛瑾附子融传》，中华书局 1982 年版，第 1236 页。

② 《宋书》卷 54《孔季恭羊玄保沈昙庆传》史臣曰，中华书局 1974 年版，第 1540 页。

攻陷广州,徐道覆攻陷始兴(今广东韶关)。卢循为独占一方,遣使向朝廷进贡,时刘裕刚平定桓玄,无暇征讨卢循,只好命其为广州刺史,徐道覆为始兴相。为表谢忱,卢循遣使送刘裕岭南特产"益智粽",刘裕还以"续命汤",由此可见建康与广州间的水陆邮路仍得运行。义熙五年(409)三月,卢循自始兴攻长沙,徐道覆攻南康(今属江西)、庐陵(今江西吉安西南)。徐道覆沿赣江顺流而下,声势浩荡。镇守寻阳的何无忌引兵相拒被全歼。卢循、徐道覆合军直杀建康,刘裕则自京口回守建康,逼退卢、徐。义熙六年(410)七月,卢循撤回寻阳,留其党羽五千人据守南陵(今安徽贵池)。刘裕派辅国将军王仲德等追击卢循,另派建威将军孙处、振武将军沈田子领兵三千自海上袭击广州,并对孙处说:"大军十二月之交,必破妖虏,卿今时当至广州,倾其巢窟,令贼奔走之日,无所归投。"[①]刘裕军事韬略尽显。十二月,刘裕追至左里(今江西都昌西北),大败卢循。卢循在广州城下又为沈田子战败,遂逃往交州(治今越南北宁省仙游东),复为交州刺史杜慧度所败,最终投水自尽。徐道覆逃回始兴后兵败被斩。[②]

孙恩、卢循、徐道覆起义有助于了解到当时东南地区重要邮路的情况,特别是广州北上始兴,再纵贯江西全境到寻阳的一路。

南朝之际,较为重要的新辟邮路是自今天的江西到福建一路。陈文帝时(560—566),周迪、留异、陈宝应订立同盟,割据闽浙赣。天嘉三年(562),陈文帝派江州刺史吴明彻督军攻周迪。次年正月,周迪越过东兴岭奔晋安(今福建南安)。东兴岭在今天江西省黎川县城以东三十里,再往东四十里有杉岭,与福建省光泽县交界,著名的杉关就设于此地。考诸历史地理,古代由赣入闽,即以东兴岭一路最为平坦。周迪败退后,陈文帝出大军海陆并击陈宝应,陆路由护军将军章昭达统率骑兵五千,甲士二万,由杉关攻进邵武。由此,南朝末期开通了自江西黎川经杉关入闽的邮路。

下面说说东南一带的水路。

孙权居京口时,为加强京口与吴郡的水运联系,曾派岑昏疏治徒阳河段,

① 《宋书》卷1《武帝纪上》,中华书局1974年版,第22页。

② 《晋书》卷100《孙恩卢循传》,中华书局1974年版,第2636页。

使江南运河全线通航，由今天丹徒水道一线过丹阳、武进、无锡至苏州。京口入长江再顺流入海可达浙、闽、粤；向西溯江而上可达建邺以至皖、赣、鄂；北渡过江自邗沟经广陵可由淮入中原。京口港为当时江河交汇点上的商品集散中心和东西南北交通枢纽。

随着经济重心的南移，孙吴加强了对福建的开发。260 年，吴景帝孙休将沿袭汉代的会稽郡南部都尉改设建安郡，治侯官（今福州），并在此设置“典船校尉”管理船只制造，更好地保障了东南沿海的近岸水上邮路运行。

孙权统治时期，还开辟了由江左直通东北的海上交通。史称“吴虽在远，水道通利，举帆便至，无所隔限”①。孙权开通北上航路的主要目的之一是从东北获得马匹。此外，互市贸易也是很重要的一方面。辽东的公孙渊向孙权献貂、马，孙权则回报“金宝珍货，九锡备物”，由专人“乘海授渊”。② 晋人孙楚站在公孙渊的角度解说了与江左互取所需的谋略：

> 昔公孙氏承藉父兄，世居东裔，拥带燕胡，凭陵险远，讲武游盘，不供职贡，内傲帝命，外通南国，乘桴沧海，交酬货贿，葛越布于朔土，貂马延于吴会。③

高句丽也曾向孙权“奉表称臣，贡貂皮千枚，鹖鸡皮十具”。④ 江左的桑蚕也是通过这条航道传至辽东地区的：“先是，辽川无桑，及（慕容）廆通于晋，求种江南，平州之桑，悉由吴来。”⑤通过这条航道，东北以貂、马为代表的物产文化传到江南，江左以纺织品、桑蚕为代表的物质文化传到东北。正是凭借海上航道，南方政权得以越过雄霸黄河流域的北方政权，与东北地区的地方政权建立了交通，加强了江左与东北地区经济文化的交流。

水陆交通网日臻完善的南方政权将域外海上信道推进到新的高度，开始与经由陆上丝绸之路的外交信道并肩。首先，与高句丽、百济、倭国等东夷诸国的交通有所发展，这些国家除接受北朝封号，亦受东晋、南朝封号，从海上时

---

① 《三国志》卷 8《魏书·公孙渊传》裴注引《魏略》，中华书局 1982 年版，第 259 页。
② 《三国志》卷 47《吴书·孙权传》，中华书局 1982 年版，第 1138 页。
③ 《晋书》卷 56《孙楚传》，中华书局 1974 年版，第 1540 页。
④ 《三国志》卷 47《吴书·孙权传》裴注引佚失《吴书》，中华书局 1982 年版，第 1140 页。
⑤ 《太平御览》卷 955 引《十六国春秋后燕录》，中华书局 1960 年版，第 4240 页。

有贡奉。

中日往来，原本是从日本乘船，至辽东弃船走陆路入关。后来随着南北政权的分割，逐渐改为乘船至连云港，再至东南沿海，沿水陆两路南下。已迁都到朝鲜半岛的高丽国与南齐政权之间亦多有交通联系，《南齐书》卷五八《东南夷传》记载为"乘舶泛海，使驿常通"。

除了朝鲜半岛与日本外，海南诸国也通过水陆交通与中国南方政权交通。自汉代"黄门译使"循海道远行印度、斯里兰卡后，魏晋南北朝时期，由于中国南方政权前往中亚、西亚的陆上交通常被阻隔，就更加依赖海路开展外交、外贸。

三国以来，中国与罗马帝国在西亚、北非的属地一直保持着海上联系，黄武五年(226)，孙权在位时，大秦商人秦论来到孙吴控制下的交趾，并随交趾太守的使者到达孙权的朝廷。

大约同一时期，孙吴的交广地方政府又派朱应、康泰率船队周游海南诸国，到达了今天的东南亚地区，与在东西海路贸易上占有重要地位的大国扶南(疆域包括今越南湄公河三角洲、柬埔寨南部和泰国的马来半岛部分)建立了友好关系。东晋穆帝永和十二年(356)，"扶南竺旃檀献驯象"，只是为穆帝司马聃下诏退回："昔先帝以殊方异兽或为人患，禁之。今及其未至，可令还本土。"①南梁时，今柬埔寨境内有扶南国别种赤王国，"在南海中，水行百余日而达"；又有"扶南大舶从西天竺国来，卖碧玻璃镜"，②是扶南国商人利用在东西海路上的居间地位转卖印度商品。到南朝宋齐时，有海外十余国使臣入华。元嘉五年(428)，师子国(今斯里兰卡)国王刹利摩诃南派贡使由海路奉表，说与南朝刘宋"虽山海殊隔，而音信时通"。③ 继宋齐而起的梁朝被海外多国尊为宗主国，"奉正朔，修贡职，航海岁至，逾于前代矣"。④ 海上丝绸之路日趋成熟。当时南洋各国贡奉的主要为金刚石指环、玉佛、琉璃、香料、鹦鹉等。各国

① 《晋书》卷8《穆帝纪》，中华书局1974年版，第202页。

② 《太平广记》卷81《异人一》引《梁四公记》，中华书局1961年版，第521页。

③ 《宋书》卷97《夷蛮传》，中华书局1974年版，第2384页。

④ 《梁书》卷54《诸夷传序》，中华书局1973年版，第783页。

商人也与贡使相伴,“泛海陵波,因风远至”。① 当时的主要通商口岸系广州和交州,每年有数次至十余次外国海舶驶入广州港,中天竺等国商人则多到交州贸易。海舶有时还经长江直达建康,甚至更上游处。南齐时,齐武帝萧赜做太子时任用近侍张景真开辟财源,“又度丝锦与昆仑舶营货,辄使传令防送过南州津(今安徽马鞍山西南采石矶)”②。

二、南北中间地带的邮路

魏晋南北朝时期,南北各政权经略谋远,一面兵戎相见,一面又通使往来。由此,南北方中间地带的邮路得到特别关照。由于整个魏晋南北朝时期,所谓的中间地带主要是位于淮河流域—秦岭一线南迤到长江以北地带。

中国历史上政权割据分裂的主要态势是南北对峙,即便是魏、蜀、吴那样的三国鼎立,从根本上讲也还是北方的曹魏与南方的孙吴—蜀汉间的对立。因受限于中国自然地理环境制约下的自然经济发展态势,南北对峙总是大致沿秦岭、淮河一线展开,这在春秋战国时期的南方楚国与北方中原诸侯各国的对抗中已见端倪。

三国后期孙吴与并蜀之后的西晋对峙,再发展到东晋与五胡十六国,南朝宋、齐与北魏,南朝萧梁与北朝的北魏、东魏—西魏,南朝的陈与北朝的北齐—北周,最后到陈与隋的对峙,总体上讲全部是南北对峙。对峙攻伐的中间地带最北不过黄河,最南不过长江。其时,南北争锋的重心地带是江淮和江汉两个地理单元。

(一)江淮

赤壁之战后,总体趋势是孙刘联合抗曹,孙吴与蜀汉之间的交通主要通过天然的长江航道,上至统治高层,中及使节,下至贩夫,多以水路往来。两家与曹魏同样有信使往来。从孙吴地界出发,有京口、合肥、南郡北上三路,皆可至许都和邺城。蜀汉与曹魏的交通,主要是跨越秦岭的道路,尤其是子午道、褒斜道为双方间最重要的通信路线。

---

① 《宋书》卷97《夷蛮传》,中华书局1974年版,第2399页。

② 《南齐书》卷31《荀伯玉传》,中华书局1972年版,第573页。

江淮一带,魏、吴相争的聚焦点是淝水一线。淝水为古代淮河支流,北入淮,南通巢湖,巢湖则有濡须水(今漕河,亦称裕溪河)通长江。淝水—巢湖—濡须水一线,水道经过整修,所以又称巢淝运河线。这一线上有两个都会,一是寿春(今安徽寿县),一是合肥,它们是交通枢纽和以交通转运为主的商业城镇。经过寿春、合肥联系中原与江东的陆路邮路则沿上述水道北侧,出昭关(今安徽含山北),抵历阳(今安徽和县),至丹阳渡江;或沿巢湖岸边而行,顺濡须水而下,至今天的芜湖一带渡江。

具体到吴、魏相争。建安十四年(209)起,也就是赤壁之战后的第二年后,曹操四次进军濡须水,皆未得志,此即诸葛亮《后出师表》所言曹操"四越巢湖不成"。孙权则六次亲征合肥,以致曹魏将合肥军营撤离水道 30 里,另筑合肥新城。由于曹魏坚守合肥(新城),终致孙权北夺徐州的战略意图落空。从吴、魏到吴、晋对峙,仅《资治通鉴》所载,发生于巢淝运河线的战役即有 22 次之多。曹魏以寿春为淮上重镇,与合肥成唇齿相依之势。① 所以,曹魏邮路当由许、洛先至谯,再至寿春、合肥。孙吴则在濡须口建坞,邮路自建业溯长江至此,再沿濡须水进巢湖,以达合肥。

合肥一路外,经由广陵的一路亦是曹魏与孙吴相互征伐的一路,南北通使也主要经由这一路。广陵的地位是由邗沟决定的,魏晋南北朝时叫中渎水(今里运河)。"中渎水,首受江于广陵郡之江都县,……自江东北通射阳湖,……西北至末口入淮。"②可见这一沟通江淮的另一古老水道是北起淮安,南至江都。建安初年,邗沟东道(原射阳湖道)淤隔。广陵太守陈登改凿新道,开马濑及百里渡湖,完成自今高邮向北直达淮安的西道捷径。黄初五年(224),魏文帝曹丕以舟师伐吴至广陵,还师过精湖,即走此道。③ 当时"战船数千皆滞不得行",说明东汉末年广陵太守陈登改建过的邗沟已不畅通。最后是蒋济采用了"遏断湖水"之法解决了船运问题。④

---

① 史念海:《论我国历史上东西对立的局面和南北对立的局面》,《中国历史地理论丛》1992 年第 1 期。

② 陈桥驿校证:《水经注校证》卷 30《淮水》,中华书局 2007 年版,第 713 页。

③ 《三国志》卷 14《魏书·蒋济传》,中华书局 1982 年版,第 451 页。

④ 《资治通鉴》卷 70《魏纪二》文帝黄初六年,中华书局 1956 年版,第 2226 页。

孙吴大举北伐,亦是中渎水、濡须水两路并用。曹魏末年,司马氏篡政。孙吴趁曹魏内乱,深入淮南。孙吴五凤二年(255),魏征东大将军毌丘俭、前将军文钦在寿春举兵讨伐司马师,东吴知道后即由丞相孙峻率领骠骑将军吕据领兵欲袭寿春。但在司马师亲自率军讨伐下,毌丘俭兵败被杀。文钦领淮南数万众投奔孙吴。孙吴太平元年(256)正月,孙峻使降吴的文钦为征北大将军,与吕据及车骑将军刘篡、镇南将军朱异、前将军唐咨自江都入淮、泗,以图青、徐。太平二年五月,魏征东大将军诸葛诞据守寿春反抗司马昭,送儿子诸葛靓入质东吴,请求援兵。司马昭率 26 万大军讨伐诸葛诞,欲围寿春,东吴遣文钦、唐咨率援军步骑 3 万突入寿春城,但却被彻底围困。魏军出奇兵尽焚吴军粮秣,围点打援,吴军无力再战,全线撤退。吴军北伐,基本皆行水路,邮路也以水路为主,这是由孙吴极度缺马所致。

北方魏晋交替之际的南下邮路,则水陆并举。前述诸葛诞困守寿春城未见援兵再至,便打算突围,但文钦以为东吴救兵必至,劝诸葛诞固守,但诸葛诞部下出城投降魏军。司马昭用钟会之计,伪造诸葛诞部下的诱降书信,派降将将书信交给吴将全祎等人。全祎收到书信后,果然率众向曹魏投降。最后,司马昭拿下寿春,全歼诸葛诞部。司马炎代魏后,继续伐吴,执行曹操以来的水陆并举策略,依托江淮结合部便捷的邮路网灭掉了孙吴。

南北对峙中,当南方得势北进之际,必依从江淮推进到淮北,再以淮河以北的沙、淯、颖、汝各支流及其之间的运渠攻占黄河以南之地。所以仅就中间地带而论,沙、淯、颖、汝各支流古代通航处以下河段所流经之地实与江淮一体。前述悬瓠就是北魏与刘宋激烈争夺的水陆交通要地。刘宋泰始之乱后,刘宋豫州重镇悬瓠守将降魏,之后彭城亦降魏,北魏早就有意于淮北,只因实力不足,只能弃而不顾。现得悬瓠、彭城,便调北魏统治核心区的拓跋本部及其他北方族群来守,称为“徙民之兵”,还将被镇压的连川敕勒反叛者“徙配青、徐、齐、兖四州为营户”①,称“胡军”。悬瓠、彭城两相比较,更看重彭城的北魏谋士尉元提出:“宜以彭城胡军换取南豫州(治悬瓠)徙民之兵,转戍彭

① 《魏书》卷 7 上《高祖纪上》,中华书局 1974 年版,第 136 页。

城;又以中州鲜卑增实兵数。于事为宜。”①尉元以为“胡军”不如“徙民之兵”,当然最好是“以中州鲜卑增实兵数”。虽然彭城的军事地位重于悬瓠,但北魏也绝不会小觑悬瓠。淮北纳入北魏的有效统治,为北魏迁都洛阳奠定了基础。

北魏天安元年(466),魏献文帝继位,主少国疑。刘宋泰始四年(468),刘宋与北魏在河南南境展开拉锯战,淮西人贾元友上书宋明帝请求北攻悬瓠,但此时在北魏的大力经营下,悬瓠已与作为“贼驿路要戍”的郾城成掎角之势,刘宋竟无从下手。②

南北朝时期,因为政权更迭,南北分裂,通信往来并不容易。南北政权因为“时疆埸之民,多相侵盗”,不得不提出聘使以外,中间地带不得交通的条款,《宋书》卷九五《索虏传》记载北魏豫州刺史北井侯若库辰树兰移书刘宋豫州曰:

> 当今上国和通,南北好合,唯边境民庶,要约不明。自古列国,封疆有畔,各自禁断,无复相侵,如是可以保之长久,垂之永世。故上表台阁,驰书明晓,自今以后,魏、宋二境,宜使人迹不过。自非聘使行人,无得南北。边境之民,烟火相望,鸡狗之声相闻,至老死不相往来,不亦善乎!

刘宋右将军、豫州刺史南平王铄答移曰:“往诚未布,能不愧怍,当重约示,以副至怀。”可见边界民众的流亡逃窜对双方政权而言都是明令禁止的,除聘使外不得交通,这也是南北政权为了防范各自的边界动乱。

《梁书》卷五六《侯景传》载梁太清元年(547)侯景上表请降提及:“函谷以东,瑕丘以西,咸愿归诚圣朝……惟有青、徐数州,仅须折简。一驿走来,不劳经略。”号召数州之地可“一驿走来”,表明了南北接壤地区的驿道得到了很好的维护。

除了通使之外,南北接壤地带更因政权间的攻守,而比其他地区得到更多关注,从而有了更为精心的邮路建设。《周书》卷八《静帝纪》记载:“豫州、荆州、襄州三总管内诸蛮,各率种落反,焚烧村驿,攻乱郡县。”将驿与村并举,可

① 《魏书》卷50《尉元传》,中华书局1974年版,第1114页。

② 《宋书》卷86《刘勔传》,中华书局1974年版,第2194页。

见设驿的密度是较大的。南朝刘宋为更迅速传递边警，还建有专用的军事邮路——候道。《宋书》卷七五《王僧达传》记载为支持刘骏（后即位为宋孝武帝）讨伐弑杀了宋文帝的太子刘劭，“僧达乃自候道南奔”。《资治通鉴》卷一二七《宋纪九》宋文帝元嘉三十年（453）亦载：“僧达乃自候道南奔”，胡三省注：“候道，伺候边上警急之道也，今沿路列置烽台者即候道。”可见，候道系因沿路设有烽堠而得名。

至于南北通使大多走淮泗一线，史载经过下列地点：建康—琅邪城—瓜步—广陵—淮阴（北兖州）—宿豫—武州（下邳）—徐州（彭城）—薛城—兖城（瑕丘）—无盐—东阿—济州碻磝渡。

琅邪城在白下，位于今江苏省南京市西北，幕府山南麓。北魏李彪曾六次出使南齐，与齐主萧赜交谊深厚，492 年李彪最后一次出使返程时，萧赜“亲至琅邪城，登山临水，命群臣赋诗以送别”①。琅邪城北为长江，长江北岸有瓜步山，即今江苏省南京市六合区瓜埠山。梁朝庾信于 545 年出使东魏时作有《将命使北始渡瓜步江诗》。梁、陈之际的诗人阴铿作有《广陵岸送北使诗》。从广陵开始，使节大抵沿着中渎水行进。北魏与南齐以淮河为界，淮阴在淮河南岸，为南齐北兖州治所，乃魏使进入齐境的首站。《南史》卷六〇《范岫传》载：

> 岫长七尺八寸，姿容奇伟。永明中，魏使至，诏妙选朝士有辞辩者，接使于界首，故以岫兼淮阴长史迎焉。

南北朝聘使入境有境上迎劳礼节，故南齐特命一表人才又能言善辩的范岫驻扎边境，迎送北使。广陵到淮阴一路，位于中渎水沿岸的高邮大概当时已成为使节停宿的站点。

淮阴北往，渡淮后沿泗水往西北方前进，经宿豫（今江苏宿迁东南）后不久即达武州。540 年，东魏崔长谦出使梁朝，返国途中“卒于宿豫”②。武州为梁时所置，治下邳，即今江苏省睢宁县西北。据庾信《反命河朔始入武州诗》得知他从东魏返梁时路过武州。北魏末年，因尔朱荣之乱与东、西魏分裂，梁

① 《魏书》卷 62《李彪传》，中华书局 1974 年版，第 1390 页。

② 《魏书》卷 69《崔休传》，中华书局 1974 年版，第 1528 页。

武帝趁机夺得淮北之地，梁与东魏的国界北推到武州与徐州间，庾信完成使命，自东魏“始入”梁境起兴赋得此诗。《北齐书》卷二三《崔肇师传》：“武定中，复兼中正员郎，送梁使徐州。还，敕修起居注。寻兼通直散骑常侍，聘梁副使。”东魏元象至武定年间（538—550），崔肇师曾多次接待梁使，庾信在545年七月聘东魏时，应该就是由他接待的。同年十月，崔肇师即担任尉瑾的副使前往梁朝报聘。① 梁使回程，东魏皆护送到边境上的徐州。

自466年刘宋失彭城后，淮北与青、冀诸地陆续陷入北魏。北魏方面说：“若贼向彭城，必由清泗过宿豫，历下邳。”②史书载梁使由彭城走泗水水路达兖州，兖州往西北方向前进可至下一站无盐。467年，宋、魏争夺淮北，北魏使节在无盐被宋的东平太守申纂“遏绝”，魏帝因此遣征南大将军慕容白曜攻下无盐，劝喻刘宋“遏绝王使”的行为。③ 无盐往西北方前进即经过东阿（今山东东阿西南），庾信作有《经陈思王墓诗》可为证，陈思王即曹魏时的文学家曹植。过了东阿，往北偏东方向可达济州，其境有黄河上著名的城戍与渡口——碻磝（今山东东阿西北），黄河渡口即碻磝津，南岸的碻磝城为济州治所。

东魏都邺城后，南北使者过黄河多经滑台（今河南滑县东），时为东郡治所。东晋末年，曾有北魏使者想从襄阳走水路到建康，雍州刺史杨佺期告诫说，水路常有蛮贼，最好从襄阳回到北魏控制的滑台，“从北道东下，乃更便直”。④ 所谓“从北道东下”即从滑台或碻磝津南下建康的路线。⑤

（二）江汉

江汉自春秋战国以来就有比较完善的水陆交通网，枢纽最初在江陵。汉代以来又有襄阳（今湖北襄樊）、江夏（今湖北武汉）与江陵一起构成了荆州东西南北交通的重镇。曹操、孙权、刘备曾有数年在此争锋。赤壁之战后，刘备占有荆州、益州，并着手准备北伐。建安二十四年（219）七月，关羽离开江陵，率军发起襄樊战役，曹魏襄阳防线几乎全线动摇。但曹仁拼死坚守樊城，东吴

---

① 《魏书》卷12《孝静帝纪》，中华书局1974年版，第308页；（唐）段成式：《酉阳杂俎前集》卷11《广知》及卷12《语资》。

② 《魏书》卷50《尉元传》，中华书局1974年版，第1111页。

③ 《魏书》卷50《慕容白曜传》，中华书局1974年版，第1117页。

④ 《魏书》卷33《张济传》，中华书局1974年版，第788页。

⑤ 蔡宗宪：《南北朝交聘使节行进路线考》，《中国历史地理论丛》2005年第4辑。

趁机偷袭江陵，关羽败走麦城，丢失了荆州。

关羽北上之路就是历史上著名的“荆襄古道”，源起春秋之际楚国的“夏路”，是中国古代最重要的南北通道。魏文帝曹丕一即位，群臣就对襄樊防务展开激辩，最后曹丕尊重多数意见，下令曹仁毁弃襄、樊二城，把曹魏的荆州治所移到宛城（今河南南阳）。曹仁驻宛，孙权即派陈邵进据襄阳。曹丕警醒后，将襄、樊重建，作为宛城的外围据点。魏明帝时，襄阳作为御南重镇的地位再次确立。

终孙吴立国近六十年，夺取襄阳一直是其战略目标。司马氏代魏后，孙吴宝鼎三年（268）十月，吴将施绩、万彧分别攻打晋朝的江夏、襄阳。晋相继派能臣羊祜、杜预镇襄阳，吴主孙休、孙浩遣重将陆抗镇荆州。东晋时，荆襄依然是南北攻防的重点。西晋末年，北方少数民族势力已开始争夺襄阳。咸和三年（328），前赵石勒攻宛，晋南阳太守叛降。此后，石勒、石虎多次遣将入寇襄阳、竟陵。

由洛阳向南攻伐，大多走三鸦道。在今天的河南鲁山与南召之间，有一南北走向的断裂峡谷，其间隘口古称“鲁阳关”，经由此处，沟通南北的古道即三鸦道，又称古鸦路。三鸦道是古代南阳盆地与洛阳间的捷径，走向为：由古宛城穿北门而出，跨净土庵温凉河，沿白河新店夏晌铺北上，渡鸭河，而后穿山而行，越山而进，盘旋往复，经鲁山、临汝最终抵达洛阳。①

南朝四朝中，刘宋与萧齐国力较强，将江汉中间地带的防守中心由江陵推进到襄阳。刘宋初年的势力一度推进到黄河以南，北魏虽不时向南剽掠，但夺地而不能守。自西晋永嘉以来徙民潮中，以襄阳为中心的沔汉地区一直是关中、河东二地移民的集结地，东晋乃侨置雍州于襄阳以安抚流人。刘宋时，侨置的雍州实土化，地位大为上升，与荆州并列。“欲经略关河”的宋文帝刘义隆在元嘉二十二年（445）以皇子武陵王刘骏出镇雍州；元嘉二十六年，割荆州之襄阳、南阳、新野、顺阳、随五郡辖于雍州，以为北伐准备。南朝雍州多蛮，且处南北相争之地，俗尚骑射，民风彪悍。其时，雍州都督区辖有雍州、梁州、秦州、竟陵、随郡（治今湖北随州），因重要的军事地位，这里的驿递受到格外的

---

① 王怀周：《伏牛山交通隘道三鸦路的历史地位》，《南都学坛》2012年第6期。

重视。

雍州驿道则在镇压蛮民造反的史料中有难得的显现。《宋书》卷七七《沈庆之传》记载：

> 时蛮寇大甚，水陆梗碍，世祖停大堤不得进。分军遣庆之掩讨，大破之，降者二万口。世祖至镇，而驿道蛮反，杀深式，还庆之又讨之。

东晋南朝之际，汉水中上游是“强蛮”一大分布区，“驿道蛮”即其中一部。东晋在襄阳侨置雍州后，又在此建立宁蛮府，由雍州刺史兼任宁蛮校尉。刘宋元嘉中期（438年前后），“沔中蛮”反叛，导致“行旅殆绝”。[①] 这次反叛被雍州刺史刘道产抚平。可元嘉十九年（442）刘道产一死，“群蛮大动”。元嘉二十二年，宋文帝“欲经略关河”，以皇子刘骏出任雍州都督、雍州刺史、宁蛮校尉，但由于“蛮寇大甚，水陆梗碍”，竟不能顺利赴任，途中滞阻之地“大堤”位于今湖北宜城北。这时，幸有刘宋名将建威将军沈庆之分路潜出，大破蛮兵，受降两万人，使得刘骏顺利入镇襄阳。此后属于“缘沔诸蛮”的驿道蛮反叛，沈庆之又统兵讨平。既名驿道蛮，则一定有驿道经过其聚居地。

几乎同时，反叛的蛮民还确实断绝了驿道。《宋书》卷七七《柳元景传》记载：

> 先是，刘道产在雍州有惠化，远蛮悉归怀，皆出缘沔为村落，户口殷盛。及道产死，群蛮大为寇暴。世祖西镇襄阳，义恭以元景为将帅，即以为广威将军、随郡太守。既至，而蛮断驿道，欲来攻郡。郡内少粮，器杖又乏，元景设方略，得六七百人，分五百人屯驿道。或曰：“蛮将逼城，不宜分众。”元景曰：“蛮闻郡遣重戍，岂悟城内兵少。且表里合攻，于计为长。”会蛮垂至，乃使驿道为备，潜出其后，戒曰：“火举驰进。”前后俱发，蛮众惊扰，投郧水死者千余人，斩获数百，郡境肃然，无复寇抄。

这是说刘骏出镇襄阳时，宋武帝刘裕第五子刘义恭在朝中掌权，推举柳元景出任随郡太守。柳元景刚到随郡，蛮兵就切断驿道，要来攻打郡城。此时城内少粮，武器也不够，柳元景制定奖励政策，招募了六七百人，分出五百人驻扎在驿道。有人说：“蛮兵要打郡城，不应分兵。”柳元景说：“蛮兵只知郡城这里重兵

---

① 《宋书》卷97《蛮夷传·荆雍州蛮》，中华书局1974年版，第2396页。

把守,哪知城内会留那样少的兵,我们伏兵于驿道,里外夹击,这才是出奇制胜的好计谋。”等蛮兵开到后,柳元景派出的伏兵依托驿道,按照柳元景的吩咐从背后举着火把扑来,前后夹击之下,蛮兵大乱,投郧水溺死者千余人,被斩数百人,从此郡境安然。

齐高帝萧道成代宋后,一度与北魏十分友好,双方“岁使来往,疆场无事”①。魏孝文帝定都洛阳后不能坐视南境狭促的局面,即由三鸦道南征,三次伐齐。太和十八年(494)十二月,魏孝文帝派征南将军薛真度围攻宛城,被齐南阳太守房伯玉、新野太守刘思忌部击败。孝文帝十分恼怒,谓“南阳小郡,志必灭之”,遂于太和二十一年(497)八月调兵数十万御驾亲征。在房伯玉顽强抵抗下,攻宛不克,孝文帝留下太尉元禧、前将军元英继续围攻宛城,自己领兵攻新野。次年正月,攻破野城,孝文帝坐镇于此,终将宛城攻破。北魏以宛城为据点南攻邓城,大败萧齐平北将军崔惠景、黄门郎萧衍的军队。紧接着,孝文帝从邓城出发长驱直入樊城,在襄沔观兵,耀武扬威,然后班师北还,留江阳王元继都督南讨诸军事。北还途中,孝文帝带病平定顺阳(今河南淅川东南),随后病死谷塘原,秘不发丧,运到宛城后,诏征太子。太子到鲁阳(今河南鲁山),孝文帝的灵柩也到,于是发丧,太子即位。孝文帝的灵柩就是经三鸦道运到鲁阳。后来,北魏把宛城作为边陲重镇,派大将刘长猷为南阳太守,囤积粮草,把守重兵以防南朝北进。

北魏末年六镇起义后,北方统一局面不再。北魏分裂为西魏和东魏,并分别继之以北周和北齐;南方对峙政权则相继为梁、陈,史称“后三国”时期。在西魏、北周都长安之际,梁、陈与之交往,皆由长江、汉水、襄阳、武关道、长安一线。《周书》卷二〇《贺兰祥传》载:

> 祥虽太祖密戚,性甚清素。(荆)州境南接襄阳,西通岷蜀,物产所出,多诸珍异。时既与梁通好,行李往来,公私赠遗,一无所受。梁雍州刺史、岳阳王萧詧,钦其节俭,乃以竹屏风、絺绤之属及以经史赠之。祥难违其意,取而付诸所司。太祖后闻之,并以赐祥。

贺兰祥是鲜卑人,北周的开国元勋,北周文帝宇文泰的外甥,他在548年担任西

① 《南齐书》卷57《魏虏传》,中华书局1972年版,第989页。

魏荆州刺史，当时西魏荆州治穰县（今河南邓州市）。而萧詧所在的萧梁雍州治襄阳（今湖北襄樊），与穰县毗邻，为双方使者必经之地。萧梁为与西魏通好，送来很多礼物，但无论馈赠是公是私，贺兰祥一样都不收。后来当上西梁皇帝的萧詧钦佩贺兰祥奉公节俭，就特地赠以实用价廉的竹屏风、葛布，还有经史典籍。贺兰祥难违萧詧心意，收下后却上交公家。宇文泰听说后又将其赐予贺兰祥。

由襄阳、穰县一路北上再西进武关道即可抵达长安。《周书》卷二二《柳弘传》就记载了陈使王偃民从建康出发后，经蓝田（今陕西蓝田）进入长安。

由于复杂的政治形势，由江汉抵达长安之路并不总是顺畅。《周书》卷三二《卢柔传》载：

> 及孝武西迁，东魏遣侯景袭穰，胜败，遂南奔梁。柔亦从之。胜频表梁求归……后与胜俱还，行至襄阳，齐神武惧胜西入，遣侯景以轻骑邀之。胜及柔惧，乃弃船山行，赢粮冒险，经数百里……至丰阳界，柔迷失道，独宿僵木之下，寒雨衣湿，殆至于死。

这说的是永熙三年（534）七月，魏孝武帝西奔关中。八月，东魏高欢率兵攻陷潼关，其部将侯景袭击穰县，大败西魏贺拔胜。贺拔胜遂南降于梁，卢柔亦相随入梁，一起在江南待了三年，颇受礼遇，后屡表请还，梁武帝乃“亲饯于南苑”。卢柔跟随贺拔胜从建康出发，走水路由江转沔（汉水）抵达襄阳，因为担心被侯景袭击，就没有从襄阳沿沔水转丹水，行经武关、上洛郡（治洛州，今陕西商洛）、蓝田关到达长安，而是改行山路，在丰阳（今陕西山阳）境内迷失了方向。襄阳往丰阳的路线大致是与丹水水路平行的一条陆路。

三、西南地区的邮路

西南地区包括秦巴山地、四川盆地、云贵高原等几大地理单元。陇南作为魏晋南北朝时期南北政权的争锋地带，因与另一争锋焦点汉中有密切关系，故本卷将其随汉中一并放入西南。

汉中北隔秦岭为富饶的关中平原，南隔大巴山为川西平原，所谓“北瞰关中，南蔽巴蜀，东达襄、邓，西控秦、陇，形势最重。”①三国时期，汉中外向通道

① （清）顾祖禹：《读史方舆纪要》卷56《陕西五》，中华书局2005年版，第2660页。

有“三谷四道”:《三国会要》称“三谷者,其西南曰褒谷(其南口在今陕西汉中市褒城区),南曰骆谷(其北口在今陕西周至),……东南曰斜谷(其北口在今陕西眉县)”;“四道”是子午道、傥骆道、褒斜道和金牛道。何仲默《三秦记》则记“四道”是沓中阴平道、故道、连云栈道与斜谷道。“三谷四道”的枢纽以汉中为首。如此交通格局的形成是与汉中土地肥沃、物产丰饶分不开的。作为夹在关中与四川两大盆地之间的最重要的粮食产地,汉中是分裂时期,南北双方必夺的军事要地。更由于大巴山不如秦岭那样险峻,汉中对于南方政权更为关键。这在三国时期的魏、蜀争夺中最为典型。

刘备最初在陕南据有汉中一隅之地,是夺自曹操手中。刘备进取汉中,主要战场是阳平关(今陕西勉县西武侯镇)和定军山(今勉县南),显然是从金牛道向北进军的。诸葛亮后来就以汉中为基地穿过秦岭向北进攻,主攻方向一是陈仓道,二是褒斜道。诸葛亮死后,姜维还曾出过骆谷。但所有北攻皆未告成,包括后面所讲诸葛亮在祁山(今甘肃西和北)的迂回进攻路线。曹操一直想占据汉中,还在刘备未得汉中时,就曾越过秦岭攻破张鲁。自曹操到后来钟会灭蜀,陈仓、褒斜、傥骆、子午四条谷道都被用作南下攻蜀的道路。其中,褒斜道仍是最重要的邮路,这一地理形势与汉代无异。

蜀汉政治中心成都所处的四川盆地北向关中之路皆称蜀道,以匡扶汉室为志的蜀汉为实行北伐曹魏战略,必着力经营。蜀汉于金牛道上的要隘建有军事重镇白水关。关在今四川省青川县营盘乡五里垭的白龙江右岸。白龙江古称白水,西汉于此筑城设县。东汉建武二年(26),割据四川的公孙述遣将军侯丹开白水关,攻取南郑(今汉中东)。建武六年,刘秀诏隗嚣从天水伐蜀,隗嚣上言“白水险阻,剑阁败坏”,以为拖延。可见东汉以来无论自关中,还是陇右,入蜀皆需通过白水关。成都至白水关是蜀汉最为重视的干线邮路。曹魏青龙年间陈群上疏明帝曹叡便言:“昔刘备自成都至白水,多作传舍。”①建安二十三年(218),刘备取汉中即由白水关北进,进军时,“遣陈式等十余营绝马鸣阁道,(徐)晃征破之”。说的是曹操一战迫降张鲁,但没有趁机攻取巴、蜀,只留下夏侯渊、张郃镇守。当刘备北攻时,徐晃与夏侯渊拒刘备于阳平

---

① 《三国志》卷22《魏书·陈群传》,中华书局1982年版,第636页。

(即阳平关)。马鸣阁道一说在今四川广元西北的白龙江东岸。可见,成都至白水关邮路并非溯嘉陵江而上,而是要绕行到白龙江两岸。刘备对这一路极其重视。《三国志》卷三二《蜀书·先主传》裴注引《典略》曰:“(刘)备于是起馆舍,筑亭障,从成都至白水关,四百余区。”此与曹魏陈群上疏所述为一事,只是着眼点不同,《典略》只是记述,而陈群上疏以刘备作传舍为例,是为了向曹操说明刘备此举“兴费人役”,所谓“太祖知其疲民也”,由此谏止当今“营治宫室,百姓失农时”的举动。不论如何,“起馆舍,筑亭障”可见蜀汉对成都与白水关之间的通信高度关切。亭障是征战要地设置的堡垒,北朝诗人庾信《拟咏怀》有:“萧条亭障远,凄惨风尘多。”看来,无论南北政权皆承袭了汉代边地以亭障来护卫交通通信网路的传统。而传舍、馆舍是同一事物,即招待往来官员、信使,保障通信的有序进行。白水关是水陆兼守的军事咽喉,陆路北通秦陇,南接葭萌;水路溯白龙江可达甘南,顺嘉陵江则下达巴渝,勾连长江。刘备在葭萌时,取庞统计策,进驻白水关,处斩了杨怀、高沛,吞并了二人的部队,并继续进军,占领了涪城。当刘备久久围攻,费时一年拿下了成都北边的雒城,又有败走汉中的马超归顺刘备加入了进攻成都的大军后,刘璋开城投降。建安十九年(214)夏,刘备进入成都。

建安二十年,曹操一举攻克汉中,虎视益州。此后,魏、蜀激烈争夺汉中,终以定军山曹军大败,夏侯渊死于黄忠刀下而告蜀汉胜利。建安二十四年三月,曹操由斜谷再次进军欲夺汉中,刘备据险坚守,曹操不得不令全军撤退。

东出江峡则是刘备最早经营的邮路,章武二年(222)开辟佷山(湖北长阳西南)至武陵之路,使之与宜都、长阳、秭归、巴东、白帝城、云安的驿道相衔接。刘备东征,遭遇火烧连营八百里的夷陵战败后,弃舟登陆至白帝城托孤,便是通过此驿道。

大将关羽镇守荆州时,还沿江建立烽火台直通襄樊前线,只是东吴吕蒙技高一筹,白衣渡江,瞒天过海,致使蜀汉烽燧没有发挥报警作用。

蜀汉不仅重视北伐、东进,对于西南后方也多有建设。三国和西晋时期,今云南、贵州和川西南地区称为南中。建兴三年(225),蜀汉平定南中大姓和夷帅叛乱以后,把南中的最高统治机构庲降都督从平夷(今贵州毕节)移到味县(今云南曲靖),并在当地屯田,解决了驻军的口粮,同时也解决了交通中转的后勤供给。由于蜀汉把南中视为支持北伐的重要基地，十分重视对南中的经营，使其畜牧业得到较大发展。《三国志》卷四三《蜀书·李恢传》言蜀汉南征后："赋出叟、濮，耕牛、战马、金银、犀革，充继军资，于时费用不乏。"《华阳国志·南中志》亦载南征后南中各族"出其金银、丹漆、耕牛、战马，给军国之用"。可知战马是蜀汉在南中征收物资的大宗。这为畜力通信提供了有力支撑。

蜀汉时期，西南邮路建设最著名的当数蜀将张嶷开发越嶲并修复牦牛道了。越嶲郡(治今四川西昌)本有旧路，可直通成都，既平又近，然而自旄牛夷从东汉时期作乱以来，已经隔绝百余年。张嶷遣左右对旄牛夷首领狼路大加赏赐，然后问狼路的意思，狼路率领所有兄弟和妻子前往，和张嶷盟誓，一起开通旧路，史称"嶷与盟誓，开通旧道，千里肃清，复古亭驿"①。张嶷上表，封狼路为旄牛㽛毗王。旄牛道大体是从越嶲郡沿安宁河北上，经过台登、旄牛、严道、汉嘉、临邛通成都。此道的再次开通，密切了西南边疆与内地的联系。旄牛道即西汉以来的灵关道。入晋后，旄牛道仍当为邮路。晋代左思《蜀都赋》："驰九折之坂。"九折坂即前述汉代王尊所行险道，在严道(今四川荥经)以南。越嶲郡往南有邮路通云南，《华阳国志·蜀志》记载：三缝县，通宁州，"渡泸得蜻蛉县"。三缝县在今四川会理南，蜻蛉县在今云南大姚、姚安一带。

此外，诸葛亮平定南中，除利用了越嶲入滇邮路，还分兵取"南夷道"入滇。建兴三年(225)三月，诸葛亮统率大军由成都顺岷江，至僰道(今四川宜宾)后兵分三路，诸葛亮所率主力为西路，循马湖江(长江四川宜宾、雷波段)水路西进，经安上(今四川屏山新市镇)、昭觉至越嶲，先平定南中大姓高定元于越嶲，接着"五月渡泸(泸在此指金沙江)"，然后七擒孟获，与另两路大军会师于滇池；东路由老将马忠所率，由牂柯包抄入滇；中路由李恢所率，沿五尺道入滇。

马忠一路取南夷道进军牂柯郡。《华阳国志》记载："马忠一军向牂柯，讨朱褒，牂柯郡治故且兰，在黔东，则必由僰道入南。"宜宾古称僰道。平定南中过程中，当地首领济火因辅助有功，被诸葛丞相封为罗甸王，并奉命经营南中

① 《三国志》卷43《蜀书·张嶷传》，中华书局1982年版，第1053页。

地区。所辖区域包括今贵州毕节、大方、黔西、织金、纳雍、金沙等县。南夷道自晋至隋一直沿用。

入晋以后，南中地区的种植业和畜牧业继续发展。晋代分益州南部，即蜀汉的庲降都督改设为宁州。蜀汉屯田被两晋和南朝刘宋继承。发现于云南省陆良县的《爨龙颜碑》，立于刘宋大明二年(458)，碑阴刻有立碑人姓名、官职，其中有“中兵参军雁门王□文”和“中兵参军建宁爨孙记”，中兵参军即管理军屯的官职，因而可以推断这一带有邮路运行，且与当地的爨氏大姓有关。蜀汉以后，南中地区饲养牛、马更为普遍。《华阳国志·南中志》记载太康五年(284)，西晋罢宁州设南夷校尉，“统五十八部夷族都监行事”，“每夷供贡南夷府，入牛、金、旃、马，动以万计”，“其供郡县亦然，南人以为饶”。《晋书》卷八一《王逊传》说王逊为南夷校尉，征伐诸族，“获马及牛羊数万余”。这都说明晋代这一地区的饲养业之发达。晋灭吴后，将武陵地区统辖于荆州，恢复了由今天湘西穿贵州入云南的东西大道。但东晋咸和八年(333)，割据西蜀的成汉国李雄派李寿攻占宁州(治今云南晋宁)和兴古(今云南砚山、文山一带)、夜郎(今贵州安顺一带)两郡，该道中断。只有东晋牂柯(今贵州凯里一带)太守谢茹保境成功，使所辖一段邮路维持了与中央的联系。咸康二年(336)，广州刺史邓岳派人带兵经今广西南宁收复夜郎、兴古，开辟了新邮路，使后世的黔桂官道有了端倪。经由此道，刘宋、南齐、萧梁三朝先后继承了对宁州的统治，均有对宁州刺史的任命。如萧梁任命徐文盛为宁州刺史，“先是，州在辟远，所管群蛮不识教义，贪欲财贿，劫篡相寻，前后刺史莫能制。文盛推心抚慰，示以威德，夷、獠感之，风俗遂改”①。

说到魏晋南北朝时期的西南邮路，也不能不提到成汉政权。东汉末年，巴西郡(治今四川阆中西)宕渠(今四川渠县东北)賨人迁居汉中，依附张鲁。曹操攻克汉中，遂迁賨人居略阳，谓之巴氐。晋元康中，关中扰乱，频岁大饥，賨人李特等聚集流民入蜀就谷。李特率流民攻下成都，光熙元年(306)，李特少子李雄入据成都，建国称帝，逐步占据了梁、益、宁三州之地。成汉政权历时42年半，至永和二年(346)降于东晋。李雄在位的鼎盛时期，承袭汉晋制度，

① 《梁书》卷46《徐文盛传》，中华书局1973年版，第640页。

建立了较为完善的中央和地方职官体系。中央行政依托尚书令、尚书仆射、中书监、侍中等官职，地方设刺史、太守，仍依晋制实行州郡县三级区划。李雄积极扩张，首先北上攻取阴平郡（治今甘肃文县西北），接着攻取汉中郡。晋太兴三年（320），阴平郡为氐王仇池杨氏所取。此后，"李雄将李寿侵阴平，武都氐帅杨难敌降之"[①]，但仇池杨氏仅称藩于李雄，成汉再也不能统治杨氏所据武都、阴平二郡之地。东边，则攻取涪陵郡（治今重庆彭水县）、巴郡等，设立荆州，与东晋荆州相抗衡；南边，李雄于咸和八年（333）占据南中之地，并分宁州设置交州，与东晋交州对峙。

成汉北部和东部的邮路在三国时期的蜀汉就已完备，值得称道的是成汉南部邮路的开拓。由于史料的欠缺，只能根据行政区划的设置来述其大概。成汉立国后就积极经营西南民族地区，与晋争夺益、宁两州各郡县。

太康五年（284），西晋将太始六年（270）分出的宁州撤销，仍入益州，同时在原宁州之地设置军事统治机构南夷府，征收沉重的赋税。西晋以李毅为南夷校尉，但由于处事不当，导致宁州大姓屡次反叛。为加强"镇慰"，遂复置宁州。由于西晋所遣宁州刺史的失策，宁州一些大姓降于成汉。李雄遣叔父李骧攻破越嶲郡打开了进军宁州的大门。咸和八年（333），李雄遣弟李寿攻下宁州。据《华阳国志 · 南中志》，成汉占据了除牂柯郡的宁州各郡县。牂柯郡是晋朝宁州最东部属郡，依托其东的荆州而拒阻了成汉攻势。咸和九年（334），成汉"分宁州置交州，以霍彪为宁州、建宁爨深为交州刺史"。[②]

从以上政区变化，可知成汉自成都通往宁州的干线邮路系由越嶲一路，而成汉通往其所控宁州东部和所谓交州的邮路当经由僰道南下。

咸康五年（339），东晋广州刺史邓岳率军讨伐成汉，宁州大姓孟彦执成汉宁州刺史霍彪以降。这奠定了东晋和南朝由岭南前往云贵高原的邮路。《晋书》卷五七《陶璜传》说滇南与交趾之间"水陆并通，互相维卫"。左思《蜀都赋》言从交趾经牂柯、犍为的道路："经途所亘，五千余里。"还有大秦（东罗马）商人浮海至交趾登岸，经云南而北上的记载。两晋时一些宁州大姓受命率军

① 《晋书》卷 7《成帝纪》，中华书局 1974 年版，第 176 页。

② 《华阳国志校补图注》卷 9《李特雄期寿势志》，上海古籍出版社 2007 年版。

远征交州,或被派到交州任职,也是通过由滇中至交趾的通道。

只是自刘宋始,宁州刺史就有不到宁州就职的情形,只有封爨氏大姓为宁州刺史代为统治。南齐建立后,齐高帝遣使者巡行四方宣诏,竟"以交、宁道远,不遣使"①。可见当时前往宁州的邮路已不能运转。南齐永明八年(490),益州刺史、监益宁二州诸事刘悛报告南广郡蒙城(今云南昭通)有铜,建议恢复经营,"上从之"。②《南齐书》卷一五《州郡志下》记载南齐对滇东北和黔西一带的诸郡有所改置,因而在南齐中后期,或许以五尺道作为进入宁州的邮路。萧梁继承南齐对宁州的统治,大同三年(537),武陵王萧纪出任益州刺史,萧纪在蜀的十七年间,"南开宁州、越嶲,西通资陵、吐谷浑,内修耕桑盐铁之功,外通商贾远方之利"。萧纪经营宁州,史载其打开通往建宁、越嶲的通道后,"贡献方物,十倍前人"。③

---

① 《南齐书》卷2《高帝纪下》,中华书局1972年版,第34页。

② 《南齐书》卷37《刘悛传》,中华书局1972年版,第653页。

③ 《南史》卷53《萧纪传》,中华书局1975年版,第1328页。

第三章　管理制度

魏晋南北朝时期，政权迭替，邮政管理制度与国力的强弱有很大关系，律令的制定和运行的管理皆依步递与畜力递的消长而定。北方政权相对势力较强，且因地利之便，较为重视畜力传递，而南方更为重视步递和水递。这一时期的一大文明进步是纸张在文书行政上的推广，由此带来了公文制度和邮政运行的稍许变迁，同等单位下的马递和步递的信息承载量无疑都会得以提升。然而，这一时期除西晋短暂统一，南北方长期对峙，大多政权都乏善可陈。总体而言，这一时期国家对社会的控制力逊于汉代，其邮政管理制度的制定和运行也就不可能超出汉代。史籍中的寥寥记载不能不说多少反映了这种真实境况。

第一节　公文制度

一、纸张的使用与相关制度

汉代虽有纸张，但大多粗糙，书写不便，是故未得普及。从东汉末年到西晋，正式公文的载体依然是简牍。诏书依然是“尺一之诏”，亦称版诏。献帝与曹操下诏吕布多有手书往来送递，称“手笔版书”。

不过，随着造纸技术的改进，纸张日渐普及，一般的公文和书信开始用纸书写，并用函封装。此前言函封，皆指缄封版牍，函乃封检上的印齿槽，非函封者，则称“露版”。东汉末年虽沿用旧词“函封”，但主体已由简牍变成了纸张，这和今天的人们在粘好信封后于封面落款依旧用表示以细绳捆绑封检的“缄”是一样的。自三国起，凡文书不公开者，皆须用纸制封套函封。

曹魏明帝曹叡病危时顾命以黄纸作诏,可见当时重要的诏书是用特别的黄纸写就,而特别的黄纸似乎由皇帝亲自监督保管,以防出现伪诏。晋时又以青纸为诏。

但由于惯性,大量的簿籍等行政文书仍以简牍制作,走马楼吴简和郴州晋简可证。西晋时,朝廷诏令仍有板诏的形式。惠帝愚痴,君权旁落。《晋书》卷二八《五行志中》云其时童谣曰:"二月末,三月初,荆笔杨板行诏书,宫中大马几作驴。"讥讽楚王用事,外戚杨骏专权,故言"荆笔杨板";二人不诛,君臣礼悖,故云"大马几作驴"。直到东晋,纸张才成为行政文书的主要书写载体。东晋末年,桓玄下诏令公文一律以纸代替简牍。

公文用纸后,公文用印也发生了改变。首先是以朱色水印取代封泥,使印章更为清晰醒目。朱色水墨印章印迹清晰,不易消褪,比封泥更难作伪。随之,又产生了官印移交制度。为使水印字迹清晰,印章的刻字改为反字阳文,并且官印字数开始变多,印章方径随之增大,导致主管官员携带不便,需设专员保管。此前,官印带有官员的个人属性,离任去职无须上交,以致每年中央政府需要新铸官印数千枚,南朝刘宋时,制定了官印移交制度,官员离职需上交官印,新官沿用前印即可。

公文用纸后的第二项制度变迁是签押制度的产生。签押是长官在公文上署名以表示对该公文负责,并使公文生效的一个程序。纸张取代简牍后,签字变得极为简易,签字画押的签押制度随即确立。《三国志》卷四《魏书·少帝齐王纪》嘉平六年(254)裴注引《世语》及《魏氏春秋》并云:"时安东将军司马文王镇许昌,征还击维,至京师,帝于平乐观以临军过。中领军许允与左右小臣谋,因文王辞,杀之,勒其众以退大将军。已书诏于前。文王入,帝方食栗,优人云午等唱曰:'青头鸡,青头鸡。'青头鸡者,鸭也。帝惧不敢发。"青头鸡为鸭,与"押"同音。这段史料是说臣僚谋划并督促少帝曹芳杀司马师,已经写好了诏书,只等曹芳画押即行,终因曹芳的胆怯而功亏一篑。清代顾炎武在《日知录·押字》中评注此事,直指长官签押制度在三国时就已出现。[①]

公文用纸后的第三项制度变迁是骑缝押缝制度。魏晋南北朝时,受造纸

① 丁晓昌、冒志祥:《古代公文研究》,安徽文艺出版社2000年版,第145页。

工艺所限,纸张尺寸普遍较小,一件公文往往需要用纸数张。公文写成后,需按顺序首尾相连,制成卷轴,展开便于批阅,合则利于携带。为了防止抽换公文纸作伪,便创制了骑缝押缝制度。骑缝即在两张公文纸的粘连处加盖印章,押缝则是在两张公文纸的粘连处署名,以确保公文的真实性。押缝亦称"押尾",宋代黄伯思《东汉余论》提道:"魏晋以来法书,至梁御府藏之,皆是朱异、唐怀充、沈炽文、姚怀珍等题名于首尾纸缝间,故或谓之押缝,或谓之押尾。"

二、中央政府的出令纳奏

尚书、中书、门下三省为魏晋南北朝时期的国家治理中枢,其职权可总括为出令纳奏。出令纳奏的过程就是通过传递公文协助皇帝决策的过程。

尚书省是出令纳奏的枢纽,中央各部和地方各级官衙乃至庶民上书皆由尚书省收纳转呈,并对转呈文书提出初步处理意见。秦汉以来,中央政府就启用令史来具体担负文书的缮制与发送,以保障庞大的国家机器的运行。这其中又以汉代以来专门"典曹文书"的尚书令史所发挥的作用最为关键。令史在秦代只是郡县地方政府的文书官员,西汉时则在中央和地方都有设置。魏晋南北朝时期,尚书令史掌文书的职责不断被强化。令史不但要精通文法,而且要有"决疑处事"的能力。当时中央行政文书的经办往往是由尚书郎推到令史身上,令史又推给职位更低的书令史。西晋以后,尚书令史分为三等,最高等的是都令史,其次是令史或称正令史,最低等的是书令史。"干"是比书令史地位还低的从事文书工作的小吏。

魏晋南北朝的令史比汉代大大增加,东汉尚书台只置 21 名令史。而西晋、刘宋、北魏等朝,每一朝尚书台令史的数量都在 150 人以上。这就说明魏晋南北朝时期中央文书工作的烦琐,因而对尚书令史有着巨大的需求。

北方政权多为少数民族政权,所以政治制度有其特殊性。早在十六国时期,各族政权就有意实行胡汉杂糅制。到北朝,胡汉杂糅制度逐步完善。北魏前期的台省制与魏晋制度有很大不同。直到魏孝文帝进行职官制度改革,尚书制才被正式确立下来,是北魏汉化的重要内容,对隋代尚书制影响很大。

侍中也负责朝廷与外界通信,在魏晋南北朝发展为中书省,成为出令纳奏的核心部门。曹操霸府大权独揽时,以亲信荀彧为侍中守尚书令,接掌了汉献帝朝廷的机要文书工作。魏文帝曹丕代汉后,不少事务非由尚书奏请,往往是自上而下,经中书省草诏后才下达尚书、三公执行。自此,奏事作诏这样的中央文书传达大权就交给了新设的中书机构。

西晋时,尚书机构首脑成为外朝宰相,负责诏令起草、章奏传达的仍为中书机构。中书机构设中书侍郎、中书舍人负责章奏传递工作。晋时,尚书已成为宰相机构,那么中书拟就的诏令也像当初尚书起草诏令要经过丞相府颁发一样,需要经过尚书机构转为正式诏命才能颁下。制度上只有君主的私人函件,比如私情慰藉大臣等文书可以不经尚书机构而由中书机构径自遣发。但实际操作中由中书直接颁发的诏令并不止于天子私人函件。臣子奏事亦有不上达尚书而径诣中书的,这就使中书和尚书成为两个并行机构。当权臣因其手握大权而遥控朝廷公文上行下达时,就不可避免地出现政出二门的乱象。晋惠帝时期的祸乱,大多数与中书下诏有关,以至后世凡中书下诏,众人皆不敢信。

汉时门下官吏为长官亲信,中央到地方一定级别的官员都有门下五吏,其中的贼曹、督盗贼(门下督)负责官府、长官的保卫,功曹负责人事,主簿负责众务,主记室史负责录文书期会。所谓文书期会就是记录发文的日期和回文的限期,与邮政运行大有关系。门下后来特指宫内黄门,原来作为泛称的门下成为“黄门之下”专称,到西晋时门下系统就被整合为门下省。门下省诸官皆于黄门内外奔走,有黄门侍郎、给事黄门,并兼用宦者,以主“内外关通”,就是替皇帝通信传令的宫官。侍郎掌黄门外,给事掌黄门内。还有侍中、诸吏、给事中,皆为皇帝通信于内、外朝的官吏。侍中本是丞相府的西曹史,“往来殿中”,传递宫、府公文,实质上是朝官。诸吏、给事中并为士人加官,分为“左右曹”,主黄门内“平尚书奏事”。西晋末期,中书的诏令起草权即有被门下机构的散骑所夺之势,甚至成立了散骑省。东晋立国之初,中书省一度并入散骑省。

东晋开基皇帝晋元帝司马睿创立诏令起草后要经门下审核的制度。由于重要诏书的下发都要经门下省审核,诏令行文格式亦随之发生转变,出现了“门下”起首的制诏形式。这种形式历南北各朝(除北周外)一直影响到隋唐。

自西晋灭亡,中原王朝第一次南迁后,北方即由五胡十六国及北魏、北齐、北周等少数民族或带有少数民族特征的政权统治,前后长达二百六十余年。当北魏入主中原,拓跋珪第一个参照晋朝制度设立百官,并仿设了草诏的中书机构和平省诏令的门下机构。但由于初入中原的拓跋统治者还处于部落贵族的约束和对中原制度的戒心中,这种模仿带有极其矛盾的色彩。如天兴四年(401),尚书"曹置代人令史一人,译令史一人,书令史二人"①。在尚书令史中,懂得鲜卑语言的代人令史排名第一,从事语言翻译的译令史排名第二,而真正需要专业技能的书令史却排第三,体现出北魏统治者既需要汉人官僚佐其掌政,又要时时防范的心态。太武帝拓跋焘于太平真君十一年在拓跋原有内侍官体系基础上设立内秘书,以协助完成诏令的起草、传达工作。

当拓跋鲜卑处于部落联盟时,部落联盟所推举的政治领袖同时兼军事首脑,为处理庞大的联盟事务,随身必有包括传令信使在内的一群文武侍从,此即最早的内侍官。待什翼犍建立拓跋代国时,"初置左右近侍之职,无常员,或至百数,侍直禁中,传宣诏命"。道武帝拓跋珪时,于天兴元年"十二月,置八部大夫、散骑常侍、待诏等官……待诏侍直左右,出入王命。"天赐四年(407)五月,"增置侍官,侍直左右,出内诏命,取八国良家,代郡、上谷、广宁、雁门四郡民中年长有器望者充之"。②"出内诏命"仅是在皇帝与中书草诏机构间进行传达。如前述,拓跋焘设内秘书令掌管内秘书系统,接替了中书系统的草诏和传达职能。虽然"军国檄文"这样的官样政令仍由中书监所掌管的中书系统草拟,但机要诏令全归内秘书系统。而北魏的门下只有简单的出诏纳奏职能,这是由于文书平省需要较强的文字功底和政治修养,所以门下系统大多任用汉人。

随着汉化改革的深入,文成帝太安三年(457),当了多年中书侍郎的汉人高允被任命为原本只有鲜卑贵族才能担任的中书令,由鲜卑贵族任中书监、令监督汉人的局面被打破,中书系统开始回归草诏工作,并为皇帝所高度依赖。

北魏后期及至北齐,草诏工作已仿南朝由中书舍人负责。为方便协助皇

---

① 《魏书》卷113《官氏志》,中华书局1974年版,第2973页。
② 《魏书》卷113《官氏志》,中华书局1974年版,第2974页。

帝工作，中书舍人从北魏后期开始亦称省，成为相对独立的机构。舍人省不仅草诏工作，传宣诏命亦由其负责。

北魏后期仿南朝建立了门下系统对诏令的审核、下达制度。日藏《文馆词林》保存了北魏、北齐两朝诏书共27道，没有一道不以“门下”起首。①

在中央政府公文制度中，外交文书也是很重要的一类，魏晋南北朝尤有其时代特色。以皇帝名义发布的外交文书有时会由皇帝亲授。《宋书》卷九五《索虏传》载有《太武帝拓跋焘与宋文帝刘义隆书》，背景是刘宋元嘉二十七年（北魏太平真君十一年，450）二月，拓跋焘亲率步骑十万攻打刘宋。三月，昼夜围攻悬瓠四十余日而不能拔，悻悻引兵而还。虽未攻克悬瓠，但虏掠甚多，同年六月，拓跋焘闻刘义隆有北伐之意特致书。在这封国书中，拓跋焘对刘义隆意欲北伐一派戏谑。这通国书，文白几近口语，狂妄跋扈，当为拓跋焘用鲜卑语口授，由皇帝的秘书以汉文写就。

皇帝亲授外，外交文书大多由中书官员撰写。南北朝之际，虽然南北割据，但南朝与北朝诸政权无不以中原正统王朝自居，对于授予了藩属君王称号者，一律以君臣关系看待，并按华夏政治秩序来处理彼此的外交事务。这之中，尤以国势强盛的北魏最为典型，与藩属政权往来的外交文书以诏令形式为主。《魏书》就收有这类诏书多通，如卷九九《沮渠蒙逊传附沮渠牧犍传》所收《太武帝让责北凉沮渠牧犍诏》，卷一〇〇《百济国传》《勿吉国传》《高句丽传》分载的《献文帝答百济国王余庆诏》《孝文帝敕勿吉国诏》《孝文帝责高句丽王琏诏》，卷一〇一《吐谷浑传》《高昌传》分载的《孝文帝与吐谷浑王伏连筹诏》《孝明帝答高昌王曲嘉求内徙诏》，卷一〇二《西域传》载有的《献文帝答于阗国王诏》，卷一〇三《蠕蠕传》《高车传》分载的《献文帝答蠕蠕主予成诏》《宣武帝答高车王弥俄突诏》。最有意思的是日藏《文馆词林》残卷中录有《后魏孝文帝与高句丽王云诏》，为其他载籍所未见。该诏写于太和十六年（492）九、十月间，头年，孝文帝遣使诏高丽王高云遣世子入朝，但高云托辞婉拒来朝，后遣其从叔升于随使诣阙。孝文帝大为不满，下诏切责：

---

① 唐高宗朝中书令许敬宗编辑的《文馆词林》多达一千卷，至北宋初年就已亡佚。18世纪中叶，在日本发现该书残卷，并陆续流返中土。其中一种抄本因系嵯峨天皇弘仁十四年（823）抄本，故名弘仁本。

门下：得黄龙表，知卿愆悖朝旨，遣从叔随使……卿之亲弟及、即邹二人，随卿所遣，必令及元正到阙，若言老病者，听以四牡飞驰，车舆涉路，须待卿亲弟至此，然后归反群后。重爽今召，令朕失信藩辟者，寻当振旅东隅，曜戎下土，收海金以赉华夏，拥貉隶而给中国，广疆畿于沧滨，丰僮使于甸服，抑亦何伤乎！其善思良图，勿贻后悔。如能恭命电赴，既往之稽，一无所责，恩渥之隆，方在未已矣。不有君子，奚能为国，其与萌秀宗贤，善参厥衷，称朕意焉。①

孝文帝切责后，明确要求高云必须派两个胞弟中的一个前来，并限定于元正到阙，否则不惜起兵东征，希望高云"善思良图，勿贻后悔"。诏书的后半部分口气威严，允其使者"四牡飞驰，车舆涉路"。说只要恭命如闪电般赴阙，既往不咎。黄龙表，黄龙即营州，说明高丽派遣使者的情况是经由营州奏报的，孝文帝的这通诏书也是要由营州转达高丽。"门下"则表明诏书是通过门下审署、下达的。

孝文帝改革前，北魏中书省多为鲜卑人执掌，所以也时常责成中书省以外的一些学识渊博、熟悉外交和典章的汉人官员来撰写外交文书。

外交文书一般情况下多遣使递送，也有通过对方来使带回的。再者，就是通过沿边州府来传递。

三、地方公文

魏晋南北朝时期的地方公文制度，史籍中极度缺载。所幸，走马楼吴简的出土可稍稍弥补。比照同出长沙市中心的五一广场东汉简，可以认为从东汉到三国时期，地方公文制度有了一定的发展变化，这些变化多少也会影响到文书的传递。因而，走马楼吴简揭示的时空范围虽很有限，但通过深度钩沉梳理，还是可以真切地触摸到这一时期郡县两级和一个县级单位内的公文运转。这些情形，依托传世载籍是完全不可想象的。下面就运用中外学者对走马楼吴简行政公文的研究成果，并与传世文献结合起来，一斑窥豹。

走马楼吴简虽然是县级机构留存的档案，但其中仍可见多级别行政单位

① 罗国威整理：《日藏弘仁本文馆词林校正》，中华书局 2001 年版，第 241—242 页。参见姜维东：《〈后魏孝文帝与高句丽王云诏〉中所见魏、丽形势及双方关系》，《史学集刊》2006 年第 6 期。

的往来公文线索。首先,在典型的下行文书中,有一类文书自称“君教”。教,上级官员给下属单位带有肯定批示的命令文书。从公文形式看,君教文书是一种由长官画押,表示对下属所提意见和处理办法许可的下行文书。这类文书在汉简中即已大量出现,与前面介绍过的西汉以来,郡级政府常用的下行文种“记”有一定的继承关系。东汉简牍和碑刻中所见者,凡郡一级的郡太守和王国相的下行文书称“府君教”,走马楼吴简中亦有“府君”“府君教”这样的表述,属于郡太守的下行文书。① 而走马楼吴简所见“君教”中的君则是县级行政机构的长吏,具体而言就是临湘侯国的侯相。

临湘在汉代是大县,汉末曾为刘备所占,孙吴收复荆州南部后,于黄武二年(223)封步骘为临湘侯,将汉代以来的临湘县改为临湘侯国。不过临湘侯国的属吏设置与一般的县没有什么太大的不同,故可以县廷视之。

长沙简牍博物馆藏有一枚“君教简”,释文为:

丞疢固还官录事掾潘琬校

君教 已(浓墨草书)

主簿尹桓省 嘉禾四年七月十日丁卯白②

浓墨勾写的“已”为长吏(临湘侯相)的圈阅记号。“君教”相比书写于下方的文字,形体扁平,隶意较浓,是缮制这件公文的小吏刻意为之,以示庄重。从具体到这件文书的形成程序,是经过了县廷小吏身份的录事掾潘琬的校对,以及亲近“君”的主簿尹桓审核。因而在格式上,君教文书的下栏文字包括了处理和提出建议的下级吏员的署名。录事即记录,当为临时兼任,而非固定任职。主簿则为县廷办事机构班子的长吏,这位名叫尹桓的官员在吴简中多次出现,曾历任县廷的左户曹、兵曹史官职,最后做到主簿。

结合其他走马楼吴简的同类文书,“君教简”是属于县廷门下官吏审查诸曹上呈的一些重要事务的转单,历经了由下而上,再由上而下的形成过程,最终经画诺后成为下行文种。主簿尹桓审核后签署的年月日“嘉禾四年(235)七月十日丁卯白”体现了汉魏以来官府办事的期会制度。“白”在此是报告的

① 王素:《长沙走马楼三国吴简研究的回顾与展望》,《吴简研究》第1辑,崇文书局2004年版;王素、宋少华、罗新:《长沙走马楼简牍整理的新收获》,《文物》1999年第5期。

② 引自长沙简牍博物馆网站,http://www.chinajiandu.cn/News/Details/xsyj? nid=452。

意思。走马楼吴简是临湘侯国的主簿与主记史保管的若干年里经手与处理的文书及簿册,而最初的保存地点可能就是主记室。①

分管主记室的主簿,从汉代开始,中央及郡县各官署就多有设置,其职责就是主管文书,办理事务。因常在主官左右,与主官关系最为亲近。主簿常代主官宣读书教,很容易掌握实权。到东汉末年,主簿职权更大,与主官的关系更为亲近。至魏晋时成为将帅重臣的主要僚属,参与机要,总领衙署日常事务。主簿常被称作“纲纪”。胡三省注《资治通鉴》卷九三《晋纪十五》明帝太宁二年说:“纲纪,综理府事者也。”这说明魏晋时期主簿的权力是相当大的。魏晋时期,最有名的主簿就是曹操手下的杨修。

东晋及南北朝时,地方长官的教令往往首称“纲纪”。《文选》卷三六所载傅季友为宋公修张良庙教注曰:

纲纪,谓之主簿也。教,主簿宣之,故曰纲纪,犹今诏书称门下也。

地方长官的教令由主簿审核宣布,所以教令文首要称“纲纪”。

“君教”文书缮制所据底本是走马楼吴简中自称“草刺”的另一类文书。这一类文书是县廷分管各项工作的诸曹为一县形形色色的行政、司法事务打给县廷门下,经县廷门下审核后再进一步向上请示的上行文书。这类文书统称“草刺”,可以作为地方行政上行文书的一个重要文种来看待,其文首多书“草言”二字:

(1)·右言府草刺廿五□□□

贰 8889

(2)草言府荅州或不佐郡官调吏民所作船事。闰月廿三日船曹掾潘椎白

柒 3165

(3)草言府县不枉考入吏许迪罪法傅前解行□军法事。四月廿九日金曹掾□□白。

柒 4419

① 侯旭东:《湖南长沙走马楼三国吴简性质新探——从〈竹简肆〉涉米簿书的复原说起》,载长沙简牍博物馆编:《长沙简帛研究国际学术研讨会论文集(纪念走马楼三国吴简发现二十周年)》,中西书局 2017 年版。

“草”即草稿，用作动词指起草文书的行为。“刺”是用于向上级汇报备查的实录文书。“草刺”指撰写公文草稿的登记备案。冠以“言府”者，则限定于需由临湘侯相进一步向上请示长沙郡太守府的文书草稿。① 走马楼吴简所见“言府”草刺是正本公文移走后，作为县级单位的临湘侯国保留下来的起草公文的底稿，同时兼具发文记录的功能。这种底稿上无一例外地一一登记了公文撰写日期、撰写人（有的撰写人姓名为本人签署），以备县廷核查。（1）是将这类“言府”草刺文书归档的签牌。（2）（3）为草刺文书实例。（2）的前由是响应州一级了解各郡船作事项的指示，再由郡一级转发并进一步指示后，县一级的临湘侯国分管船作的船曹在安排了对全县船作进行调查之后，而由船曹的下属，具体负责船曹机构文书事宜的一位名叫潘椎的船曹掾史起草的报告。这件草刺文书照例是要直接提交给县廷门下，由兼任录事掾的小吏核对，经主簿审核并重新缮制，进一步提请临湘侯相圈阅形成君教文书，再返回县廷门下，由门下书佐封发上报到郡太守府的对口部门，最后由郡分管部门汇总各县的船作上报文书，综合报告到州一级行政的分管部门。（3）涉及的是一桩假公济私的郡级属吏腐败案，由分管一县财务的金曹机构提出量刑意见，并由其属下的金曹掾史起草提请县、郡两级机构审阅的报告。关于这桩走马楼吴简中极为著名的“许迪割米案”，下面还要进一步介绍。

走马楼吴简见有与草刺文书有关的封发记录残简：

〼封　嘉禾三年正月十六日，书佐烝赟封。

叁 1938

〼嘉禾三年正月卅日，书佐烝赟封。

叁 1946

〼□ 嘉禾三年正月廿日书佐烝赟封。

叁 3414

〼□事对封　嘉禾三年正月廿日，书佐烝赟 封。

叁 3442

① 李均明：《走马楼吴简“草刺”考校》，《史学月刊》2008 年第 6 期。

与书佐烝赟并见的还有书佐吕承,走马楼吴简中封发记录的署名责任人基本就是这两人,他们应该是临湘侯国县廷中专门办理文书封发的小吏。可见当时一县行政的繁重,文书寄递的频繁。此外有少量"诸曹言"公文的封发责任人,见有领书佐鲁堂(柒 4433)、领书佐番逢(柒 1428)、书佐曹进(柒 4430),门下小史吴衡(捌 4716)、丞蔡南(柒 785)、干蔡(柒 4436)。从发文责任人的身份来看,皆为掾、史、书佐、干之类主文书的小吏。[①]

综合走马楼吴简中的发文记录,与汉简一脉相承,内容包括了发文者、封发责任人、发文内容提示、封发时间等,唯独缺少收文方。这是因为一县行政运转中,日常行政文书的收文方都是极为固定的。每个封发责任人寄发的文书都有固定的对口收文方。因而对于当时的县廷办公主事者来说,只要看到记录中的发文者,就必然知道相应的收文方。

草刺文书得以形成,其所据底本是以"叩头死罪白"为文首的一类考实文书,它的提交者是奔走在基层的小吏。走马楼吴简中见有巡视乡镇市场,规范乡村经贸活动的"都市掾(史)",巡查农业生产的"乡劝农掾",规范乡村土地使用的"乡典田掾",检查乡一级仓库支出的"主仓掾""主库掾",监督实物税收征运的"监运掾",负责巡查民屯的"屯田掾"。大量的基层行政事务都是通过这些分片负责一两个乡的职吏定期向县廷提交报告来运行的。当中央或州郡等上级单位要求在县、乡办理某项事务,并传达指令给县廷对口诸曹,诸曹办事的掾史并不亲自下乡办理,而是通过下行文书"记",指示在乡的相应职吏去办理,并限其按期汇报。如编号 J22—2616 的走马楼竹木牍所见:

> 小武陵乡劝农掾文腾叩头死罪白:戊戌记曰:各以何日被壬寅书,发遣州所召私学桑阳诣廷,并□□著户籍与不,从来积久,素无到者,隐核知户籍,皆会月十五日言……

这是县廷派驻小武陵乡的职吏劝农掾文腾打给县功曹的"叩头死罪白"报告。"戊戌记"是戊戌日这天临湘侯国给派驻诸乡的劝农掾下达的指示。"壬寅

① 徐畅:《走马楼简牍公文书中诸曹性质的判定——重论长沙吴简所属官府级别》,《中华文史论丛》2017 年第 1 期。

书”应该是荆州下达的指示文书。壬寅书的下达日期必在戊戌记之前，根据走马楼吴简相关干支推算，荆州下达壬寅书56天后，临湘侯国向诸乡劝农掾转达了这通审实“私学”是否正户民的指示。“皆会月十五日言”，“会”即期会，约期聚会，规定了期会的日期在每月十五日。

县廷职吏依照“记”的指示精神办理完相关事项后，就会在规定的时限内以文书上报县廷诸曹相应者，有些则会要求进一步上呈长吏。这类上行文书皆以“叩头死罪白”开头，以“诚惶诚恐，叩头死罪死罪”“诣某曹”“某月日白”为结束。其中具有典型意义的一件，是被命名为《录事掾潘琬白为考实吏许迪割用余米事》的50号竹木牍，下面按原简牍分行释文如下：

(1)录事掾潘琬叩头死罪白：过四年十一月七日，被督邮敕，考实吏许迪。辄与核事吏赵谭、

(2)都典掾烝若、主者史李珠，前后穷核考问。迪辞：卖官余盐四百廿六斛一斗九升八合四勺，得米

(3)二千五百六十一斛六斗九升已。二千四百卌九斛一升，付仓吏邓隆、穀荣等。余米一百一十二斛六斗八升，迪割

(4)用饮食不见。为廖直事所觉后，迪以四年六月一日，偷入所割用米毕，付仓吏黄瑛受。

(5)前录见都尉，知罪深重，诣言：不割用米。重复实核，迪故下辞，服割用米。审前后榜押迪凡百

(6)卅下，不加五毒，据以迪今年服辞结罪，不枉考迪。乞曹重列言府。傅前解，谨下启。琬诚

(7)惶诚恐，叩头死罪死罪。

(8)若(浓墨草书)

二月十九日戊戌白①

这是发生在孙权当政时期长沙郡的一宗大案。根据已刊和未刊走马楼吴简中

① 释文参考王素、宋少华：《长沙吴简〈录事掾潘琬白为考实吏许迪割用余米事〉释文补正》，《文史》2015年第1辑；王子今：《走马楼徐迪割米案文牍试解读》，《长沙简牍研究》，中国社会科学出版社2017年版，第105、106页。

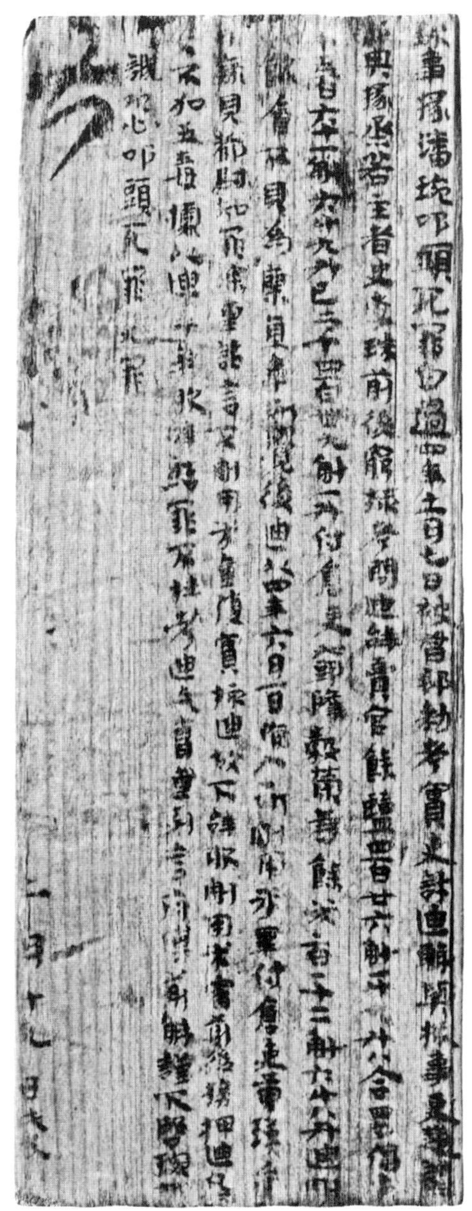

三国·走马楼吴简。《录事掾潘琬白为考实吏许迪割用余米事》，纵 25 厘米，横 9.6 厘米。引自王素、宋少华：《长沙走马楼吴简书法综论》，《中国书法》2014 年第 9 期。

涉及这一案件审理过程多达上千枚的其他简牍，[①]可以完整地还原出整个案情。案主许迪原系长沙郡下隽县(今湖北通城西北)平民，靠佃作为业。建安二十一年(216)成为县吏，随后又做到郡吏；黄龙三年(231)被任命为前往陆口[②]办事的典盐掾。许迪因涉贪关押在长沙郡的首县临湘，于是案情考实也由临湘官吏来进行。走马楼吴简中见有临湘侯相、侯丞考实并上报案情的记录，全面负责此案的则是长沙郡的中部督邮。由于案情重大，第一轮考实临湘县廷部署了录事掾潘琬、核事掾赵谭、都典掾烝若、主者掾石彭、主者史李珠、中贼曹掾陈旷等一同考核此案。录事掾潘琬负责案情考实中的文书缮制，因而上报材料基本由他书写。李珠的本职为县廷金曹史，由于许迪案事关官盐贸易，他就成为本案相当于主审记录者的“主者史”。一开始，许迪未料到案情的严重性，很快招供，被判斩首。但由于许迪所贪大米事涉军粮，于是案卷又由长沙郡中部督邮上报到中央派出巡查地方军务和军粮调配的长沙督军都尉那里。这位督军都尉下令要求重新解释典卖官盐过程中的割米行为，不想许迪借机翻案，令其恼怒不已：“别函言勿失限会日如督军都尉旁书科令。”(捌4040)即督军都尉下行文书(旁书)，同时又致函相关官员复审此案，限定日期报告结果。于是，中部督邮之外，长沙郡府相关曹司，乃至长沙太守、丞皆介入到审讯中来。郡府切责初审吏员考实不力，对陈旷、潘琬分别处以鞭一百及杖三十的体罚。直到嘉禾六年二月，案情终于水落石出，县级审讯得以完成，录事掾潘琬请求县金曹将重审结果上报郡府，此即上举作为“叩头死罪白”一类上行文书的50号竹木牍。

两个月后县金曹掾上报郡府许迪案结案，以军法从重惩治。许迪最终被斩首于市，妻子、儿子没入官府为奴，贪污的钱款由其弟如数赔偿。

许迪割米案从案发到审结，跨越了三个年头，经历了初审、录囚、改辞、复审等环节，往来文书涉及长沙郡太守、郡丞，中央政府派驻长沙郡的督军都尉，

---

① 主要部分见于长沙简牍博物馆等编:《长沙走马楼三国吴简·竹简(捌)》，文物出版社2015年版;未刊《长沙走马楼三国吴简·竹木牍》。

② 走马楼吴简作“淕口”，亦作“陆口”。《水经注》卷35《江水三》曰:“江之右岸得蒲矶口，即陆口也。水出下隽县西三山溪，其水东径陆城北，又东径下隽县南，故长沙旧县，王莽之闰隽也。宋元嘉十六年，割隶巴陵郡。陆水又屈而西北流，径其县北，北对金城，吴将陆涣所屯也。陆水又入蒲圻县北，径吕蒙城西。昔孙权征长沙、零、桂所镇也。”

长沙郡中部督邮，以及临湘侯相、侯丞等县级官员以及诸多县廷掾史，可见当时无论是日常行政，还是司法运行，地方文书往来皆一丝不苟，昭示了其背后的严格制度。

东晋以后，南方政权的地方公文制度进一步发展。东晋政府与江南土著势力、南渡士族之间，及皇权与大族间的矛盾一直存在，并不时以战争的形式激发出来，如王敦之乱、苏峻之乱。此番情形下，东晋的邮驿也是异常忙碌。王羲之与会稽王笺多次上陈殷浩乱局下不宜北伐，其中即有"文符如雨，倒错违背"之语。符是下行文，可见当时上级部门布置工作的命令文书令基层单位应接不暇，忙中出错。

为收集基层的真实信息，晋元帝时曾任中书舍人的句容令刘超推出"流动信箱"，开后世信访工作专设信箱之先河。刘超是西晋有名的清廉能臣，他在皇帝身旁任职时，因自己的字迹与晋元帝手迹相近，就绝不与旁人有书信往来，还不时出宫休假，闭门谢客，故得晋元帝赏识。刘超每得皇帝赏赐，总是推辞。晋元帝看他不愿在宫中作威作福，就外放他出补句容县令。刘超到任后，待人诚恳，深为百姓感念。往常征收赋税，都是官员根据官府的信息渠道评定百姓家财资产。而刘超所制"大函"，也就是后世所说信筒、信箱，把它们按村发放，让百姓各自填写家产数目，投到"函中"，最后全部揽收送回县中。百姓感念刘超，均如实呈报，征收的赋税倒超过了常年。

第二节　驿馆制度的萌生

一、传车的运行与传驿合一

魏晋南北朝时期，虽然传车在一定范围尚有使用，但大不如汉代，魏晋有追锋车，是一种速度较快的军用车辆，驾二马。追锋车取其迅疾之意。三国时期就有追锋车使用的记录，最为知名的记载便是司马懿两次奉诏回京，虽情况紧急，亦乘追锋车而未用驿马，"自白屋四百余里，一宿而至"，可见其迅疾。

西晋八王之乱时，永宁二年（302），一个担任翊军校尉职位的名叫李含的人逃奔到长安，诈云受命传达密诏，要河间王司马颙诛杀齐王司马冏。"乘驲密至”，是说李含作为朝廷专遣机要信使，乘传车秘密传达诛杀司马冏的诏旨。

两晋时，朝廷使者众多，并杂有许多宦官特使，有的使者愿意乘车，有的愿意骑马，所以传驿开始合一。

自汉代，郡县治所的传、驿就开始与邮共处一区，晋代沿袭这一格局，故“邮传”的称谓越来越多见。如二十四史《晋书》之外的九家晋书辑本中有一种是王隐所著《晋书》，记载了西晋时一个叫乐广的人出任中央直辖区的首长河南尹时碰到一件怪事，说是因为一直传言办公场所的厅堂内有鬼怪闹事，所有的办公人员就全跑到厅堂下面的围廊中办事，而围廊正是“邮传”办公处所，最后只有乐广一个人敢待在厅堂内。①

魏晋南北朝时期，传车及其运行机构虽然保留着，但通信功能越来越弱。之所以还特地交代传，是因为这一时期的传驿趋合开唐代馆驿的先河。所谓传驿趋合，即驿骑的中转站点越来越多地落脚到传舍。虽然魏晋时期，传、驿依然是两套机构，中央层面也是按照两个机构系统来分别管理，传归客驿令，驿归法曹。只是设置在县以上行政中心的传舍所提供的交通工具除了马车，也包括乘骑的马匹，所以传驿合一的趋势就不可避免了。

二、传舍与亭传

魏晋时期，传舍渐渐把交通中的食宿招待功能全部包揽下来。三国时，蜀国的传舍叫作“次舍”，是诸葛亮治蜀的一大政绩，《三国志》卷三十五《蜀书・诸葛亮传》裴注引《袁子》曰：“亮好治官府、次舍、桥梁、道路 。”“袁子”即曹魏谋士，任给侍中的袁淮。所谓次舍，就是止息之所。《周礼・天官・宫伯》：“授八次八舍之职事。”郑玄注引说：“郑司农云：‘庶子卫王宫，在内为次，在外为舍。’”并自己见解道：“次，其宿卫所在；舍，其休沐之处。”《周礼・天官・宫正》：“次舍之众寡”，清儒孙诒让释云：“凡吏士有职事常居宫内者为官府，官府之小者为舍。其官府本在外而入内治事，或无专职而入共守卫，使令暂居更直者为次……凡次，多在路门外，应门内，近治朝之处；舍则当在应门之外，

① 《太平御览》卷252引王隐《晋书・乐广》，中华书局1960年版，第1188页。

皋门之内,与次不同处也。"①《汉书》卷三十五《吴王刘濞传》:"治次舍,须大王。"颜注:"次舍,息止之处也。"三国之际所言次舍实际指信使、官员往来交通休息食宿的场所,可以认为是将汉代以来的传舍、亭、驿的接待功能减并的结果。

但在两晋南北朝时,传舍仍保持了其独立机构的名号,因为具有官员身份的信使和其他官员一样,仍旧嗜好乘车出行。创立东晋的司马睿便是假冒传舍舍长而得以出逃。八王之乱中,成都王司马颖杀了东安王司马繇,司马睿是司马繇的侄子,怕遭连累,连夜逃走。司马颖对此早有防备,命令一切关口、渡口都不准贵人通过。司马睿尽管换了装束,但到了黄河渡口还是差点被扣下,幸而侍从宋典机灵,挥起马鞭朝主人的驾马打了一下,笑道:"舍长!官家禁止贵人通行,怎么你也被拘留了?"守渡的小吏信以为真,就把司马睿放了过去。② 两晋皆建传舍,由舍长管理。传舍仍与通信有所牵连,因为颁诏多为高级官员亲自执行,郡县治所仍一律设传舍,郡一级的称郡传:"晋江左犹行郡县诏,枣据《追远诗》曰:'先君为钜鹿太守,迄今三纪。忝私为冀州刺史,班诏次于郡传'是也。"③北朝的官员往来也多住在传舍中,《太平广记》卷三三六引《异闻录》记北周上柱国沈警往秦陇执行使命时,"宿于传舍"。可见传舍作为独立机构与魏晋南北朝相始终。

作为秦汉魏晋以来分布最广的交通设施——亭,东晋就开始急速衰败,以致中央责令各地方长吏分片负责,"度土分力,多置亭候,恒使徼行"④。亭衰败后,私营客舍就乘势而起。晋代曾想废除私营客舍,代之以"官簃"。所谓"十里一官簃,使老小贫户守之,又差吏掌主,依客舍收钱"。⑤ 即想把原来免费招待公干出行者的亭改为在收费前提下,为公私一体服务的交通食宿机构,由官府招募一些贫困户来执守,按照私营客舍的价码收钱,号称官簃。同时又

① (清)孙诒让:《周礼正义》卷6,中华书局2015年版,第264页。

② 《晋书》卷6《元帝纪》,中华书局1974年版,第144页。

③ 《宋书》卷40《百官志下》刺史条,中华书局1974年版,第1256页。

④ 《晋书》卷68《贺循传》,中华书局1974年版,第1827页。

⑤ 《晋书》卷55《潘岳传》,中华书局1974年版,第1502页。

规定："坐庐使者皆不得宿肆上"①，意即往来需要住宿的公差者不得留宿在私人客栈里，只能住宿官篱。

秦汉以来，亭还有不可忽视的传播功能，这个功能自东汉起就开始与传的系统相结合，出现了亭、传并称的情况。到了西晋年间依然如此，这或许也是导致亭、传合一趋势的一个诱因。《晋书》卷三〇《刑法志》记载晋武帝时，当重新制定的法令完成后，侍中卢挺、中书侍郎张华上表："抄《新律》诸死罪条目，悬之亭传，以示兆庶。"晋武帝下诏从之。

三、驿馆的出现

北魏时，亭传与驿渐趋合并，为驿馆萌生创造了条件。从隋初即有"驿馆"看，驿馆机构或许可溯至北周、西魏：

> 开皇四年正月，梁主萧岿朝于京师，次于郊外。诏广平王杨雄、吏部尚书韦世康，持节以迎。卫尉设次于驿馆。②

所谓"设次"，是遵循周礼举办朝觐礼的一个环节。萧岿，萧詧第三子。555年，西魏攻破江陵，灭梁。萧岿的父亲萧詧在西魏执政宇文泰的扶植下于江陵称帝，史称西梁。西梁历西魏、北周、隋三朝，至587年隋统一前夕被隋文帝废置。萧岿因机敏善辩而有文采，曾被立为西梁皇太子。大定四年（558），萧詧派萧岿前往北周京师朝觐。北周保定二年（562），萧詧死，周武帝"命其太子岿嗣位"③。这里说的是隋朝初年灭陈前，隋文帝杨坚对西梁极尽笼络，先是纳萧岿之女为晋王杨广妃，成为后来隋炀帝宠爱的萧皇后。当开皇四年（584）正月，萧岿来朝长安，隋文帝又隆重接待，"诏岿位在王公之上，赐缣万匹，珍玩称是。及还，亲执其手谓之曰：'梁主久滞荆、楚，未复旧都，故乡之念，良轸怀抱。朕当振旅长江，相送旋反耳。'"④后面一句说的是这年二月，隋文帝亲往长安郊外的霸上饯送，许下要帮萧岿攻破被陈朝占据的建康，送这位傀儡皇帝重返故都的诺言。只是三年后，当隋灭陈的条件完全具备后，便下令

① 《太平御览》卷828《资产部八"肆"条》，中华书局1960年版，第3691页。

② 《隋书》卷8《礼仪志三》，中华书局1973年版，第158页。

③ 《周书》卷48《萧詧传附萧岿传》，中华书局1971年版，第863页。

④ 《周书》卷48《萧詧传附萧岿传》，中华书局1971年版，第865页。

灭了西梁。只不过在开皇四年,杨坚对萧岿来朝还是极尽盛大迎送。因而,“次于郊外”的仪式也一定是极尽铺张,因为这时隋还不具备一举灭陈的条件,西梁的向背很是关键。由此可见,作为设次之地的驿馆一定有相当的规模。而这处长安郊外的驿馆大概是在西魏、北周年间就已经设立。

第三节　传递管理

一、步递

魏晋南北朝时期的步递通信,除了已经介绍过的邮、亭外,更多的是各级官府自备的步差信使。这种步差信使的派遣也是制度性的。只是这类信使从无独立的组织机构,而是由各官府自行编制的通信人员。

曹魏与秦汉近似,在邮的组织之外仍有与轻足相当的“健步”。健步是郡府县廷差遣的通信人员,一般只递送公文到邻近郡县。《资治通鉴》卷七六《魏纪八》高贵乡公正元二年:“(毌丘)俭之初起,遣健步赍书至兖州”,胡三省注云:“健步,能疾走者;今谓之急脚子,又谓之快行也。”①由此可知,所谓健步,是由疾走而得名,曹魏之际主要用于传达信息。战乱之际,健步往往要长途奔波,中途大概也没有什么照应,因而挑选的是一些在奔走上颇具禀赋的人。

北魏各级官府中则设有“走使”,可以外出执行包括通信在内的各类临时性公务。《魏书》卷一一三《官氏志》曰:“诸曹走使谓之凫鸭,取飞之迅疾。”这是道武帝在天赐元年(404)改定官制,将各级办事机构中的“走使”职务改称为“凫鸭”。凫鸭即俗称的野鸭,关于诸曹走使为何叫作凫鸭。《魏书·官氏志》解释道:“每于制定官号,多不依周汉旧名,或取诸身,或取诸物,或以民事,皆拟远古云鸟之义。”即言北魏制定的职务名称中,有许多称谓是带着草原民族观察事物的特色。以凫鸭命名走使,可谓非常形象。

---

① 《资治通鉴》卷76《魏纪八》高贵乡公正元二年“吴丞相峻率骠骑将军吕据、左将军会稽留赞袭寿春”条,中华书局1956年版,第2423页。

二、畜力递

魏晋南北朝时期，凡动用畜力出行的信使一般叫作驿使，如诗文中的“折梅逢驿使”。驿使这个名称东汉年间就有了，代表了高于平民的身份地位。古代凡乘坐官府马车出行者必有一定身份，信使也不例外。王莽执政的地皇元年(20)就按照有权享用住宿传舍和动用马车的资格，而将派往郡国的使者称作“乘传使者”。北魏则将乘传使者设为国家正式命官，品秩为从第八品下。① 又有方驿博士，是专门教授车马驿传知识的教官，品秩为从第九品中。北魏各级官差人员动用马车，有驺卒负责驾驶。《魏书》卷四下《世祖纪下》记载了太平真君五年(444)正月庚戌诏：“其百工伎巧，驺卒子息，当习其父兄所业，不听私立学校。违者师身死，主人门诛。”则驺卒因其所具有的专业性而与“百工伎巧”相类，相关知识多由父兄相传，在太武帝拓跋焘下诏前，甚或私立学校传授。太武帝既禁及驺卒子息私立学校教习，驺卒的培训练就只好由官府筹措，到孝文帝拓跋宏时就设立了方驿博士。“方驿”之“方”，可解作四方、职方，亦可解作方药、方技。《天一阁藏明钞本〈天圣令〉校证》之下册《厩牧令第二十四》：“诸系饲，马、驼、牛、驴一百以上，各给兽医一人；每五百加一人。州军镇有官畜处，亦准此……其牧户、奴中男，亦令于牧所分番教习，并使能解。”这里提到了牧户、牧奴中男须于牧所“分番教习”兽医之制。在北魏，这类兽医知识或许也是“方驿博士”教授“驺卒”的内容。②

魏晋南北朝时期，由于战争频发，通信速度甚为关键，但凡军国大事无不追求疾速。紧急军事文书称羽檄，即插上羽毛以示紧急的文书。曹植《白马篇》有“羽檄从北来，厉马登高堤”句，鲍照《代出自蓟北行》有云：“羽檄起边亭，烽火入咸阳，征师屯广武，分兵救朔方。”以羽檄意象入诗，实开边塞诗先河。史书则见有曹丕代汉称魏后所行“破胡檄”。《三国志》卷二《魏书·文帝纪》曰：

(黄初二年)十一月，辛未，镇西将军曹真命众将及州郡兵讨破叛胡

---

① 《魏书》卷113《官氏志》，中华书局1974年版，第2992页。

② 楼劲：《北魏的“方驿博士”》，《中国史研究》2010年第1期。

治元多、卢水、封赏等，斩首五万余级，获生口十万，羊一百一十一万口，牛八万，河西遂平……旬日，破胡告檄到，上大笑曰："吾策之于帷幕之内，诸将奋击于万里之外，其相应若合符节。前后战克获虏，未有如此也。"

这里说的正是前述曹真打通河西道一事。黄初二年(221)，河西一带的治元多、卢水、封赏诸胡组成联军作乱，魏文帝曹丕派镇西将军曹真去平定，一战大获全胜，一举平定河西。《三国志》帝纪中的这段当然是抒发曹丕的武功，但"旬日，破胡告檄到"，则是军事通信迅捷的珍贵史料。河西到洛阳千里迢迢，以今日公路里程计算，也在1200公里开外，比当年身处河湟的赵充国送信到长安还要远了不少，而报捷战报竟能在十日内送到，传递速度是相当惊人的。这正是曹丕能够在众人面前大笑的资本，也是他夸耀"吾策之于帷幕之内，诸将奋击于万里之外"的底蕴。也只有高效的通信存在并稳定运行，君主与诸将的配合才可以达到如同合符一般的默契程度。

报捷一般都由驿来飞传，如东晋淝水之战报捷文书即称"驿书"："玄等既破坚，有驿书至，安方对客围棋。"[①]这是说指挥淝水之战的两位东晋领军者，前线主将谢玄大破前秦苻坚，遣驿使飞送报捷文书，后方坐镇的主帅谢安淡定自若，与客人下棋如故。

整个魏晋南北朝时期的驿传在整体运行上虽然不如秦汉，但机要通信和紧急交通却得到特别关照，有时还表现出极高的效率。如魏明帝曹叡为让司马懿火速回京，"三日之间，诏书五至"。曹叡当政时，派司马懿领兵四万远征辽东的公孙渊。得胜回朝时，曹叡原本想让司马懿顺便绕道震慑一下关中，但当司马懿率军回程驻扎在白屋(今河南辉县北)时，曹叡又召他火速回京。曹叡手书说："间侧息望到，到便直排阁入，视吾面。"司马懿征辽东时，曾梦见曹叡枕在自己膝上，说："视吾面。"他低下头一看，见天子面有异色，心中一直不安。如今一见诏书此语，非常紧张，"乃乘追锋车昼夜兼行，自白屋四百余里，一宿而至"。[②]就是说连忙乘着追锋车夜行，从白屋到京城洛阳的四百多里地，一夜而至，这大概是当时传车的极速了。

---

① 《晋书》卷79《谢安传》，中华书局1974年版，第2075页。

② 《晋书》卷1《宣帝纪》，中华书局1974年版，第13页。

南朝刘宋一朝，按处理事情的紧急程度规定了发驿的三种方式："乘驿""驰驿"与"千里驿行"。乘驿，运送人员的常规方式。驰驿，顾名思义，强调速度迅捷，是紧急文书、诏书或军事文书的传递方式。《宋书》卷八六《刘勔传》记有：

> 勔与常珍奇书，劝令反虏，珍奇乃与子超越、羽林监垣式宝，于谯杀虏子都公费拔等凡三千余人。勔驰驿以闻，太宗大喜……①

比"驰驿"更为紧急的是"千里驿行"，《宋书》卷一五《礼志二》记载皇太子监国时，有司奏仪注，文书格式多处提及"文书如千里驿行"。

"千里驿行"亦见于沈攸之叛乱时，时值齐王辅政，遣众军西讨，尚书符征西府曰：

> 符到之日，幸加三省……飞火军摄文书，千里驿行。②

尚书发符调兵文书的传递，极为紧要机密。用此方式，封上需要注上"文书如千里驿行"或"飞火军摄文书，千里驿行"的字样，要求驿递以最快速度传递，日夜兼程，保证最短时间内安全送达。

"驰驿"与"千里驿行"皆是紧急、机密文书传递，只是后者程度更甚。凡紧急送达的诏书不可私启，抵达后须按诏敕施行，不可"晏若不闻"，这是保证中央政府的施政效率和命令权威的举措。刘宋权臣沈攸之被人历数"大逆之罪"，其中一条便是压置驿书不处理。故事背景是宋文帝刘义隆大举北伐前征发三吴民丁，吴兴武康人沈攸之被征从军。后沈攸之发迹，出刺荆部，一总八州，握有重兵。而当萧道成打算将刘宋后废帝刘昱废掉，沈攸之没有报答刘宋皇室的恩德，观望谋动，没有发兵讨逆，故有丘巨源作《驰檄数沈攸之罪恶》历数了其九大罪恶。"驿书至止，晏若不闻，末遣章表，奄积旬朔"是其中第八条罪状。③

刘宋极重诏书，尤其是手诏，《宋书》卷六《孝武帝纪》载大明七年（463）五月丙子诏曰："自今刺史守宰动民兴军，皆须手诏施行。唯边隅外警，及奸衅内发，变起仓卒者，不从此例。"④除了特殊军情之外，"自今刺史守宰动民兴

---

① 《宋书》卷86《刘勔传》，中华书局1974年版，第2195页。

② 《宋书》卷74《沈攸之传》，中华书局1974年版，第1936页。

③ 《宋书》卷74《沈攸之传》，中华书局1974年版，第1938页。

④ 《宋书》卷6《孝武帝纪》，中华书局1974年版，第132页。

军,皆须手诏施行”,可见手诏在刘宋孝武帝时期被抬升的崇高地位,诏书的送达尤其是手诏,也就需要专使,而在实际施行中,事无巨细皆需手诏,烦琐自不待言,需要邮驿传递的,必然要配备相应的驿传凭证,难免多有疏漏,或是空子可钻,给邮驿的正常运行带来麻烦。

皇帝对于诏书的传递也不放心,有时会要些手段,把刚刚发出去的诏书追回来查看:

> 坦长子琬为员外散骑侍郎,太祖尝有函诏敕坦,琬辄开视。信未发又追取之,敕函已发,大相推检。丞都答云:“诸郎开视。”上遣主书诘责,骥答曰:“开函是臣第四子季文,伏待刑坐。”上特原不问。①

这说的是西晋杜预的后人杜坦在刘宋一朝仍为权臣。宋文帝刘义隆给杜坦的诏函竟然被其担任散骑侍郎的长子杜琬拆开偷阅。信函还未送出被刘义隆追回发现信已被打开,皇帝要严加追查。丞都回报说:“是杜家子弟拆开偷阅。”皇帝派主书官员诘问,杜坦的弟弟,权势更大的杜骥回禀:“拆信的是臣的四儿子季文,恳请按刑法处置。”刘义隆破例原宥不问。

北朝则军国大事、重要诏令的宣布无不动用驿骑,以保障安全迅捷。当时,“驰驿”这个词就代表了事出紧要,需要快速安全地到达。如北齐时王思政入守颍城,诸将攻之,不能拔。陈元康进计于高澄,高澄思索之后“令元康驰驿观之”,陈元康复命曰:“必可拔。”高澄于是亲征,打败王思政后赏陈元康金百铤。② 又如高欢亲自提拔并委任官员,“即驰驿启季式为济州刺史”。北齐第三位皇帝孝昭帝高演英年早逝,“孝昭崩,松年驰驿至邺都宣遗诏”。③

第四节 凭证制度

魏晋南北朝时期,邮路上多设关卡。出入关卡,要持有政府所颁有效证

① 《宋书》卷65《杜骥附兄坦传》,中华书局1974年版,第1722页。

② 《北齐书》卷24《陈元康传》,中华书局1972年版,第344页。

③ 《北齐书》卷21《高季式传》,中华书局1972年版,第295页;卷35《王松年传》,中华书局1972年版,第470页。

件,有符、幡、节、过所等。不同的人过关,所持证件不同。一类是铜虎符、竹使符;一类是青龙幡、朱鸟幡、玄武幡、白虎幡、黄龙幡等信幡;一类是节,节代表着在地方上可以行使一定的权力,所授者较少;一类是过所,普通人可以申请和持之以通行各地。

曹魏时仓慈为敦煌太守,西域胡商往来不息,不少胡商想到都城洛阳做买卖,仓慈为之给予方便,"欲诣洛者,为封过所"。①

史书上记载较详细的是魏晋时使用的信幡,《古今注》卷上《舆服第一》有"信幡"条:

> 信幡,古之徽号也。所以题表官号,以为符信,故谓信幡也。乘舆则画为白虎,取其义而有威信之德也。魏朝有青龙幡、朱鸟幡、玄武幡、白虎幡、黄龙幡五,而以诏四方。东方郡国以青龙幡,南方郡国以朱鸟幡,西方郡国以白虎幡,北方郡国以玄武幡,朝廷畿内以黄龙幡,亦以麒麟幡。高贵乡公讨晋文王,自秉黄龙幡,以麾是也。

古代的地方高官,当他们往来京城时,实际也就充当了高级信使。从汉代起,地方重大紧急事项,往往是由太守亲自赶往京城汇报。为使这些高级信使一路畅通,曹魏特创制信幡,以备沿途站点观察辨认,第一时间做好接待准备。当然,天子自己所用信幡,代表了国家的最高权威,具有相当的震慑力和号召力。

西晋八王之乱中,中护军淮南王司马允攻击赵王司马伦,虽然兵力占据优势,却为地形所阻,久攻不下,中书令陈淮心向司马允,心生一计,对惠帝说:"宜遣白虎幡以解斗。"此处的居心,胡三省注曰:"白虎幡以麾军进战,非以解斗也。陈准盖以帝庸愚,故请以白虎幡麾军,欲伦兵见之,以为允之攻伦,出于帝命,将自溃也。否则何以应允。"②与白虎幡相对的是驺虞幡,一种绘有驺虞图形的旗帜,用以传旨调兵或息兵。清代赵翼《廿二史札记》卷八:"晋制最重驺虞幡,每至危险时,或用以传旨,或用以止兵,见之者辄慑伏而不敢动,亦一朝之令甲也。"晋代信幡多用鸟书,《古今注》云:"今晋朝唯用白虎幡。信幡用

① 《三国志》卷16《魏志·仓慈传》,中华书局1982年版,第512页。

② 《资治通鉴》卷83《晋纪五》惠帝永康元年"中护军淮南王允"条,中华书局1956年版,第2644页。

鸟书，取其飞腾轻疾也。一曰以鸿雁，燕鳦者，去来之信也。”①

乘船使者通关也需要相关文书，交给守关吏卒，勘验合格后才可以放行，《太平御览》卷五九八引《晋令·关市令》云：“诸渡关及乘船筏上下经津者，皆有所写一通，付关吏。”

第五节　邮驿法规与邮驿制度的嬗变

曹魏制定与颁行的《邮驿令》是中国历史上第一部专门的邮驿法规。由于至今不见《邮驿令》原文，无法对其进行评述。

《邮驿令》是顺应当时的政治、军事需求和经济形势产生的。曹操统一北方后，特别注意发展以邺城为中心的水陆交通，修复了沿太行山东麓的南北大道和驿站，一定程度上促进了邮驿的发展和行政通信。曹丕称帝建魏后，在围绕五都（长安、洛阳、许昌、邺、谯）建立联络通信网的同时开始了融交通与通信为一体的邮驿制度建设，在陈群等人修订新律时对两汉以来的相关法规进行了删减调整，颁定《邮驿令》：

> 天子又下诏改定刑制，命司空陈群、散骑常侍刘邵、给事黄门侍郎韩逊、议郎庾嶷、中郎黄休、荀诜等删约旧科，傍采汉律，定为魏法，制《新律》十八篇，《州郡令》四十五篇，《尚书官令》《军中令》，合百八十余篇。其序略曰：……秦世旧有厩置、乘传、副车、食厨，汉初承秦不改，后以费广稍省，故后汉但设骑置无车马，而律犹著其文，则为虚设，故除《厩律》，取其可用合科者，以为《邮驿令》。其告反逮验，别入《告劾律》。上言变事，以为《变事令》，以惊事告急，与《兴律》烽燧及科令者，以为《惊事律》。②

这就是记载在《晋书·刑法志》中关于曹魏修改律法的概述，基本史实是曹丕下诏改定刑制，以司空陈群为首的官吏在以往律令的基础上删削完善，旁采汉律，制定了曹魏律法，合计一百八十余篇。与驿相关的制度在汉代行用《厩律》，此律始于秦朝，有厩置、乘传、副车、食厨等方面的内容。汉初承秦制，并

---

①　（晋）崔豹著，牟华标注：《〈古今注〉校笺》卷上《舆服第一》，线装书局 2015 年版，第 16 页。

②　《晋书》卷 30《刑法志》载《新律序略》，中华书局 1974 年版，第 924—925 页。

无大的修改，不过至东汉时只设骑置，省并了车马，但律法上依然有相关内容，所以新改定的魏律便把不切实际的《厩律》废除，按照所需删减重制，颁布了《邮驿令》。秦汉时期，有关通信的律令不是散见于各种律令的不同条文中，就是混于《厩律》之中，都不是专门的邮驿法，因此中国历史上第一部专门邮驿法规《邮驿令》的颁行，至为重要，对后世邮驿法规的制定和完善有深远的影响。

除《邮驿令》外，还有关于上言变事的《变事令》，边防报警的《惊事律》也涉及邮政通信。

将《厩律》删改为《邮驿令》，实际是将畜力传递的法令放到了正律之外，至少从律令体系讲，畜力传递的地位不是上升，而是下降，这应该是曹魏国家财力下降所致。所以到了国力稍强于曹魏的西晋，又恢复了《厩律》，曹魏《邮驿令》的相关内容重归厩律。上言变事，在汉属《厩律》，故晋废曹魏《变事令》，复入《厩律》。曹魏《惊事律》有烽燧施放声光信号报警事，晋无此律，而《晋令》有“误举烽燧，罚金一斤八两，故不举者，弃市”。[①] 所以，畜力传递在晋代的律令体系中又恢复到汉代的地位，而曹魏编入正律的《惊事律》却很可能在晋代改入令中。这些都可以视作战争环境的变迁对邮政律法的影响。

今天很难对曹魏《邮驿令》做出全面的评价，因为其原文早已散佚。如今只能从散见在载籍的只言片语寻找到相关通信律令的一些踪影，并推测有可能收在《邮驿令》中，如：

> 所以名露布者，谓不封检，露而宣布，欲四方速知，亦谓之露版。《魏武奏事》云：“有警急，辄露版插羽。”是也。[②]

露布得名，有一说解释为：“诸军破贼，则以帛书建诸竿上，兵部谓之露布。”[③] 梁朝刘勰所著《文心雕龙·檄移》曰：“植义飏辞，务在刚健：插羽以示迅，不可使辞缓；露板以宣众，不可使义隐。”在简牍的时代，露版与露布有同等意义，

① 《太平御览》卷335《兵部六六·“烽燧”》，中华书局1960年版，第1540页。

② （唐）封演撰，赵贞信校注：《封氏闻见记校注》卷4《露布》，中华书局2005年版，第30页。

③ （唐）封演撰，赵贞信校注：《封氏闻见记校注》卷4《露布》，中华书局2005年版，第30页。

凡公开不封缄的文书皆称露布,有广而告之的功用。曹操作《让县自明本志令》云:“人有劝术(袁术)使遂即帝位,露布天下。”说是有人劝进袁术称帝,以露布的形式颁布文书于天下。隋灭陈,尝以露布文书30万份遍撒江南,历数陈朝的罪恶,以为瓦解其军心的舆论造势。

参考文献

一、古籍

《孟子》,山西古籍出版社 2006 年版。

《史记》,中华书局 1959 年版。

《汉书》,中华书局 1962 年版。

《后汉书》,中华书局 1965 年版。

《三国志》,中华书局 1982 年版。

《晋书》,中华书局 1974 年版。

《宋书》,中华书局 1974 年版。

《南齐书》,中华书局 1972 年版。

《梁书》,中华书局 1973 年版。

《陈书》,中华书局 1972 年版。

《魏书》,中华书局 1974 年版。

《北齐书》,中华书局 1972 年版。

《周书》,中华书局 1971 年版。

《南史》,中华书局 1975 年版。

《北史》,中华书局 1974 年版。

《隋书》,中华书局 1973 年版。

《唐六典》,中华书局 1992 年版。

《通典》,中华书局 1988 年版。

《元和郡县图志》,中华书局 1983 年版。

《续高僧传》,中华书局 2014 年版。

《资治通鉴》,中华书局 1956 年版。

《太平御览》,中华书局 1960 年版。

《太平广记》,中华书局 1961 年版。

《太平寰宇记》中华书局 2007 年版。

《吴子·司马法》,陈曦译注,中华书局 2018 年版。

(东汉)刘熙撰,(清)毕沅疏证、王先谦补:《释名疏证补》,祝敏彻、孙玉文点校,中华书局 2008 年版。

（晋）常璩原著，任乃强校注：《华阳国志校补图注》，上海古籍出版社 2007 年版。
（晋）崔豹著，牟华林注：《〈古今注〉校笺》，线装书局 2015 年版。
（北魏）郦道元著，陈桥驿校证：《水经注校证》，中华书局 2007 年版。
（梁）慧皎：《高僧传》，汤用彤校注，中华书局 1992 年版。
（唐）封演撰，赵贞信校注：《封氏闻见记校注》，中华书局 2005 年版。
（唐）许嵩：《建康实录》，中华书局 1986 年版。
（宋）洪适：《隶释隶续》，中华书局 1985 年版。
（宋）叶适：《文献通考》卷 12《职役一》，中华书局 2011 年版。
（高丽）金富轼：《三国史记》，杨军校勘，吉林大学出版社 2015 年版。
（清）陈元龙：《格致镜原》，上海古籍出版社 1992 年版。
（清）顾祖禹：《读史方舆纪要》，中华书局 2005 年版。
（清）孙楷著，杨善群校补：《秦会要》，上海古籍出版社 2004 年版。
（清）孙星衍等辑：《汉官六种》，周天游校，中华书局 1990 年版。
（清）孙诒让：《周礼正义》，中华书局 2015 年版。
（清）徐松：《汉书西域传补注》，商务印书馆 1937 年版。
（清）曾国荃修，王轩总纂：《山西通志》，光绪年刻本。
民国《奉天通志》，辽宁省地方志办公室影印，辽宁民族出版社 2013 年版。

二、当代中文著作

白寿彝：《中国交通史》，中国文史出版社 2015 年版。
白银市公路交通史编委会：《白银市公路交通史》，人民交通出版社 1993 年版。
北京大学中国传统文化研究中心编：《文化的馈赠——汉学研究国际会议论文集（史学卷）》，北京大学出版社 2000 年版。
北京吴简研讨班编：《吴简研究》第 1 辑，崇文书局 2004 年版。
卜宪群，杨振红：《简帛研究（2012 年）》，广西师范大学出版社 2013 年版。
长沙简牍博物馆编：《长沙简帛研究国际学术研讨会论文集（纪念走马楼三国吴简发现二十周年）》，中西书局 2017 年版。
长沙简牍博物馆等编：《长沙走马楼三国吴简・竹简（叁）》，文物出版社 2008 版。
长沙简牍博物馆等编：《长沙走马楼三国吴简・竹简（捌）》，文物出版社 2015 年版。
长沙市文物考古研究所、中国文物研究所编：《长沙东牌楼东汉简牍》，文物出版社 2006 年版。
朝阳市交通史编委会：《朝阳古近代交通史》，人民交通出版社 2004 年版。
陈松长等：《岳麓书院藏秦简的整理与研究》，中西书局 2014 年版。
陈良伟：《丝绸之路河南道》，中国社会科学出版社 2002 年版。
陈梦家：《汉简缀述》，中华书局 1980 年版。
陈宁：《秦汉马政研究》，中国社会科学出版社 2015 年版。
陈守忠：《河陇史地考述》，兰州大学出版社 1993 年版。

程喜霖:《汉唐烽堠制度研究》,三秦出版社 1990 年版。

丁晓昌、冒志祥:《古代公文研究》,安徽文艺出版社 2000 年版。

甘肃省文物考古研究所编:《敦煌汉简》,中华书局 1991 年版。

甘肃省文物考古研究所编:《秦汉简牍论文集》,甘肃人民出版社 1989 年版。

甘肃省文物考古研究所、甘肃省博物馆、文化部古文献研究室、中国社会科学院历史研究所编:《居延新简》,文物出版社 1990 年版。

甘肃省文物考古研究所、西北师范大学文学院历史系编:《简牍学研究(第 4 辑)》,甘肃人民出版社 2004 年版。

高敏:《秦汉史探讨》,中州古籍出版社 1998 年版。

高文:《汉碑集释》,河南大学出版社 1997 年版。

国家文物局主编:《中国文物地图集・新疆维吾尔自治区分册》,文物出版社 2012 年版。

国家文物局古文献研究室、新疆维吾尔自治区博物馆、武汉大学历史系编:《吐鲁番出土文书》(第一册),文物出版社 1988 年版。

国立中央研究院社会科学研究所:《中国社会经济史集刊》第七卷第一期,独立出版社 1944 年版。

侯仁之:《历史地理学的理论与实践》,上海人民出版社 1979 年版。

侯仁之主编:《北京历史地图集》,北京出版社 1997 年版。

湖北省荆州市周梁玉桥遗址博物馆编:《关沮秦汉墓简牍》,中华书局 2001 年版。

湖南省文物考古研究所编:《湖南考古辑刊》第 8 集,岳麓书社 2009 年版。

湖南省文物考古研究所编著:《里耶秦简(壹)》,文物出版社 2012 年版。

湖南省文物考古研究所编著:《里耶秦简(贰)》,文物出版社 2017 年版。

胡平生、张德芳编撰:《敦煌悬泉汉简释粹》,上海古籍出版社 2001 年版。

黄烈编:《黄文弼历史考古论集》,文物出版社 1989 年版。

黄盛璋:《历史地理论集》,人民出版社 1982 年版。

姜希河总编:《中国邮政简史》,商务印书馆 1999 年版。

金毓黻:《东北通史》,社会科学战线杂志社 1980 年印本。

黎虎:《汉唐外交制度史》,兰州大学出版社 1998 年版。

连云港市博物馆、东海县博物馆、中国社会科学院简帛研究中心、中国文物研究所编著:《尹湾汉墓简牍》,中华书局 1997 年版。

林梅村、李均明:《疏勒河流域出土汉简》,文物出版社 1984 年版。

林梅村:《楼兰尼雅出土文书》,文物出版社 1985 年版。

林梅村:《沙海古卷:中国所出佉卢文书(初集)》,文物出版社 1988 年版。

刘昌玉:《从"上海"到下海:早期两河流域商路初探》,中国社会科学出版社 2019 年版。

刘广生、赵梅庄编著:《中国古代邮驿史》(修订版),人民邮电出版社 1999 年版。

刘文鹏:《清代驿传及其与疆域形成关系之研究》,中国人民大学出版社 2004 年版。

刘信芳:《包山楚简解诂》,台北艺文印书馆 2003 年版。

楼祖诒:《中国邮驿发达史》,中华书局 1940 年版。

罗福颐主编,故宫研究室玺印组编:《秦汉南北朝官印征存》,文物出版社 1987 年版。

罗国威整理:《日藏弘仁本文馆词林校证》,中华书局 2001 年版。

罗振玉、王国维编著:《流沙坠简》,中华书局 1993 年版。

马楚坚:《中国古代的邮驿》,商务印书馆国际有限公司 1997 年版。

马啸等编著:《秦直道线路与沿线遗存》,陕西师范大学出版社 2018 年版。

马雍:《西域史地文物丛考》,文物出版社 1990 年版。

孟彦弘:《出土文献与汉唐典制研究》,北京大学出版社 2015 年版。

彭浩、陈伟、工藤元男:《二年律令与奏谳书》,上海古籍出版社 2007 年版。

《秦文化论丛》编委会:《秦文化论丛》第 10 辑,三秦出版社 2003 年版。

青海省文物处、青海考古研究所编著:《青海文物》,文物出版社 1994 年版。

荣新江、李肖、孟宪实主编:《新获吐鲁番出土文献》,中华书局 2008 年版。

沈刚:《长沙走马楼三国竹简研究》,社会科学文献出版社 2013 年版。

史念海:《河山集》四集,陕西师范大学出版社 1991 年版。

史念海:《河山集》五集,山西人民出版社 1991 年版。

陕西师范大学历史文化学院、陕西历史博物馆编:《丝绸之路研究集刊》第一辑,商务印书馆 2017 年版。

施谢捷、王凯、王俊亚编著:《洛泉轩集古玺印选粹》,京都艺文书院 2017 年版。

睡虎地秦墓竹简整理小组:《睡虎地秦墓竹简》,文物出版社 1990 年版。

孙启治:《中论解诂》,中华书局 2014 年版。

孙慰祖主编:《两汉官印汇考》,上海书画出版社、香港大业公司 1993 年版。

谭其骧:《长水集》,人民出版社 1987 年版。

谭其骧主编:《中国历史地图集》第一、二册,地图出版社 1982 年版。

谭其骧主编:《中国历史地图集》第三册,中国地图出版社 1990 年版。

谭其骧主编:《中国历史地图集》第四册,中国地图出版社 1982 年版。

谭其骧主编:《中国历史地图集释文汇编・东北卷》,中央民族学院出版社 1988 年版。

唐晓峰、陈品祥主编:《北京北部山区古长城遗址地理踏查报告》,学苑出版社 2009 年版。

田澍、何玉红主编:《丝绸之路研究:交通与文化》,甘肃文化出版社 2013 年版。

田余庆:《拓跋史探》,生活・读书・新知三联书店 2003 年版。

童新远编写:《中国历史小丛书——邮电史话》,中华书局 1962 年版。

汪桂海:《汉代官文书制度》,广西教育出版社 1999 年版。

王国维:《观堂集林》,河北教育出版社 2003 年版。

王国维原著,胡平生、马月华校注:《简牍检署考校注》,上海古籍出版社 2004 年版。

王开主编:《陕西古代道路交通史》,人民交通出版社 1989 年版。

王绵厚、朴文英:《中国东北与东北亚古代交通》,辽宁人民出版社 2016 年版。

王文楚:《古代交通地理丛考》,中华书局 1996 年版。

王育民:《中国历史地理概论》上册,人民教育出版社 1993 年版。

王子今:《长沙简牍研究》,中国社会科学出版社 2017 年版。

王子今:《秦汉交通考古》,中国社会科学出版社 2015 年版。

吴礽骧、李永良、马建华:《敦煌汉简释文》,甘肃人民出版社 1991 年版。

武汉大学简帛研究中心主办:《简帛》第 4 辑,上海古籍出版社 2009 年版。

武汉大学简帛研究中心主办:《简帛》第 7 辑,上海古籍出版社 2012 年版。

武汉大学简帛研究中心主办:《简帛》第 8 辑,上海古籍出版社 2013 年版。

肖从礼:《居延新简集释(五)》,甘肃文化出版社 2016 年版。

谢桂华:《简帛研究(2001 年)》下册,广西师范大学出版社 2001 年版。

谢桂华、李均明等:《居延汉简释文合校》,文物出版社 1987 年版。

辛德勇:《古代交通与地理文献研究》,中华书局 1996 年版。

徐南洲:《古巴蜀与〈山海经〉》,四川人民出版社 2004 年版。

许倬云:《西周史(增补本)》,生活·读书·新知三联书店 2012 年版。

薛英群:《居延汉简通论》,甘肃教育出版社 1991 年版。

薛宗正主编:《中国新疆古代社会生活史》,新疆人民出版社 1997 年版。

雅安市人民政府、四川省文物管理局编:《边茶藏马——茶马古道文化遗产保护(雅安)研讨会论文集》,文物出版社 2012 版。

雅安市文物管理所、四川省文物考古研究院编:《雅安汉代石刻精品》,四川人民出版社 2005 年版。

严耕望:《唐代交通图考》(四),上海古籍出版社 2007 年版。

严耕望:《唐代交通图考》(五),上海古籍出版社 2007 年版。

严耕望:《中国地方行政制度史·秦汉地方行政制度》,上海古籍出版社 2007 年版。

杨伯峻编著:《春秋左传注》,中华书局 1981 年版。

杨衒之:《洛阳伽蓝记校注》,上海古籍出版社 1978 年版。

姚从吾:《姚从吾先生全集》第七册,台北正中书局 1982 年版。

叶美兰:《中国邮政通史》,商务印书馆 2017 年版。

尹钧科:《北京古代交通》,北京出版社 2000 年版。

雍际春:《天水放马滩木板地图研究》,甘肃人民出版社 2002 年版。

张传玺:《秦汉问题研究》,北京大学出版社 1985 年版。

张德芳主编:《居延新简集释(一)—(七)》,甘肃文化出版社 2016 年版。

张德芳、孙家洲主编:《居延敦煌汉简出土遗址实地考察论文集》,上海古籍出版社 2012 年版。

张家山二四七号汉墓竹简整理小组:《张家山汉墓竹简(二四七号墓)》,文物出版社 2001 年版。

张建国:《帝制时代的中国法》,法律出版社 1999 年版。

张俊民:《敦煌悬泉置出土文书研究》,甘肃教育出版社 2015 年版。

中国地理学会历史地理专业委员会《历史地理》编辑委员会:《历史地理》第 8 辑,上海人民出版社 1990 年版。

中国历史研究院主编:《(新编)中国通史纲要》,中国社会科学出版社 2024 年版。

中国秦汉史研究会编:《秦汉史论丛》第 1 辑,陕西人民出版社 1981 年版。

中国秦汉史研究会编:《秦汉史论丛》第 9 辑,三秦出版社 2004 年版。

中国社会科学院简帛研究中心编:《简帛研究译丛》第 2 辑,湖南人民出版社 1998 年版。

中国社会科学院历史研究所战国秦汉史研究室编:《简牍研究译丛》第 1 辑,中国社会科学出版社 1983 年版。

中国文物研究所编:《出土文献研究》第 7 辑,上海古籍出版社 2005 年版。

中国文物研究所、甘肃省文物考古研究所编:《敦煌悬泉月令诏条》,中华书局 2001 年版。

中华书局编辑部编:《中研院历史语言研究所集刊论文类编·历史编·秦汉卷三》,中华书局 2009 年版。

中华书局编辑部编:《中研院历史语言研究所集刊论文类编·历史编·魏晋隋唐五代卷一》,中华书局 2009 年版。

朱红林:《张家山汉简〈二年律令〉集释》,社会科学文献出版社 2005 年版。

《中国邮电百科全书·邮政卷》,人民邮电出版社 1994 年版。

三、外文中译本

[巴基斯坦]艾哈默德·哈桑·达尼:《巴基斯坦北部地区史》,杨柳、黄丽莎译,陆水林审订,中国藏学出版社 2013 版。

[英]奥雷尔·斯坦因:《亚洲腹地考古图记》第 1 卷,巫新华、秦立彦、龚国强、艾力江译,广西师范大学出版社 2004 年版。

[英]奥雷尔·斯坦因:《古代和田——中国新疆考古发掘的详细报告》第一卷、第二卷,巫新华、肖小勇、方晶、孙莉译,山东人民出版社 2009 年版。

[日]大庭脩:《秦汉法制史研究》,林剑鸣等译,上海人民出版社 1991 年版。

[日]富谷至:《文书行政的汉帝国》,刘恒武、孔李波译,江苏人民出版社 2013 年版。

[英]赫德逊:《欧洲与中国》,李申等译,中华书局 1995 年版。

[日]前田正名:《平城历史地理学研究》,李凭、孙耀、孙蕾译,书目文献出版社 1994 年版。

[匈牙利]雅诺什·哈尔马塔主编:《中亚文明史》第二卷,徐文堪译,中国对外翻译出版公司 2001 年版。

四、期刊论文

卜宪群:《秦汉公文文书与官僚行政管理》,《历史研究》1997 年第 4 期。

卜宪群:《从简帛看秦汉乡里的文书问题》,《文史哲》2007年第6期。

蔡宗宪:《南北朝交聘使节行进路线考》,《中国历史地理论丛》2005年第4辑。

陈代光:《论历史时期岭南地区交通发展的特征》,《中国历史地理论丛》1991年第3辑。

陈戈:《别失八里(五城)名义考实》,《新疆社会科学》1986年第1期。

陈松长:《岳麓书院藏秦简中的行书律令初论》,《中国史研究》2009年第3期。

陈伟:《〈秦二世元年十月甲午诏书〉通释》,《江汉考古》2017年第1期。

程令政:《秦及汉初刑罚制度研究》,吉林大学博士论文2020年。

[日]大庭脩:《汉代的符和致》,《中国史研究》1989年第3期。

戴卫红:《魏晋南北朝时期亭制的变化》,《社会科学战线》2016年第2期。

高鸿宾:《张家口战国赵长城考》,《文物春秋》2003年第6期。

高敏:《秦汉邮传制度考略》,《历史研究》1985年第3期。

高敏:《〈集簿〉的释读、质疑与意义探讨——读尹湾汉简札记之二》,《史学月刊》1997年第5期。

高曾伟:《论镇江西津渡的发展、功能和开发价值》,《镇江高专学报》2006年第1期。

耿铁华:《晋封高句丽官印考略》,《东北史地》2005年第3期。

郝树声:《敦煌悬泉里程简地理考述》,《敦煌研究》2000年第3期。

何双全:《汉代西北驿道与传置——甲渠侯官、悬泉汉简〈传置道里薄〉考述》,《中国历史博物馆馆刊》1998年第1期。

侯旭东:《传舍使用与汉帝国的日常统治》,《中国史研究》2008年第1期。

侯旭东:《西北汉简所见传信与传——兼论汉代君臣日常政务的分工与诏书、律令的作用》,《文史》2008年第3辑。

湖南省文物考古研究所、中国文物研究所:《湖南张家界古人堤简牍释文与简注》,《中国历史文物》2003年第2期。

黄盛璋:《和林格尔汉墓壁画与历史地理问题》,《文物》1974年第1期。

黄锡全:《湘西里耶地理木牍补议》,《湖南省博物馆馆刊》第四辑,2007年。

姬乃军:《陕北发现秦行宫遗址》,《中国文物报》1989年7月14日。

蒋福亚:《长沙走马楼吴简所见奴婢杂议》,《首都师范大学学报(社会科学版)》2006年第6期。

蒋福亚:《吴简所见吴国前期民屯——兼论魏吴民屯的区别》,载《中华文史论丛》2008年第1期。

姜丽丽:《高句丽与夫余文化对比研究》,硕士学位论文,福建师范大学2012年。

姜维东:《〈后魏孝文帝与高句丽王云诏〉中所见魏、丽形势及双方关系》,《史学集刊》2006年第6期。

景爱:《秦长城与腾格里沙漠》,《中国历史地理论丛》1992年第2辑。

李均明:《汉简所见出入符、传与出入名籍》,《文史》第19辑,中华书局1983年版。

李均明:《汉简"过书刺"解》,《文史》第28辑,中华书局1987年版。

李均明:《走马楼吴简“草刺”考校》,《史学月刊》2008 年第 6 期。

李凭:《北魏平城郭城南缘的定位和与此相关的交通问题》,《山西大同大学学报(社会科学版)》2009 年第 4 期。

李学勤:《初读里耶秦简》,《文物》2003 年第 1 期。

梁志龙:《高句丽南北道新探》,《社会科学战线》1995 年第 1 期。

林梅村:《考古学视野下的西域都护府今址研究》,《历史研究》2013 年第 6 期。

灵丘县文管所:《山西灵丘县发现北魏“南巡御射碑”》,《考古》1987 年第 3 期。

刘恒:《新出土石刻拓本题跋二则》,《书法丛刊》2000 年第 3 期。

刘庆柱、李毓芳:《西安相家巷遗址秦封泥考略》,《考古学报》2001 年第 4 期。

楼劲:《北魏的“方驿博士”》,《中国史研究》2010 年第 1 期。

罗新、李泉汇:《北魏太武帝东巡碑的新发现》,《中国国家博物馆馆刊》2011 年第 9 期。

马小鹤:《米国钵息德城考》,《中亚学刊》第 2 辑,中华书局 1987 年版。

米文平:《鲜卑石室的发现与初步研究》,《文物》1981 年第 2 期。

彭浩:《读张家山汉简〈行书律〉》,《文物》2002 年第 9 期。

[日]森鹿三:《西域出土的文书》,李子捷译,《新疆艺术学院学报》2009 年第 1 期。

沈刚:《试论走马楼吴简中的邮卒》,《吉林师范大学学报(人文社会科学版)》2011 年第 4 期。

史念海:《论我国历史上东西对立的局面和南北对立的局面》,《中国历史地理论丛》1992 年第 1 辑。

史念海:《〈秦长城与腾格里沙漠〉跋》,《中国历史地理论丛》1992 年第 2 辑。

史念海:《直道和甘泉宫遗迹质疑》,《中国历史地理论丛》1988 年第 3 辑。

宋晓梅:《麹氏高昌国张氏之仕宦——张氏家族研究之一》,《西北民族研究》1991 年第 2 期。

[德]W·B.亨宁:《历史上最初的印欧人》,徐文堪译注,《西北民族研究》1992 年第 2 期。

汪维懋:《匈奴龙城考辨》,《历史研究》1983 年第 2 期。

王怀周:《伏牛山交通隘道三鸦路的历史地位》,《南都学坛》2012 年第 6 期。

王焕林:《里耶秦简释地》,《社会科学战线》2004 年第 3 期。

王开:《“秦直道”新探》,《西北史地》1987 年第 2 期,收入《中国人民大学报刊复印资料·先秦秦汉史》1987 年 8 月号;另载《成都大学学报(社会科学版)》1989 年第 1 期。

王绵厚:《西汉时期的玄菟郡“帻沟娄”城与高句丽早期“南北二道”的形成——关于高句丽早期历史文化的若干问题之六》,《东北史地》2008 年第 5 期。

王绵厚:《新城、南苏、木底道与高句丽南北二道的关系》,《社会科学战线》1996 年第 5 期。

王素、宋少华:《长沙吴简〈录事掾潘琬白为考实吏许迪割用余米事〉释文补正》,《文史》2015 年第 1 辑。

王素、宋少华:《长沙走马楼吴简书法综论》,《中国书法》2014 年第 9 期。

王素、宋少华、罗新:《长沙走马楼简牍整理的新收获》,《文物》1999 年第 5 期。

王欣媛:《高句丽“南进”研究》,博士学位论文,东北师范大学 2018 年。

王子今:《秦汉长城与北边交通》,《历史研究》1988 年第 6 期。

王子今:《秦汉时代的并海道》,《中国历史地理论丛》1988 年第 2 辑。

王子今:《秦统一局面的再认识》,《辽宁大学学报(哲学社会科学版)》2013 年第 1 期。

王子今:《陕西富平县秦直道遗址:秦代的国家级高速公路》,《光明日报》2010 年 6 月 12 日。

王子今:《〈禹贡〉黑水与堂光古道》,《文博》1994 年第 2 期。

魏坚、郝园林:《秦汉九原——五原郡治的考古学观察》,《中国历史地理论丛》2012 年第 4 辑。

邬文玲:《张家山汉简〈二年律令〉释文补遗》,《简帛研究(2004 年)》,广西师范大学出版社 2004 年。

谢桂华:《尹湾汉墓简牍和西汉地方行政制度》,《文物》1997 年第 1 期。

辛德勇:《秦汉直道研究与直道遗迹的历史价值》,《中国历史地理论丛》2006 年第 1 辑。

徐畅:《走马楼简牍公文书中诸曹性质的判定——重论长沙吴简所属官府级别》,《中华文史论丛》2017 年第 1 期。

徐中舒:《试论岷山庄王与滇王庄蹻的关系》,《思想战线》1977 年第 4 期。

薛宗正:《务涂谷、金蒲、疏勒考》,《新疆文物》1988 年第 2 期。

杨共乐:《谁是第一批来华经商的西方人》,《世界历史》1993 年第 4 期。

杨共乐:《“丝绸之路”研究中的几个问题——与〈公元 100 年罗马商团的中国之行〉一文作者商榷》,《北京师范大学学报(社会科学版)》1997 年第 1 期。

杨宏明、谢妮娅:《安塞发现秦行宫遗址》,《中国文物报》1991 年 10 月 27 日。

殷宪:《盖天保墓砖铭考》,《晋阳学刊》2008 年第 3 期。

于振波:《里耶秦简中的“除邮人”简》,《湖南大学学报(社会科学版)》2003 年第 3 期。

章巽:《〈水经注〉中的泥城和伊循城》,载《中亚学刊》第 3 辑,中华书局 1990 年版。

张柏忠:《哲里木盟发现的鲜卑遗存》,《文物》1981 年第 2 期。

张春龙、龙京沙:《湘西里耶秦代简牍选释》,《中国历史文物》2003 年第 1 期。

张多勇:《从居延 E·P·T59·582 汉简看汉代泾阳县、乌氏县、月氏道城址》,《敦煌研究》2008 第 2 期。

张双志:《“掸国”地望新考》,《云南民族学院学报(哲学社会科学版)》2003 年第 5 期。

张文平:《西汉眩雷塞小考》,中国文物信息网 2015 年 8 月 28 日。

张在明、喻鹏涛:《陕西秦直道遗址调查发掘简报》,《秦汉研究》辑刊 2015 年。

赵强:《鸟道盘空御西夷——〈何君阁道碑〉前的遐想》,《中国文物报》2015 年 12 月 29 日。

《中国文物报》简讯:《陕西发现秦代大型兵站遗址》,《中国文物报》1986 年 10 月 31 日。

中澍、相伟:《通榆县兴隆山鲜卑墓清理简报》,《黑龙江文物丛刊》1982 年第 2 期。

周振鹤:《从汉代“部”的概念释县乡亭里制度》,《历史研究》1995 年第 5 期。

后　记

“欲知大道，必先为史。”赓续不断的治史、修史传统，是中华五千多年文明薪火相传的文脉支点。党的十八大以来，中国邮政坚持以习近平新时代中国特色社会主义思想为指导，坚定文化自信，积极发展社会主义先进文化，弘扬革命文化，传承中华优秀传统文化，为中国邮政发展凝聚精神力量。2014 年，中国邮政集团批准编纂《中国邮政通史》（后更名为《新编中国邮政通史》），中国邮政文史中心（中国邮政邮票博物馆）承担了这个重要任务。

中国邮政集团有限公司领导、有关部门（单位），史学界有关专家对本书的编纂工作给予了精心指导和大力支持。

第十届全国政协委员、国家邮政局原局长刘立清，全国政协委员、中共中央党史和文献研究院原副院长魏海生对本书提出了宝贵的意见和建议。

中国邮政文史中心（中国邮政邮票博物馆）时任党委书记、主任李高照（2013 年 3 月—2015 年 6 月），时任党委副书记、副主任（副馆长）王旭（主持工作）（2015 年 6 月—2019 年 3 月），党委书记、主任（馆长）张力扬（2019 年 3 月以来）先后主持本书编纂工作。

张力扬对全书体例、结构、内容提出了完善意见，对每卷书稿进行了审改。中国邮政文史中心（中国邮政邮票博物馆）党委副书记、副主任（副馆长）王旭，副主任（副馆长）吕兴华，副主任（副馆长）、纪委书记陈剑锋作为领导班子成员，先后审阅书稿。最后，由中国邮政文史中心（中国邮政邮票博物馆）党委会审定，形成报送集团公司送审稿。

全书写作分工如下：

全书绪论由张力扬撰写。

第一卷“先秦篇”由孙鑫如撰写，“秦汉篇”“魏晋南北朝篇”由赵强撰写；

孙鑫如统稿。

第二卷“隋唐五代篇”由张媚荣撰写,“宋辽西夏金篇”由杨芹撰写;张媚荣统稿。

第三卷“元代篇”由党宝海、默书民撰写,“明代篇”由何俊波撰写,“清代篇(1644—1840)”由刘文鹏撰写,附编“中国古代民间通信”由张晓钢撰写;刘文鹏统稿。

第四卷第一章“中国近代国家邮政产生的历史背景”第一节、第三节由谢成章撰写,第二节、第四节由王炳成撰写;第二章“中国近代邮政的试办”第一节、第二节由魏普金撰写,第三节由郭韵洁撰写;第三章“国家邮政的开办”第一节、第二节、第四节、第五节、第六节由仇润喜撰写,第三节由谢成章撰写;第四章“国家邮政的推广”第一节、第二节、第五节由仇润喜撰写,第三节、第四节由谢成章撰写;第五章“国家邮政的快速发展”第一节、第五节由仇润喜撰写,第二节、第三节、第四节由谢成章撰写,第六节由刘佳月撰写;该卷中的邮票发行相关内容由林轩、刘建辉撰写;谢成章统稿。

第五卷上编“中华民国邮政”第一章“中华民国邮政的建立和初步发展”的第一节、第二节、第三节、第六节、第七节由孙鑫如撰写,第四节、第五节由杨新明撰写,第二章“抗日战争时期的中华民国邮政”由孙鑫如撰写,第三章“抗日战争胜利后的中华民国邮政”由谢成章撰写,第四章“中华民国邮政的对外交往”由杨新明撰写;该编中的邮票发行相关内容由林轩、刘建辉撰写;孙鑫如统稿。第五卷下编“中国共产党领导下的交通邮政(新民主主义革命时期)”由张坷撰写;该编中的邮票发行相关内容由李近朱、刘建辉撰写;张坷统稿。

人民出版社、中国邮政文史中心(中国邮政邮票博物馆)于 2019—2022 年先后多次召开《新编中国邮政通史》各卷专家审稿会,听取专家意见和建议,修改完善书稿。

参加本书审稿的专家如下(按姓氏笔画排序):

第一卷:王子今、邬文玲、孙家洲、李国强、张德芳、韩建业。

第二卷:王岗、甘晖、孙冬虎、杜文玉、李华瑞、李国强、赵和平、赵栓亮。

第三卷:王岗、毛佩琦、李国强、张帆、韩志远、潘振平。

第四卷:朱浒、苏全有、李国强、李海勇、夏春涛、潘振平。

第五卷:苏全有、李国强、罗敏、罗平汉、金以林、贺渊。

在本书编纂过程中,参加研讨会的专家和提出书面宝贵意见、建议的专家有(按姓氏笔画排序):马建农、马振犊、王剑智、王晓靖、冯大舜、乔君、庄绍恭、刘广实、刘仲华、孙森林、苏俊林、李正华、李全德、李学通、李建平、李俏梅、杨韬、杨正泰、杨永生、杨共乐、杨益茂、肖贵洞、吴建、吴丽娱、吴建华、汪建熙、张丁、张宇、张越、张志和、张忠恕、陈建田、苑春芸、林耕先、金问涛、郑有贵、孟彦弘、赵珩、赵云姣、胡仲元、胡忠良、段君峰、郗志群、姜希河、贺耀敏、贾德成、顾联瑜、钱冶、徐兆仁、郭双林、唐晓峰、黄臻、黄正建、曹家齐、崔婕、崔志光、阎崇年、梁启辉、梁景和、董耀会、韩茂莉、韩树峰、韩信夫、傅颐、谢孜学、谭烈飞、魏德勋等。

编委会办公室的同志们参与了本书的资料搜集、校对、编务、行政事务等工作。

编委会办公室主任为谢成章,副主任为肖文焱、马骏昌、温旭龙、栾勇芝、宋云丽、李亚静、刘翔、白荣伟、祝振宇,成员有(按姓氏笔画排序):万丽民、王天宇、王洪涛、王晓旻、毛怡、白玉春、朱松涛、华亭、庄文静、刘妍、刘颖、刘天天、刘新蕊、许诺、孙楚仪、苏冰、李利、李梅、杨华、杨洲梓、张颖、张超华、范子跃、郑晶晶、赵维娜、秦军、袁芳、徐红梅、高桂兰、唐甜甜、黄燕玲、康庆成。

在本书编纂过程中,邮政系统内、外的同志们给予大力支持和帮助。他们分别是(按姓氏笔画排序):万宇、马承玉、王欣、王江玲、王金龙、王春瑞、甘静、叶金平、田红、冯前明、吉克、刘羽、刘凯、刘延年、刘翠翠、孙国庆、孙勤渝、李志晔、杨静、别燕、沈忠平、陈山、陈军须、陈祥吉、苑玉刚、范磊、郑挥、赵娜、赵军生、赵军泰、赵蓓幪、顾民、黄慧萍、崔峰、蔡菡、蔡兆清等。

在本书的资料搜集、书稿撰写过程中,中国第一历史档案馆、中国第二历史档案馆、中国海关博物馆、中国华侨历史博物馆、汕头海关、辛亥革命博物院(辛亥革命武昌起义纪念馆)、中国人民大学家书博物馆、常州市集邮协会、高邮市邮驿博物馆(盂城驿)、鸡鸣驿城文物保护事务中心、中国邮政集团有限公司各省(自治区、直辖市)分公司、石家庄邮电职业技术学院等单位给予了大力支持和帮助。

衷心感谢为本书编纂提供指导和支持的各位领导、专家、同志!

衷心感谢为本书编纂提供帮助和支持的所有单位!

衷心感谢人民出版社领导的指导和历史与文化编辑部相关编辑的付出!

本书编写组

责任编辑：杨美艳　翟金明
封面设计：林芝玉

图书在版编目(CIP)数据

新编中国邮政通史. 第一卷,先秦至南北朝时期/中国邮政文史中心(中国邮政邮票博物馆) 编著. —北京:人民出版社,2024.6
ISBN 978－7－01－021666－9

Ⅰ.①新…　Ⅱ.①中…　Ⅲ.①邮政-经济史-中国　Ⅳ.①F632.9

中国版本图书馆 CIP 数据核字(2019)第 277578 号

新编中国邮政通史

XINBIAN ZHONGGUO YOUZHENG TONGSHI

第一卷　先秦至南北朝时期

中国邮政文史中心(中国邮政邮票博物馆)　编著

人民出版社 出版发行

(100706　北京市东城区隆福寺街 99 号)

中煤(北京)印务有限公司印刷　新华书店经销

2024 年 6 月第 1 版　2024 年 6 月北京第 1 次印刷
开本:710 毫米×1000 毫米 1/16　印张:26
字数:412 千字

ISBN 978－7－01－021666－9　定价:166.00 元

邮购地址 100706　北京市东城区隆福寺街 99 号
人民东方图书销售中心　电话 (010)65250042　65289539